陳其美的黑道傳奇

民初命案

張耀杰——著

代序　立異求同的歷史寫作

聶聖哲*

張耀杰從一九八二年在河南農村擔任中學教師開始，便有意識地大量閱讀各類英文讀物，其中包括英文版的基督教聖經。據我所知，張耀杰雖然沒有接受過宗教洗禮，也不參加周期性的教會活動；但是，他深受包括基督教文化在內的西方文明的陶冶影響，在知心朋友面前也會偶爾表明自己是一名「文化基督徒」。

作為中國藝術研究院的一名研究人員，張耀杰的本職專業是戲劇學研究。由於他深受一些英文原典尤其是基督教文化的影響，很快由戲劇史學研究轉向更加寬廣的民國史研究，並且繼承發展了胡適先生充分世界化的「健全的個人主義」的價值觀念和價值譜系。在二〇一四年出版的《民國紅粉》和《北大教授與〈新青年〉》兩本書中，張耀杰反復強調了這種「健全的個人主義」價值譜系當中環環相扣、相輔相成的價值要素。

其一是個人自由，也就是主體個人以私有財產為前置條件的自由自治、自主創業、自食其力、自限權利、自由表達、自我健全。

其二是契約平等，也就是現代工商契約社會裡甲乙雙方自然人及實體法人之間意識自治、雙向選擇、誠實守信、違約受罰、權利義務量化細分的契約合同面前雙向平等。男女情愛的婚戀約定，同樣應該遵守契約合同面前的雙向平等。

其三是法治民主，也就是公共領域和公民社會當中依法納稅的各種自然人以及公民自組織的實體法人，以個人自由、契約平等的私權保障為基本前提的權為民所賦、少數服從多數、程式正義優先於實體正義的充分制度化的民主參與、民主選舉、民主授權、民主自治。一個現代化的法治民主社會，必須充分保障公共領域內市場交易的自由平等、新聞出版的自由平等、組黨結社的自由平等、地方自治和行業自治的自由平等，一人一票民主選舉的自由平等、宗教信仰的自由平等、少數族裔與多數族裔在享受義務教育和各種社會福利方面的自由平等。

其四是限權憲政，也就是制度建設層面以個人自由、契約平等、法治民主為基本前提的分權制衡、依法限權、治官安民、濟貧救弱的多元共和；尤其是在公共權力的依法運作方面，嚴格遵守立法、行政、司法三大領域之間三權分離、分權制衡的權由法所定的制度原則，不允許任何個人及組織凌駕於法律之上成為專權獨斷、極端絕對的特殊材料。

其五是大同博愛，這是主體個人在人類共同體超越族群和國界的國際性交往過程中，全方位實現以人為本的個人自由、契約平等、法治民主、限權憲政的主體權利，而達成的一種理想狀態。

其六是生態和諧，也就是對大自然的各種不以人類意志為轉移的不可抗力保持一種理性敬畏的主體個人，自覺自願地把博愛大同的理想狀態，從人類社會擴展延伸到自然界的動物、植物以及自然風光方面；從而在力所能及的時空及地域範圍裡，最大限度地實現人與自然和諧共處的生態平衡。

在六個層級的多元化、多維度的價值要素當中，前四個層級的個人自由、契約平等、民主法治、限權憲政，是必不可少的基礎要素。後兩個層級的大同博愛、生態和諧，是前四個要素水到渠成、順理成章的必然結果。

基於這樣一種多層級、多元化、多維度的價值譜系、價值觀念和價值信仰，張耀杰認為，中國本土的家國一體、等級森嚴的家族農耕及官權專制的傳統文化，尤其是政教合一、獨尊儒術的傳統儒教文化，與工商契約及民主憲政的近現代文明之間的顯著區別，其一是缺乏系統性、多元化的譜系思維，習慣於抓住二元對立一元絕對的單一要素而上綱上線、極端發揮，從而單邊片面地區分出君子與小人、好人與壞人、忠臣清官與奸臣貪官、正動派與反動派、革命分子與反革命分子、無產階級與資產階級之類既自以為是又黨同伐異的敵對雙方；而不是注重於私有權利和個人價值的最大化，以及由此而來的個人自由、契約平等、法治民主、限權憲政的大同博愛、生態和諧。其二是缺乏責任擔當的罪錯意識，不像基督教文明那樣習慣性地反省自己一方的言行罪錯，並且虛心誠懇、正大光明地糾錯改正。

從思維方式上來講，中國傳統儒教文化的致命軟肋，就在於禁不起最低限度的反向推理或者說是逆反思維。

譬如說孔子所謂的「仁者愛人」，假如我從來沒有選舉和承認過你這個所謂的「仁者」，更不喜歡你對我單邊片面地表現仁愛之情，難道我就沒有拒絕你所謂的仁愛表示的正當權力麼？你強制性地向我求愛和示愛，與一個流氓強盜強姦婦女的野蠻行為，又有什麼區別呢?!

再譬如所謂的「己所不欲，勿施於人」，假如我倒過來反向推理一下：你自己不願意做的事情，不能施加於別人；你願意和喜歡的事情，難道憑著你自己單邊片面的美好願望，就可以施加於別人麼？這和傳統中國的父母家長以關愛的名義包辦子女的婚姻大事，又有什麼區別呢?!

具體到張耀杰個人來講，他的充分世界化的「健全的個人主義」的集中表現，就是一直以只問耕耘不求回報的公益心態從事學術研究，並且在學術研究和公共事務方面不留情面地較真糾錯、立異求同。

中國人自古就有愛面子、講情面的陋規習慣，張耀杰在學術研究領域一反常態，他不留情面地較真糾錯、立異求同，甚至達到「一根筋」的程度。就我所知，張耀杰在相關著述中先後「得罪」過的知名人士，包括袁偉時、茅于軾、李澤厚、張鳴、邵建、徐友漁、劉軍寧、戴晴、曹長青、王怡、丁學良、笑蜀、餘世存、傅國湧、秋風、吳稼祥、林賢治、冉雲飛、梁曉聲、王奇生、王康等等；其中的多數人都是我所熟知的師長和朋友。我自己和張耀杰在不同場合對於某些事情的觀點，也是迥然不同，甚至有過當面爭吵的經歷；但是，這絲毫不影響我們之間的私人情誼和持續交往。像袁偉時、茅于軾那樣的前輩師長，更不會過分計較張耀杰的言語衝撞。

令我感到遺憾的是，我所敬重的張鳴先生至今與張耀杰不相往來，這既委屈了友情，也影響了學術交流，希望他們能夠重歸於好，闊論笑談。另一位民國史研究者葉曙明先生，與張耀杰也有狹路相逢的學術衝撞，他的《中國一九二七・誰主沉浮》，曾被張耀杰在書評中熱心推薦；另一本《大變局：一九一一》，卻被張耀杰的另一篇書評尖銳指責。所幸的是，葉曙明並沒有計較此事，繼續與張耀杰保持良性互動……

說句真心話，我有時候也很煩張耀杰，但又忍不住要閱讀他的著作和文章。在我看來，張耀杰的可敬可愛處在此，可恨可憎處也在於此。

按照張耀杰的說法，早在一九一三年一月二十四日，由謝石欽主持的湖北革命實錄館，就已經在《呈副總統職館開辦以來情形並編纂辦法及請催湖北軍政府建設始末由》的呈請公文中明確認定，該館收錄的辛亥革命首義將領及功勳人士的文獻資料，「大都私人攘臂言功之作，求其以事繫人，而以民族之進化、社會之發達為前提者，幾如鳳毛麟角之不易得」。現在所能看到的幾乎所有辛亥革命親歷者自述自傳的回憶文字，基本上都可以用「私人攘臂言功之作」來加以概括。尤其是一九四九年之後，由於各種各樣的原因，幾乎所有歷史老人都多多少少地在抬高自己、詆毀別人方面，留下了說謊造謠的人生汙點。張耀杰在《北大教授與〈新青年〉》一書中，就不留情面地指出過高一涵、周作人、馬敘倫、沈尹默等歷史老人的相關回憶，嚴重背離了事實真相，從而招致沈尹默後人沈長慶的出面抗議。

基於較真糾錯、立異求同的學術追求，張耀杰的歷史著述的主要特徵，就是胡適所謂「有一分證據說一分話」的史料發掘和文獻考據。這種歷史著述適宜於遠離喧囂的慢閱讀，而不適宜於文化泡沫時代的快消費。張耀杰從來不奢望自己有朝一日成為左右逢源、八面玲瓏、人見人愛的暢銷書作家；而是腳踏實地致力於既有歷史價值又比較好玩有趣的歷史人物的傳記寫作。稍微有些耐心的讀者是不難從他既嚴謹理性又愛恨分明的相關著述中，得到眼前一亮、茅塞頓開的新發現、新感悟的。撥開謎團之後的水落石出、真相大白，會使您在瞭解歷史真相的同時，不斷修正自己的思維方法、不斷充實自己的價值譜系，從而體驗到一種從百思不得其解的學術困惑中瞬間頓悟、豁然開朗的閱讀快感。

在這部《民初命案：陳其美的黑道傳奇》中，張耀杰圍繞著陳其美黑白兩道的會黨傳奇，發掘澄清了發生在辛亥革命前後的秋瑾、胡道南、陶駿保、陶成章、陳興芝、周實、阮式、宋教仁、夏瑞芳、范鴻仙、鄭汝成、陳其美、王金發、姚勇忱、韓恢、王治馨、張宗昌等一系列人命大案的歷史真相，從而為廣大讀者紮實認真地反思歷史、展望未來，提供了較為可靠的文本依據。至少在這一點上，張耀杰對於民國初年的歷史研究，是別具一格、不可替代的。這也是我願意為這本書新書寫序的主要動因。至於我的這種認知是否正確，每一位細心的讀者細讀本書之後，自然會有所判斷。對於您來說，這也許並不是什麼了不起的大事情，卻關係著張耀杰和我本人做人、做學問的公德誠信！

張耀杰的這本新書是二〇一〇年為紀念辛亥革命一百周年而由臺北秀威資訊科技股份有限公司先行出版的《懸案百年：宋教仁案與國民黨》，以及二〇一二年由北京的團結出版社改名為《誰謀殺了宋教仁：政壇懸案背後的黨派之爭》出版發行的同一部歷史傳記作品的姊妹篇。書中的主要人物及事件，在張耀杰專門研究宋教仁命案時，已經有所涉及；只是沒有能夠以個人傳記和個案敘述的方式深入發掘和充分展開；相關資料的收集整理，已經前後持續了十多年時間。為了保證本書嚴謹紮實的學術品質，書中徵引了大量近年來才得以浮現的第一手的文獻資料，這種嚴謹紮實的治學精神，在日益泡沫化和碎片化的今天，尤其顯得難能可貴。

在一次敘談中，張耀杰談到他一整套的寫作出版計畫，其中包括寫作反思胡適不夠健全的「健全的個人主義」價值觀念的《罪錯胡適》；揭露康有為、梁啟超師徒偽造改寫歷史文獻的《罪錯康梁》；重新考證孫中山的革命經歷與會黨傳奇的《民初命案：孫中山的會黨傳奇》；修訂改寫十多年前寫作的一本人類宗教學著作《伊斯蘭與基督教的大同神話》；尤其是編排整理已經持續寫作將近二十年的維權文集《一個人的維權》。在將近二十年的時間裡，張耀杰一直是以個人名義參與現實生活中的各種維權個案的，他的維權文集將會涉及到三百多位著名及非著名人士，總字數超過一百萬字。這是他作為歷史研究者有意識地為下一代預留的歷史素材和歷史記錄，其中以捨棄犧牲個人的種種物質欲望和精神奢求為代價，最大限度地抑制了中國傳統讀書人「私人攘臂言功」的劣根陋習。

在過去兩年時間裡，剛滿五十歲便滿頭白髮的張耀杰，為了咬緊牙關寫作完成這部新書稿，竟然因過度勞累而患上了糖尿病。作為他的讀者和朋友，我衷心希望他在今後的歲月裡能夠愛惜身體，從而平平安安地實現他較真糾錯、立異求同的學術願景，以及由此而來的淑世情懷；同時也祝願他的這本新書，能夠在茫茫人海中找到更多的慧眼知音。

二〇一五年五月十六日於姑蘇城外改華堂

*（聶聖哲係長江平民教育基金會主席，管理學大師，著名影劇導演和劇作家。）

目次

第二章　陶成章案中的陳其美與蔣介石

第三章　王金發的殺人與被殺

第四章　陳其美的連環命案

第五章　袁世凱懲辦王治馨

緒論：陳其美與劉福彪的黑白兩道

辛亥革命前後，革命黨內部對於有錢賣命、無錢打劫的江湖會黨黑道人士倚重利用得最為切實有效、得心應手的，是滬軍都督陳其美。由於第一手文獻資料普遍缺失，本文只能集中討論陳其美與青紅幫首領劉福彪之間黑白兩道相互倚重、相互利用的會黨傳奇。

第一節　李燮和組建光復軍

農曆辛亥年（清宣統三年）的八月十九日，也就是西元一九一一年十月十日，滲透到湖北新編陸軍當中的部分革命人，在武昌地區成功發動了一場武裝起義，史稱辛亥革命。繼長江中上游的武昌起義取得成功之後，位於長江最下游的上海地區，於一九一一年十一月四日

上海龍華東路的上海江南製造局遺址，現為中國船舶科技工業軍工文化園所在地。

勝利光復。「光復」二字直接來源於蔡元培、陶成章、徐錫麟、章太炎、秋瑾、龔寶銓、李燮和等人參與領導的光復會。當年的上海民軍臨時總司令李燮和，是當之無愧的上海光復第一人。

李燮和，名柱中，字燮和，號鐵仙，別號代鈞，以字行。一八七三年十一月十六日出生於湖南省安化縣藍田鎮光明山最東端的李園，也就是錢鐘書長篇小說《圍城》中所說的面溪背山的「三閭大學」所在地。

一九一一年十月六日是農曆辛亥年的八月十五中秋節，同時也是湖北革命黨人祕密約定要發動武裝起義的日子。從上海返回湖南探望母親的光復會首領李燮和，得知老人於一年前已經去世。他為了逃避湖南當局的通緝追捕，只好逃往漢口租界祕密潛伏。他在潛伏期間得知湖北革命黨人的起義計畫，便匆匆返回上海，在銳進學社召集光復會骨幹尹銳志、尹維峻、王文慶、張通典、陸翰文等人，就地籌備武裝起義，並且給遠在東南亞的光復會副會長陶成章等人拍發電報，向當地華僑緊急募集起義經費。

武昌起義宣告成功之後，由陸軍暫編第二十一混成協的協統領黎元洪（相當於旅長）就任鄂軍都督。十月十二日，滿清朝廷命令陸軍大臣蔭昌督率兩鎮陸軍、海軍提督薩鎮冰督率軍艦、長江水師提督程允和督率水兵，前往武昌實施鎮壓。在這種情況下，李燮和考慮到僅僅以光復會的名義，不足以號召並且統率上海周邊的軍警武裝，便遵循中國自古就有的兵不厭詐的傳統謀略，「詭稱」自己「自武昌來，已約敢死隊若干人，贏糧接濟矣」。[1]

1 龔翼星撰《光復軍志》，一九一八年八月天津華新印刷局鉛字排印本。見上海社會科學院歷史研究所編《辛亥革命在上海史料選輯（增訂版）》，上海人民出版社，二〇一一年，第二三九頁。

十月十七日，爪哇華僑匯來萬元鉅款，李燮和等人便利用這筆款項招兵買馬。其中王文慶前往杭州，章梓前往江寧（今南京），柳承烈、張通典前往蘇州，尹銳志、尹維峻負責聯絡調度，李燮和負責利用湖南同鄉關係，在駐紮吳淞、上海等地的水陸軍警中開展活動。

隨著曾國藩在湖南招募子弟兵參與鎮壓太平天國運動，在長江中下游地區逐漸形成「無湘不成軍」的基本格局。舊式部隊中的各級軍官大部分由湖南人擔任，而且與革命黨人素不來往，不像各省訓練的新編陸軍那樣，由曾經留學日本的士官生以及革命黨人大面積滲透。經過李燮和奔走聯絡，吳淞巡官黃漢湘、閘北巡邏隊官陳漢欽（又寫作陳漢卿）、駐滬巡防營管帶章豹文、巡防水師營管帶王楚雄、江南製造局附近炮兵營哨官成貴富、海巡鹽捕營統領朱廷燎等湖南人，都願意率領部屬加入民軍。吳淞警務區長楊承溥，吳淞炮臺總台官姜國梁，臨時駐紮吳淞的廣東濟字營督隊官徐占魁等人，也答應服從李燮和的軍事指揮。這樣一來，光復會首領李燮和便控制了近萬人的水陸軍警，成為上海地區最有實力的軍事指揮官。上海地區頑固抵抗光復起義的軍事堡壘，只有位於上海縣城南門外高昌廟地區黃浦江畔的江南製造總局。

江南製造總局由清末洋務派領袖、兩江總督曾國藩創辦於一八六六年，設有船廠、船塢、煉鋼廠，以及修建船隻、製造軍械的車間，是中國當時最大的軍事工業製造基地。局內存有大批槍炮彈藥，如能佔領，對於支援長江流域的革命軍隊極為有利。該局總辦張士珩，字楚寶，是安徽合肥人，他的母親是前北洋大臣李鴻章的妹妹。張士珩從一九〇四年起一直負責經營江南製造局，所部三百多人都是從安徽家鄉招募來的子弟兵，外人難以策反，而且擁有充足的武器彈藥。武昌起義成功後，兩江總督張人駿於十月十三日電令上海道劉燕翼轉飭張士珩嚴加防守。張士珩連夜傳令炮隊營幫帶張士春和巡警處幫帶李萬有，率領軍警各司其責加強防衛。十月十八日，張士珩請求海軍都統薩鎮冰派遣軍艦二艘、雷艇一艘，鎮守在黃浦江面。十月十九日，張士珩函商劉燕翼，由上海西路的參將總巡蘇緒謨，統一指揮製造局內外的正規軍和員警隊伍。

對於中國民間社會來說，武昌起義的成功就是將幾乎所有反清力量迅速喚醒的戰爭動員令。具體落實到上海地區來說，主要存在著三股反清力量：其一是以李平書為代表的主張地方自治的本土實力派在上海城區所掌握的商團、巡警等地方武裝；其二是李燮和及上海光復會在上海城區周邊所收編徵用的軍警武裝；其三是陳其美及同盟會中部總會所動員的青年學生及會黨武裝。上海光復是這三股力量傾力合作的成果；但是，這種傾力合作的局面僅僅維持了幾天時間，實力最強、功勞最大的李燮和一派，便被陳其美一派通過恐怖暴力手段排擠出局……

第二節　陳其美搶攻製造局

陳其美，字英士，一八七八年一月十七日出生於浙江省湖州府歸安縣府學前五昌里的存誠堂。他的父親陳延祐曾經考取秀才，後棄文從商擔任錢莊文案。陳延祐生育有三個兒子。長子陳其業，字勤士，是一名讀書人，他的兩個兒子就是後來輔佐蔣介石的陳立夫、陳果夫。陳其美排行老二，小時候讀過幾年私塾，十四歲時遵照父親的遺願中斷學業，到崇德縣的縣城石門鎮（今桐鄉縣崇福鎮）的善長典當鋪充當學徒。一九〇一年，二十四歲的陳其美與姚文英結婚。姚文英婚後未育，陳其美的長子祖華出生於一九一三年十一月，是由其小妾田氏所生。次子福和出生於一九一五年二月十三日，是由一名日本女子所生。

比陳其美小兩歲的弟弟陳其采，字藹士，十六歲時考取秀才，一八九七年赴日本官費留學，一九〇二年三月以第一名成績從日本士官學校畢業，回國後一度在上海擔任新軍統帶。一九〇三年，二十六歲還沒有學成出師的陳其美辭職來到上海，到表叔楊信之經營的同泰康絲棧擔任助理會計。由於他身上有許多不良嗜好，長兄陳其業委託楊信之、楊譜笙兄弟就近督教。在此期間，陳其美通過接送還沒有成年的表姑楊兆良去上海愛國女校上學，結識了隨後成為光復會創始會長的該校校長、浙江同鄉蔡元培。

一九〇六年，二十九歲的陳其美在已經升任湖南武備學堂監督的弟弟陳其采和表叔楊信之的資助下，與徐鍔、謝持等人一起前往日本，先後進入警監學校和東斌軍事學校學習，留學期間加入了同盟會。一九〇八年春天，三十一歲的陳其美取道香港返回國內，在表叔楊信之投資創辦的湖州旅滬公學任代課教員，該校當時的教務主任是比陳其美還要年輕一歲的另一位表叔楊譜笙。楊譜笙加入同盟會後，他的北浙江路私宅以及湖州旅滬公學，便成為陳其美等人在上海的祕密據點。陳其美在上海開展革命活動的一項重要成果，是先後吸收青幫大佬應夔丞、李徵五、潘月樵，以及原屬光復會的紅幫首領竺紹康、王金發、張恭、王竹卿等人加入同盟會，從而成為上海地區最富於傳奇色彩的革命首領。

紅幫本名「洪門」，始建於清朝初年，據說是一些效忠於明朝皇室的遺老遺少和民間人士所組織的一種遊走於江湖社會的祕密會黨。「洪門」二字所寄託的，是對於明太祖朱元璋的「洪武」年號的懷舊之情。洪門以「忠義」二字為核心理念，組織形式仿效《水滸傳》中的梁山泊忠義堂，以「山」命名，山下設「堂」，山堂會黨內部以兄弟相稱，沒有輩份之分。哥老會、白蓮教、紅槍會、大刀會、小刀會、天地會等江湖會黨，都是從洪門系統分化衍變而來的。

青幫與哥老會一樣來源於紅幫。相傳有洪門中人翁某、錢某、潘某被滿清王朝招安收買，把自己所統領的反清復明的洪門勢力，改組成為安清保清的另類會黨安清幫，主要負責在從杭州到北通州的大運河及其沿岸碼頭上驅逐紅幫勢力，維護包括軍糧和官鹽運輸在內的漕運安全。隨著西方勢力的入侵和鴉片戰爭的爆發，海上運輸逐漸取代了運河漕運，面臨失業的安清幫轉而投向各種服務業以及有錢賣命、無錢打劫的黑道營生。上海周邊城鎮的鏢局、賭局、妓院、煙館、戲院、戲班、澡堂、茶樓、飯莊、旅店等服務場所，以及走私販毒、販賣人口、綁架勒索、攔路打劫之類的黑道營生，大都被青幫勢力所壟斷控制。在經濟實力方面屈居下風的紅幫人士，也逐步表現出與後來居上的青幫勢力同流合污的意願。

與紅幫相比，安清幫不再以兄弟相稱，而是改為師徒相傳。安清幫的輩分原定二十字，即「清靜道德，文成佛法，仁論智慧，本來自信，元明興禮」。到了清末，這二十個字將要用完，又添加了「大通悟學」四字。民國以後，幫會中人又繼續添二十四個字，即「萬象依皈，戒律傳實，化渡心回，普門開放，廣照乾坤，帶法修行」。安清幫的香堂分大小兩種，大香堂供奉「十三祖」，包括達摩、惠能、陸祖、羅祖……，以及創幫的翁祖、錢祖、潘祖；小香堂只供奉翁、錢、潘三祖。

一九三三年出版的陳國屏著《清門考源》一書，在《近代家裡知聞錄》的專門章節中，收錄了應夔丞等青幫「大字輩」的姓名，卻沒有把陳其美列入名單。此後出版的各種青幫手冊所收錄的「大字輩」名單中，都沒有提到陳其美的名字。按照上海師範大學歷史學教授周育民的說法，有一些回憶和傳記稱陳其美是上海青幫的「大頭目」，卻沒有提供確實可靠的史料依據，對於其真實性應該採取存疑態度。但是，即使不能確認陳其美是上海青幫的「大字輩」大佬的會黨身分，他對於青紅兩幫的倚重利用，卻是確鑿無疑的。[1]

1 周育民：《陳英士與幫會的關係》，浙江文史資料選輯第三十六輯《陳英士》，浙江人民出版社，一九八七年，第一五三－一六〇頁。

辛亥革命在武昌意外爆發後，同盟會中部總會的宋教仁、陳其美、潘祖彝、楊譜笙、范鴻仙、沈縵雲、葉惠鈞等人，於一九一一年十月二十四日做出決議，以聯絡商團、溝通士紳為上海光復起義的工作重心。十月二十九日，在宋教仁隨黃興前往武昌、范鴻仙與柏文蔚前往南京的情況下，陳其美在時任上海信成商業儲蓄銀行總經理的沈縵雲，以及時任自治公所議員的葉惠鈞、王一亭的陪同下，主動到成都路貞吉里拜訪直接掌握商團武裝的上海城廂內外自治公所總董兼江南製造局提調李平書（鐘珏）。雙方約定「以保民宗旨，彼此隨時協商，互相尊重主義，避免侵犯」。[1]

在南京新軍第九鎮擔任馬標第一營管帶的日本士官學校第六期騎兵科畢業生、李平書的族侄李英石（顯謨），奉該鎮統制徐紹楨的命令，準備以紅十字會員身分繞道上海前往湖北前線，與清軍指揮官馮國璋祕密聯絡。李平書勸說李英石留在上海負責訓練商團武裝，隨後又把他介紹給陳其美等人。隨著李平書轉向革命，上海紳商虞洽卿、沈恩孚、吳馨、莫錫綸，以及自治公所議員王引才、警務長穆湘瑤（杼齋）等人，也紛紛加入革命陣營。

十一月一日上午，商團聯合會集合所屬各商團團員二千多人，在南市九畝地大操場舉行盛大檢閱典禮，擔任檢閱官的李英石被推舉為臨時總司令，統一負責所屬六支商團武裝的指揮訓練。當天晚上，陳其美得到清軍五艘軍艦自漢口抵達吳淞口，準備給漢口清軍運送製造局槍械的情報，便向李平書提出建議：將上海隨南京而動的軍事計畫，調整修改為上海先動，蘇州、杭州隨後響應，然後再合力攻打南京城。

光復會方面，尹維峻從浙江返回上海，通告王文慶等人已經在浙江募集一千多名義勇軍，與杭州軍界

1 姚文楠：《通敏先生行狀》，《辛亥革命在上海史料選輯（增訂版）》，第八八三頁。

的革命人約定於十一月六日與上海同時起事。十一月二日，李燮和來到民立報館（一說是早已停刊的民聲叢報館），與該報記者陳其美緊急協商光復起義相關事項。雙方約定於第二天下午四時同時在租界區以北的閘北地區和租界區以南的縣城南市發動起義。兩處起義成功之後，再合力攻打位於縣城南門外高昌廟地區的江南製造總局。

陳其美與李燮和約定起義時間後，專門趕到上海自治公所與李平書等人討論武裝起義的具體步驟。李平書在與警務長穆湘瑤商議保衛地方事宜的同時，還要求商團及救火聯合會成員共同守衛城廂內外各重要場所，以輔助員警之不及。會議約定十一月三日下午聽到南市救火總會鐘樓鳴鐘九響，繼以十三響，即派商團團員分段出防，維護治安。九響、十三響，隱寓農曆九月十三日之意。

十一月三日上午，閘北巡警總局暗探隊隊官汪景龍，發現巡邏隊隊官陳漢欽在散發用於武裝起義的光復軍白旗，就用手槍逼迫陳漢欽到巡警局長姚捷動面前告發。沒想到姚捷動不僅同情陳漢欽的革命活動，而且資助了革命經費。汪景龍見事不妙，便朝陳漢欽開槍。外面的警員聞訊趕來，巡警總局隔牆又突然起火，嚇得汪景龍慌忙逃走。姚捷動見狀，對陳漢欽說了一句「善自為之」便離職出走。陳漢欽急忙把這一意外情況通知李燮和，李燮和果斷下令提前行動。下午二時，整個閘北地區全部光復，吳淞各軍也光復反正，李燮和以「上海臨時總司令」名義，派人在閘北和吳淞張貼安民告示。

在李燮和領導光復閘北及吳淞地區的同時，上海南城的陳其美在李英石的商團武裝配合下，搶在李燮和統率軍警到來之前圍攻製造局。在張承槱、劉福彪、田鑫山等敢死隊員受傷撤退的情況，陳其美以記者身分掏出炸彈鼓動眾人繼續進攻，被製造局守軍當場俘獲。李燮和得到消息，親自率領各路軍警以及各種民間武裝聯合作戰，於十一月四日上午佔領江南製造局，解救了被扣押捆綁的陳其美。

第三節　張承槱結交劉福彪

一九四七年二月三十日，國民黨元老馮自由以《辛亥革命上海光復實錄》為標題，在他所編著的《革命逸史》第五集轉錄了《革命軍敢死隊長張承槱之自述》，並且專門加寫了一段說明文字：

辛亥上海光復之役，世人但知陳其美帶領敢死隊進攻江南製造局一事；而於張承槱組織敢死隊率先進攻及其後被推為滬北伐軍敢死隊總司令之事，則鮮知之。承槱字蓬生，湖北枝江人，上海中國公學學生，與于右任有師生之誼。渠之認識陳其美，係於介紹合作。余於民元長北京臨時稽動局時，滬軍都督陳其美致電袁世凱詳敘承槱光復上海功績，請派赴美國留學。袁世凱交稽動局辦理。民三餘奉孫總理命赴美募捐討袁軍餉，漫遊至美京華盛頓，始獲識其人。承槱畢業歸國後，先後任鹽務署及審計部次長等職。現任審計部湖北分處長，兼國大代表。又此文曾載於辛亥首義同志會主編之《辛亥首義史跡》，亟轉錄之，以補余前著所未及。[1]

對於大多數辛亥革命親歷者的自述自傳，是只可以冠以「逸史」而不可以輕易稱之為「實錄」的。早在一九一三年一月二十四日，湖北革命實錄館在《呈副總統職館開辦以來情形並編纂辦法及請催湖北

1 馮自由《革命逸史》下卷，新星出版社，二〇〇九年，第九八三－九八四頁。

軍政府建設始末由》的呈請公文中，就已經明確認定：該館所收錄的來自辛亥革命功勳人員的文獻資料，「大都私人攘臂言功之作，求其以事系人，而以民族之進化、社會之發達為前提者，幾如鳳毛麟角之不易得。」被馮自由冠以《辛亥革命上海光復實錄》的張承槱的自述文字，正是這樣一篇嚴重違背歷史事實的「私人攘臂言功之作」。

張承槱字蓬生，一八八五年出生於湖北枝江董市鎮張家花園，早年留學日本，一九〇五年十二月因日本政府頒布《取締清國留日學生規則》而捲入學潮，一九〇六年回國後就讀於上海中國公學，與同盟會元老于右任是師生關係。

一九一一年十月十七日，二十六歲的張承槱在武昌起義的鼓舞激勵之下，從南京祕密來到上海，租住在北火車站慶祥里一家臨街裁縫店的樓上，準備聯絡一些同學朋友前往漢口前線參加戰鬥。此時的張承槱並不是同盟會的正式會員，而是一個正陷入饑寒交迫之中的無組織、無紀律的窮酸學生。邵力子當時在民立報館擔任庶務，便接納張承槱每天在報館裡免費用餐。但是，在同為湖北人的裁縫店張姓老闆和裁縫工人田鑫山眼裡，每天都要前往民立報館的小同鄉張承槱，就是傳說中的革命黨人。

十月二十三日前後的一天，張承槱較早回到住處，被田鑫山叫住詢問革命形勢。張承槱講了一番種族大義、清朝無道、蹂躪中華三百餘年、凡黃帝子孫無論男女老幼士農工商均應響應革命、以盡天職的大道理；當場就有人表示要一起前往漢口參加革命。田鑫山更是主動交底：上海在幫的弟兄多得很，都願意跟著革命黨走，其中的劉福彪（又寫作劉福標）、孫紹武、王小弟等人，是幫會中的當家三爺及管事五爺。

第二天晚上，張承槱一回到裁縫店便被田鑫山攔住，說是已經約了幾個弟兄在外面茶樓等候張先生。兩個人來到茶樓，見到等候在那裡的劉福彪、孫紹武、王老九等人。「原來他們這幾個是青紅幫的領袖或代表，他們對我所說均有詳細答覆，約定明日在法租界小菜場對面萬安茶樓，三點鐘相會」。

第六天即大約十月二十八日的下午六時，張承槱、曾孟鳴、劉伯泉應陳其英邀約，一同來到四馬路的一枝香西餐廳，與陳其美、楊譜笙等人聚會商議，決定在上海謀圖大舉，並且每晚在民立報館聚會一次。「當時上海巨紳李平書（江南製造局提調）、吳懷九（務本女校校長）、葉惠鈞（商團會長）先後均來參加」。

按照張承槱的自述，他即使與陳其美等人建立關係之後，依然在從事無組織、無紀律的自由行動，他所組織的敢死隊並沒有隸屬於陳其美、潘祖彝、楊譜笙、于右任、沈縵雲等人主持領導的同盟會中部總會上海機關部：「余當時確擁有實力，直接受余指揮者有三千餘人，較其他革命者任何個人或團體為有力量，並且劉福彪決心將他所有弟兄三百餘人隨余為敢死隊，在上海發難。於是派田鑫山至吳淞去運動黎天才部下同情舉義，余本人訪梁敦綽統領於北四川路私寓。」

關於自己與同盟會軍事首領陳其美之間的合作關係，張承槱回憶說：「陳英士住在跑馬廳過去，但晚間常在迎春坊怡情別墅家中相見。當時用香煙筒灌注炸藥鐵片，即是炸彈，吾輩在九月十三日用以攻江南製造局者皆此項目做之炸彈也。」

這裡的農曆九月十三日，即一九一一年十一月三日。自以為是「革命黨有關重要人物」的張承槱，竟然不知道陳其美與李燮和、李平書、李英石等人祕密商定的一整套起義計畫。他誤認為到九畝地集合的數千人，都是去攻打製造局的。結果發現「知名之士及數百武裝整齊之商團，均僅到此送吾黨人之行，並不參加進攻製造局之戰鬥」。與張承槱的敢死隊一起出發的陳其美，也沒有直接前往製造局，而是「半途而返」，會同李平書乘汽車由另一條道路趕到前面，從側門進入製造局。陳其美打算與李平書一道勸說張士珩投降，張士珩反而把他捆綁起來，只放李平書一個人離開。按照張承槱的事後敘述，幸虧製造局裡面有一名士兵張杏村，此前已經答應田鑫山、劉福彪擔任內應。危急關頭出面勸告張士珩說，「總辦家眷少爺小姐均在外居住，身家性命以及財產也當顧慮」，從而阻止了張士珩殺害陳其美的行動。「余率領弟兄攻入辦公廳前，見陳英士仍被綁於簷柱上，兀自呻吟，余急趨前為之松解。」

為了佐證自己這段文字的真實性，張承槱特別強調說：「此段經過由陳英士與張杏村向余面述，余始瞭解真相。」而在事實上，張承槱率領的敢死隊，並不是攻佔江南製造局的主力部隊；張承槱更不是指揮這場戰役的前線指揮官。被製造局士兵抓捕的陳其美，也不是乘坐李平書的汽車進入製造局的。攻佔製造局之後，急忙趨前為陳其美（英士）鬆綁的，也不可能是身負重傷需要眾人用一張靠椅抬往前線的張承槱。

在所有關於上海光復尤其是攻打製造局的文獻資料當中，最為接近事實真相的，是李燮和於一九一三年六月七日寫給北京陸軍部的《陳述光復軍成立並先後光復上海、南京等地諮呈》。按照李燮和的陳述，一九一一年十一月三日下午六時，「浙人方青箱等來報稱，陳其美於四時後率敢死隊及商團若干，往攻製造局。突其首門，局兵開槍迎擊，民軍陣亡數名，其美及兵士被俘者數人，商團皆退走，目下待援甚急等情。燮和聞報大驚，立召集陳漢欽等於銳進學社，下令合軍赴援。」[1]

1 《李燮和陳述光復軍成立並先後光復上海、南京等地諮呈》，《辛亥革命在上海史料選輯（增訂版）》，第八〇三－八〇四頁。

有了陳其美攻打製造局慘遭失敗的前車之鑒，各路軍警聽到李燮和的命令「相顧且失色」。李燮和當場發表演說：「今日之事，乃拿破崙所謂最後十五分鐘者，大局存亡在諸君一勇怯間耳。無已，燮和請為諸君先登。」說完手握炸彈走出門外，在場將士大為感動，奮勇向前。「守局炮兵原先暗結於我軍，故炮擊皆不命中，我軍僅傷亡二十八人。……陳其美始獲免於難。諸軍推燮和權為臨時總司令，移住製造局。此燮和與陳其美光復上海及攻製造局先挫後勝之實在情形也。」

第四節　劉福彪擁戴陳都督

早在秦朝末年劉邦、項羽爭雄稱霸時期，中國社會已經有了先入咸陽先為王的革命規則。按照這樣一種旨在改朝換代的革命規則，在上海光復中功勞最大、實力最強的光復會領導人、「上海臨時總司令」李燮和，自然是出任最高軍政長官的第一人選。上海光復的第二天即一九一一年十一月五日，作為同盟會中部總會機關報的《民立報》報導說：「此間民軍辦事職員聞已推定，……總司令李燮和君。」

十一月六日，上海第一大報《申報》也報導說：「李燮和為軍政臨時司令。」

十一月十一日，《民立報》還公開刊登正在湖北前線指揮戰鬥的同盟會首領黃興，於第一時間寫給湖南同鄉李燮和的親筆信函：「滬事竟告成功，雄才佩甚。……滬事如何進取，乞卓裁主持，不必遠商也。手複，敬叩健安。」[1]

1 《黃將軍致李司令函》，《辛亥革命在上海史料選輯（增訂版）》，第七七四頁。

然而，十一月六日發生在上海縣城小東門原清軍海防廳署的一次集會，粗暴顛覆了初步建立的上海軍政府，從而改寫了上海地區以及整個國家的歷史軌道。

當時的上海，是由江蘇巡撫衙門管轄的上海道和上海縣所在地。按照此前形成的慣例，各省屬地先於省會光復起義的，一般稱為軍政分府。上海光復後，是成立軍政分府還是成立都督府，在光復會、同盟會以及當地紳商之間存在著嚴重分歧。據李燮和在《陳述光復軍成立並先後光復上海、南京等地諮呈》中介紹：

> 燮和以事機雖順，戰爭方始，乃專注意兵事，組織總師司令，預備添招軍隊，光復江寧，徐圖北上。而陳其美、李平書等主於上海推立都督，燮和以為都督兼任民事，不宜分裂江蘇統治之權，與陳其美等議異。九月十六日，陳其美為滬軍都督，諸營士兵大嘩。燮和鑒於大局危迫，亟為極力開導，並商由陳其美出銀犒之，眾始定。十七日，燮和即將陳漢欽等舊營及製造局所存軍儲一概移交其美，而自率新募敢死隊開往吳淞，即借吳淞為練兵地點，並約商陳其美分濟軍械，且量力代籌軍餉。於時，黃漢湘等已組織吳淞分府於復旦公學，比燮和至吳淞，見有吳淞都督李告示遍貼街衢，燮和乃複與黃漢湘等約，取銷都督名義，並宣告本分府承認武昌軍政府為中華民國臨時中央政府，兼承認蘇州軍政府為江蘇全省政府。

這裡的農曆「九月十六日」即一九一一年十一月六日。十一月七日，《民立報》刊登《陳其美就職通告》，其中寫道：「其美忝承軍、學、紳、商開會公舉，責以都督重任。才疏望淺，不克擔承。惟當軍務倥傯之際，一再思維，與其推諉誤事，負罪國民，何如勉策駑駘，共扶大義。夙仰軍隊諸同胞，志切同仇，心存救國。其美既勉為其難，諸君必共匡不逮。」[1]

同一天，該報還刊登有《滬軍都督府人員名單》：「中華民國軍政府滬軍都督陳其美（號英士，湖州人），參謀李燮和、陳漢卿、鈕永建、章梓、李顯謨、王熙普、葉惠鈞、黃膺白、俞鳳韶、楊兆金、沈翔雲。」

關於陳其美出任滬軍都督一事，龔翼星在寫作於一九一二年十二月的《光復軍志》中介紹說：「有業報者十餘人，集於海防廳，議舉都督，燮和部屬惟章豹文知之，馳往，則見一人手叉藥彈，呼曰：『今日事已屬某君，有異議者，即以此擊之。』豹文趨出。其美遂為滬軍都督，平書為民政長，署燮和為參謀。自滬事起，軍警界惟知有燮和，則大嘩，燮和出慰，語始定。因說其美出資犒之。燮和視事三日，悉以軍牒交其美，而退居銳進學社，豈為成功不居者耶？儻亦有所先急也。」[2]

這裡的「業報者」，指的是《民立報》出資人沈縵雲和外勤記者陳其美等人。綜合相關文獻資料，所謂「手叉藥彈」之人，應該是率領敢死隊員極力擁戴陳其美的會黨首領劉福彪。

據與李燮和一同列入參謀名單的同盟會元老鈕永建回憶：「論功行賞，英石功最大，應該當都督，當時同盟會也議論過，但他不是同盟會員。光復會的李燮和出奇不意地立了首功，拿下吳淞、閘北，但如李燮和當了都督，上海可能變成光復會的天下。同盟會方面，黃興不能從湖北回來，於老（右任）在上海

1 《辛亥革命在上海史料選輯（增訂版）》，第三二一頁。
2 龔翼星撰《光復軍志》，《辛亥革命在上海史料選輯（增訂版）》，第二四二頁。

關係不深，楊譜笙威望不夠，英士這時雖還剛露頭角，但他是同盟會在滬的重要幹將，就只好由他來充任了。」[1]

陳其美的表叔、時任同盟會中部總會的會計幹事的楊譜笙回憶說：「當時多數人推舉都督的對像是李英石。起義前大家原有『誰先入咸陽誰尊王』（指劉邦、項羽故事）的想法，而李燮和首先光復吳淞、閘北，因此又多矚目李燮和。如果沒有李燮和插一腳，就可能推英石當都督。」

另據當年在海防廳署負責會場警衛的許奇松回憶說，十一月六日下午二時左右，「出席會議的人員陸續到來，陳英士穿著學生裝，髮辮已剪去，隨身帶來四十個便衣衛士（敢死隊隊員），由劉福標帶隊。」主持會議的李平書和商團代表及起義軍官，一致推舉李英石出任都督、葉惠鈞為副都督。陳其美執意提出由同盟會方面擬就的都督府名單。名單一經宣布，全場譁然，秩序大亂。脾氣暴燥的黃郛第一個拿出手槍威脅李平書。在場的起義軍官也把手槍撥了出來，雙方形成對峙局面。在會場內靠牆站立的劉福彪，突然舉起一顆手榴彈大呼道：「都督非選陳英士不可，否則我手榴彈一甩，大家同歸於盡！」這樣一來，李平書只好急忙宣布散會。[2]

相比之下，章天覺的相關回憶表現得更加生動形象也更多事後虛構的演義色彩：攻佔製造局的第二天，在南市教育會討論都督人選時，「李平書推李燮和以武昌軍政府派遣總司令名義兼上海都督。蔣介石

1 李宗武：《鈕永建等談上海光復與李英石》，文史資料選輯《辛亥革命七十周年》，上海人民出版社，一九八一年，第一六七—一七〇頁。

2 許奇松口述、李宗武記錄：《爭奪滬軍都督現場目擊記》，文史資料選輯《辛亥革命七十周年》，上海人民出版社，一九八一年，第一七四頁。

起而反對，黃競白、陸惠生、姚勇忱從而附和」。李平書發言說：「李燮和同志為湘軍後裔，現奉武昌軍政府派遣為總司令，以之坐鎮，必能號召中外；況此次來滬遊說滬軍營製造局兵士巡防營，厥功甚偉，人地聲譽，均極相宜。清營士兵，多係湘籍，以之坐鎮，絕不致誤。」話音未落，著名文明戲演員王鐘聲抗言道：「若非陳英士先生為國，以身陷陣，恐今日在座諸君，尚呻吟於滿人官吏淫威之下，驚心動魄，準備為俎上之肉。況此次攻打製造局、道台衙門各役，李燮和均不在場。事前亦不能覓其所在，豈可貪天之功。鄙人之意，如上海不須都督則已，若需要都督，非陳君莫屬。苟舉非其人，余決以身家性命擲之。」蔣介石、劉福彪、王金發大聲疾呼，「請陳其美同志擔任都督！」劉福彪呼嘯時，猶頻頻以手撫槍。王金發「以手探西服褲袋，似探槍者，頗類古人之所謂按劍也」。陳其美被推舉為滬軍都督後，便任命王鐘聲為參謀長。[1]

查勘相關資料，蔣介石、王金發當時正在浙江參加光復杭州的戰鬥，王鐘聲（熙普）雖然一度出任過滬軍都督府參謀；擔任滬軍參謀長的，卻是畢業於日本東京振武學校和日本陸軍測量局地形科的黃郛（膺白）。

另據李英石的後人李宗武在《李英石將軍訃告撰印經過和有關問題的說明》中介紹，國民黨官方一直否認李英石是攻打江南製造局的商團統領，反而把不在上海的蔣介石虛構為帶兵攻打製造局的功勳人物。李英石於一九三三年十一月十三日病逝後，治喪委員會主任王一亭覺得李英石親屬提供的《陸軍中將李君英石行述》，與國民黨當局欽定的陳其美紀念碑的碑文存在牴觸，不敢出面具名。李英石的親屬只好懇請

---

1 章天覺：《回憶辛亥》，《辛亥革命史叢刊》第二輯，第一五六－一五九頁。

時任南京考試院銓敘部長的鈕永建出面具名。鈕永建便在「行述」中曲折委婉地添加了這樣一段文字介紹：「上海光復後，眾議推選滬軍都督主持全域。商團全體及參與革命人士，認為商團司令任重功高，共推君為滬軍都督。未料推選時，有人另有企圖，稍有爭執，君遂推讓陳烈士為都督矣。」[1]

這裡所謂「另有企圖」的「有人」，顯然是指極力擁戴陳其美出任滬軍都督的黃郛、沈縵雲、劉福彪一派人。所謂「稍有爭執」，其實是劉福彪等人揮舞炸彈發出恐怖暴力的死亡威脅。陳其美出任滬軍都督之後，李燮和為了避免革命黨內部發生武裝衝突，主動選擇退出上海城區，到東北方向長江入海口的吳淞地區另行組織軍政分府，並且在中國公學另行組織光復軍總司令部，此舉在很大程度上牽制削弱了滬軍都督陳其美的勢力範圍，並且以同盟會與光復會兩敗俱傷為代價，助長了立憲派首領、江蘇都督程德全的軍政權威。

第五節　陳其美倚重劉福彪

一九一一年十一月九日，也就是陳其美出任滬軍都督的第三天，《民立報》刊登《成立敢死隊告示》：「照得滬軍起義以來，所有敢死隊尚未成立正式隊伍，亟宜齊集一處，編成軍隊，以歸統一。為特示知各敢死團，各自帶員各冊、軍裝，於本日下午二點鐘，齊集小南門內巡警教練所操場，聽候點名，編成軍隊，是要。切切特示。」

1 李宗武：《李英石將軍訃告撰印經過和有關問題的說明》，《辛亥革命在上海史料選輯（增訂版）》，第二二二頁。

這是光復上海的各種民間自發武裝被滬軍都督府加以收編的官方資訊。十二月二十九日，《民立報》又報導說：「滬軍福字敢死隊領袖劉福彪司令於前日（一九一一年十二月二十八日）午後二點時，親詣孫中山先生行轅稟見，即由孫先生迎入，遂由劉司令面稟光復本埠城鄉內外，及攻複製造局一切情形。並將是役攻擊該局彈傷形容之照片呈覽。當奉孫先生大加嘉獎。並由劉司令擬呈條陳，大致謂敢死隊現只一營，設即北伐，尚恐兵力不足，擬請命令滬軍都督准予再行添招，以厚北伐兵力，俾得直搗黃龍雲。」一

一九一二年一月十一日，上海公共租界工部局警務處刑偵股編制的《警務報告》中，出現了劉福彪的名字：「劉福彪過去係一名罪犯，目前已是上海城防軍某部指揮官，穿著一身革命軍將官服裝。本月九日，他拜會了法租界警務處總巡。」[1]

同年二月七日，《申報》刊登《禁用毒刑告示》，其中寫道：「滬軍都督陳英士君，昨日諭飭本府執法科長蔡君行文福字敢死隊劉隊官云：現聞該營軍士，每犯過失，有治以割耳、插耳箭等毒刑情事。查此種軍律，乃從前之惡習，刻正改良新法，不宜襲用。」[2]

這裡的「蔡君」即蔡寅。「劉隊官」即福字敢死隊隊官劉福彪。身為革命政府的現役軍官，劉福彪依然在運用江湖會黨的私刑家法，野蠻處置他所統領管轄的革命軍人。

與沒有明顯黨派色彩的《申報》相比較，同盟會第一大報《民立報》，對於陳其美、劉福彪等人所採取的分明是單邊片面、黨同伐異的黨派立場。三月四日，該報以《不愧敢死》為標題表彰福字敢死隊司令

1 《辛亥革命與上海：上海公共租界工部局檔案選譯》，中西書局，二〇一一年，第九八頁。

2 《辛亥革命在上海史料選輯（增訂版）》，第三八〇頁。

劉福彪說：「前因閱報，悉陝西升允負隅反抗共和，殺害同胞，稟請滬軍都督，願告奮勇率師援陝，……昨奉陳都督批示云：……陝西軍事已由袁總統派兵赴剿……該司令宜督率所部，勤加訓練，俾成勁旅，以待後用，毋負厚望。」[1]

三月十六日，公共租界的《警務報告》介紹說：三月十四日夜間，劉福彪在六名士兵護衛下，想要進入不向公眾開放的城隍廟，被值勤巡警制止。劉拔出手槍對準值勤巡警，該巡警嚇得當即逃逸。此事已經提交給上海民政總長李平書處理，李平書提議轉呈臨時大總統孫逸仙即孫中山處理。[2]

三月十七日，《警務報告》進一步介紹說：上海縣城的著名士紳對劉福彪的行為極為反感，他們切望將劉開除軍籍並遣散其部屬。劉福彪及其敢死隊隊員為此事晉見陳其美，陳給出的是否定回答。其他軍隊在月初按月領取十元軍餉，敢死隊的一部分隊員每月只領取六元，但是，他們中間並沒有人議論造反之事。

三月二十九日，孫中山陪同被袁世凱任命為內閣總理的廣東同鄉唐紹儀，到南京參議院提交經袁世凱認可的內閣成員名單，除交通總長梁如浩之外，其他候選人都獲得通過。中華民國臨時中央政府第一屆內閣的正式名單為：外交：陸征祥。內務：趙秉鈞。財政：熊希齡。陸軍：段祺瑞。海軍：劉冠雄。教育：蔡元培。司法：王寵惠。農林：宋教仁。工商：陳其美（王正廷代理）。交通：唐紹儀（兼，後由唐侄婿施肇基接任）。

1 《批示福字營敢死隊勿庸開赴陝西》，《辛亥革命在上海史料選輯（增訂版）》，第三八一頁。

2 《辛亥革命與上海：上海公共租界工部局檔案選譯》，第一四四頁。

四月十一日，陳其美發布通令：「今者，又經參議院同意，推舉為工商部總長。夙無經驗，懍惕尤深。雖就職與否，尚待參酌，但滬軍都督一職，不日即須取消，……此時縱欲他去，若不妥為布置，豈忍遽唱驪歌？況鄰封兵變，上海亦謠諑紛來，其賴我將士以值守者，尤關重要。」[1]

這裡所說的「鄰封兵變」，指的是三月二十七日發生在蘇州、四月一日發生在杭州、四月十一日發生在南京的武裝嘩變。這些武裝嘩變為擁兵自重的滬軍都督陳其美極力推遲遣散軍隊、放棄權位，提供了事實上的依據和藉口。

四月十三日，公共租界警務處按日編制的《警務日報》介紹說：十二日南市市政廳召開會議，討論如何遣散劉福彪的六百名敢死隊隊員，出席會議的有李平書和相關的市政管理人員。會議認為把敢死隊暫時留在軍隊更加安全一些，但是，應該把他們分編為幾個連隊調往不同地方。[2]

四月十七日的《警務日報》介紹說：「敢死隊司令劉福彪和陳英士都督準備這幾天動身前往天津。劉已將敢死隊移交給Tqaug Chong Ding，此人係前湖北省都督。」

這裡用字母拼寫的Tqaug Chong Ding，應該是與劉福彪一起參與攻打上海江南製造局的張蓬生即張承樌，他此前因為治療槍傷而一度脫離敢死隊。四月二十二日的《警務日報》介紹說：四月二十一日下午二時十五分，劉福彪再一次被公共租界的巡捕予以逮捕。他是北河南路天后宮中國商會的客人，剛步出天后

1 《滬軍都督一職不日即須取消》，《時報》，一九一二年四月十二日。《辛亥革命在上海史料選輯（增訂版）》，第三四九頁。

2 《辛亥革命與上海：上海公共租界工部局檔案選譯》，第二〇〇－二〇四頁。

宮即被捕獲。到捕房後對他進行了搜查，搜出實彈自動手槍一支。

同樣是在四月二十二日，鄭孝胥在日記中寫道：「報言：初二日，閘北警局將租界內印捕拘留二十小時。初五日，商會公宴程德全、陳其美、藍天蔚等於天后宮，席散出門，有西捕八人將坐客福字軍統領劉福彪拘入捕房，虞和德往求保釋，不許。日內租界中戒嚴，如立待開戰者。劉福彪乃陳其美之心腹也。」[1]

虞和德是以閘北商會會長身分出任滬軍都督府顧問的同盟會員、洋行買辦虞洽卿。四月二十三日，鄭孝胥在日記中寫道：「陰。報言，捕房聲言。劉福彪曾經犯案監禁二年，逐出租界之犯，前日複帶槍械入租界，故應拘辦。」

同樣是在四月二十三日，上海《申報》報導說，劉福彪於一九〇八年曾以曾國璋的名義，在上海租界向鋪戶收取「保護費」，從而被租界當局判處兩年徒刑，刑滿釋放後被逐出租界。[2]

曾國璋是曾經活躍在江蘇常州、江陰一帶的青幫首領，一九〇三年五、六月間，他仿效洪門哥老會的組織方式開堂立會、拉幫結夥，隨後又與熊滿堂的哥老會天目山聚義堂採取聯合行動，勢力範圍擴展到南通一帶。他率領青紅兩幫的會黨成員私購軍火，並且在上海崇明縣強劫沈恒豐典當鋪，一時間造成較大影響。熊滿堂、曾國璋去世之後，青幫「通字輩」大佬劉福彪，一度接替曾國璋成為哥老會天目山聚義堂

1 《鄭孝胥日記》，中華書局，一九九三年，第一四一五頁。

2 引自邵雍著《中國近代會黨史》，合肥工業大學出版社，二〇〇九年，第一六五頁。《辛亥革命在上海史料選輯（增訂版）》，第三八八頁。

的當家三爺。因為敲詐勒索而被公共租界判處兩年徒刑的劉福彪，刑滿出獄後重新聚集青紅兩幫的黑道勢力。辛亥革命的爆發，恰好為劉福彪一派的黑道會黨人士，提供了一條脫胎換骨、改頭換面的新生路徑。在統率幫會武裝攻打上海江南製造局的戰鬥中，劉福彪身負重傷並立下首功。

一九一二年四月二十五日，公共租界的《警務日報》介紹說：會審公堂於四月二十四日審理在押犯劉福彪，他被控私自潛回租界並且私持實彈武器，當庭判決罰款四百元以充抵三個月有期徒刑，重新驅逐出境，手槍發還被告。庭審結束後，劉福彪由探目辛浦森送出租界。當天下午，劉福彪在縣署會見了李平書、李英石等人，揚言要千方百計查明到底是誰出賣了他，只要見到此人就予以槍斃。有人傳說是李平書誘騙劉福彪進入租界參加天后宮宴會的，因為兩個人此前發生過爭吵。

四月二十六日，《民立報》以《誣控軍長之罪》為標題，報導了陳其美在答覆南京留守黃興的公文中，對於劉福彪的公然庇護：「案准貴留守諮稱，據前充犧牲隊隊長胡元魁稟控滬防福字全營司令劉福彪吞餉虐兵等情，望即見複施行等因，查此案發生原因，該隊於二月初旬有逃去兵士四人，胡元魁身為隊長，理應呈明，乃竟匿而不報；又將伙夫梁茂才一名填充副兵，影射吞餉。經該司令長劉福彪查明斥革，即將胡元魁押解地方檢察廳監禁六月，具情申報在案。……（胡元魁）顯係挾嫌攻訐，冀圖免罪。」[1]

這裡的「滬防福字全營司令」，是劉福彪擴充整編敢死隊之後的新任官職。五月七日，在陳其美的倚重庇護下平安度過連環危機的劉福彪，專門在《民立報》發表一封效忠信：「去年九月光復上海，惟我福字敢死隊首舉義旗，首立戰功。……蓋我與都督同時起義，惟都督能知我、愛我、容我、用我，截我之

---

1 《辛亥革命在上海史料選輯（增訂版）》，第三八八頁。

短，取我之長，所謂『生我者父母，知我者鮑叔也』。我是以跬步不可相離。」[1]

第六節 福字營背離革命軍

陳其美在辛亥革命期間先後招募了相當於三個師的軍隊，由於長期拖欠軍餉，這些軍隊隨時都有發生武裝嘩變的危險。在這種情況下，劉福彪的公開效忠對於既擁兵自重又內外交困的陳其美來說，自然是一種強力支持。

一九一二年五月三日，公共租界的《警務日報》摘錄當天《新聞報》的報導說：滬軍都督尚未給敢死隊隊員發放四月份的薪餉。該隊二連有一隊員陳寶修要求發餉，被帶到劉福彪面前責打四〇〇軍棍。劉命令所有隊員靜候發餉，不許製造事端，否則將予嚴懲。

五月十一日，《警務日報》介紹說：十日下午，有百餘位商界人士在張園舉行集會，歡送即將前往北京出任工商總長的陳其美都督。陳其美繼程定夷、張叔和、黃膺白之後發表演講，他談到中國同各國簽訂借款協定的問題，說是中國目前別無他法，但是，這些借款幾年後都將償還，到那時候全世界會看到一個新中國。在座的一些人敦促陳立即動身前往北京。[2]

---

1 朱宗震：《陳其美與民初遊民社會》，浙江文史資料選輯第三六輯《陳英士》，浙江人民出版社，一九八七年，第一四二頁。

2 《辛亥革命與上海：上海公共租界工部局檔案選譯》，第二一一－二一五頁。

事實證明，陳其美的這些公開活動，大都是掩人耳目的表面文章。陳其美為了取代程德全的江蘇都督一職，暗中指使此前隸屬光復會的柳承烈，在蘇州祕密組織「洗程會」，暗中策動朱葆誠任團長的蘇州先鋒營武裝暴動。

五月十九日，正在南京養病的江蘇都督程德全，得到蘇州方面出現異動的資訊，立即從南京返回蘇州緊急部署。

五月三十日，北京方面的江蘇籍共和黨議員楊廷棟密電程德全說：「黃留守如取消，中央擬以王芝祥接統，然王仍同盟會，不如令思緘為之。秉三議以確實之接濟，或能應手。」他提醒程德全要對陳其美保持戒備：「陳英士暗中增兵，確否？乞嚴防，或不至大決裂。」[1]

五月三十一日，袁世凱發布命令：「所有南京留守機關，候程德全到寧接收後，准即取消。」

當天夜裡，程德全搶佔先機，派出大批軍隊包圍先鋒營並展開搜捕，迫令交出骨幹分子，柳承烈乘亂逃走。

六月一日，程德全自任審判長，將參與組織武裝暴動的蒯佐同、蒯際唐、吳壽康、程宏四人判處死刑並立即執行，隨後便繳械遣散了整個先鋒營。陳其美得到「洗程會」失敗的消息，竟然致電程德全詢問柳承烈的下落，程德全佯裝不知，輕描淡寫地回復說：「敝處本不知柳承烈蹤跡，蒯案亦未聞及。」

為了不使事態擴大，程德全在向袁世凱報告時，把「洗程會」改稱為「洗城會」，說是「蘇城近日謠

1 楊廷棟致程德全電，江蘇都督府密電密件室抄存件。思緘即前任江蘇都督莊蘊寬，秉三即時任財政總長的熊希齡。朱宗震著《民國初年政壇風雲》，第三八頁。

言蠡起，少數軍隊密謀作亂，德全於昨今兩日選派得力兵力，極力防範，已拿首要，嚴密審訊。……（先鋒營）假託二次革命，另舉正副總統，改易國旗。」[1]

關於此事，公共租界的《警務日報》介紹說：駐紮在蘇州城西約三十里的虎丘地區的先鋒營士兵，於五月三十日祕密集會，決定於六月一日武裝推翻江蘇都督程德全。五月三十一日，某偵探將上述叛亂密謀報告給程都督，程都督立即命令給其他軍隊發放彈藥前往捉拿該營士兵。結果有十人被捕，其中包括團長吳老四和蒯佐同，他們的兩個衛兵因為拒捕被當場擊斃。為了防止發生意外，蘇州各城門均被關閉，直到六月二日早晨才重新打開。二日下午六時三十分，滬寧火車站接到蘇州打來的電話，聲稱該地一切平靜，叛亂軍官被捕，一千名士兵被繳械。[2]

在蘇州發生動亂的同時，有二百三十名不帶槍支的福字營敢死隊隊員，於六月二日上午十一時從上海西門內營房整隊上街，說是準備去製造局附近的操場進行訓練。當他們來到登雲橋時，藉口一名巡警沒有很好地執行任務，也沒有向他們立正致敬，便開始動手毆打這名巡警。隨後，他們在城區南門、西門外各條馬路上追逐毆打巡警，並且砸毀城北、城南、城西各巡警局的門窗家具，共有十五名巡警受傷，兩名巡警在送往醫院搶救時死亡。據說這些敢死隊員之所以毆打巡警，是因為巡警把劉福彪的一輛沒有牌照的自備包車扣押在巡警局，他們對巡警們的整齊制服也心懷嫉妒。縣城巡警和南門外巡警為此事拒絕執勤，直到南市巡警總局警務長穆湘瑤、滬防全軍統領李英石、上海民政長李平書澈底調查為止。

1 朱宗震著《民國初年政壇風雲》，第三八頁。
2 《辛亥革命與上海：上海公共租界工部局檔案選譯》，第二二二頁。

六月十四日早晨，在與臨時大總統袁世凱以及臨時參議院的政治博弈和權力爭奪過程中一再受辱的唐紹儀，乘坐火車離開北京前往天津，並於六月十七日提出因病請假五日的呈文。

六月二十日，一直沒有前往北京就任工商總長的陳其美，在致袁世凱、國務院、參議院及各省都督的電報中表示說：「臨時政府甫成立，忽傳逼退總理之惡耗。丁茲時艱，奚堪演此惡劇？唐總理因受逼而退矣，試問逼之者何心，繼之者何人？果於大局無害而有益，即更舉總統可也。如其不然，寧毋躁！鄙見止此，竊願與大界諸君子亟起圖之。」[1]

六月二十六日，北京《大自由報》以北京報界聯合會名義發表內容大致相同的兩份通電，要求對陳其美查拿嚴辦：「唐紹儀棄職潛逃，法在不宥，推其心跡，實以監守自盜，恐被重誅，初無人逼迫之也。乃陳其美通電，挾持黨見，肆其莠言，……詳查陳其美行為不法，殘賊公行。前唐紹儀到滬，曲意逢迎，後被用為工商總長，猶複擁兵自衛，放肆跳樑，騰布奸言，希圖擾亂，此而不誅，法紀何在！」[2]

六月二十七日，袁世凱批准唐紹儀辭職。《民立報》於當天刊登程德全呼籲調和的通電：「願各政界、各政黨，以和平之心氣，成堅忍之功能，勿薄躬厚人，勿黨同伐異。各言論家以誠意為指導，以真理相商榷，勿抱薪以救火，勿止沸而揚湯。」

面臨來自全國各地和社會各界的重重壓力，陳其美開始為自己離職後繼續掌控上海周邊地區而精心佈

1 上海《民權報》，一九一二年六月二十二日。朱宗震、楊光輝編《中華民國史資料叢稿．民初政爭與二次革命》上編，上海人民出版社，一九八三年，第五五頁。

2 朱宗震、楊光輝編《中華民國史資料叢稿．民初政爭與二次革命》上編，第五七頁。

局，於是便有了作為青幫、洪（紅）幫、哥老會公口聯合組織的中華國民共進會，於一九一二年七月一日正式成立。出任共進會會長的，是陳其美所倚重利用的另一位幫會首領、此前擔任滬軍都督府諜報科科長的青幫「大字輩」大佬應夔丞。

據公共租界的《警務日報》記載，七月十二日，都督府的屬員表示說：除非政府給陳其美四百萬兩銀子，否則他是不會裁撤都督府的。劉福彪司令目前正在慫恿陳其美保留其都督府，因為如果滬軍都督府被裁撤，劉恐怕會丟掉職位。七月十三日，三個祕密幫會（紅幫、青幫和哥老會）的成員們表示說，陳其美都督已請他們協助在上海和長江各口岸實行獨立。據說哥老會的首領，現在就和陳其美在一起，他們的首要目標是佔領製造局。縣城和郊區的商團團員做出決定：如果陳其美都督拒絕卸職，他們將強迫他離任。[1]

這裡所說的哥老會首領，指的就是出任共進會副會長的張堯卿，他是黃興的湖南同鄉，早在一九〇九年就與孫中山建立聯繫。一九一一年九月，共進會會長應夔丞，夥同何海鳴、淩大同等人前往湖北武昌，打著為張振武報仇雪恨的名義，煽動當地駐軍武裝推翻湖北都督黎元洪。九月二十五日，駐紮在武昌南湖的馬隊第二團暴動失敗，應夔丞等人被黎元洪在全國範圍內明令通緝。此為後話。

一九一一年七月三十一日早晨，江蘇都督程德全由南京抵達上海，正式接收陳其美的滬軍都督府及其軍隊。下午四時，在滬軍都督府舉行接收儀式，陳其美、程德全先後發表講話。滬軍都督府宣布撤銷，另行設立江蘇都督行轅。據八月二日的《民立報》報導，陳其美在離職訓令中表示說：「滬軍軍餉皆承財政

---

1 《辛亥革命與上海：上海公共租界工部局檔案選譯》，第二二九－二三八頁。

司朱葆三先生及各界之力多方告貸而來。然籌借之款，只可敷各軍隊伙食之用，是以有四、五兩月之餉尚未發齊。……今日滬軍取消，實為財政起見，不得已請程都督來滬接收。……今日奉中央財政部發洋二十萬元到滬。前欠四、五兩月之軍餉照冊發給。惟滬上軍隊共有三萬之多，後因各軍士深明大義，請求歸農及另為設計謀生，是以陸續遣散七千餘人，現實有二萬多數。想各軍隊長皆能深悉時艱，回營勸導，務期早日歸田。……至於六、七月軍餉，則歸程都督擔任照發……」[1]

事實上，中央政府財政部在為滬軍都督府發放二十萬元遣散費用的同時，還以委派陳其美出國考察為由，給他個人支付了三萬元遊歷費用。陳其美領款之後，始終沒有出國考察。一九一二年十二月十六日，袁世凱總統府的親信秘書張一麐，密電時任江蘇都督程德全（雪樓）親信秘書的同胞弟弟張一爵說：「奉諭，可由雪老電請公債票為臥子還債。中央已發三萬元遊歷費，陳至今未行，若債票到手，仍不出發，將若之何？似應由雪老囑臥子開債戶清單，擔任出發後為其代償，俾臥子早日出洋，不至仍前中止。」[2]

這裡的「臥子」，指的就是經常裝病拒客、拖欠債款的陳其美。滬軍都督府裁撤之後，程德全實施調虎離山之計，把劉福彪的福字營調往南京。

關於此事，公共租界的《警務日報》記載說：一九一二年十一月七日上午十一時，劉福彪司令接蘇州都督程德全的公文，命令他一星期內帶領他的敢死隊開赴南京，在南京儀鳳門內紮營。劉司令還收到支付

1 《辛亥革命在上海史料選輯（增訂版）》，第三九七頁。

2 朱宗震：《陳其美與民初遊民社會》，浙江文史資料選輯第三六輯《陳英士》，浙江人民出版社，一九八七年，第一四六頁。

敢死隊十月份軍餉的一筆款子，但軍餉要等到達南京後發放。十一月十四日上午十一時，約七百名敢死隊員開往十六鋪碼頭，其中二百三十人乘坐鈞和號巡洋艦，於下午二時十五分駛往南京。劉福彪由幾名護兵陪同乘坐晚上十一時的火車前往南京，其餘隊員將搭乘大連號輪船，於十五日淩晨駛往南京。

「二次革命」爆發後，陳其美於一九一三年七月十八日宣布上海獨立並就任上海討袁軍總司令。陳其美考慮到上海方面兵力嚴重不足，向黃興借調劉福彪的福字營返回上海。七月二十二日，匆匆趕回上海的福字營，被陳其美改編為特別敢死隊。七月二十三日淩晨，滬軍六十一團、三十七團與特別敢死隊共計七千五百餘人，聯合攻打上海製造局。上海鎮守使鄭汝成指揮將近一個師的優勢兵力，在海軍火力配合下給予上海討袁軍以毀滅性打擊。

七月三十日，上海討袁軍一部撤往閘北，遭到公共租界巡捕及萬國商團的繳械驅逐。鈕永建、劉福彪率部撤往吳淞及寶山一帶。八月二日，海軍總長劉冠雄派遣四艘軍艦配合鄭汝成所部軍艦，集中停泊在吳淞江面對吳淞炮臺實施炮火轟擊，討袁軍奮力還擊，重創海軍旗艦「海圻」號。關鍵時刻，劉福彪接受江蘇都督程德全的密令準備臨陣倒戈，被吳淞要塞司令居正及時發現。八月六日，鈕永建、居正統率所屬部隊採取突然襲擊的斷然措施，解除了福字營的武裝。劉福彪及其福字營敢死隊，從此退出歷史舞臺。陳其美對於有錢賣命、無錢打劫的青紅幫首領劉福彪的倚重利用，最終以失敗告終。

八月十三日，袁軍方面水陸夾擊吳淞炮臺，守軍不敵，鈕永建、居正等人率部退往嘉定，旋即遣散餘部逃往海外。陳其美隨後也逃往日本，國民黨方面挑起發動的「二次革命」澈底失敗。

第一章　陶駿保的冤殺與昭雪

滬軍都督陳其美跨越權力邊界誅殺江蘇都督府參謀次長陶駿保，是辛亥革命期間的一樁重大命案，其直接結果是通過不擇手段殺一儆百的恐怖暴力，鞏固了陳其美在上海周邊地區順我者昌、逆我者亡、黨同伐異、敗壞法治的強勢地位，擴張了同盟會在江浙地區的勢力範圍，威懾嚇阻了企圖挑戰陳其美及同盟會的政治權威的各派勢力，為同盟會在全國範圍內嘗試性地建構革命政權，創造了條件、開闢了道路。從消極一面看，陶駿保案直接啟動了革命黨內部惡性循環的相互殘殺，嚴重敗壞了同盟會的誠信度和公信力。

第一節　林述慶江左用兵記

林述慶，字頌亭，又寫作松亭，一八八一年四月八日出生於福建閩縣（今福州市郊區）閩安鎮後山坳西山村的貧苦農家。一九〇二年，林述慶進入福建武備學堂速成班學習，與同窗好友林之夏（涼生）和擔任教習的陶駿保（璞青）建立密切關係，後來還與林森等人創辦過革命團體「福建學生會」。當時的福建武備學堂總辦是徐紹楨。

據林述慶事後回憶，他和年長三歲的陶駿保都富於武裝收復漢族江山的民族意識，而且都喜歡詩詞創作，陶駿保當年創作過這樣一首《書懷》詩詞：

> 如此江山，竟如此東分西裂，枉教我窮途奔走，傷心裾絕！歲月又催人老大，夢魂飛繞天南北，正胡笳滿地，不堪聞。
>
> 西風急，拔不回趙家幟，奪不回秦庭璧，但閉門種菜，頭齋運甓，荊棘銅駝今古恨，關山鐵騎英雄血，歎何年痛飲黃龍，心頭熱！[1]

一九〇四年，徐紹楨被兩江總督李興銳奏調南京，主持編練當地新軍。一九〇五年，徐紹楨出任相當於師長的新軍第九鎮統制，官居二品。陶駿保被任命為正參謀官，陶駿保的兄長陶遜（賓南）被任命為第九鎮正軍醫官。陶駿保在江南陸軍師範學堂就讀時的老同學、鎮江同鄉趙聲（伯先），出任督練公所參謀官及江陰新軍教練。

《江左用兵記》是北伐軍臨淮總司令林述慶於一九一二年一月八日通電下野後，寄居在上海租界撰寫的日記體戰爭實錄，「江左」又稱江東，指的是南京以東的長江中下游地區。林述慶在《江左用兵記》中雖然沒有正面描述陶駿保案，卻為這一命案的前因後果、來龍去脈提供了第一手的文獻資料。

按照林述慶《江左用兵記》的說法，他於一九〇五年春天投入新軍第九鎮，先在孫銘任管帶的兵營擔

1 據于右任署名騷心氏寫作的《鎮江陶璞青傳》，見《于右任辛亥文集》，復旦大學出版社，一九八六年，第二三一頁。引自張功臣著《民國先驅：清末革命黨人秘史》，新華出版社，二〇一三年，第二四七頁。

任排長：

該營係武衛軍老兵歸併，營制軍紀俱不完全，余甚不滿意，欲他去，孫極力挽留。彼時孫民族思想甚富，似亦知余胸臆。孫曾與南京學界中伍崇學、封得三、濮仲厚、辛漢、陶璞青諸君在寧組織一祕密會社，陰蓄革命。余是以排長資格，特介紹余入會，余以此心敬之。[1]

由於這一祕密會社的骨幹成員逐漸離散，林述慶就不再與孫銘談論社務，反而避開孫銘與趙聲（伯先）、柏文蔚（烈武）、林之夏（涼生）、伍崇仁（壽卿）等人建立聯繫，並且聯合第九鎮將校數十人在南京城內設立革命機關部，委派同盟會員盧鏡寰與日本東京方面的同盟會總理孫中山互通消息。

依據時間先後，林述慶所說的孫銘、陶璞青（駿保）等人的祕密會社，應該是屬於光復會系統。趙聲、柏文蔚等人，此前也是光復會系統的成員，只是與林述慶、孫銘不在一個小團體而已。隨著同盟會的成立，孫中山、黃興專門派遣盧鏡寰之類的聯絡員秘室回到國內發展會員，包括光復會會長蔡元培在內的許多光復會成員，先後加入了同盟會。

一九〇六年，端方出任兩江總督。同年十二月四日，已經加入同盟會的前華興會會員劉道一、蔡紹南等人，聯合幫會首領龔春台在江西萍鄉和湖南瀏陽、醴陵等地發動武裝起義。奉派前往江西參與鎮壓的趙聲、林之夏、林述慶等人密謀起事，由柏文蔚留在南京充當內應。由於機密洩露，趙聲避往廣東，柏文蔚

1 林述慶：《江左用兵記》，《鎮江文史資料》第三〇輯，鎮江市政協文史資料委員會，一九九七年，第一三一頁。

避往東北，林之夏被端方控制在南京，帶領部隊前往萍鄉的林述慶，半年之後才帶隊返回南京。

一九一一年廣州黃花崗起義失敗後，趙聲於五月十八日因病去世，林述慶得到消息暗自傷心。十月十日武昌首義爆發後，「沿江人心騷然而動」，時任駐守鎮江的新軍第九鎮第十八協第三十六標第二營管帶的林述慶，「誓以此時雪祖仇、報死友」，於是便有了他所主持領導的「規複鎮江，招回海軍，攻克江寧」的江左用兵。

當時駐守鎮江城區的主力部隊，是京口副都統愛新覺羅・載穆所統帥的旗兵營，計有步兵三營、騎兵一隊、炮兵一營，連同家屬共七千多人。旗兵營之外還有陸續調來的一千五百名巡防隊。相比之下，包括第九鎮第十八協第三十五標共三營、第三十六標共二營的五營新軍，明顯處於劣勢地位。旗兵每天傍晚將過山炮八尊、機關炮四尊安置在南門城牆上以示威懾，導致新軍官兵人心惶惶、夜不能眠。五位新軍管帶明羽林、章祖衡、端木璜生、劉成、林述慶極力維持各自隊伍，嚴防官兵嘩變潰散。

十月十三日，第九鎮統制徐紹楨親臨鎮江，集中正目（班長）以上軍官在三十五標第一營將校講堂演說。當時的情況是新軍官兵「諱言革命，雖明知大義所在，顧皆慮禍，無敢先試」。

十月十五日，林述慶的兄長林瑞亭給南京方面的前三十六標標統、福建同鄉林之夏寫信：「時局至此，公自計若何？為國計若何？並吾應何以為計？乞詳示。此間頗安靜，然可為也。」

十月十六日，林之夏回信說：「於某日在上海決定。」

同一天，駐守南京的三十四標隊官劉國標前來拜訪，林述慶委託對方調查巡防隊兵力以及他們對於革命的態度。

十月十七日，林述慶乘坐火車前往上海，在火車上找到林之夏。林之夏介紹說，武昌首義成功後，革命同志大都主張響應，只要攻佔南京就可以控制大局。無奈南京當局高度戒備，無隙可乘。南京方面的革命同志，態度激烈的已經趕往湖北參加革命，其中包括擔任全體將校代表的馬隊隊官邱鎬。多數士兵有意擁戴第三十三標代理統帶伍崇仁擔任指揮官，被伍崇仁拒絕，起義計畫因此擱置。

當天晚上，林述慶、林之夏來到同盟會中部總會所在地上海三山會館，拜訪駐會主持工作的財務幹事潘訓初（祖彝），三個人一起商討了在南京、鎮江發動光復革命，以及聯絡海軍的相關事項。

十月十八日，林述慶乘坐早班火車返回鎮江，恰好遇到劉國標。劉國標介紹說，一千五百名巡防隊員中已經聯絡六百多人，剩餘的還在聯絡當中。

十月十九日至二十四日，林述慶分別與巡防隊和各炮臺直接接觸。考慮到新軍沒有裝備山炮和機關炮，他便向巡防隊士兵承諾，起事時奪取山炮或機關炮一尊，獎賞一千元。

十月二十五日，林述慶化裝成當地人到旗人地界進行實地偵察。回到軍營，他與第三十六標第一營管帶劉成討論了相關的軍事布置。

十月二十六日，林述慶委派易贊仁、臧在新到京峴山一帶偵察地形，並且初步制訂了光復鎮江的作戰計畫：「新軍，集全力於京峴山附近，攻東南門。巡防隊，保持租界治安，嚴防失業機匠作亂，分防寧滬鐵路，並在城內為內應。炮臺，炮擊都統府旗營，補新軍不足。」

十月二十七日，林知淵從南京送來其兄長林之夏的親筆信函：「頌亭足下：事急矣！當決則決，不可猶豫失機。其詳由家弟面述。」

十月二十八日，第十七協統領孫銘在第十八協司令部約見林述慶，說是漢口已經被北洋軍隊所收復，革命黨人即將被鎮壓平定，第九鎮應該以鎮靜處之。「吾今來此無他，看杜統領病，並撫慰士心」。

「杜統領」即稱病辭職的第十八協統領杜淮川。林述慶告別孫銘來到江邊第一樓，與來自南京的福建同鄉江道祺以及巡防營管帶張振發等人接洽光復事宜。同一天，在林述慶反復敦促下，他的妻子和妹妹離開鎮江返回福建。

十月二十九日，第三十三標隊官、福建同鄉陳登雲從南京來訪，林述慶坦誠相告：「實告君，余於八年前已入黨，今正在設法響應，若此時機再失，君（終）無成事之日矣！君在寧，從中好為之。」林述慶專門給陳登雲寫了介紹信，讓他回南京協助林之夏、林知淵、伍崇仁等福建同鄉推動光復革命。

十月三十日，某旗營排長突然從第三十五標第三營左隊排長黃邦佐家裡搜出炸彈手槍，形勢驟然緊張，全標士兵紛紛出逃。第三十五標管帶明羽林、章祖衡、端木璜生密議把軍營遷出城區分散駐紮，被林述慶出面勸阻。

按照林述慶的說法，他在鎮江已經布置完畢，只是不願意搶奪頭功，一直希望南京方面首先發動。由於南京方面無所作為，第三十六標教練官潘志岵對林述慶表示說，他有親戚某人能夠邀請立憲派名流張謇、湯壽潛等人出面主持光復大業。林述慶便委託潘志岵前往上海聯絡張謇、湯壽潛等人。上海方面委派江蘇諮議局議員黃炎培前來聯絡，黃炎培表示可以把林述慶介紹給上海江南製造局提調李平書。雙方約定十月三十一日晚上十二時，在上海時報館三層接洽商議。

十月三十一日晚上，林述慶乘坐火車趕到上海，先到時報館與黃炎培、潘訓初商談向製造局接洽槍枝彈藥的事情，然後與潘訓初一同到澡堂裡祕密商議鎮江起事的具體事項。林述慶表示自己已經派員聯絡海軍，並且打算第二天前往蘇州聯絡當地駐軍，他明確要求上海方面不要再祕密派遣相關人員到鎮江煽動起事，以免士兵熱度過高導致嘩變暴動。與此同時，林述慶還半推半就、半真半假地向潘訓初表白說：「余奔走半月，大約時機成熟。起事時，余決不願居名，將來若由上海填文告，萬不可以余姓名加入。」

林述慶主動到上海聯絡同盟會中部總會並且有如此表示，足以證明他至少在名義上是服從同盟會中部總會的整體部署和組織領導的，他的同盟會成員的身分基本上是可以確認的。只是當年的同盟會內部並不存在下級服從上級、個人服從黨魁的人身依附關係，獨當一面的林述慶在鎮江光復過程中，並沒有聽命於孫中山、黃興、劉揆一、宋教仁、陳其美等會黨首領的領導指揮。

十一月一日早晨，林述慶乘坐火車前往蘇州，拜訪駐蘇州新軍第二十三混成協統領艾忠琦，艾忠琦在第九鎮第三十四標任標統時，林述慶曾任該標管帶。林述慶與老上司艾忠琦約定，南京、鎮江、蘇州三地屆時應該同時起事。林述慶辭別艾忠琦回到鎮江，已經等候在車站的林瑞亭告訴他，三十五標統帶陶澄孝、三十六標統帶敖正邦決定各營分散駐紮，三十五標的三個營將開往丹陽、高資、新豐，三十六標也將遷出城區。林述慶對此大為憂慮：「余所持實行革命者，賴新軍五營耳。若散處各處，欲一通消息且不易矣！」

林述慶回到軍營，先後會見劉成、章祖衡。劉成介紹說：「今天孫銘到，命令如此，我從旁辯駁，奈章、明、端木三君皆贊成其說。」章祖衡表示說：「我兵雖分，無甚害，章某必聽君指揮。」

半夜時分，林述慶收到陶賓南來信，約請他到大觀樓面談。林述慶急忙趕到大觀樓，陶賓南告訴他已經說服徐紹楨、孫銘、沈同午，讓他趕快到南京與孫銘接洽。林述慶質問道：「孫今日尚來此，將軍以散駐丹陽、新豐與高資，何謂說妥？」

陶賓南解釋說，他自己剛剛從日本回國，便去勸告徐紹楨。徐紹楨問他如何避免軍隊暴動，他的答案是順應形勢、響應革命：「非響應無倖免法，蓋兵心所以動搖者，欲革命耳！若兵知長官實行革命，則事事聽命，何至暴動！」他還表示要去上海說服李平書、伍廷芳、馬相伯、張謇等立憲派名流出面協助。徐紹楨答覆說：「我年已老，汝好為之。」陶賓南認為徐紹楨已經被自己說服，便滿心歡喜地把這一資訊通知了沈同午和孫銘，並且立即趕到鎮江通知林述慶：「知君在此必有所為也。」

兩個人還談到他們共同的好朋友、已經去世的趙聲，以及陶賓南的弟弟陶駿保。關於陶駿保，陶賓南介紹說：「抱病天津，已電招之。」

不知道是什麼原因，《江左用兵記》中出現了關於陰曆九月十一日即陽曆一九一一年十一月一日的重複記載，從而出現了一例日期錯位。比照前後排列的證據鏈條，林述慶記錄在第二個十一月一日項下的日記文字，應該是發生在第二天即十一月二日的事情。[1]

在第二天的日記中，林述慶介紹說，他早晨乘坐火車來到南京，遇到諮議局事務員張偉如，張偉如請他一起午餐。他午餐後去找沈同午，才得知第九鎮已經開往離城六〇里的秣陵關。林述慶只好到南城門租用騾子趕往秣陵關，半路上遇到迎面而來的林知淵。林知淵告訴林述慶：

> 長官恐目兵在城暴動，設法使各標營出城，妄云每兵有子彈百五十發，下行軍序列命令，置彈藥隊最後方續進，及到，並無子彈。現各兵刺刀均已開口，躍躍欲試。彼則閉口不談革命，人亦不敢強。伍崇仁在彼甚著急。

1 林述慶：《江左用兵記》，《鎮江文史資料》第三〇輯，第一四二—一四三頁。

這裡的「長官」即徐紹楨。林知淵當時還是中學生，按照他的說法，武昌首義爆發後，他的七〇多名同學發誓報國，已經在殘酷鎮壓中犧牲過半。

兩個人回到南京城區，先去內橋尋訪柏文蔚，由於柏文蔚不在，他們便來到林之夏位於竺橋的家中。吃過晚飯，林之夏勸說林述慶到大觀樓住宿：「此間大觀樓寓一湘人梁維岳，君二人試往商之。」

當天晚上，林述慶和林知淵來到大觀樓，邀請梁維岳一起到內橋尋找柏文蔚。柏文蔚設在內橋的機關部裡擠滿了陌生人，他們等到凌晨四時才確認柏文蔚去了上海。

第二節　革命軍巧取鎮江城

一九一一年十一月三日早晨，林述慶、林之夏趕往下關乘坐寧滬列車，林述慶在鎮江下車，林之夏到上海去會見陶賓南。林述慶回到軍營時，三十五標的三個營已經離開鎮江城區。為便於光復鎮江，林述慶與劉成商議把所屬部隊遷移到近郊，劉成的第三十六標第一營遷往離城三里的竹林寺，他自己的第二營遷往離城二里的蔣王廟。

同一天，王藹廬從上海前來通知林述慶：「上海決本日動，諮議員已定明日赴蘇州要求獨立，事必成。」

查勘一九一一年七月三十一日同盟會中部總會成立時的會議記錄，其中有王藹廬留下的簽到名錄，其籍貫是福建閩縣，住址是同盟會中部總會所在的上海四馬路三山會館。王藹廬從上海來到鎮江，所代表的顯然是同盟會中部總會，他離開時還給林述慶留下四百元革命經費。林述慶在召集巡防營管帶張振發、劉正光、龔毓湘等人布置任務的同時，就是利用這四百元錢租賃三匹快馬，派人通知三十五標的三位管帶的。

十一月五日，林述慶收到在趙聲手下當過排長的鎮江本地人李竟成的書信，約他到三益棧會面。林述慶忙於接洽各炮臺巡防及新軍事務，便委派易贊仁前往會見。下午二時，李竟成又派人催促林述慶到曹園會面，林述慶又委派臧在新前往。當天晚上，林述慶趕到曹園，見到了四十多歲的短髮人、曹園主人曹秉仁，並且再一次接到李竟成派人送來的通知，說是會議地址改在三益棧。

林述慶來到三益棧，與李竟成、憲兵隊官高玉璋、緝捕營管帶趙鴻禧等人交換意見，隨後接到陶賓南要求在大觀樓會面的急信。林述慶和李竟成一起前往大觀樓。陶賓南「神氣軒昂」地表示說：「上海已光復，續得製造局軍火甚多。而南京盼子彈急，可由君營派兵兩百名赴領，接濟南京。」然後把隨身攜帶的八百元現洋分出一半，交給林述慶充當運費。

林述慶返回蔣王廟途中，忽然遇到第九鎮的前同僚柏文蔚，他們二人都是趙聲（伯先）的老部下，「闊別數年，握手告慰。邀至室，談伯先事，不覺欷歔」。林述慶連夜傳令一、二營的隊官，每隊派出二十名士兵於第二天前往上海領取子彈，這一百六十名士兵由一營隊官許燕士和二營隊官王祖澧[1]負責帶隊。布置完畢，林述慶與柏文蔚詳細討論了鎮江光復的各項安排。

另據李竟成《光復鎮江始末記》回憶，他於陰曆八月二十六日即陽曆十月十七日在上海陳其美那裡，

1 林述慶：《江左用兵記》，《鎮江文史資料》第三〇輯，第一四六頁。聯繫上下文來看，王祖澧應該是王祖澄的誤寫。

與章木良、洪承點、趙翊三聚會討論光復江蘇的辦法，決定由他負責召集退伍士兵，由趙聲的二弟趙翊三即趙光負責購置軍械，章、洪二人負責籌措經費。十月三十一日，他在鎮江祕密說服新軍管帶章祖衡、林述慶反正，「二君均竭力贊成」。十一月三日晚上，他先與徐寶山在三益棧約定起義條件，允許徐寶山在起義勝利後享受揚州方面的食鹽專賣特權，然後與新軍管帶林述慶、章祖衡籌商光復後的相關布置：「時林尚未必其自居功首也。」

按照李竟成的說法，鎮江光復革命的「功首」，應該是他自己而不是林述慶。但是，他的這篇文章從一開始便留下了敗筆漏洞。[1] 據黃一歐在《辛亥滬寧光復的片斷回憶》中介紹，武昌起義後他從東京趕到香港，父親黃興已經乘船前往上海。他和洪承點、趙翊三、趙彥先等七個人應陳其美電邀趕到上海，已經是重陽節也就是十月三十日前後。[2]

查勘相關文獻資料，黃興、徐宗漢夫婦於十月十六日從香港啟程趕往上海，抵達上海的時間是十月二十四日，十月二十五日，張竹君、黃興、徐宗漢、宋教仁、朱家驊一行人打著「赤十字會」的旗號乘船離開上海前往武漢。假如陳其美當真是在十月十七日與李竟成等人討論光復江蘇的事情，遠在香港的洪承點、趙翊三，是無論如何不可能參加這次會議的。

另據《江左用兵記》記載，李竟成與徐寶山簽訂食鹽專賣合約的時間，是十一月六日中午，而不是此前三天的十一月三日晚上。李竟成在《光復鎮江始末記》中一再把時間前移，其主要目的就是想與林述慶

1　李竟成：《光復鎮江始末記》，《辛亥革命與鎮江》，江蘇大學出版社，二〇一一年，第十六頁。
2　黃一歐：《辛亥滬寧光復的片斷回憶》，《辛亥革命回憶錄》第四集，文史資料出版社，一九六三年，第二〇頁。

爭奪光復鎮江第一推手和第一功勳的歷史地位，其結果反而嚴重敗壞了這篇文章的真實性和可信度。

十一月六日早晨，柏文蔚離開鎮江前往上海，林述慶囑託他代購時表和手槍。當天中午，林述慶再次來到三益棧，看到李竟成正在與徐寶山簽訂食鹽專賣合約。傍晚時分，已經接替杜淮川的第十八協統領職位的孫銘，邀請林述慶到十八協司令部共進晚餐。進餐過程中，孫銘突然對林述慶說：君來太遲，若早二點鐘，則鎮江城到手矣。

林述慶反問道：統領亦知旗營兵力實數乎？巡防營及各炮臺兵目實數乎？

孫銘回答說：不知。

林述慶說：不知，則不能輕於動手。前日統領將新軍散駐丹陽、新豐、高資等處，周圍數百里，欲用安能集合？

孫銘說：此皆統制意，若依我，早有舉動，奈統制矜持，是以遲至今日。

林述慶威脅道：外間皆言此舉遲遲，系統領一人中梗，聞黨人將有不利於統領。

然後，林述慶假惺惺地邀請孫銘指揮鎮江光復，並且把自己布置好的種種指揮方法告訴孫銘。在場的第九鎮軍械官鄭為成把孫銘叫到室外勸告說：頌亭在此布置多日，不如由頌亭負責指揮。

孫銘回到室內告訴林述慶道：頌亭君，明日即由君自行指揮，豈不更妙。

林述慶離開孫銘，來到三益棧會見李竟成等人，告訴他們孫銘已經來到鎮江，「眾聞孫到甚憤，余力為之辯」。在駐鎮江新軍最高指揮官孫銘不被接受的情況下，正在繕文告、辦箚文的李竟成等人，當面提出把鎮江都督一職寫在林述慶的名下。林述慶略加推辭便接受下來。

在《江左用兵記》中，林述慶專門為此事寫下了一段極其難能可貴的事後檢討：

余與孫感情本深，余初來江南，得以久居軍界，皆孫力。其時寧垣正練新軍，余為孫營排長，甚得青睞。……然民族鬱積之氣至今日磅礴已極，則不能將顧私情者。雖然，孫初能識余於眾人之中，而余於孫到鎮時不能力排各議，使當指揮，余之負愧故人多矣！[1]

關於此事，李竟成在《光復鎮江始末記》中給出的卻是另一種說法：「諸同志以杜淮川之拒命，遂與竟成議，公舉林為軍政分府。」

十一月七日早晨，林述慶命令第九鎮的四營新軍向京峴山進軍。下午四時，林述慶在京峴山集合軍隊，宣告軍政府成立，第三十五、六兩標改編為鎮軍第一協，以劉成為協統，以端木璜生為第一標統帶，以明羽林為第二標統帶，章祖衡為總執法官。參加光復的相關人員，轉眼之間便加官進爵。

載穆得到林述慶宣告光復的消息，已經沒有能力調動軍隊前往鎮壓，甚至於連他直接管轄的衛隊及巡防隊，都傾向於服從林述慶的命令。準備在京峴山峰頂點火發布進攻命令的林述慶，看到周邊各村落耕種如常，對身邊的參謀許崇灝說：「自有革命軍以來，殆未有如此之文明也。」

十一月八日中午，載穆在全城紳商勸說下繳械投降。林述慶命令李竟成率領兵隊入城受降。下午一時許，林述慶親自帶隊入城安民，並且進入舊道署行使都督職權。當天下午，第九鎮工程隊隊官戴絕武受徐

1 林述慶：《江左用兵記》，《鎮江文史資料》第三〇輯，第一四二頁。另見《辛亥革命與鎮江》，江蘇大學出版社，二〇一一年，第十三頁。

紹楨委派前來報告，說是南京方面已經於七日晚上開始攻城。林述慶對戴紹武感慨道：

前天三十四標管帶瞿鈞前往南京，我特別囑託他轉告沈同午，應該將軍隊逐漸移近堯化門，等待我把上海方面的子彈運到後再發起攻擊。你趕快連夜回去打探消息吧。

戴紹武離開兩個小時後返回報告，說是第九鎮在南京雨花臺發起攻擊，現在已經潰敗下來。第十八協協統孫銘也趕來請求老部下林述慶發兵增援。林述慶優先考慮的是防備張勳部隊順江而下攻打鎮江；鎮江方面的五營新軍只有六萬顆子彈，即使立即出兵從陸路趕往南京，也需要三天時間，派兵增援沒有任何益處。儘管如此，林述慶還是答應派遣高資方面的鎮軍第一標第一營管帶王志剛出兵增援。與此同時，林述慶還陸續派出六批間諜密探趕赴南京前線收集情報，並且虛張聲勢地沿途揚言：「鎮江擁有數千新軍且出發矣！瞬間踏平南京。」

當天晚上，陶駿保從上海來信，表示願意回到家鄉協助辦理軍政事務，林述慶急忙給陶駿保發出邀請電報。

陶駿保，字璞青，又寫作樸青，一八七八年出生於江蘇鎮江，其家族從清順治年間開始經營絲綢，以陶聚茂綢號馳名長江中部，成為鎮江地區「陶、毛、陳、蔡」四大家族之首。陶駿保從小跟隨年長七歲的兄長陶遜（賓南）學習文化知識，喜歡閱讀王夫之宣傳民族大義的船山史論。一八九四年的中日甲午海戰，激發了他強國強種的民族意識。陶駿保就讀江南陸軍師範學堂期間，與來自鎮江丹徒大港鎮的趙聲結為好友。陶駿保畢業後在海州、鎮江充任下級軍官，期間曾赴日本憲兵學校留學，回國後任福建武備軍管帶兼武備學堂國文教習，林述慶、林之夏、許崇智等人，都是陶駿保在武備學堂教導過的優秀學生。

一九〇三年，清廷令各省仿效直隸總督袁世凱的小站練兵模式編練新軍。一九〇五年，徐紹楨被時任兩江總督周馥任命為相當於師長的第九鎮統制官，陶駿保出任相當於參謀長的正參謀官，並且在江南督練公所總辦任上推薦老同學趙聲出任參謀官。在陶駿保、趙聲等人建議下，徐紹楨奏請朝廷創建徵兵制，首創江南徵兵局，擬定徵兵章程。陶駿保在總辦江南徵兵局兼辦鎮江徵兵官期間，利用徵兵機會廣招革命青年入伍。正在大港辦學的李竟成收到趙聲來信，帶著一批青年學生棄文從武報名參軍，趙聲的兩個弟弟也隨軍入伍。借用陶遜寫在《陶璞青事略》中的話說：「徵兵之舉，江南開其先河，皖贛繼之，湘浙閩粵又繼之。今者各省光復，得假手於陸軍，誠徵兵之效也。而亡弟實為江南徵兵之發起者。」[1]

同盟會首領于右任，在《陶璞青傳》中另有大致相同的說法：「革命收功，所以甚易者，蓋緣於徵兵之議。徵兵舉行天下，而江南開其先。」[2]

一九一一年武昌首義爆發時，清廷陸軍部正在直隸永平府舉行秋操，時任二品銜南京憲兵司令的陶駿保，正在灤州與江南督練公所總辦舒清阿代表江蘇軍界觀摩秋操。消息傳來，操演立即中止。陶駿保返回南京途中在天津染上瘧疾，等他勉強回到上海家中，已經是十一月七日，也就是林述慶宣布鎮江光復的同一天。據陶遜在《陶璞青事略》中介紹：「林松亭建號鎮軍都督，知亡弟抵滬，急遣人來迎，裡人代表繼至。遜尼其行，家人以其瘧未痊，亦尼之。亡弟慨然曰：『松亭勇有餘，知銳進，然不可無以匡正之。且

1 據于右任署名騷心氏寫作的《鎮江陶璞青傳》，見《于右任辛亥文集》，復旦大學出版社，一九八六年，第二三一頁。

2 陶遜：《陶璞青事略》，《鎮江市文史資料選輯》第四輯，一九八二年，第四六頁。

鎮江吾桑梓地，光復南京，必賴鎮江為後援，吾安敢愛身而不去？』乃行。遂下松亭，而長其參謀。」「下松亭」，就是甘心充當比自己年輕三歲的學生及下屬林述慶的下屬。當時有人替陶駿保感到委屈，陶駿保表示說：「師生長屬，乃滿清舊習。今革命軍中，當論功毋嫌前事也。」由此可知，陶駿保是不太在意官位的一個人，至少在這一點上，他與同為二品官銜的前上司徐紹楨之間，是存在明顯差異的。

第三節　柏文蔚策反第九鎮

一九一三年三月二十七日，《民立報》主筆范鴻仙在悼念宋教仁的《宋先生遺事之一》中，回憶了上海同盟會中部總會在武昌首義爆發後所討論的革命方略：范鴻仙認為，南京第九鎮官兵最為崇拜的是已經去世的趙聲，其次是冷御秋、柏文蔚。冷御秋遠在廣西，柏文蔚（烈武）遠在東北。假如安徽同鄉柏文蔚能夠回到南京，則大事可圖。宋教仁表示說，目前形勢武漢最為重要，武漢方面的朋友一再催促，「吾將去矣，公其速約烈武南下」。於是，范鴻仙與安徽同鄉鄭贊成（又寫作鄭贇丞）一起給柏文蔚發去電報，第二天便收到柏文蔚答應南下的回電。一九一一年十月二十二日，柏文蔚抵達上海，在民立報館與范鴻仙、宋教仁會見，三個人當場決定：由柏文蔚擔任南京司令，范鴻仙擔任南京方面的籌款運動。[1]

1　范鴻仙：《宋先生遺事之一》，署名孤鴻，《民立報》，一九一三年三月二十七日「專紀」欄。見《鐵血忠魂：辛亥先烈范鴻仙紀念文集》，鳳凰出版社，二〇一一年，第一一二頁。

十月二十四日，黃興、徐宗漢夫婦從香港乘船抵達上海，住進朱家木橋小樓。當天晚上，徐宗漢到民立報館邀請宋教仁、范鴻仙到朱家木橋小樓，進一步討論長江流域的革命方略。

十月二十五日早晨，范鴻仙陪同柏文蔚會見黃興，黃興贈送柏文蔚手槍一支。十月二十五日當天，剛剛發起成立「中國赤十字會」的上海醫院院長張竹君率領醫生、護士一百二十人，乘坐由「赤十字會」租用的英國籍舊輪船前往武漢，黃興、徐宗漢、宋教仁、陳果夫、耿覲文、曾可樓、朱家驊等人同行。[1]

柏文蔚，字烈武，一八七六年六月八日出生於安徽壽縣柏家寨的書香門第，二十一歲考中秀才，一八九九年考入安徽求是學堂，期間結識從日本留學回國的陳獨秀、潘贊化等人，隨後又與南京方面的趙聲、張通典等人共同組織「強國會」。一九〇三年進入安徽武備練軍學堂充當學兵，結識教員顧忠琛和同學熊成基、倪映典等人。練軍學堂卒業後，柏文蔚應安徽公學校長李光炯邀約擔任體操教員，任教期間加入時名劉光漢的劉師培化名金少甫組織的暗殺團體「黃氏學會」，並且與陳獨秀、常恒芳、宋少俠等人組織江湖祕密會黨「岳王會」。

一九〇五年九月，柏文蔚應南京第九鎮第三十三標第二營管帶趙聲的邀請參軍入伍，擔任該營前隊隊官。趙聲升任三十三標統帶後，柏文蔚升任第二營管帶。一九〇六年底，孫毓筠、李燮和、陶成章等人從日本回國，響應劉道一、蔡紹南、龔春台在江西萍鄉和湖南瀏陽、醴陵等地發動的武裝起義，在南京與趙聲、冷御秋、柏文蔚、林述慶、倪映典、楊韻珂等人密謀炸死兩江總督端方，因機密洩露導致孫毓筠等人被捕，柏文蔚前往吉林投靠吉強軍統制胡殿甲，充任文幫帶兼馬步隊總教習。一九〇七年七月，吉林邊務

1 《辛亥革命在上海史料選輯（增訂版）》，上海人民出版社，二〇一一年，第一一六四頁。

幫辦吳祿貞組織督辦公署，柏文蔚出任二等參謀。武昌首義爆發後，柏文蔚從瀋陽趕回上海，與范鴻仙等人負責南京方面的軍事行動。將近二十年後，柏文蔚在《五十年大事記》中回憶這段歷史時，明顯抬高了他自己和陳其美（英士）的歷史地位：

九月初二日，黃克強歸自南洋，即會議於英士家，決定克強擔任武漢，余擔任南京。是時清軍攻漢口甚急，余初三日赴南京，克強初四日乘紅十字會船赴漢口。余至南京之日，第九鎮之下級官及頭目來會者數十人，氣甚旺，而主持大計者為凌毅、李華儂諸人。研究軍隊內容，皆以新軍有槍無彈為慮。余複回上海，與陳、范、鄭謀。英士之管財政者為楊譜笙，陳命撥款千元，購手槍，制炸彈。機關在牯嶺路，范鴻仙主持焉。有巴澤憲者，黃花崗之漏網也，精工制彈之術，三日以內，製成一千二百顆；又購手槍三百支，全數交余。余率死士百餘人，用褥被、毛毯包裹以行，乘三等車，人皆避之，然亦無干涉者。至南京，皆搬運內橋機關存焉。[1]

按照林述慶的《江左用兵記》的記載，作為現役管帶的林述慶的手槍，是曹園主人曹秉仁於十一月五日贈送的，曹秉仁當時特別表示說：「我一身無大關係，君身關係國事甚重。」當年的手槍是難能可貴的防身武器，在軍隊裡面更是權力的象徵。柏文蔚的手槍是由黃興幾天前從香港帶來鄭重贈送的。柏文蔚

1 柏文蔚：《五十年大事記》，孫彩霞主編《柏文蔚文集》，黃山書社，二〇一一年，第四三〇頁。據柏文蔚介紹，這份大事記執筆寫作於一九三二年夏天。

所說花費一千元的現款在兩三天內購置三百支手槍，在當時是不太可能的一件事情。楊譜笙是陳其美的表叔，兩個人在同盟會中部總會分別擔任會計幹事和庶務幹事，相互之間是分工合作的平等關係，而不是下級服從上級的從屬關係。按照范鴻仙更加切近也更加準確的介紹，由柏文蔚擔任南京司令、范鴻仙擔任南京方面的籌款運動，並不是在陳其美家裡開會決定的，而是在黃興抵達上海之前，由宋教仁、柏文蔚、范鴻仙三個人在民立報館決定的。同盟會中部總會的靈魂人物，一直是湖南人宋教仁和譚人鳳，而不是浙江人陳其美。

當時的南京駐軍分為四個系統：徐紹楨的新軍第九鎮、張勳的江防軍、南京將軍鐵良的旗營、兩江總督張人駿直接掌握的巡防軍。第九鎮轄步兵兩協，每協兩標，依新軍建制依次為第十七協第三十三、三十四標和第十八協第三十五、三十六標，另有馬隊一標，炮隊一標，工程隊一營，輜重隊一營，還有直屬於鎮部的憲兵隊三營。第九鎮所用槍支、大炮及其他軍械，大多購自德國、日本，且久經訓練，實力不遜於北洋各鎮。武昌起義時，第九鎮司令部、第十七協司令部以及所轄第三十三、三十四標，馬炮各標，工輜各營，均駐紮南京；十八協司令部和所轄第三十五標駐鎮江，第三十六標分駐江陰和鎮江。武昌首義爆發後，兩江總督張人駿對徐紹楨疑慮極深，惟恐他成為黎元洪第二。張人駿將江南提督張勳統領的二十個江防營從浦口調駐南京城區，並且佔領城外雨花臺、幕府山、紫金山等戰略要地，增發槍彈包圍監視第九鎮新軍，並且保奏張勳為兩江軍務幫辦。張勳的二十個江防營加上原住揚州的王有宏緝私營的十個營，趙會鵬巡防營的五個營，以及江南將軍鐵良新編練的駐防兵一標、炮兵一營，對於第九鎮形成壓倒性優勢。徐紹楨為保存實力，主動命令第九鎮各標營將平時射擊訓練剩餘的子彈交還軍械局，以釋嫌疑。

按照柏文蔚《五十年大事記》的回憶，十月三十日，張人駿命令第九鎮從南京城區撤出，移駐城南六十里的秣陵關。徐紹楨當時的表現是「不敢入城，亦不敢舉義」。柏文蔚打算於十月三十一日晚上在南京起事，因第九鎮撤出城區和機密洩露而沒有如期進行。他和上江公校校長凌毅及第九鎮司書生李華儂等人，只好在內橋機關部繼續潛伏，李華儂夫婦隨後被張勳殺害。

十一月三日早晨，炮標排長侯城、輜重營正目李朝棟找到柏文蔚，邀請他前往秣陵關。柏文蔚抵達第九鎮軍營，祕密住進第三十三標代理標統伍崇仁的房間。

十一月四日中午，徐紹楨派人請柏文蔚到鎮部談話。下午六時，柏文蔚見到徐紹楨，「一見面時，親愛如昔，握手不放者約五分鐘之久。老人態度，如哭如笑，不可言狀」。徐紹楨提出讓柏文蔚接任陳懋修的炮標標統職務，柏文蔚回答說：「公為都督，雖作弁目亦願也，公若仍為統制，則不敢從命。」

接下來，柏文蔚與徐紹楨、孫銘、沈同午以及剛剛由日本回國的施久光兄弟商議光復南京的軍事行動。柏文蔚主張先在南京動手，然後是鎮江、蘇州、杭州、上海等地陸續響應。徐紹楨等人主張先在上海動手，然後是南京等地陸續響應。

在徐紹楨遲疑不決的情況下，柏文蔚只好於十一月五日離開秣陵關返回南京城區。同一天，張勳委派柏文蔚在安徽武備練軍學堂充當學兵時的老同學曾雲生、楊紹先，前來接洽投誠反正事宜，其中專門有一條是不承認徐紹楨並且請他離開江蘇。凌毅擔心張勳有詐，建議柏文蔚在鎮江與張勳方面簽訂正式合約，柏文蔚當即出城趕赴鎮江。

比起《五十年大事記》，由柏文蔚口述、陳紫楓筆錄的《柏烈武先生革命談話稿》中另有更加通俗生動的相關敘述。柏文蔚在秣陵關見到老上司徐紹楨，開門見山表示說：「我來是擁固帥為都督，個人雖執鞭亦樂為之。」關於鎮江光復，柏文蔚回憶說：「余因此機會遂至鎮江，而頌亭（林述慶號）已秣馬厲兵，待機而發。……與林頌亭議決，於九月十八日光復。旗營稍有反動，旋即平服。林述慶稱鎮軍都督。余至上海領槍彈十萬粒，炮彈三百發，炸彈二千彈，手槍五百枝。滬寧路仍不能公開運輸，只得用包裹攜帶運至鎮江。」[1]

按照林述慶《江左用兵記》的記錄，柏文蔚於十一月五日深夜抵達鎮江，十一月六日早晨前往上海，並沒有深度參與鎮江方面的光復革命。林述慶囑託柏文蔚的，只是代購時表和手槍。與柏文蔚同車前往上海領取子彈的，是第九鎮第三十六標的一百六十名士兵，領隊的是一營隊官許燕士和二營隊官王祖澄，上海方面的聯絡人是陶賓南、李平書，與上海同盟會中部總會的陳其美、楊譜笙以及負責南京起事的柏文蔚，並不完全是一個管道。柏文蔚第二次來到鎮江的時間，是十一月八日晚上，林述慶《江左用兵記》中的記錄是：「時烈武到，聞帶到時表、手槍，欣謝之。」而許燕士、王祖澄從上海領取子彈返回鎮江的時間，是第二天即十一月九日的下午。

應該說，在柏文蔚的事後敘述中，充斥著明顯屬於移花接木、張冠李戴、自我標榜的浮誇捏造，其真實性和可信度遠遠遜色於林述慶於第一時間寫作整理的《江左用兵記》。

1　柏文蔚口述、陳紫楓筆錄：《柏烈武先生革命談話稿》，孫彩霞主編《柏文蔚文集》，黃山書社，二〇一一年，第四七四頁。《五十年大事記》中所說的張勳的信使曾雲生、楊紹先，在《柏烈武先生革命談話稿》中被置換為「天津人楊少寅和五河縣人顧子斌」。

第四節　第九鎮兵敗雨花臺

一九一一年十一月三日，光復會首領李燮和、同盟會首領陳其美以及上海商會武裝首領李平書、李英石、虞洽卿等人，分別在上海城區和閘北地區發動起義。十一月四日下午三時，李燮和率部攻克江南製造局，營救出此前被抓捕關押在製造局內的陳其美，並且頒布檄文，號召周邊各省區儘早響應。

十一月五日，原蘇州巡撫程德全在立憲派與革命黨的雙重影響下宣布獨立，出任蘇軍都督。同一天，杭州新軍起義，成立浙江軍政府，推舉湯壽潛為浙軍都督。

十一月六日，陳其美以恐怖暴力手段搶奪地方政權，成立滬軍都督府並自任都督。在上海光復過程中功勞最大的李燮和，被排擠出局。

十一月七日，林述慶在鎮江率領當地駐軍光復反正，出任鎮江都督。

來自各地的消息傳到秣陵關，對第九鎮造成強大刺激，各標營官兵要求起義的呼聲難以遏制，既不甘落後又瞻前顧後的徐紹楨，不得不向兩江總督張人駿報告實情。他派遣軍械官鄭為成入城彙報，久等不見回音，便臆斷張人駿對自己已經失去信任，只好把兩名旗籍軍官看管起來，委任正參謀官、代理第十七協協統沈同午以總指揮名義組織軍事行動。鄭為成並沒有把徐紹楨寫給張人駿的公函送到總督府，而是跑到鎮江投奔林述慶，這封文件落入林述慶等人手中，加深了年輕氣盛的革命黨人對於徐紹楨的牴觸情緒。

十一月七日晚上，埋伏在南京城內的蘇良斌、韓恢派人給第九鎮送信，說是第二天凌晨三時在城內起事，「望大軍即行開往，以便開城迎接」。[1]

蘇良斌是第九鎮馬標的一名排長，武昌首義後離開隊伍前往湖北，受湖北方面派遣返回南京，祕密從事軍事活動。第九鎮接信後派原人返回報信，約定推遲到十一月八日晚上起事。該送信人沒有能夠及時進城，蘇良斌依照原定計劃於凌晨三時放炮為號採取行動，探訪隊率先嘩變，各掛白布於胸，上書「中華民國」字樣。張人駿聽說城內兵變即行逸出。王有宏指揮衛隊攻擊探訪隊，衛隊卻反戈相向。王有宏親自用機關炮擊斃衛兵二十餘人後，敗逃而去。巡防各營相繼起事，打開城門見大軍未到，才各自潰散。

蘇良斌、韓恢等人的未遂起義，導致南京當局高度戒備。十一月八日清晨，江南提督張勳緊閉城門，四處搜捕革命黨人，凡是見到頭上無辮、手纏白布的便格殺無論，恐怖氣氛籠罩在南京城區，城外各軍事要地也加強防備。已經被上海同盟會中部總會的陳其美、柏文蔚等人預約為南京都督的徐紹楨，以不發起進攻會遭受來自城內的攻擊為藉口，不等子彈運到便匆匆採取軍事行動：「偽作演習，至距南門外十里處之姑娘橋宿營，待晚上三點鐘內應一起，即行進城。」

當天下午，第九鎮兵分三路發起進攻：中路軍以第十七協統領沈同午為總指揮進攻雨花臺，右路軍由朱元岳率領進攻通濟門，左路軍由傅鑫率領進攻漢西門。由於上海方面接濟的彈藥沒有送到，所剩彈藥全部發給在中路軍中擔任主攻的第三十標，每名官兵只分到五顆子彈。

十一月九日凌晨二時三十分，隸屬中路軍的第三十四標敢死隊在手榴彈爆炸所升起的煙幕掩護下，一度攀上雨花臺東峰並且徒手奪得兩挺機槍，終因後續部隊未能跟上，被江防營奪回陣地，先鋒隊長唐

---

1 《民立報》，一九一一年十一月十三日。引自《南京通史・民國卷》，南京出版社，二〇一一年，第二一一頁。

有泰、隊官漢銘及幾十名敢死隊員慘烈犧牲。據十一月十三日《民立報》報導：「計是役，馬隊傷亡十餘名，三十四標死百餘名，三十三標二十餘名，炮標十餘名，連工程、輜重，共計不下二百餘名。而防軍亦死亡二百餘名。」[1]

為了避免天亮之後出現更大傷亡，沈同午下令全線撤退。在濃霧籠罩下，攻城部隊相繼撤出戰場，向鎮江方向潰散而去。

關於第九鎮攻打南京雨花臺一事，柏文蔚在《五十年大事記》中回憶說：他於十一月五日早晨離開秣陵關，於當天和第二天接連呈送給徐紹楨兩份報告，裡面涉及到與張勳接洽的相關事項，從而招來鎮部從日本留學歸來的一班軍師的忌恨。「又兼全鎮目兵只知柏管帶，不知徐統制之空氣更為一班軍師所不樂。遂遊說於徐公曰：『將來大事成功，柏文蔚權力如是之大，統制尚有地位乎？不如冒險以進，乘柏某未回，先將南京攻下，誰敢來爭都督者？』於是以空槍刺刀夜襲雨花臺，敵應以機槍、山炮，我軍如鳥獸散，異哉！」[2]

在《柏烈武先生革命談話稿》中，柏文蔚把他與徐紹楨之間的權位之爭，敘述得更加通俗明白：「時徐固卿處有士官學生多人，勸徐即時進攻南京，否則柏某先發，恐統制之地位不能得矣。徐遂即進攻雨花臺，為張勳炮兵擊敗，而三十三標亦潰不成軍，四處亂散……」事實上，以柏文蔚當時的軍政實力，是無論如何不能夠與老上司徐紹楨相提並論的。他的如此談話，反而暴露了自己「此地無銀三百兩」的奪權野心。

---

1 《南京通史．民國卷》，南京出版社，二〇一一年，第二二頁。

2 《柏文蔚文集》，黃山書社，二〇一一年，第四三二—四七四頁。

第五節　李燮和倡議蘇浙軍

林述慶就任鎮江都督之後，一方面密切關注南京前線的軍事行動，一方面著手鎮江軍政府的政權建設。一九一一年十一月九日中午時分，南京方面的第九鎮潰兵紛紛而至。前往上海領取子彈的兩名隊官王祖澄、許燕士恰好回到軍營，林述慶便飭令二人率領運送子彈的一百六十名士兵，沿途招待第九鎮潰兵。林述慶見到這些潰兵大都身穿襤褸不堪的便服，而且已經丟失槍枝，便命令他們到第三十六標的舊營房集合，委派專員重行編組。同一天，時任鎮江軍政府參議的福建同鄉鄭權申請組織軍政府，分派職員各執其事。林述慶便委託鄭權擬定軍政府名單。當天下午，江西九江方面的革命黨人、福建同鄉林森推薦陳于棠、林亮、吳承淇等人前來協助，林述慶命令他們赴上海請領第二批子彈。十一月九日傍晚，陶駿保從上海回到鎮江，「幫同料理地方民政諸事」。

十一月九日當天，林述慶還通電蘇、浙兩省請求援軍：「十八日雨花臺戰敗，據報張勳率眾將有東下之勢，敝處已極力籌備抵禦，終慮兵力單薄。鎮江為蘇浙門戶，萬一失利，豈堪設想！敢懇速撥大兵，迅來會剿。大局幸甚，述慶倖甚！」[1]

十一月十日，鎮江軍政府正式成立，林述慶任鎮江都督兼鎮軍總司令，光復起義時擔任參謀長的李竟成改任軍務部長，陶駿保任參謀長，鄭權任秘書長，楊振聲任民政長，盧潤州任司法部長，曹秉仁任財

1　林述慶：《江左用兵記》，《鎮江文史資料》第三〇輯，第一五四頁。

政部長，張立瀛任憲兵司令。當天中午，第九鎮潰兵愈到愈多，城內秩序出現混亂。柏文蔚恰好來到都督府，林述慶便表示說：「南京方面的事情已經失敗，您留在此處幫我做事可以麼？」柏文蔚慨然應允，林述慶任命柏文蔚為鎮軍第一鎮統制，具體負責第九鎮潰兵的收編工作。徐紹楨經營多年的新軍第九鎮從此成為歷史，他與原部屬林述慶、柏文蔚、陶駿保之間的深仇大恨，也由此埋下禍根。

當天晚上，「某君」從上海來到鎮江，林述慶得知他攜款三千元用來招撫第九鎮潰兵，由於潰兵已經得到鎮江軍政府招撫，「某君」打算把原款帶回。「唯是鎮江初光復，地方公款不及二十萬，經各種開支，財政支絀，加之籌備軍隊進攻南京，需款亦巨。雖屢電各處接濟，尚未得手。璞青密商某君，將此款留為鎮江軍費，某君不允。」在這種情況下，臧在新大怒道：「某君當南京軍隊出城時，渠即棄軍去上海，不知下落。今又如此行為，吾必追究問。」

不一會兒，易贊仁進來報告說：「某君擒至，請處置。」林述慶急忙表示說：「某君何罪？捕之何為？且渠本由上海攜款招待潰兵，失禮必失上海當事之心。我輩正欲攻寧，事事仗人接濟。君如此，失吾事矣！」

按照林述慶《江左用兵記》的說法，「某君」因為在鎮江遭受臧在新、易贊仁的粗暴對待，便把一腔仇恨轉嫁到他林述慶頭上，後來的許多詆毀誣陷林述慶的話語，都是「某君」捏造出來的。依據相關材料加以推測，「某君」應該是陳其美身邊位高權重的一位前第九鎮軍官，同時也是陶駿保慘遭殺害的主要推手。林述慶之所以沒有直接點出他的名字，正是由於他當時地位顯赫、難以撼動。

當天深夜，林述慶被前來彙報軍情的鄭權叫醒，說是海軍兵艦十五艘前來投誠，正在鎮江附近江面上停泊。林述慶由於過度勞累，便委託鄭權前去交涉。

同樣是在十一月十日這一天，由於蘇州、上海方面的援軍沒有及時抵達，林述慶再次致電程德全、陳其美，催促對方迅速增援。林述慶在致陳其美的電文中寫道：

上海陳都督鑒：寧垣無主，張勳率兵放火奸掠，勝於土匪。請速向滬寧鐵道洋總管等交涉，不認張勳為交戰團體。所有各車站允許各軍政府運兵送械到寧平亂，以期迅速撲滅，而保治安。無任企盼之至。候複。述慶叩。[1]

相關資料顯示，辛亥革命期間率先倡議組建蘇浙聯軍的第一人，是為光復上海立下首功的「上海臨時總司令」李燮和。一九一一年十一月五日也就是上海光復的第二天，《民立報》在第一版顯著位置刊登《上海軍政分府檄南京文》，其中寫道：

今天下光復之師，同時並起。我江東革命軍特於九月十三日舉義於上海，人民歡迎，健兒踴躍，遂得克復江南製造局，保守吳淞炮臺。地方安靖，不犯秋毫。本軍政分府擬上溯長江，恢復江寧，克日會合武漢、皖、浙光復軍，共伸天討，誅鋤野蠻之滿政府，建立共和之新國家。[2]

這份檄文顯然是出自時任「上海臨時總司令」的光復會首領李燮和。十一月六日，《民立報》刊登同

1 林述慶：《江左用兵記》，《鎮江文史資料》第三〇輯，第一五五－一五六頁。
2 《辛亥革命在上海史料選輯（增訂版）》，第三〇二－三〇六頁。

樣是出自李燮和的《上海軍政分府檄鎮江文》和《上海軍政府分府檄浙江、福建文》，其中的檄鎮江文與檄南京文的內容高度一致：「本軍政分府擬上溯長江，恢復江寧，而鎮江適當其沖，我鎮忠義豪傑之士，均應乘時奮興，共伸天討，誅鋤野蠻之滿政府，建立共和之新國家。今特飛檄通告……」

這裡的「江寧」指的就是當時的南京。據李燮和於一九一三年六月七日寫給北京陸軍部的《陳述光復軍成立並先後光復上海、南京等地諮呈》介紹，「滬淞既定，蘇、杭、鎮江亦同於兩日反正，於是長江上下獨江寧一隅尚梗聲氣。而清人海軍艦隊既全數驅入長江，因失吳淞根據之地，路窮援絕，遂如釜底遊魂，未幾，而悉為民軍所有。……時江寧方苦於清兵之暴虐，士民呼號請救，函電交馳，於是蘇、浙、鎮江遂有聯軍攻寧之議。」[1]

十一月十一日，滬軍都督陳其美分別致電徐紹楨和蘇軍都督程德全、浙軍都督湯壽潛，以他所慣用的先發制人或者說是先下手為強的鐵腕手段，公開推舉徐紹楨為蘇浙聯軍總司令。在致徐紹楨的電文中，陳其美公然撇開鎮江都督林述慶，「莫須有」地尊稱徐紹楨為「徐都督」：

> 鎮江軍政府轉徐都督鑒：接鎮電，民軍失利，張勳猖狂。貴都督集兵鎮江，力圖恢復，東南大局在此一舉。蘇、浙、滬已派兵赴援，若無主將，殊為危險。敝處公議，請貴都督為克服江寧軍隊總司令。凡赴援水陸各軍，統歸麾下節制調遣，已經通電蘇、浙都督公認，轉飭各軍長官遵照。貴

---

1 《李燮和陳述光復軍成立並先後光復上海、南京等地諮呈》，《辛亥革命在上海史料選輯（增訂版）》，第八〇三－八〇四頁。

都督素孚眾望，義不容辭，偏仗賢勞，力挽大局，軍械糧餉誓當殫力以籌。滬軍都督陳。印。[1]

陳其美的這份電報與其說是發給徐紹楨的，不與說是強加給林述慶的，儘管林述慶當時的軍事實力，遠遠超過了陳其美。在致蘇、浙都督的另一通電中，陳其美採用脫離基本事實的溢美浮誇之詞，替徐紹楨評功擺好說：「徐督紹楨素為新軍愛戴，此次劇戰，親冒鋒鏑指揮，退兵仍守紀律，尤見大將偉略。」蘇軍都督程德全收到陳其美來電，立即通電響應道：「杭州都督湯、上海都督陳鑒：援軍推徐為總司令，敝處極表同情，已飭各軍隊遵照矣。」

同一天，徐紹楨在顧忠琛等人陪同下，從上海乘坐火車抵達鎮江，在鎮江西關設立蘇浙聯軍司令部。此前主動倡議在自己的地盤上組建蘇浙聯軍的林述慶，反而失去了話語主導權，從此在滬軍都督陳其美面前一直處於被動地位。

第六節　顧忠琛擁戴徐紹楨

關於徐紹楨出任蘇浙聯軍總司令一事，顧忠琛的同鄉幕僚錢基博在《辛亥江南光復實錄》一文中，提供了頗具傳奇色彩的歷史敘述：

顧忠琛，字藎忱，曾經在南京第九鎮擔任標統，後調任安徽第三十一混成協協統兼講武堂監督。一九

---

1 《辛亥革命在上海史料選輯（增訂版）》，第三六三—三六四頁。

〇八年秋天，新軍第八、九鎮在安徽太湖演練秋操期間，顧忠琛擔任安徽武備學堂教員時的學生、第三十一混成協馬營隊官熊成基，於十一月十九日借機起義。起義失敗後，兩江總督端方大肆抓捕革命黨人，顧忠琛也被關進南京監獄。顧忠琛的族叔、學部郎中顧棟臣專程從北京趕到南京向端方要人。端方拿出顧忠琛的獄中供詞厲聲拒絕道：「這個人想要我的命，我也要砍這個人頭！」[1]

顧棟臣懇求端方說：「顧忠琛是我們家族的孤兒，他母親從二十多歲守寡，費盡心血把他撫養成人。他即使死有餘辜，你把他殺掉同時也等於把他的母親給殺掉了，還是請你可憐一下他的母親吧。」

端方礙於顧棟臣的情面，不得已修改供詞，以瀆職失察罪名把顧忠琛貶到熱河（今河北承德）任職。武昌首義爆發後，顧忠琛以回鄉探親為藉口回到南方，積極推動江蘇巡撫程德全光復反正。一九一一年十一月六日，程德全在蘇州組建江蘇都督府，顧忠琛出任參謀廳長。

徐紹楨於十一月九日清晨兵敗南京雨花臺之後，帶領幾名親信幕僚連夜趕往上海，打算請求「上海臨時總司令」李燮和劃撥江南製造局的槍彈彈藥，重新武裝第九鎮的軍事力量。當時的徐紹楨還不知道上海已經成為滬軍都督陳其美的地盤，江南製造局也已經改名為上海製造局，由上海民政部長李平書兼任總理。

顧忠琛當時恰好從蘇州來到上海，考慮到蘇州兵少且缺乏戰鬥力，第九鎮老上司徐紹楨知兵有威望，江南軍官大都是他的門生故吏，第九鎮更是訓練有素的威武之師，只有徐紹楨出任軍事首長，才有可能整合各方力量攻克南京。於是，便上演了一幕驚險鬧劇：十一月十日早晨，徐紹楨一行正在一家西餐館洗漱就餐，

1 《辛亥革命在上海史料選輯（增訂版）》，第八二〇頁。

顧忠琛懷揣手槍帶領幾名效死勇士突然出現，厲聲斷喝道：「徐固卿！事勢至此，尚有觀望之餘地乎？」顧忠琛當即讓服務生叫來理髮師傅，上前剪掉徐紹楨腦袋上的辮子，然後假借蘇軍都督程德全的名義表示說：願意出五萬元犒賞第九鎮將士，並且聯合各地民軍圍攻南京。徐紹楨表示願意率領第九鎮效死前驅。

徐紹楨、顧忠琛為了組建蘇浙聯軍，自然會四處拜訪聚集在上海租界的社會名流和軍政要人，並且贏得了滬軍都督陳其美、上海民政長李平書、時任上海商團總司令的前第九鎮軍官李英石等人的鼎力支持。

鎮江方面，林述慶於十一月十一日晚上收到陳其美推舉所謂的「徐都督」為「克服江寧軍隊總司令」的電報，第一反應是：「余不以為然。陶君璞青亦不同意。唯烈武恐失上海諸君感情，謂當隱忍，遂從之。」

十一月十二日下午，林述慶召集海軍各艦長在鎮江軍政府集會，他簡單致詞後請陶賓南演說中國歷史，宣揚民族愛國情緒，接著由海軍艦長宋文翽致答謝詞，然後是甲乙雙方簽訂相關條約，明確規定在鎮江軍政府成立海軍處，由楚觀艦艦長吳振南兼任海軍處長，鎮江軍政府負責提供海軍各艦的後勤保障，海軍各艦服從軍政府的指揮調度。集會結束後，林述慶通電南方獨立各省：

> 鏡清、保民、聯鯨、楚觀、江元、江亨、建威、通濟、楚同、楚春、飛鷹、楚謙、張字、虎威、江平各艦艇，於二十二日由敝處聯絡一律歸順。今日下午二時，在軍政府開陸海聯軍聯合大會，誓志合攻金陵，並於軍政府添設海軍處，各艦艇公舉司令長，組織完備，一致進行。謹聞，述慶叩。[1]

1　林述慶：《江左用兵記》，《鎮江文史資料》第三〇輯，第一五八頁。

同樣是在十一月十二日，徐紹楨通電發布《檄南京文》，其中高調宣稱：「所望大功克定，重開皇帝之山河；非種驅鋤，盡逐白山之苗裔。洗二百年來之奇辱，會看赤日之再起，拯大千世界之陳局，快搗黃龍而痛飲。用告天下，鹹使聞知。」[1]

滬軍都督陳其美在公開通電中正式承認林述慶為鎮江都督，是十一月十三日的事情。他在當天致各省都督的公開通電中，藉著黎元洪和林述慶的名義再一次先發制人，表示要在上海成立中央臨時政府：

今接湖北黎都督及鎮江林都督兩處專電，意謂上海交通較便，組織機關，用為開會之地。聞命之下，距躍三百，亟當遵照辦理。用特通電貴省，商請公舉代表，定期迅赴上海，公開大會，議建臨時政府，總持一切，以立國基，而定大局。[2]

按照林述慶《江左用兵記》的說法，被陳其美推舉為聯軍總司令的徐紹楨抵達鎮江時，遭到鎮軍將士紛紛抗議。林述慶自己「以精神將注於謀敵，無片晷晦，故招待未周」。十一月十四日晚上，第九鎮老上司鄭為成告訴林述慶，徐紹楨對他很有意見。林述慶詢問原因，鄭為成不願深談，只是表示說：君若能先往見之，則意見可消。

---

1 中國近代史資料叢編《辛亥革命》第七輯，上海人民出版社，一九五七年，第七八頁。

2 《辛亥革命在上海史料選輯（增訂版）》，第三二二頁。

林述慶說：此何難之有，余明日即往。

十一月十五日上午，林述慶來到設在鎮江西關洋務局的聯軍司令部拜謁徐紹楨。徐紹楨表現得很是殷勤誠懇，林述慶也「廉遜不遑」。兩人交談過程中，浙江援軍抵達鎮江，浙軍司令朱瑞和參謀長呂公望前來會晤。林述慶趁機發表意見，說是防守高資的四營鎮軍步兵，一再報告張勳將要率軍東下，鎮軍苦於沒有炮兵配合，浙軍既然帶有炮隊，就請朱瑞司令派遣炮隊前往高資，以便堅定高資防軍的戰鬥信心。朱瑞表示旅途勞頓，需要休整，經林述慶一再勸告爭取，朱瑞才勉強答應先讓浙軍炮隊前往高資。同盟會成員林述慶與光復會成員朱瑞、呂公望之間，從一開始就沒有實現充分諒解、友好合作。

十一月十六日，徐紹楨與來自上海的鎮江籍著名教育家、天主教徒馬相伯一起回訪林述慶。同一天，同盟會首領宋教仁、孫毓筠（少侯）也在鎮江會見了徐紹楨、林述慶等人。關於宋教仁的鎮江之行，范鴻仙於一年後回憶說：第九鎮攻打雨花臺失敗後，他急忙委派倪鐵生帶著自己的親筆信函趕赴湖北，敦請宋教仁回到長江下游主持革命黨內部的調和工作。宋教仁從武漢抵達鎮江，范鴻仙希望他能夠留下來疏通各路軍隊，宋教仁卻對范鴻仙說：「我暫時要到上海、蘇州、杭州一帶籌畫建立臨時中央政府的事情，疏通軍隊的工作由你來擔任。過幾天南京被攻克之後，我再來這裡組織臨時政府。」[1]

同樣是在十一月十六日，程德全回復林述慶於前一天發出的求款電報，說是勉強為鎮江軍政府籌集了兩萬元現款。

十一月十七日，缺乏籌款能力的林述慶再次發出求款電報：「蘇州、浙江、上海、通州、常州各軍政

1 范鴻仙：《宋先生遺事之一》，《鐵血忠魂：辛亥先烈范鴻仙紀念文集》，鳳凰出版社，二〇一一年，第一一二頁。

府鑒：張寇東竄，敝處實當其衝，事勢危迫，賴蘇浙援軍並集，海軍陸續歸順，兵力增加，稍有可恃。方圖進行，以殲群醜，凡防戰事宜，當由敝處同襄總司令部，悉心籌畫，罔敢馳懈。唯水陸各軍供應浩繁，而餉糈異常支絀，實為目前莫大之憂。」[1]

由於徐紹楨的聯軍司令部於當天誤殺了受柏文蔚委派策反張勳部隊的顧子斌、曾雲生，柏文蔚很是憤怒，從此拒絕與徐紹楨合作。剛剛在公開通電中表示「同襄總司令部，悉心籌畫，罔敢馳懈」的林述慶，也一度萌生辭職引退的想法。被林述慶讚美為「慷慨血性，在南京大觀樓一見如故」的湖南人梁喬山（維岳），極力勸告林述慶不要消極引退，並且答應到蘇州、杭州另想辦法。

十一月十八日，林述慶收到梁喬山來信，說是已經設法推舉程德全出任海陸軍總司令。梁喬山在這封來信結尾，特別提醒林述慶說：「外間多議君暴躁輕敵，須慎處之。」[2]

梁喬山字恢生，號維岳，是今湖南省漣源市楊市鎮人，一九〇四年留學日本，一九〇五年加入同盟會。一九〇五年（清光緒三十一年）十一月，為反對日本文部省頒布的《取締清國留日學生規則》，東京八千餘名中國留日學生罷課抗議，三千餘名留日學生陸續退學回國，梁喬山是其中之一。一九〇六年二月，經姚宏業、孫鏡清等人各方奔走，滯留上海的留日學生在上海北四川路橫浜橋租賃民房籌辦中國公學。由於經費拮据等原因，姚宏業憤然投入黃浦江自盡，從而引起社會各界廣泛關注。兩江總督端方每月撥銀一千兩，派四品京堂鄭孝胥為監督，又劃撥吳淞炮臺附近的江灣公地百餘畝作為建築用地、大清銀行

1 林述慶：《江左用兵記》，《鎮江文史資料》第三〇輯，第一六一－一六二頁。

2 林述慶：《江左用兵記》，《鎮江文史資料》第三〇輯，第一六八頁。

借銀十萬兩作為建築費用。中國公學嘗試實行學生自治，實際校務由河南籍留日學生王摶沙（敬芳）主持經營，革命黨人于右任、馬君武、陳伯平、李登輝、譚心休、梁喬山先後擔任教職人員。一度在上海中國公學擔任教務長的梁喬山，與中國公學同事于右任以及同盟會內部的湖南同鄉黃興、宋教仁、譚人鳳、瞿方書等人關係密切。辛亥革命爆發後，梁喬山往來於上海、南京、蘇州、鎮江等地，祕密從事革命活動。

林述慶收到梁喬山的書信，只告訴了陶駿保一個人。陶駿保表現得極其踴躍，主動要求前往蘇州催促程德全前來上任。梁喬山、林述慶、陶駿保等人推舉程德全替代徐紹楨，所迎合的是立憲派、光復會以及同盟會內部的宋教仁一派人的共同意願。

與林述慶《江左用兵記》的相關敘述相印證，立憲派領袖、已經把江蘇諮議局改組為江蘇省臨時議會的張謇，在一九一一年十一月十七日寫給趙鳳昌的密信中介紹說：「南京之下不遠矣」，現在應該預備「公推程都督移駐南京，趁此並寧、蘇為一」。所有蘇州方面的辦事人員一同前往南京，並且選拔南京方面的相關人士協同辦事。張謇本人將通過江蘇臨時議會加以襄助，這層意見已經與沈恩孚、楊廷棟、雷奮、黃炎培、史量才等立憲派骨幹成員反復討論過，希望趙鳳昌力言贊成。[1]

光復軍總司令李燮和的同鄉幕僚龔翼星，在寫作於一九一三年十二月的《光復軍志》中，關於此事另有介紹：「方聯軍議初起，推程德全為水陸軍總司令。或曰：軍行惡二三，權未可分也。故前敵指揮，一主於紹楨。號令既齊，軍亦和輯。」[2]

1 《張謇致趙鳳昌密函》，《辛亥革命在上海史料選輯（增訂版）》，第九五三頁。
2 《辛亥革命在上海史料選輯（增訂版）》，第二四六頁。

錢基博在《辛亥江南光復實錄》中，把極力擁戴徐紹楨的功績明確坐實在了顧忠琛的名下：「方聯軍之議初起，推德全為水陸軍總司令，而以顧忠琛代赴前敵指揮。忠琛曰：『軍政惡二三，權未可分也！』故前敵指揮，一主於紹楨。號令既一，眾心和輯。」[1]

十一月十八日，坐鎮上海遙控指揮的陳其美再一次先發制人，不僅在通電中對徐紹楨表示明確支持，還把林述慶與他的下屬柏文蔚相提並論：

> 鎮江分送徐總司令、林都督、柏統制鑒：滬紳公舉李平書、虞洽卿二君來府面稱，鎮江軍情關係大局，非群策群力，恐蹈危機。因公舉顧忠琛為聯軍總司令部參謀總長，孫毓筠為軍事參議，俾資擘劃。其美素悉顧、孫二君諳練軍務，謀略極優，必能勝任，當可認可。除電請蘇、浙承認外，全行電聞尊處，諒亦樂得長才，借資臂助。再，敝處並派參謀沈翔雲，明日早車赴鎮江報告一切，希接洽。滬軍都督陳。[2]

徐紹楨此前公布的蘇浙聯軍司令部名單中，正參謀即參謀總長由極力維護林述慶的陶駿保擔任，陶駿保的兄長陶賓南任負責後勤保障的上海總兵站副站長。陳其美撇開陶駿保另行推舉顧忠琛，顯然是為了強

1 《辛亥革命在上海史料選輯（增訂版）》，第八二一頁。

2 《致徐紹楨等電》，《時報》，一九一一年十一月十九日。《辛亥革命在上海史料選輯（增訂版）》，第三六五－三六六頁。

化對於蘇浙聯軍的遙控指揮，同時也是對於陶駿保的分權警告。孫毓筠出任軍事參議、沈翔雲出任參謀，與其說是由於「滬紳公舉李平書、虞洽卿二君來府面稱」，不如說是同盟會內部的陳其美、宋教仁、范鴻仙、顧忠琛、柏文蔚等人幕後密謀的結果。用疊床架屋式的相互牽制來從事新一輪的政權建設，恰好是宋教仁最為擅長的政治謀略。按照錢基博的說法，陳其美等人對於徐紹楨也不是完全信任，他們推舉顧忠琛與陶駿保並列為聯軍總參謀長，也有祕密監視徐紹楨的用意在裡邊。

十一月十八日晚上，陳其美另有一份發給南方各省都督的長篇通電，其中首先轉發了林述慶、徐紹楨前一天的軍事通報。關於新一輪的政權建設，陳其美轉發了江北都督蔣雁行的來電：「各省獨立，強半告成，若無統一機關，恐起外人干涉，急宜各派代表赴滬組織臨時政府，大統領一席，非孫中山莫屬云。」[1]

關於全國範圍內的軍事行動，陳其美表示說：「鄙意以北京未下，大局難平，擬組織聯軍，共謀北伐。現定蜀、湘、楚為第一軍，由京漢路進行；寧、蘇、皖、浙為第二軍，由京浦路進行；閩、粵為第三軍，由海道進行。除由昨日分電閩、粵兩省外，合再電聞，以便準備。惟今晚得福州電，知該處業經承認矣。」

這份電報的最後一項，是陳其美對於江蘇省臨時議會議長、江南人望張謇（季直）最大限度的讓利示好：「又張季翁久孚眾望，洞悉淮鹽，敝處公推為兩淮鹽務總理，頃已電請贊成，但未得複耳。」

[1]《通電各省都督組織聯軍等》，《申報》，一九一一年十一月二十三日。《辛亥革命在上海史料選輯（增訂版）》，第三六六頁。

張謇正式就任江蘇兩淮鹽務總理，是一個月後的一九一一年十二月十九日。以恐怖強悍、先發制人著稱的陳其美，可以把關係江蘇省域經濟命脈的兩淮鹽務，拱手讓渡給立憲派首領張謇，對於革命黨內部的權力爭奪，卻表現得心狠手辣、寸步不讓。

同樣是在十一月十八日，徐紹楨在鎮江召開軍事會議。林述慶由於「英領事約下午四時會晤」，搶先發言說應該等到軍隊準備完善之後再發起全面進攻。他發言後離開會場，到了晚上，柏文蔚前來會晤，林述慶詢問會議情況，柏文蔚回答說：我與你意見相同，「若固卿必急進攻，吾等唯力圖補救而已」。十一月十九日，徐紹楨主張立即發起進攻，林述慶、柏文蔚、陶駿保等人正在極力擴張充實鎮軍實力，不願意立即投入戰鬥。林述慶為此通電各處，「陳述頗激烈，欲另舉聯軍司令」。被梁喬山、林述慶、陶駿保等人另舉為海陸軍（又稱水陸軍）總司令的程德全並不領情，他在發給陳其美的電報中明確表示「自慚無軍事學識」，不願意取代徐紹楨的軍事指揮權。[1]

面對陶駿保的專程催促，有意把江蘇都督府從蘇州移駐南京的程德全，只答應到前線督戰慰勞，而不是指揮戰鬥。

林述慶出任鎮江都督時只有三十歲，比徐紹楨年輕二十歲，比程德全年輕二十一歲，比陳其美年輕三歲。林述慶自以為「於八年前已入黨」，手中又掌握著將近兩鎮的重兵，完全不把已經變成光杆司令的徐紹楨放在眼裡。直到幾個月後寫作《江左用兵記》時，他才有所悔悟反思：「事後追思頗悔之。蓋徐之資

1 《蘇都督致滬都督要電四則》，《申報》，一九一一年十一月二十三日。

望甚深，余（不）解從中委曲調停，事之謙讓，亦有以激成之也。」[1]

第七節　陶駿保抱病上前線

在剛剛組建的鎮軍序列中，第一鎮統制柏文蔚是林述慶的一名下屬。關於兩個人之間的短期合作，林述慶介紹說：「余自光復鎮江後，極力整頓潰軍，複成完全隊伍。余隻籌其大者，余多賴烈武相助。」

第九鎮士兵在攻打雨花臺失敗後只是潰散而不是叛逃，在主官徐紹楨出任聯軍總司令之後，連籌集軍事費用的能力都不具備的林述慶和柏文蔚，應該主動把收容整編的第九鎮潰兵交還給徐紹楨，而不是自不量力地越界擴權、據為己有。與林述慶在《江左用兵記》中一再檢討反思自己的錯誤行為不同，柏文蔚在《五十年大事記》中極儘自我標榜、歪曲事實、虛構捏造、嫁禍於人之能事，對於自己當年並不正大光明、理直氣壯的越界擴權，從來沒有一句切實檢討和真誠反思。

按照林述慶的說法，勸告他承認徐紹楨出任蘇浙聯軍總司令的，是柏文蔚、鄭為成兩個人，其中老上司鄭為成的勸告更加切實有效。柏文蔚的《五十年大事記》卻把自己包裝成為「婉勸頌亭歡迎聯帥」的唯一功臣。說是林述慶得知徐紹楨被陳其美推舉為聯軍總司令之後大為反對。林之夏勸說無效不辭而去。柏文蔚以導師而不是下屬的口吻接著勸說道：徐公紹楨的聲望遍及全國，你我二人的官職不過是管帶，而且都是徐公的部下門生，無故反對會自取其禍。張勳隨時可能東犯鎮江，大敵當前，互爭權利，智者不為。

1 林述慶：《江左用兵記》，《鎮江文史資料》第三〇輯，第一六三頁。

你要是堅決反對徐紹楨，我就和林之夏一樣離你而去。「好在英士撥步槍三千枝，款二十萬，全數在此，兄亦可以稱豪鎮江矣。」一席話說完，林述慶大哭道：「你們如此，我亦不幹。有關係的事，重要的話，我不是不聽。」柏文蔚聽了，從袖子裡取出歡迎徐紹楨的電稿說：「此電兄簽發後，可無問題。」

筆者遍查所有文獻資料，並沒有見到由林述慶、柏文蔚聯名發布的歡迎徐紹楨出任聯軍總司令的電文。就在陳其美（英士）通電推舉徐紹楨出任聯軍總司令的十一月十一日，徐紹楨、顧忠琛等人已經在鎮江西關洋務局設立司令部，林述慶和柏文蔚完全沒有必要採取拍發電報的方式表示歡迎。柏文蔚所謂陳其美「撥步槍三千枝，款二十萬」，更是信口開河的憑空捏造。按照《江左用兵記》的記載，一再通電求款的林述慶所收到的最大一筆款項，是來自程德全的兩萬元，其次是南通軍政分府張謇、張詧兄弟的六千元。十一月十八日，陳其美答覆林述慶求款通電的，是一份假、大、空的委婉拒絕：「軍政府林鑒：感電悉。款項一層，目下萬不能分畛城（域）。敝處籌有把握，自當竭力援助。唯目下此間亦甚支絀，歉難遵命。滬軍都督陳。勘。印。」[1]

在這種情況下，陳其美無論如何也不可能一次性撥給林述慶的下屬柏文蔚二十萬元鉅款。自相矛盾的是，柏文蔚剛剛標榜自己成功勸說林述慶服從徐紹楨，他自己轉眼之間就與徐紹楨決裂：

> 徐終以第九鎮全部官兵歸余不能釋然，而幕友之不明大義者，又多挑撥是非，仇視餘部。一

1 林述慶：《江左用兵記》，《鎮江文史資料》第三〇輯，第一六二頁。「感電」指的是十一月十七日電。「勘」即十一月十八日。

日，張勳代表曾雲生、顧子彬來鎮江，初抵江口，被聯軍憲兵捕去，軍法處長王某即治以敵探罪，不容申訴。……余與聯軍隔閡日深，頌亭以夙怨與徐部更不相能。一日軍事會議，意見衝突之處甚多，余不願在聯軍範圍以內作戰，自請將鎮軍全部歸頌亭率領，加入聯軍，協攻南京，余自率先鋒兩營及學生隊三百餘人，由鎮江渡江，經六合，攻浦口，斷張勳後路。此種意見提出聯軍會議時，尚得多數贊成，此案予以成立。[1]

在《柏烈武先生革命談話稿》中，柏文蔚關於此事敘述得更加直白：「文蔚至此知徐固卿不足有為，亦不願與之共事，乃與林述慶相約會師浦口，以北伐直搗黃龍為目的。」

按照林述慶的介紹，柏文蔚所率領的「揚軍七營、鎮軍巡防四營」，是以「鎮軍攻寧右側支隊」的名義出征作戰的，並沒有脫離鎮軍及聯軍的作戰序列。柏文蔚所謂「余自率先鋒兩營及學生隊二百餘人」，其實是他再一次自相矛盾、自我標榜的蓄意說謊。攻克南京之後，以鎮軍第一鎮統制名義極力擴張軍事實力的柏文蔚，與揚州軍政分府司令徐寶山一樣，公然架空背叛了自己當時的主官林述慶。

關於與自己在浦口方面並肩作戰的徐寶山、趙鴻禧（又寫作趙洪禧），出現在林述慶筆下的更是全盤否定的抹黑敘述：「十月二十二日，行抵距浦口二十五里之葛塘集，有瓜州鎮趙洪禧、緝私統領徐寶山等敗兵千餘人，紛紛向東逃竄。……趙洪禧不知去向，徐寶山在山谷中茅屋內吸食大煙，亦欲夜間逃往六合者。余收集敗兵，合吾之生力軍，下令拂曉進攻浦口。」

1 《柏文蔚文集》，黃山書社，二〇一一年，第四三二－四三三頁。

所謂「十月二十二日」即一九一一年十二月十二日，是柏文蔚的一處明顯筆誤，蘇浙聯軍佔領南京及浦口的準確時間是十二月二日即辛亥年十月十二日。攻佔張勳部隊的浦口大營，是柏文蔚、徐寶山、李竟成、趙洪禧以及李燮和光復軍協同作戰的結果，搶佔浦口大營充當鎮軍第一鎮司令部的柏文蔚，完全無視友軍的功勞，歸根到底還是出於他自己的心理陰暗。

一九一一年十一月二十一日，徐紹楨在鎮江召集參謀團會議，初步擬定合攻南京的作戰計畫。

十一月二十二日，朱瑞率領浙軍進駐高資，再由高資出發前往堯化門、麒麟門一帶與張勳開戰。此前駐防高資的鎮軍步兵四營，也配合浙軍投入戰鬥。蘇軍統領劉之潔率部攻取南路，進佔雨花臺。隸屬李燮和光復軍序列的黎天才，率領淞軍（因黎天才的主力部隊此前隸屬於廣西提督龍濟光，又稱濟軍）攻取北路，收復烏龍、幕府二山。鎮軍暫時後移，擔任天堡城、大平門一帶的攻堅戰。

同一天，蘇軍都督程德全率部進駐丹陽，林述慶專程赴丹陽拜會程德全，這是他與程德全的第一次會面。

十一月二十六日，在徐紹楨反復催促下，林述慶親自帶隊出征。當天早晨，林述慶和柏文蔚在鎮江火車站會合，柏文蔚在車廂中交給林述慶一冊由他派遣密探收集的軍事情報，並且祕密通告林述慶說：「前敵各營前日聯名上稟，言君漠視各營，私於自帶之營。」

林述慶聽了很是抑鬱，便對柏文蔚表白說：「余此行盡餘心為之。事成，余必卸鎮江都督，另謀統兵北進；否則恐無再見日矣！」[1]

---

1 林述慶：《江左用兵記》，《鎮江文史資料》第三〇輯，第一六九頁。

這裡的所謂「上稟」，就是向時任蘇浙聯軍總司令的第九鎮老上司徐紹楨告狀。關於此事，林述慶解釋說，幾天前他為了鄭重核實起見，委派幾名參謀到高資給四個營的官兵點名發餉。這些官兵大為不滿，紛紛抗議林述慶辦事太嚴，有私心，把自己的一營士兵留在鎮江，卻把別的營派到前線，在鎮江軍政府任職的大多是林述慶身邊的將校及其福建同鄉。還有人說林述慶在鎮江的飲食起居像國王一樣。諸如此類的說法一時訛傳，幾欲倒戈。在這種情況下，與徐紹楨同為第九鎮元老的陶駿保，在關鍵時刻發揮了關鍵作用。

十一月二十八日下午，林述慶來到徐紹楨設在馬群的聯軍司令部報到，當時在場的有參謀陳懋修、茅乃封，浙軍司令朱瑞，鎮軍協統劉成，蘇軍協統劉之潔等人。徐紹楨見到林述慶的第一句話是：老弟此來甚好，現正在危急中。

林述慶說：吾兵已臨敵人城下，破城在旦夕，何云危急？

徐紹楨說：湖北數電告急，日又聞段祺瑞勁旅，將由津浦南援。若城不破，必大危。

交談過程中，專程前往蘇州催促程德全出任水陸軍總司令的陶駿保，從上海抵達馬群前線。林述慶把徐紹楨擬定的合同攻擊令交給陶駿保，徐紹楨禮節性地表示說：請正參謀通視一過，如有不妥，可以更改。

按照徐紹楨的軍事布置，蘇軍負責攻打雨花臺方向，浙軍負責攻打朝陽門方向，鎮軍負責攻打太平門方向，發起攻擊時間是十一月二十八日深夜十二點即二十九日零點。林述慶認為，在不熟悉道路環境的情況下，把轟炸城門的炸藥從馬群連夜送到前線，是很難實現的一件事情。徐紹楨並沒有接受林述慶的合理建議。當天晚上的夜戰進行得十分激烈，城牆上的守軍居高臨下，用機關槍向蘇浙聯軍進行掃射，寶貴山、獅子山、天堡城的大炮也連續轟擊，導致蘇浙聯軍再一次攻城失敗，各路軍隊紛紛退出陣地。

十一月二十九日下午，陶駿保找到林述慶，說是徐紹楨下達攻打天堡城的命令，各路軍隊都不願意接受這一命令。陶駿保的個人意見是，請林述慶派遣一營鎮軍執行該項任務。林述慶考慮到各營官兵對於自己存在誤會，便要求因瘧疾發作不能騎馬的陶駿保，乘坐肩輿趕赴前線做戰前動員：「璞青為第九鎮創始者，若與俱，先以言語解釋，然後余再以心中所欲言者明白宣布，眾心當釋然也。」

來到天堡山下的鎮軍第二標前沿陣地，林述慶命令管帶于長青吹號集合，大約半個小時後集合完畢，陶駿保首先演說道：

> 我本第九鎮創始之人，諸凡官長目兵俱應認識。我辦此徵兵，即是預存日後革命之用，今日難得有此機會，使我漢人重見天日。吾與都督日在鎮江籌備一切，見都督實在勞苦，諸君當共體此意，努力殺敵。吾體力本弱，連日奔走甚苦，現冒病來此勉勵諸君，因病不能多說，諸君諒之。[1]

接下來是林述慶發表演講，說是自鎮江京峴山與諸君離別之後，已經將近一個月時間。這一個月的經歷自己覺得是備嘗辛苦。「自省實未有絲毫功名心、利祿心、畏死心。……余現決意明日先攻天堡城，諸君散兵線所在，余必先焉。若食此言，諸君可先殺我。寧城破，余必將鎮江都督取消，則知非為功名利祿

1 林述慶：《江左用兵記》，《鎮江文史資料》第三〇輯，第一七七頁。

而革命矣！」[1]

演說完畢，林述慶看到官兵形色有喜悅之況，便宣布解散休息，等待第二天發起進攻。陶駿保表示「我病將大作，先回馬群」，林述慶留在前線布置軍事。當天晚上，鎮軍第三標統帶李玉昆、管帶楊韻珂前來報到，林述慶書寫命令兩紙，一紙交給由岔路口村至蔣王廟仰攻天堡城的李玉昆；一紙交給由岔路口村後翻越紫金山俯擊天堡城的于長青。正在這時，來自上海的滬軍先鋒隊——林述慶誤記為蘇州先鋒隊——趕到，林述慶邀請先鋒隊司令洪承點留在天堡城與鎮軍並肩作戰。

第八節　蘇浙軍光復南京城

一九一一年十一月三十日早晨六時，林述慶率部在堯化門至天堡城至太平門一線發起進攻。天堡城又寫作天保城，是曾國藩鎮壓太平天國時修建的堅固堡壘，位於鐘山半腰，瀕臨長江，背倚城牆，地勢險要，上面的炮臺可以俯視炮擊南京全城。當天的戰鬥進行得十分慘烈，鎮軍第二標、浙軍二隊及滬軍先鋒隊的正面仰攻，遭到守軍炮火壓制。傍晚時分，鎮軍管帶丁長青率領的一營士兵攀上紫金山峰頂，居高臨下發起進攻，使守衛清軍腹背受敵。當鎮軍第三標第三營管帶楊韻珂率隊仰攻到將近兩百米時，守軍揚起白旗，高喊「降、降、降！」楊韻珂便率領一排士兵上前受降，詐降守軍突然間密集射擊，導致楊韻珂中彈身亡。

1 林述慶：《江左用兵記》，《鎮江文史資料》第三〇輯，第一七八頁。

十二月一日凌晨二時，林述慶從前線返回堯化門指揮部，立即命令葛應龍率領馬炮各標，於黎明前抵達天堡城下。正在這時，徐紹楨送來急信：「頌亭老弟左右：頃接某君報告，天保城敵之潰兵圍繞該軍幕營地，勢甚危逼，前來請兵救援，愀處無兵可援。聞李玉昆一標已抵堯化門，該標初來，兵氣正銳。請老弟速撥一二營，前往營救，不勝盼感之至！」

林述慶閱信後，坐在床上擁被回信道：「固老先生麾下：手示拜悉。述慶本日正午親率各隊攻天保城，指揮督察，心身俱瘁。敵兵狡悍，正與抵死支持，勝敗尚未決。而目睹兵士傷亡，五內如割。頃得報楊管帶韻珂陣亡，此心直欲碎矣！在堯化門各營已全數列入戰鬥，實無一兵可撥，臨楮不覺愴然。」[1]

徐紹楨來信中所說的「某君」，指的是與林述慶一直意見不合的浙軍司令朱瑞。十一月二十九日早晨，張勳在火炮配合下親自帶領精銳部隊出城與駐守孝陵衛的浙軍決戰，浙軍敗退到徐紹楨總司令部所在的麒麟門。關鍵時刻，光復會成員王任化奉陶成章命令從浙江台州招募的一營光復義勇軍，及時趕到並且發揮了重要作用，這些沒有經過軍事訓練的士兵大著膽子衝鋒陷陣，幫助浙軍打退了張勳部隊。慘敗之後的浙軍喪失鬥志，於是便有了徐紹楨的代為求援。

林述慶剛剛把寫給徐紹楨的回信交騎兵送出，門外忽然傳來哭喊聲。率部從紫金山攻打天堡城的于長青，在兩名士兵攙扶下來到林述慶面前。據于長青哭訴，他率領部隊已經進攻到距天堡城一百米左右的地方，子彈將要打光，他自己腿部受傷，只好退出戰鬥。若到天明敵兵增加，恐怕會遭受失敗，請都督迅速增派援兵。林述慶聽了，調派炮標統帶趙開運、馬隊統帶朱元岳帶隊趕往天堡城。佈署完畢，公雞已經開

---

1 林述慶：《江左用兵記》，《鎮江文史資料》第三〇輯，第一八五頁。

始打鳴。

十二月一日天亮時，鎮軍第一協協統劉成率部趕到，林述慶大聲催促說：「天堡城已得，君尚在此乎！」隨後，第一協第二標標統明羽林率部趕到，林述慶更加嚴厲地喝斥他運送子彈趕往前線。關於自己的粗暴表現，林述慶在《江左用兵記》中反思說：「未光復前，與余共事甚相等，頃不覺聲色俱厲，回思頗悔之。」[1]

當天早晨六時四十分，以鎮軍為主力的蘇浙聯軍成功佔領天堡城，調轉炮口向太平門方向的富貴山炮兵陣地及瞭望台猛烈轟擊。攻佔幕府山炮台的黎天才部隊，直接命中張人駿、鐵良居高觀戰的北極閣。經此一戰，城內清軍人心渙散。當天下午四時左右，美國領事從太平門出城代張勳議和。林述慶辯駁說：「勝敗既分，張勳對民軍謂之降則可，謂之和則否。」美國領事只好改口說是代張勳乞降。林述慶響應說：「張勳降，余亦要約數事：一、張勳所部並旗人一律繳械；二、張勳在寧所掠公款八十餘萬，須一一繳出；三、降後張勳認住一宅，由民軍派兵監護，逐漸遣散。至所求不殺降，本民軍宗旨，自可照行。」

當天晚上，林述慶經朝陽門前往麒麟門，向徐紹楨通報張勳乞降一事。由於天黑迷路，隨行的福建同鄉、林則徐曾孫林景南善意勸告說：「往史所載，功垂成而遭讒害者不可勝數，公仍回堯化門為得。」林述慶沒有聽從林景南的勸告，執意前往麒麟門徐紹楨司令部。在向徐紹楨通報相關軍情的同時，林述慶還表示自己手裡已經沒有款項，請徐紹楨加以接濟。徐紹楨答應撥款四千元，當晚送到堯化門。林述慶從徐紹楨司令部返回堯化門營地途中觸景生情，即興吟誦七絕一首：

---

[1] 林述慶：《江左用兵記》，《鎮江文史資料》第三〇輯，第一八六頁。

大好乾坤付戰塵，
六朝風月伴吟身；
依依無恙鐘山樹，
應認江南舊主人。[1]

回到堯化門營地，林述慶接到滬軍都督陳其美回電：「鎮江轉堯化門林都督鑒：兩蒸電先後接到，欣悉我軍佔領紫金山及天堡城炮臺，今夜誓破南京。想見指揮如意。其美不獲親臨戰陣，且欽且愧。惟在此間佇聽捷音而已。滬都督陳。尤。印。」

這裡的「蒸」是指陰曆九月十日即十一月三十日。「尤」是九月十一日即十二月一日。同樣是在十二月一日晚上，南京城內的兩江總督張人駿、江寧將軍鐵良見大勢已去，只好墜下城牆逃往停靠在下關碼頭的日本軍艦，張勳率部經浦口大營逃往徐州。

十二月二日早晨，林述慶率領衛隊和敢死隊從堯化門乘坐火車前往太平門火車站。部隊從火車站出來準備攻城時，美國領事和美國籍鐘鼓樓醫院院長馬林匆匆趕來，說是張勳已經逃走，太平門巡防隊趙統領通過他們向民軍請降。林述慶派遣敢死隊隊官紀信前往受降，同時囑咐參謀許崇灝下令各部集結入城。

1 林述慶：《江左用兵記》，《鎮江文史資料》第三〇輯，第二〇一頁。

在入城前的所謂受降儀式上，騎馬巡視降兵的林述慶再一次心花怒放、詩興大發，以天子帝王式的口吻不自量力、得意忘形地吟誦了一首替天行道、天命流轉、改朝換代、光復祖國的七言絕句：

降幡高拂石頭城，
日照雄關萬角聲；
如此江山收一戰，
居然還我漢家營。[1]

十二月二日上午十點半，林述慶率領鎮軍從太平門進入南京城，以臨時江寧都督名義進住兩江總督府。他自住於花園大洋房內，所部鎮軍分占各處房屋，並且於第一時間通電各省：「鎮軍本晨十時奪南京城，刻已進城內。謹聞。述慶。侵。印。」

中午十二時，陶駿保來到兩江總督府，輔佐林述慶「措理諸事，不辭勞苦」。

十二月二日當天，在鎮軍自紫金山入太平門的同時，蘇軍自雨花臺入南門，濟軍入儀風門，其他部隊也相繼入城。隨著蘇浙聯軍攻佔南京，聯軍內部的權位鬥爭隨之展開。

當天下午，聯軍總司令徐紹楨率本部人員進住兩江總督府，繼林述慶之後通電各省：「聯軍苦戰七晝夜，昨經鎮、滬、浙諸軍，攻奪天堡城要地，賊兵已喪膽，請人調和。本日複經蘇軍佔領雨花臺，攻入南

1　林述慶：《江左用兵記》，《鎮江文史資料》第三〇輯，第二〇四頁。

門，又鎮軍攻入太平門，已將南京省城克復。民軍陸續入城，即刻安民，詳情續報。」[1]

當天晚上，聯軍總司令部警備隊驅逐住在兩江總督府的鎮軍第一標第一營。林述慶得到報告，囑咐該營管帶王志剛與警備隊司令陳懋修和平交涉。

第九節　林述慶任性廢武功

上海方面，宋教仁等人於十一月十九日離開鎮江抵達上海，十一月二十日以湖南都督府代表名義，參加在上海西門江蘇教育總會召開的各省都督府代表聯合會。正是由於宋教仁等人多方聯絡，於十二月一日從湖北前線敗走上海的黃興，不僅受到同盟會內部的熱烈歡迎，而且得到立憲派人士的高度重視。各省都督府代表聯合會留滬代表沈恩孚、林長民、宋教仁、陶鳳集、吳景濂、劉興甲、朱福詵、屈映光於當天通電各省，再一次主張在上海召開籌備組織臨時政府的代表會議：「各省代表早經多數赴鄂，鄂垣軍務正緊，急難開會，現由留滬代表電請折回。組織臨時政府之議，決不因漢陽之失而阻。同人在滬公行準備，各代表一到便當開會。」[2]

江蘇臨時議會議長、立憲派領袖張謇也於當天從蘇州來到上海，入住趙鳳昌位於南陽路的惜陰堂，與黃興、宋教仁、程德全、章太炎等人會商相關事宜。

1　《辛亥革命江蘇地區史料》，江蘇人民出版社，一九六一年，第四二八頁。

2　《致各省諮議局電》（一九一一年十二月一日），陳旭麓主編《宋教仁集》上冊，中華書局，一九八一年，第三六九頁。

十二月二日深夜，蘇浙聯軍攻佔南京的捷報傳到上海，章太炎、宋教仁、黃興、程德全、陳其美、湯壽潛、張謇、唐文治、伍廷芳、趙鳳昌、溫宗堯、虞和德、李鐘玨、朱佩珍、王震、于右任、范鴻仙、鄭贊丞共十八人，連夜致電南京徐紹楨總司令、鎮軍林述慶都督、浙軍朱瑞司令、蘇軍劉之潔司令、滬軍洪承點司令、濟軍黎天才統領及江陰各軍：「南京光復，賴諸公指揮之勞，將士用命之力，東南大局從此敉平，謹祝聯軍萬歲！中華民國萬歲！」

與此同時，另有一封致南京總司令徐紹楨、鎮江都督林述慶、浙軍司令朱瑞、蘇軍司令劉之潔、滬軍司令洪承點、濟軍統領黎天才的電報，一方面由章太炎、宋教仁、黃興三人聯名發出；另一方面由陳其美、湯壽潛、張謇、伍廷芳、李鐘玨、虞和德、于右任七人聯名發出，電文如下：

南京光復，謹賀。目下因敵兵有南下江北之信，且浦口賊未滅，林都督又已公推為征淮總司令，故眾意推蘇州程都督移駐江寧為江蘇都督，一以資鎮守，一以便外交。謹聞。[1]

章太炎、宋教仁、黃興三人在上述電文之外，還有一封專門發給林述慶的電文，其中寫道：「南京探投鎮江林都督鑒：南京光復，為大局賀。鄂事緊要，亟待應援。臨淮關須有勁旅駐守，既可進取，又可為援鄂之策應，且將來中州重鎮，非公莫屬。此間同志咸推公進兵臨淮，繼圖開封，諒邀鑒允，應帶軍隊暨籌備一切。望酌核賜示。章炳麟、宋教仁、黃興同叩。」

1 《辛亥革命江蘇地區史料》，江蘇人民出版社，一九六一年，第五五四頁。

《民立報》於十二月三日刊登相關電文的同時，還加寫了編者按語：「昨日南京光復之捷電傳至上海後，東南各都督在滬軍政府臨時集議發出各電如下。」

按照林述慶《江左用兵記》的說法，他於十二月三日拜訪徐紹楨，「察徐神情殊憤懣」，他便當眾表白說：「彼此不可誤會，鼓起蕭牆之禍，宜協力同心，籌商援鄂、北伐，並處置聯軍在寧辦法。」說到緊要處，「在座諸人皆稱善，徐意終不快」。由於要與鎮軍海軍處的宋文翽、鄭倫等人回訪各國艦長，他匆匆離開兩江總督府，等他回來時，徐紹楨的司令部已經遷往諮議局。林述慶事後反思，「徐遷往諮議局，余躊躇不自安」，其主要原因是：徐平日居顯職，廣交遊，在江南境統兵久，人望資格，俱出人頭地。其於武漢起事，對第九鎮多方維持，安知非出於鄭重，別具苦衷。徐紹楨雖然沒有以「國士」的待遇重用自己，第九鎮軍官多年來幾經淘汰，「以余之戇，不加擯斥」，也算是一種特殊照顧。自己入城之後不自量力佔據江寧臨時都督的名義，「雖倉卒中未遑細思，然此舉誠內疚神明，外招物議，慚轉以思，慚愧無地。」

正是在這種心境中，剛愎自用的林述慶坐在床上擁被草擬了一份關係他自己以及整個鎮軍序列的前途命運的電報文稿：

吾族舉義以來，賴天之靈，英豪並起，俱以光復祖國為目的。頃者金陵告捷，大局稍固，亟應設立臨時政府，為新中國之基。唯是此疆彼界，權限未分。就江蘇一省論，有三都督焉，揆諸名實，無此辦法。區區之見，擬即將述慶鎮軍都督名義取消，全省公舉一都督主持，以專事權。無論名賢贊成與否，述慶不敢愛其功名，自問去就之際，無所容心。所願公舉得人，為我民國造福耳，乞速賜裁，俾免遺誤。雪老務望速臨，以系眾心為幸。至臨淮督軍，業已電布鄙意，果軍實完備，則赴湯蹈火，非所敢辭矣！謹聞。林述慶。覃。印。[1]

林述慶所謂「不敢愛其功名，自問去就之際，無所容心」，說得通俗一些就是公天下、打天下、救天下、讓天下的大公無私、主動讓權、任性衝動、自廢武功。依據《江左用兵記》的文字記錄，像這樣的道德標榜已經是他的第四次。

第一次是十月三十一日晚上，林述慶在上海同盟會中部總會主持會務的財務幹事潘訓初面前表白說：「起事時，余決不願屍名，將來若由上海填文告，萬不可以余姓名加入。」到了十一月七日，他卻違背承諾，繼滬軍都督陳其美、蘇軍都督程德全、江北都督蔣雁行之後號稱鎮軍都督，而不是像李燮和在吳淞、鈕永建在松江、秦毓鎏在無錫、張謇在南通那樣，相對低調地出任軍政分府司令長。

第二次是十一月二十六日，林述慶在趕赴前線的火車上對柏文蔚表白說：「余此行盡余心為之。事成，余必卸鎮江都督，另謀統兵北進……」

十一月二十九日下午，林述慶在天堡城前沿陣地，面對鎮軍官兵第三次表白道：「自省實未有絲毫功名心、利祿心、畏死心。……寧城破，余必將鎮江都督取消，則知非為功名利祿而革命矣！」然而，到了十二月二日，林述慶又一次爭功搶權，撇開主官徐紹楨自稱江寧臨時都督。

在現代文明社會裡，一個具備了最低限度的主體個人自由自治、甲乙雙方契約平等、公共領域法治民主、制度建設限權憲政、國際交往大同博愛的價值譜系和文明意識的文明正常人，無論是在私權領域還是

---

1 林述慶：《江左用兵記》，《鎮江文史資料》第三〇輯，第二〇五－二〇六頁。

公共領域，都不會用所謂的天下為公、大公無私來進行道德標榜，而是正大光明地正視並且尊重包括自己在內的所有個人，對於私人權利和公共權力的正當訴求。在自然人以及法人實體的合作共事過程中，一個文明正常人往往會理直氣壯地以甲方乙方契約平等、雙向協商的主體資格，明確劃定彼此之間的私人權利及公共權力的邊界紅線。

林述慶在上述電文中所謂的「此疆彼界，權限未分」，顯然不是以文明正常人甲方乙方契約平等、雙向協商的主體資格，來明確劃分彼此之間的權限邊界；而是按照中國傳統社會莫須有的奉天承運、替天行道、天命流轉、天下為公、改朝換代的所謂天命、天意、天道、天理，來虛情假意、自欺欺人地進行道德標榜的。他沒有想明白的是，打從商湯王、周武王開始，中國歷史上所有奉天承運、替天行道、天命流轉、天下為公、弔民伐罪、改朝換代的暴力革命，所上演的都是公天下、打天下、救天下、坐天下、治天下、私天下的「存我方之天理，滅敵方之人欲」的專制鬧劇。歷朝歷代的皇權專制者欺世盜名、天下為公的道德文章，大都是在演戲給別人看。像林述慶這樣入戲太深，以至於在自我感動、自欺欺人的任性衝動中自廢武功的阿Q，是註定會在「存莫須有之天理，滅所有人之人欲」的道德圈套中既犧牲自己又坑害別人的。

第十節　程德全接管南京城

按照林述慶《江左用兵記》的說法，無論是爭奪江寧臨時都督還是取消鎮軍都督，都是出於他自己任性衝動的意氣用事，而不是來自方方面面的強大壓力：

十四日，漁父、右任、喬山、賓南諸君到（諸君俱十三到寧，本日始與餘接洽）。喬山先至，余以電稿付閱，甚韙余所為。漁父至，與商援鄂、北伐、建設臨時政府諸事。漁父云：倘雪樓督寧，一切軍需上補充，必能極力擔任，不使君絲毫制肘。並議舊督署為元帥府，以于長青為元帥衛隊。時因兵武裝遊街衢，晝夜不絕，居民不安。于邀各軍代表至督練公所，集議約束万法。決定凡目兵上街，不攜武器，晚間禁外出，設憲兵維持，舉茅乃封為憲兵司令，稍寧靖。[1]

這裡的「十四日」即一九一一年十二月四日。「漁父」就是與陳其美等人疊床架屋般先推舉程德全（雪樓）以江蘇都督名義接管南京，然後再極力推舉黃興到南京就任中華民國大元帥的宋教仁。當時的實際情況，要比林述慶頭腦簡單、單邊片面的歷史敘述隱晦曲折許多倍。關於此事，筆名騷心氏的《民立報》主編于右任，在寫於一九一二年四月的《鎮江陶璞青傳》中介紹說：

迨江寧克，而程公適返滬，江寧無人，松亭為權宜計，自建都督，並冠以「臨時」二字。當是時，外間莫名其由，咸駭怪，於是，反對者群起。而十三日，余乃偕賓南走寧，與范鴻仙、虞洽卿諸君說松亭，請如約。斯時璞青亦在座，俱曉言大義，松亭慨然自白無他意，願共踐宿諾。璞青乃出紙筆為草電文，宣布取銷寧軍都督，並鎮軍都督職亦辭焉。[2]

1 林述慶：《江左用兵記》，《鎮江文史資料》第三〇輯，第二〇七頁。

2 《鎮江文史資料》第二一輯，一九九一年，第五九頁。另見《于右任辛亥文集》，復旦大學出版社，一九八六年，第二三二頁

在林述慶與于右任的兩種說法中，林述慶的說法自然更加具有可信度。但是，在于右任、宋教仁、范鴻仙、陶賓南、虞洽卿等人的錯覺印象中，普遍認為林述慶以「就江蘇一省論，有三都督焉」的牢騷話語牽扯滬軍都督陳其美的上述電文，是出自陶駿保的手筆。究其原因，應該是陶駿保在各種場合曾經有過類似表示。關於宋教仁等人的所作所為，親歷此事的范鴻仙回憶說：

南京下後，遯初來，而江蘇都督問題糾紛不可理。遯初曰：「政府不知何時可成，江蘇都督問題，我輩須特別注意。」遂分頭走各軍。各司令僉願顧大局，林頌亭願任北伐總司令，徐固卿願任援鄂總司令，程雪樓願任都督。遯初及餘一日遍走各軍。當晚，頌亭將經手事完全交與程公，於是軍心大定。顧都督府組織法及各司人員無端倪，軍民屬望甚切，遯初手出一冊，係《鄂州臨時約法草案》，乃遯初所屬稿，而鄂省擬公布者也。程公閱畢，大為贊成，願照鄂省一例組織，推舉都督府各司長。遯初與余主張軍隊會議，各軍司令申言不欲干涉政治，遂由程公約遯初、固卿、良鑒，在諮議局開一祕密會。程公派指各司人員，請遯初擔任政務廳長，而以參事會會長屬余，遯初以組織政府辭，余以組織鐵血軍辭，固卿曰：「此事明日非宣布不可，遲恐軍心不定。」遂允諾。[1]

1 孤鴻（范鴻仙）：《宋先生遺事之一》，《民立報》，一九一三年三月二十七日「專紀」欄。

這裡的「遁初」即宋教仁，「林頌亭」即林述慶，「徐固卿」即徐紹楨，「良鑒」是時任程德全親信秘書的羅良鑒。十二月六日，程德全在江蘇省臨時議會議員張偉如等人陪同下，由上海抵達南京。當天晚上，林述慶再次表示反悔。

按照《江左用兵記》的說法，光復軍總司令李燮和與他的周姓參謀於當天晚上找到林述慶，希望他暫時不要向程德全移交權力：「雪樓年老厭繁劇，外間所云各軍不以君為然，實無此事。君再勉為其難為是。」林述慶聽了有所心動：「我如果是為自己一個人著想，推卸責任是很輕鬆愉快的一件事，而且還可以竊取一份無私退讓的虛假名譽。如果是從大局著想，我不退讓也是有益處的。」

於是，林述慶找到宋教仁再次協商，宋教仁答覆說：計已定，更變反費事。[1]

李燮和質問宋教仁：若將來礙進行奈何？

宋教仁信誓旦旦地誇口說：我一人擔其責。

經過這樣一場小插曲，湖北都督黎元洪的代表胡培德勸告林述慶說：「率信（性）將文移印信送給雪樓，則紛議可完。」

林述慶委託在座的陶駿保代送江寧臨時都督印信給程德全，陶駿保的表現是「有難色」，也就是不支持林述慶如此任性衝動地放棄權力、自廢武功。林述慶只好和胡培德一起去向程德全移交權力。

同樣是在十二月六日，擅長謀略的宋教仁，以勝利者的姿態向上海方面的黃興、陳其美通報林述慶與徐紹楨兩敗俱傷的權力爭鬥：「今日林都督已交代寧都督，任北伐總司令。徐聯軍總司令已辭職。寧省現

1 林述慶：《江左用兵記》，《鎮江文史資料》第三〇輯，第二〇八頁。

狀極平安。」[1]

按照龔翼星《光復軍志》的說法，李燮和是十二月二日率部抵達南京城區的，「諸軍入城，推林述慶權江寧都督。未幾，程德全至自丹陽，遂代述慶焉。時聯軍皆集江寧城中，各有專帥，不復有所統一，乃立聯軍參謀團為聯絡，光復軍以李鹹往。」[2]

錢基博在《辛亥江南光復實錄》中進一步演義說，林述慶出任江寧臨時都督，並不是他的個人選擇，而是光復會方面集體推舉的結果。林述慶與章太炎、陶成章、李燮和一樣是光復會成員，陶成章當時把輿論宣傳方面的事情託付給章太炎，他自己從紹興、嘉興等地糾集數千人的部隊，打算繼湯壽潛之後出任浙江都督，從而與李燮和、林述慶聯絡一氣，左提右挈。「光復會之羽翮張，橫絕東南……江浙各地之光復，光復會之功為多，而同盟會嫉其掩己，陰賊險狠，刺客交於衢路」。隨著陶成章的遇刺和林述慶的暴死，「光復會浸衰浸微，而同盟會獨盛於世」。[3]

另據居正原名《辛亥劄記》的《梅川日記》記載，「南京未下之前，原第九鎮營長林述慶率兵若干，在鎮江勸告焦山象山炮兵反正，成立都督府，林為都督，同時原第九鎮營長柏文蔚亦自關外來，成立第一軍，柏為軍長。述慶、文蔚皆同盟會中堅分子，同隸標統趙伯先麾下，從事革命運動有年。……南京攻

1 《民立報》，一九一二年十二月八日。據遲雲飛考證，該電文後面有一「銑」字，指的是陰曆辛亥年的十月十六日，也就是陽曆十二月六日。陳旭麓編《宋教仁集》把此電日期認定為十二月五日，屬明顯錯誤。見遲雲飛著《宋教仁與中國民主憲政》，湖南師範大學出版社，二〇〇八年，第九二頁。

2 《辛亥革命在上海史料選輯（增訂版）》，第二四七頁。

3 《辛亥革命在上海史料選輯（增訂版）》，第八一九頁。

下，林述慶所率鎮軍，朱瑞所率浙軍，陳英士所遣滬軍，李燮和所遣光復軍，暨徐紹楨所部均次第入城。林軍駐總督署，徐軍駐諮議局，其他各軍亦有駐地。於時江蘇都督之爭議，因而發生。林本稱都督，徐本稱總司令，依鄂軍戰時先例，總司令由都督委任者。又複有說，依原來關係，徐資望高於林，依反正次序，則林先於徐。中間又有江蘇巡撫程德全反正，曾膺督師之名，故有主張程為都督者。都督問題，迄不得解決，陳英士都督請遁初赴寧調停，奔走於林徐之間。林忿然曰：『革命黨本非爭官而來，必欲爭，則請稍息五分鐘，余即可解決矣。』遁初曰：『毋出此，請君讓之。』林曰：『諾，余即出兵渡江，準備北伐。』金陵奪印一劇，暫告一段落。」[1]

當時在滬軍都督陳其美身邊任職的章天覺，則在《回憶辛亥》一文中介紹說，陶駿保是「光復會黨人之佼佼」，蘇浙聯軍攻克南京城之後，「林先入，已稱都督，且出示矣。徐猶稱總司令。依武昌起義後，頒布戰時條例，總司令由都督委任，而徐資望高於林，論功以及反正先後，則林實先於徐。……而又夾一清吏投誠之程德全，反正實又較林為先，曾膺督師之命，有主張以程為都督以抗林。久不得當。事聞於滬督陳其美，陳請宋教仁趕往調解。宋至寧，奔走於林、徐之間，亦懸不得解。一日，宋微諷之，林忿然曰：『革命豈為奪權來耶，容吾思之。』宋率直陳述陳其美意，請林讓步，林猶豫。參謀陶駿保越席而代允之，曰：『諾。吾輩即出兵渡江，準備北伐。惟請滬軍都督，亦率健兒一同北上，爭官不若爭革命之為榮也。貪天之功，以為己力。陳其美能記憶上海光復後，爭都督之事乎！』言畢悻悻。」[2]

1 章天覺：《回憶辛亥》，《辛亥革命史叢刊》第二輯，中華書局，一九八〇年，第一六五頁。

2 《南京通史・民國卷》，南京出版社，二〇一一年，第三一一頁。

出現在章天覺筆下的宋教仁、林述慶、陶駿保的相關對話，顯然是對於居正事後補寫的並不確切的所謂「日記」的抄襲演義。根據現有的文獻資料，雖然不能排除林述慶、陶駿保與趙聲一樣既是光復會員又是同盟會員的可能性；但是，像錢基博、章天覺這樣單純認定林述慶、陶駿保作為光復會員的身分立場，就顯得有些單邊片面、以偏概全。

需要特別說明的是，辛亥革命期間的革命黨成員，既可以是多個黨派的跨黨成員，也可以是沒有參加過任何黨派而自發參與革命活動的一些人。當年的同盟會和光復會並不像一九二四年國共合作之後的國民黨那樣，存在著上級領導下級、個人服從黨魁的組織系統，即使是有著明確黨派立場的會黨成員，也大都處於自食其力、自發自動的自由散漫狀態。林述慶在《江左用兵記》中明確談到，他在鎮江光復之前與東京同盟會以及上海同盟會中部總會之間都有聯絡，卻從來沒有提到與光復會領導人章太炎、陶成章、李燮和等人有過聯絡。當年的林述慶既然可以公開自己與同盟會的祕密聯絡，假如他當真是一名光復會員，完全沒有必要諱言自己這種跨黨派的雙重身分。

十二月七日，程德全通電宣告江蘇軍政府職員名單，由他自己兼任都督府參謀總長，參謀次長為顧忠琛、鈕永建、陶駿保；政務廳長宋教仁；外務司長馬良，次長楊廷棟；內務司長張一麐、次長沈恩孚；財政司長熊希齡，次長姚文楠；通阜司長沈懋昭，次長陶遜；軍務司長陳懋修，次長張一爵；參事會長范光啟，副會長鄭芳孫。戰亂之後的南京開始初步恢復社會秩序，以江蘇省臨時議會議長兼任江蘇兩淮鹽政總理的張謇，還為程德全穩定地方政權提供了較為可靠的財政支持。

同樣是在十二月七日，已經於前一天晚上與林述慶完成權力交接的程德全，當面向林述慶保證說：君若出兵，無論如何困難，後方總數極力擔任，不使君有後顧憂。

林述慶表示說：余本軍人，政治非所能；軍事或有一知半解，故樂在軍隊。一旦出軍，望為接濟。關於程德全，林述慶在《江左用兵記》中給出的事後評價是：「雪樓仁厚長者，言辭敦惻，余甚敬之。當南京為張勳所據，大局震動，余力籌攻守方法，屢電雪樓請兵撥餉，莫不應允。……雪樓以督撫威望，一旦宣告獨立，東南局勢為之一變，有功民國多矣。」[1]

但是，即使是這樣一位仁厚長者，任性衝動、意氣用事的林述慶，依然沒有足夠的理性智慧來友好相處。已經取消鎮軍都督府並且急於整頓隊伍出兵北伐的林述慶，從此再也沒有籌餉派款的根據地。他屢次向程德全索要軍費，程德全一直沒有兌現承諾。林述慶為此在寫給程德全的信函中大發牢騷：「款久無著，待用孔殷，如此述慶誠難一日留，擬不日赴滬，諸公幸好為之。」林述慶在《江左用兵記》中事後反思說：「實在南京未必有餘款可撥，余一時偏激萌去志，是以出此。聞雪樓得函頗介介。余平日意氣用事，開罪於人，多類此。」

任性衝動、意氣用事的林述慶得罪徐紹楨、陳其美、程德全等軍政大佬的直接結果，是一直協助扶持他的老師兼高參陶駿保，幾天之後便倒在滬軍都督府的血泊之中，事實上充當了他的替罪羔羊。

第十一節　陳其美誅殺陶駿保

一九一一年十二月十三日，也就是蘇浙聯軍攻克南京的第十一天，時任江蘇都督府參謀次長兼北伐軍

---

1 林述慶：《江左用兵記》，《鎮江文史資料》第三〇輯，第二〇九頁。

臨淮總司令部參謀長的陶駿保，被陳其美殺害於滬軍都督府。關於該案最為權威的官方解釋，是江蘇都督程德全與滬軍都督陳其美的聯名通電：

南京聯軍各軍長官公鑒：參謀陶駿保挾私阻撓，詭謀百出，軍界共憤。其至大罪狀，於將攻南京時，在鎮江扣留械彈，貽誤前敵；攻克南京後，冒功攬權，幾釀大變。近複混至滬上，廣布謠言，煽惑人心。茲經本都督拿獲，於下午五時明正典刑，以肅軍律，即以為貽誤大局者戒。但恐寧垣謠傳失實，擾動軍心，希即明白宣布，力圖鎮靖。如有羽黨，一律寬免，勿究前衍。德全、其美。漾。印。[1]

這裡的「漾」代指陰曆辛亥年十月二十三日，也就是陳其美誅殺陶駿保的一九一一年十二月十三日。滬軍都督陳其美隨後還有篇幅更長的安民告示，被《民立報》以《嗚呼陶駿保》為標題予以刊登，全文如下：

滬軍都督出示曉諭云：照得令行惟肅，難容附飽之鷹；絕惡從嚴，宜去害群之馬。昔漢高含淚而斬丁公，諸葛掩袖而誅馬謖。蓋既為軍界罪人，則難稍疏法網也。茲查鎮軍參謀陶駿保，前於

1 《程德全、陳其美為槍斃陶駿保事電告聯軍各軍長官》，《申報》，一九一一年十二月十五日第一張第四版。見《辛亥革命在上海史料選輯（增訂版）》，第三六九頁。

聯軍會攻江寧時，所有滬江解赴前敵軍用彈械，膽敢妄肆意見，私自截留，致張賊未能即除，民軍頗受影響，東南大局，幾被貽誤。幸各軍不分畛域，奮勇力攻，始得於本月十二日將全城光復。迨後正應合群策力，以圖北伐，直抵黃龍。乃陶駿保一味營私，擁兵自衛，不放聯軍入城，佔領各要隘，通電各處，揑報軍功，幾釀大變，致臨時政府未能即日成立；而義旗北伐，因之遲延。種種行為，令人髮指。前日複敢潛來滬上，廣布謠言，煽惑人心。所有劣跡，經本都督澈底查明，爰與大元帥黃、江蘇都督程諸公再四籌商，均以此等漢奸，實難寬縱。當於本月二十三日酉刻，將陶駿保在軍前明正典刑，以昭軍紀。深恐我各同胞，不知底蘊，妄相疑猜。為此出示曉諭，仰軍民人等一體知悉，毋得道聽塗說，致生驚恐。毋違。切切特示。」[1]

陶駿保被殺後，革命黨內部無論是標榜「驅除韃虜，恢復中華，創立民國，平均地權」的同盟會，還是標榜「光復漢族，還我山河，以身許國，功成身退」的光復會，都沒有一個人挺身而出、仗義執言。直到南北和談已成定局、大清皇帝溥儀下詔退位之後，陶駿保的兄長、時任江蘇都督府交阜次長的陶遜（賓南），才開始為弟弟鳴冤昭雪，這就是連載於上海《時報》一九一二年三月七、八、十一、十六日的《陶遜質問陳都督函》。

按照陶遜的說法：「當時複忍痛不言者，蓋緣大局未定，……故不願以一時爭辯，搖動全體，致啟意

1 《民立報》一九一一年十二月十五日第六頁。見《辛亥革命在上海史料選輯（增訂版）》，第三六九頁。

外之擾攘。今幸南北統一，共和告成，全國同胞之生命皆將有所托，以資保護。」[1]

比起這段宏大敘事，結束語中另有一段情真意切的表白文字：「以滬上一隅，左右東南半壁，大權在握，睥睨一世，執事之威亦盛矣。朱、郭之雄，廣蓄門下，刃彈交錯，從心所欲，執事之手段亦辣矣。欲殺竟殺，誰敢忤之？」意思是說，陶遜當初之所以沒有挺身而出為弟弟鳴冤昭雪，主要原因是由於左右東南各省半壁江山的滬軍都督陳其美，豢養著無數冷血殺手幫助他實施順我者昌、逆我者亡、黨同伐異、為所欲為的恐怖統治。

在這封公開信中，陶遜圍繞著陳其美為陶駿保列舉的各項罪狀，逐一給出了答辯質疑。

關於所謂扣壓子彈、遺誤前敵，陶遜質問說：「亡弟所任者為鎮軍參謀，無下命令於他軍兵站扣壓子彈之權。他軍之運子彈者，何以聽其扣壓？至前敵是否遺誤，更非可混沌其詞。」

關於所謂播弄是非、幾釀大變，陶遜質問說：「所播弄者為何種是非？其是非有何種之關係，致有釀大變之預測？預測之詞是否即可據以判罪？外間猜疑以為此條罪案係指一省有三都督之電而言。電文具在，反復抽繹，委系據實直言，並無播弄之跡。是否果即指此？且據遜所知，當時亡弟與遜聯絡范君鴻仙、宋君漁父、胡君培德等力勸林君松亭踐取消鎮軍都督之約，自退臨時寧軍都督，由亡弟取都督印親送程都督收受。竊以為銷泯是非，力遏大變則有之。茲乃謂播弄是非，幾釀大變，知與不知，靡不迷惘。」

前面已經談到過，所謂「一省有三都督之電」，是林述慶於一九一一年十二月三日深夜坐在床上擁被草擬的，並不是出自陶駿保之手。但是，這份電報所表達的確實是林述慶與陶駿保的共同觀點，並且直接

1 《陶遜質問陳都督函》，《辛亥革命在上海史料選輯（增訂版）》，第七九五－七九八頁。

觸動了滬軍都督陳其美極力捍衛的權力乳酪，引爆了江浙地區政權建設的最大爭點。

在此之前的一九一一年十一月十三日，上海《時報》刊登聚集於江蘇教育總會的立憲派名流唐文治、劉樹森、雷奮、趙鳳昌、莊蘊寬、黃炎培、姚文楠、李聯圭、龔傑、陸文麓、楊思湛、沈恩孚聯名寫給陳其美的公開書信。其中一方面表示「上海為東南巨埠，特設都督府以應今日情勢，文治等實深佩仰……值茲大局尚未全定，軍事計畫自必特別注重」；另一方面就各項公共事務提出質疑，並且談到軍事計畫之外的行政事宜「盡可統全省為一致」。其理由是：「今蘇垣恢復後，各軍隊及各屬士民公推程都督主持一切，誠足以副全省之望。文治等深知程都督熱心國事，銳意改革，舊日各督撫無可與之並立者。上海亦蘇省之一部分，若行政亦經分立，殊與全省統一有礙，擬請從長計議。」[1]

這裡雖然談論的是軍政之外的民政即所謂「行政事宜」，實際上卻是要求陳其美取消滬軍都督府，把江蘇省域的軍政大權交由程德全統一管轄。十二月二日，也就是蘇浙聯軍攻克南京的當天，張謇以江蘇省臨時議會全體議員名義公開通電：「江蘇本為一省，寧蘇分治，原屬清廷弊政，今既改為共和，一省之中應只設一行政總機關，俾民政有所統一。而寧蘇相較，自以駐寧為宜。程公雪樓平昔行政，注要民事。現在金陵光復，擬請程公移駐寧垣，撫綏保定以慰全省民望。」[2]

對於因報國心切而「據實直言」的林述慶及陶駿保來說，「一省有三都督之電」顯然是對於張謇及

1 《唐文治等上滬軍都督府書》，《時報》一九一一年十一月十三日，見《辛亥革命在上海史料選輯（增訂版）》，第三二四頁。

2 《省議會請程德全移駐江寧》，《申報》，一九一一年十二月四日。

江蘇省議會公開通電的積極響應和強力支持，同時也隱含著對於一貫飛揚跋扈的滬軍都督陳其美的道義譴責。林述慶以捨棄江寧臨時都督和鎮江都督為代價提出「全省公舉一都督主持」的政治主張，對於極力擴張滬軍都督權力範圍的陳其美來說，無疑是一記當頭棒喝。懷恨在心的陳其美在慘殺陶駿保之後，公開指控陶駿保「播弄是非，幾釀大變」，恰恰符合他所奉行的「欲加其罪，何患無辭」、「順有者昌，逆我者亡」的強權邏輯。在這種情況下，林述慶、陶駿保的上海之行，幾乎等同於自投羅網。

關於陶駿保的「潛來上海散布謠言，煽惑人心」，陶遜在公開信中申辯說：「計亡弟之到上海為陰曆十月二十一晚，二十二日即走謁宋君漁父及今陸軍部長黃君克強、《時報》總理狄君楚青。二十三早謁莊君思緘，中午至聯軍兵站晤葉君子安，頃又至黃君克強處，上北伐軍隊區分策，得晤執事。午後四時，乘馬車至貴都督府拜謁，彰明較著，絕未藏頭露尾，潛來者固若是乎？至謂散布謠言，煽動人心，是否有傳單或其他印刷物之可據？抑據何等之報告？否則，莫須有三字，是否即可定獄？」

陰曆十月二十一即陽曆十二月十一日，按照陶遜的說法，「其時黃君克強被舉為大元帥，謙讓不遑，不允任事。……又其時聯軍總司令業以取消，接續者尚未推定，程都督複因病赴滬，聯軍無統屬者，致緩北伐之期，此人人所共知也。」意思是說，早在十二月三日的電報中就被章太炎、宋教仁、黃興聯名推舉為北伐軍臨淮總司令的林述慶，與陶駿保一起來到上海與宋教仁、黃興、陳其美等人商討「北伐軍隊區分策」，顯然是出於光復祖國的愛國熱忱，而不是為了充當敗壞北伐大業的所謂「漢奸」。陳其美以「與大元帥黃、江蘇都督程諸公再四籌商」的名義，把「莫須有」的「漢奸」罪名強加在陶駿保頭上，才是真正的禍國犯罪。

關於陶駿保被陳其美殺害的歷史現場，陶遜在公開信中轉述了上海《時報》的公開報導：「據當日《時報》所記載，亡弟入見，甫抵中門，即遭背縛，對之讀罪狀。亡弟大呼冤枉，並稱願見都督發一言而死，死亦無恨。左右不之應，竟以布覆其面而施槍矣。」

基於上述答辯質疑，陶遜義正辭嚴地譴責說：「當日之罪狀，實由貴都督府中閉門自造，未嘗一問被刑者之供，而被刑者亦無從而供。貴都督府而為綠林盜窟也則可矣，如其非也，無論何種之專制法庭，未有如是之草菅人命者。」

所謂「綠林盜窟」，通俗的說法就是土匪窩。但是，革命黨人陶遜以及他的弟弟陶駿保，此前卻一直是把陳其美等人當作革命同志對待的：

> 夫世界之最宜詳察審慎者，莫過於死刑處決，所以尊重生命、尊重人道也。雖以野蠻專制之滿清政府，欲處決人罪，亦必經煩難之手續。若在文明立憲國，其刑事裁判尤為鄭重。至以軍事論，被刑者為高級軍官，則必有高級軍法審判及高級軍法裁判之特設。今者，亡弟之被刑，經何種高級軍法審判之審判及何種高級軍法裁判之裁判？告示中所指，與大元帥黃、江蘇都督程再四籌商，是否即為正當之高級軍法之審判及裁判？抑或一軍之都督即有任意屠殺同志、各軍高級軍官之特權，而無須有高級軍法裁判及軍法審判各法庭之特設？[1]

---

1 《陶遜質問陳都督函》，《辛亥革命在上海史料選輯（增訂版）》，第七九五頁。

為陶遜所不願意接受的殘酷事實是：陳其美之所以誘殺陶駿保，並不是因為陶駿保罪大惡極，反而是因為他與林述慶在攻打南京城的戰役中功勛卓著，並且掌握著蘇浙聯軍中最為強大的一支軍事力量；從而對陳其美以及同盟會方面的黃興、宋教仁、柏文蔚等人，在全國範圍內奪取並掌握軍政大權構成了障礙和威脅。陳其美強加在陶駿保頭上的各項罪狀，其實是給他的主官林述慶預備的，只不過林述慶略有提防，沒有像陶駿保那樣輕率進入滬軍都督府，從而導致陶駿保含冤替死。借用當年擔任林述慶參謀的許崇灝的話說：「當時滬軍都督陳其美，極忌林述慶之功，屢欲害之，並殺陶金[駿]保，以其為鎮軍要人也。」[1]

這句話出自曹亞伯《革命真史》所引述的許崇灝早年記錄。令人驚詫的是，關於同一件事情，晚年許崇灝在《鎮江新軍起義和鎮軍會攻南京紀實》一文中，竟然給出了截然相反的另一種說法：「徐紹楨由上海到鎮組織司令部時，陶駿保又從中挑撥。林在福建講武堂速成班時是徐的學生，經陶的陰謀離間，師生之間遂發生摩擦。林因鎮軍勢力較優，又居功自傲，不願接受徐的指揮。我見此情形，頗為革命前途慮，乃力勸林與徐合作，林才回心轉意，同意出師西進，進攻南京，雙方隔閡才得稍釋。林這種行為深為各軍及各同志所不滿。後陶駿保也因陰謀挑撥離間，貽誤戎機，在滬正法。」[2]

辛亥老人許崇灝之所以在一九二七年之前公開譴責陳其美忌恨林述慶、殺害陶駿保，是因為陳其美的把兄弟蔣介石，以及陳其美的兩個侄子陳果夫、陳立夫，當時還沒有掌握國家政權。等到蔣介石掌握國家

1 引自曹亞伯《革命真史》中冊，中國長安出版社，二〇一一年，第一七〇。
2 《辛亥革命與鎮江》，第二三頁。

政權之後，擔任國民政府考試院秘書的許崇灝很是知趣地轉變了立場態度，反過來通過歪曲虛構歷史事實來抹黑誣陷慘遭殺害的老上司陶駿保。

早在一九一一年十二月一日晚上，林則徐的孫子林景南已經善意勸告過「往史所載，功垂成而遭讒害者不可勝數」，儘管林述慶當時並沒有聽從這一勸告，這份勸告對於他還是有所警醒的。正因為如此，林述慶在《江左用兵記》中詳細介紹了林景南的身世，並且對林景南於一九一二年病死於南京表示哀悼。談到另一位福建同鄉、鎮軍第三標第三營管帶楊韻珂的英勇犧牲時，林述慶對於陳其美等人不擇手段爭權奪利的黑惡恐怖行為，另有借題發揮的道義譴責：「今之臨事退葸取巧，事後又覥然持面，百出卑污手段，攘人之功以為階梯者，其人輕重，視我韻珂何如耶！」

第十二節　警務處定性謀殺案

陶駿保案發生後，真正基於現代文明社會的人道公理依法調查事實真相的，並不是革命黨內部的戰友同志，反而是上海公共租界工部局的警務處。

一九一一年十二月十四日，由警務處刑偵股編制的《警務報告》記錄說：「昨天上午九點，南京副司令徐固卿到達火車站。」相關資料顯示，已經卸任蘇浙聯軍總司令的徐紹楨（固卿）的上海之行，與陳其美於當天下午誅殺陶駿保有直接關聯。

十二月十五日，《警務報告》另有介紹：

十二月十三日下午，鎮江革命司令陶駿保乘火車到達上海，下午五時半前往海防廳。他是應上海陳都督之邀請，來此討論進軍北京問題。陳都督在都督府接見他，並與他談了話。陳都督在談話中指出，在攻打南京期間，陶造成叛軍大量的傷亡，而且還私自賣掉軍火二十五箱。下午七點半，陳都督令人關閉都督府大門，將陶綁了起來，予以槍斃。共發四槍，有一槍誤中都督府秘書張調辰的右肩，陶當場斃命。陶嫉妒黃興出任大元帥，屍體當即移去，受傷秘書送往醫院醫治。[1]

在這段文字之後，總巡勃羅斯專門補充說：「從這份內容收集得不很多的情報來看，這似乎是一起殘酷的謀殺案。不知領事團要提抗議否？」

針對勃羅斯親筆簽署的補充意見，工部局警備委員會給出的批復是：「情報已閱，委員會認為對城內殺死陶駿保一案提出抗議，不屬工部局職權範圍。」

勃羅斯所謂「殘酷的謀殺案」的初步定性，顯然是切實恰當的。但是，該項《警務報告》所謂「鎮江革命司令陶駿保……嫉妒黃興出任大元帥」的情報資訊，卻並不準確。首先，陶駿保只是前鎮江都督兼鎮軍總司令林述慶的參謀總長，並不具備「嫉妒黃興出任大元帥」的主體資格。其次，相關資料顯示，即使在陶駿保被陳其美殘酷殺害之後，林述慶和他的鎮軍序列，也是公開擁戴黃興出任大元帥的。

一九一一年十二月二十四日，《民立報》刊登由林述慶領銜的公開通電：「《民立報》轉各報館鑒：北伐在即，中原無主，非黃大元帥急赴南京必不足以統籌全域。述慶等不才，刻已練有精兵五鎮，願受黃

1 《辛亥革命與上海：上海公共租界工部局檔案選譯》，中西書局，二〇一一年，第六一—六二頁。

大元帥之指揮，光明磊落，天日共鑒。倘再有不顧大局，挾私圖利，即為同胞之公敵，述慶當共討之。事關存亡，即望布告全國，鹹使聞知。統轄北伐五鎮林述慶、徐寶山、柏文蔚、李竟成、朱芸同叩。」[1]

十二月二十五日，《民立報》另有一封由徐寶山領銜的擁戴通電：「《民立報》轉黃大元帥、程、陳都督暨于右任、李平書、宋漁父、朱寶三諸公鑒：袁軍已抵窯灣，敝軍已備出發，非大元帥蒞寧不足統籌全軍。今推舉朱芸君來商陳一切，並請指示進行方略。江北北伐軍徐、林、柏、李叩。」

儘管原屬林述慶鎮軍序列的江北北伐軍公開擁戴黃興出任大元帥一職，但是，在黃興遭到軍政各界普遍抵制的情況下，陳其美聯合黃興、程德全、徐紹楨等軍政大佬誅殺革命黨內部居功自傲的陶駿保，在某種程度上確實可以打破這種軍政僵局，從而樹立自己一方順我者昌、逆我者亡、黨同伐異、殺一儆百的恐怖權威。關於黃興由暫定大元帥改選為副大元帥的前因後果，錢基博在《辛亥南北議和別記》中介紹說：

> 黃興之徒在上海，以統一指揮為名，議舉興為大元帥。南京聯軍諸將聞之，嘩曰：「此公敗將，棄武漢不守，乃欲指揮吾勝軍耶！」興為人輕銳多智數，敢為大言；然能得眾而不知所以禦之；能發難而不知所以持之；乃作亂之才，而非戡亂之才。革命之起，首發大難；而辛亥廣州之役、漢陽之役，無役不為所指揮，而無役不敗；每敗輒委所部以逃，一時有「長腿將軍」之號。然敗而不撓，得機即起，黨人亦以此推之。南京聯軍諸將，則新勝虛驕，而輕黃興敗將，紹楨頗為平亭。乃於南

1 《柏文蔚文集》，黃山書社，二〇一一年，第四頁。

> 京開會，以黎元洪武昌首義，舉為大元帥，而興副之。興內慚不敢爭，然不能無慊於紹楨。[1]

柏文蔚在《五十年大事記》中，錯誤地把陳其美誅殺陶駿保的時間，從攻佔南京之後提到之前，於是便有了這樣一段文字敘述：

> 我軍潰散之後，一班軍師擁徐公逃至上海。時克強先生亦由漢口回至上海，與英士諸人詞聽一面，遂有慘殺陶駿保一案。余聞信至上海，向克強、英士說明原委，陶駿保在鎮江謀獨立，徐固卿在南京失敗，風馬牛不相及，如此慘殺，以啟殺機，吾人何必革命，望大家慎重。當時宋遁初在坐，正色曰：「烈武之言甚是，剛才命令趕緊收回。」此命令為何？即正法林述慶之命令也。噫籲險矣！次是侵晨，余與林頌亭潛行高昌廟，乘江貞兵輪迴鎮江，部署一切，而聯軍司令亦應運而生。[2]

這裡所謂的「我軍潰散」，指的是徐紹楨第九鎮於十一月九日攻打南京雨花臺的軍事失敗，與陳其美於十二月十三日殺害陶駿保整整隔了一個多月的時間。像這樣的歷史敘述，才真正應該用「風馬牛不相及」來加以形容。柏文蔚這段文字的歷史價值，在於明確點出了慘殺陶駿保的主要涉案人員的名字，即陳

---

1 錢基博：《辛亥南北議和別記》，見《辛亥革命》第八輯，上海人民出版社、上海書店出版社，二〇〇〇年，第一〇四頁。

2 《柏文蔚文集》，黃山書社，二〇一一年，第四三二頁。

其美、黃興、宋教仁、徐紹楨、柏文蔚。其中的柏文蔚，是陶駿保案的最大受益者，無論是徐紹楨的第九鎮還是林述慶的鎮軍主力，都先後變成了柏文蔚隨後出任安徽都督的軍政資本。其中的宋教仁，在勸說林述慶放棄江寧臨時都督的權力時，曾經信誓旦旦地承諾過「我一人擔其責」；在陶駿保慘遭殺害後，他卻從來沒有過任何性質的公開表示。

另據吳次藩回憶，陶駿保對於自己當時的危險處境是有所察覺的，他於十二月十一日晚上抵達上海時，便對兄長陶遜表白道：「南京光復，徐、林幸未決裂，我自己從龍潭虎穴中出，可差告無罪。」十二、十三兩日，陶駿保連續拜訪黃興，目的是要陳述自己的「北伐軍隊區分策」，其主要設想是：由林述慶、徐紹楨、陳其美各領一軍，分作三路向湖北、河南、山東進軍，「以海軍載滬閩兩軍，出煙臺，夾擊山東，滬督陳英士領之」。這樣做既可以避免各路軍隊蜂擁南京、久聚生變，也解決了各路軍隊在江蘇地面上擁兵自重、餉械不繼的燃眉之急。[1]

一心想維護地方並且報效國家的陶駿保萬萬沒有想到，自己的這番計畫直接觸動滬軍都督陳其美的權力基礎。被觸動權力乳酪的陳其美，果斷採取了他最為擅長的黑社會性質的恐怖暴力。

關於此事，時任滬軍都督府衛士隊兼偵緝隊隊長的郭漢章，在《辛亥上海光復之役》一文中另有真假難辨的事後回憶，說是陰曆冬月的某日上午，蘇浙聯軍總司令徐紹楨和代理十七協統沈同午前來拜會陳其美，密談甚久。是日下午三時許，又有鎮軍林述慶部參謀長陶駿保穿著新狐坎皮袍，乘坐馬車前來拜會，副官請他在客廳坐候。這時執法處奉陳都督命草擬陶的罪狀，宣布陶在九鎮進攻雨花臺時，中途截留由滬

1　吳次藩：《辛亥南京光復前後見聞點滴》，《江蘇文史資料選輯》第六輯，一九八一年，第一一八頁。

運往械彈，以致九鎮遭受極大損失，應處以死刑，並當場在滬軍都督府大堂執行槍決。「由我負責執行，連打了十三槍，陶才畢命」。在槍斃陶駿保之後，郭漢章奉陳其美之命前往跑馬廳三泰旅館二十一號房間捉拿林述慶。因為陶駿保的馬車夫搶先奔回旅館報告情況，林述慶才得以逃脫。「我一面遵照命令指派衛士前往滬寧車站和各輪船碼頭分頭緝捕，一面回府報告。」[1]

陶駿保被誅殺之後，由鎮軍都督改任北伐軍臨淮總司令的林述慶雖然逃過劫難，卻從此一蹶不振。一九一一年十二月十八日，林述慶率領司令部相關人員從南京浩浩蕩蕩開往揚州，隨行的二〇船軍用物資中包括步槍八千枝、火炮五十門。鎮軍第二鎮統制、揚州軍政分府司令徐寶山率領士兵在江邊熱情迎接。十多天後，林述慶司令部衛兵上街強行剪掉平民髮辮時引發民怨，徐寶山趁機發難，把司令部衛兵兩百多人全部繳械，林述慶隻身逃往浦口投奔柏文蔚。

按照《江左用兵記》的說法，已經成為光杆司令的林述慶於一九一二年一月六日來到南京，先是晉見臨時大總統孫中山，請求裁撤自己的臨淮總司令一職，並且呈獻北伐計畫書。孫中山囑託林述慶與陸軍總長黃興協商，林述慶向黃興表示說：「總司令毫無實際，裁撤後余以一人之力助公。」黃興表面上不允許林述慶辭職，林述慶在隨後三天裡與黃興反復協商卻沒有任何結果，只好於一月八日通電下野。[2]

林述慶辭職後一度返回鎮江，然後前往上海租界寄住在姑父家中整理寫作《江左用兵記》，再後來回到福建老家過了一段鄉居生活。一九一二年九月，林述慶被袁世凱論功行賞授予陸軍中將加上將銜，同年

1 《辛亥革命回憶錄》第四卷，文史資料出版社，一九八一年，第四一頁。
2 參見李雲漢著《黃克強先生年譜》，臺北國民黨黨史委員會，一九七三年，第二二九頁。

十月又被任命為總統府軍事顧問。一九一三年四月十六日，林述慶在北京突然病逝，年僅三十二歲。妻子陳慕志率子扶棺回鄉，安葬林述慶於長樂縣籌岐山北麓。

關於林述慶司令部被徐寶山繳械之後的人生結局，柏文蔚在《五十年大事記》中回憶說：

> 頌亭以許多器械之代價得以無恙，脫出虎口，遂隻身返至浦口，羞憤無地。余慰之曰：「第二軍雖不聽命，第一軍（余為第一軍）皆為兄心腹，請容納弟言，仍往臨淮組織司令部。」惟頌亭受此打擊，萬分灰心，……遂渡江而去，余亦未可強留。頌亭雖器小，亦慷慨丈夫也。[1]

而在事實上，柏文蔚早在林述慶通電下野之前，已經於一九一二年一月六日搶先通電脫離鎮軍序列：「《民立報》轉各報公鑒：現在共和政體業已成立，則全國軍隊應不分省界編定劃一之制，以符軍政統一之機關。所有敝軍前次所稱鎮軍第一鎮名義應即取消，業已改為中華民國第一師團，請為聲明為盼。第一師團長柏文蔚。魚。」[2]

一月八日，也就是林述慶通電下野的當天，柏文蔚更是以公開通電方式暴露了自己「身在曹營心在漢」的幕後靠山，也就是不久前殘酷殺害陶駿保的滬軍都督陳其美：「陳都督鈞鑒：來電敬悉。敝軍屢次危局皆蒙我公解決，此次所賜二萬元若非我公竭力維持，恐又落他人之手，而敝處譁然瓦解將在目前矣！

1 《柏文蔚文集》，黃山書社，二〇一一年，第四三五、四七二頁。
2 《柏文蔚文集》，黃山書社，二〇一一年，第四頁。

種種成全，不勝感激。文蔚謹叩。庚。」

細讀柏文蔚的《五十年大事記》，其中對於包括孫中山、黃興、林述慶、陳其美、蔣介石、汪精衛在內的革命同志多有指責；對於他自己所犯下的口是心非、爭權奪利的明顯罪錯，卻一直在千方百計地加以中國傳統文化意義上的道德辯護和道德標榜；絲毫沒有表現出對於主體個人的自由自治、甲乙雙方的契約平等、公共領域的法治民主、制度層面的限權憲政的現代文明價值譜系的認真學習和虛心接受。在這部大事記的結束語中，身為國民政府高官的柏文蔚的文化精神落腳點，依然是這樣一段公私不分、自相矛盾以至於「存天理，滅人欲」的道德標榜：「學佛入門，饒有興趣，參師訪道，欲罷不能，救國家，度眾生，佛法世法，一而二二而一，真誠而不欺妄，抱犧牲一己主義與自私自利之群魔鬥爭。再觀六十一歲以後之佛魔分野如果如何，惟有精進不已的修煉我的慧命。」

第十三節　林述慶病死北京城

陶駿保被誅殺之後，由鎮軍都督改任北伐軍臨淮總司令的林述慶雖然逃過劫難，卻從此一蹶不振。一九一一年十二月十八日，林述慶率領司令部相關人員從南京浩浩蕩蕩開往揚州，隨行的二十船軍用物資中包括步槍八千枝、火炮五十門。鎮軍第二鎮統制、揚州軍政分府司令徐寶山率領士兵在江邊熱情迎接。十多天後，林述慶司令部衛兵上街強行剪掉平民髮辮時引發民怨，徐寶山趁機發難，把司令部衛兵二百多人全部繳械，林述慶隻身逃往浦口投奔柏文蔚。

按照《江左用兵記》的說法，已經成為光杆司令的林述慶於一九一二年一月六日來到南京，先是晉見臨時大總統孫中山，請求裁撤自己的臨淮總司令一職，並且呈獻北伐計畫書。孫中山囑託林述慶與陸軍總長黃興協商，林述慶向黃興表示說：「總司令毫無實際，裁撤後餘以一人之力助公。」黃興表面上不允許林述慶辭職，林述慶在隨後三天裡與黃興反復協商卻沒有任何結果，只好於一月八日通電下野。[1]

林述慶辭職後一度返回鎮江，然後前往上海租界寄住在姑父家中整理寫作《江左用兵記》，再後來回到福建老家過了一段鄉居生活。一九一二年九月，林述慶被臨時大總統袁世凱論功行賞，授予陸軍中將加上將銜，同年十月又被任命為總統府軍事顧問。

一九一三年二月十六日，國事維持會在北京宣告成立，王芝祥、孫毓筠、于右任、李書城、陸建章、王人文、李經羲、林述慶、章士釗等人列名為發起人，其中的王芝祥、孫毓筠、于右任、李書城、林述慶，都是同盟會及國民黨方面的著名人物；陸建章、章士釗等人則是袁世凱當時的政壇親信。該會公開宣示「就近日各省新發生之事實略為審察，知絕大之危險已潛伏於蕭牆之內，非係國內公正明達熱忱愛國為中外所信仰之人，同心協力，組織一特別機關，發伸公論，維持大局，則民國分裂之禍，殆無可免，國事維持會之發起，誠須與不能緩矣」；其宗旨在維持時局，鞏固國家，以至誠大公之心，為排難解紛之舉。凡議會與政府有意見隔閡，各省與中央有誤會牴觸，甲黨與乙黨有激生惡感，都將設法疏通，委曲解釋，居間調停。

國事維持會在各省建有地方支部，其政治傾向是以相對超脫的中間立場來維護袁世凱北洋政府所主

---

1 參見李雲漢著《黃克強先生年譜》，臺北國民黨黨史委員會，一九七三年，第二二九頁。

導的政治局勢，尤其是在國民黨已經贏得參眾兩院議會大選的情況下，致力於維持社會政治秩序的平衡穩定。

一九一三年四月十五日，林述慶在北京突然病逝，年僅三十二歲。

林述慶當時的住宅位於北京東城的錫拉胡同。他去世的第二天，便有報社記者登門採訪。記者發現門前寂無一人，雙扉緊閉，叩門很久才有一僕人開門，問明來意後帶記者到會客室。過了一會兒，一位穿西裝的中年人走出來，自稱名叫陳漢槎，是林述慶的至交好友。兩人交談過程中聽到裡面哭聲大作。陳漢槎說：是林將軍的夫人又哭了，將軍故後，自朝至夜，夫人每日不知哭多少次。

關於林述慶的病情，陳漢槎介紹說：林述慶與孫毓筠等人發起「國事維持會」，四月十日準備召開重要集會，林述慶九日在該會本部籌商要事，當天夜裡感覺身上發燒，四肢奇痛。林述慶平時體魄強健，認為是得寒濕病，便請中醫診治，中醫說是疹；再找西醫，則說是痘。十三日這天，病情加重的林述慶住進日本人經營的山本醫院。當時身上的痘疹呈「色紅無漿」狀態，次日就轉成紫色，又變成黑色，而且小便都是血水。到了十五日深夜十點鐘，林述慶就撒手西去了。

林述慶死後，外界傳言其被投毒而死。但是，山本醫院的醫師否認林述慶中毒。在解釋死者何以七竅流血、遍身皆黑時，醫生的說法是：林述慶表現出的是「急性天然痘」症狀，病菌有強弱，林君所感染的是最強病菌，衝裂血管，導致流血至遍體皆黑。林述慶入院後，陸軍部的方君以及從美國歸來的中醫多人對他進行診斷，「皆無異詞」，而且「其家族亦深明此旨，毫無可疑之餘地也。」

一九一三年四月十八日，《申報》專門刊登《林述慶之死》的時評，其中寫道：「近日中國人猜疑之心無孔不入，較有關係之人一有事故，即有非常可異之說隨之而起。林述慶之死，或謂其病痘症，或謂其為反對者毒死。毒死固甚可怪，即病死而有毒死之疑，其疑亦足見人心之怪現狀也。」

四月二十二日，《申報》再一次追蹤報導說，林述慶「軀幹偉大，年甫三十餘，意氣雄健，酒後據案大談，逸趣橫生，亦好為歌詩以自喜。」四月十日前後，他突然得病，而後住進山本醫院。四月十五日深夜十時不治身亡。臨終之前，同盟會元老、前安徽都督孫毓筠一直陪伺病榻。林述慶拉住孫毓筠的手，痛言國勢危險，並說自己短命，「只作了半個人」，請求孫毓筠「遍告同志，努力支持」，沒有一句話說及個人私事。外間傳言說他是因政治原因而被毒死，十一日所中毒物數量，在常人可立即暴斃，但他體氣強健，所以能苟延四五日。[1]

林述慶兄弟五人，有兩個孩子，長子一歲零兩月，女兒則剛滿月。他的後事由孫毓筠、趙元壽、陸朗齋等人出面料理，他們向各省團體籌銀一萬元，用來撫恤林述慶的家屬，並決定在四月二十號在北京召開追悼會。追悼會結束後，林述慶的妻子陳慕志率子扶棺回鄉，安葬林述慶於長樂縣籌岐山北麓。

關於林述慶司令部被徐寶山繳械之後的人生結局，柏文蔚在《五十年大事記》中回憶說：「頌亭以許多器械之代價得以無恙，脫出虎口，遂隻身返至浦口，羞憤無地。餘慰之曰：『第二軍雖不聽命，第一軍（餘為第一軍）皆為兄心腹，請容納弟言，仍往臨淮組織司令部。』惟頌亭受此打擊，萬分灰心，……遂渡江而去，餘亦未可強留。頌亭雖器小，亦慷慨丈夫也。」[2]

而在事實上，柏文蔚早在林述慶通電下野之前，已經於一九一二年一月六日搶先通電脫離鎮軍序列：

1 韓福東：《中國政治史上的失蹤者：林述慶》，文載《中國經營報》，二〇一五年七月六日。

2 《柏文蔚文集》，黃山書社，二〇一一年，第四三五、四七二頁。

「《民立報》轉各報公鑒：現在共和政體業已成立，則全國軍隊應不分省界編定劃一之制，以符軍政統一之機關。所有敝軍前次所稱鎮軍第一鎮名義應即取消，業已改為中華民國第一師團，請為聲明為盼。第一師團長柏文蔚。魚。」[1]

一月八日，也就是林述慶通電下野的當天，柏文蔚更是以公開通電方式暴露了自己「身在曹營心在漢」的幕後靠山，也就是不久前殘酷殺害陶駿保的滬軍都督陳其美：「陳都督鈞鑒：來電敬悉。敝軍屢次危局皆蒙我公解決，此次所賜二萬元若非我公竭力維持，恐又落他人之手，而敝處譁然瓦解將在目前矣！種種成全，不勝感激。文蔚謹叩。庚。」

細讀柏文蔚的《五十年大事記》，其中對於包括孫中山、黃興、林述慶、陳其美、蔣介石、汪精衛在內的革命同志多有指責；對於他自己所犯下的口是心非、爭權奪利的明顯罪錯，卻一直在千方百計地加以中國傳統文化意義上的道德辯護和道德標榜；絲毫沒有表現出對於主體個人的自由自治、甲乙雙方的契約平等、公共領域的法治民主、制度層面的限權憲政的現代文明價值譜系的認真學習和虛心接受。在這部大事記的結束語中，身為國民政府高官的柏文蔚的文化精神落腳點，依然是這樣一段公私不分、自相矛盾以至於「存天理，滅人欲」的道德標榜：「學佛入門，饒有興趣，參師訪道，欲罷不能，救國家，度眾生，佛法世法，一而二二而一，真誠而不欺妄，拖犧牲一己主義與自私自利之群魔鬥爭。再觀六十一歲以後之佛魔分野如果如何，惟有精進不已的修煉我的慧命。」

1 《柏文蔚文集》，黃山書社，二〇一一年，第四頁。

關於林述慶之死，現在通行的說法是：因宋教仁被刺殺，林述慶準備召集舊部反對袁世凱，被袁世凱派心腹梁士詒趁宴請林述慶之機，暗置毒酒，導致林述慶中毒，七竅流血而逝。認真查勘相關歷史文獻，宋教仁是與陳其美、黃興、柏文蔚等人一起排斥甚至出賣前鎮江都督林述慶及其參謀長陶駿保的一個人，他與林述慶的關係並不親密。最擔心林述慶回到鎮江召集舊部武裝割據的，也不是袁世凱的北洋政府及北洋軍隊，而是一心想在長江流域發動「二次革命」的陳其美、黃興、柏文蔚等人。假如林述慶確實是中毒而死，最有可能毒死林述慶的，顯然是在此期間殘酷謀殺在揚州地區武裝割據的前鎮軍將領徐寶山的陳其美、張靜江、黃興、黃復生等人，以及他們所派遣的黑道殺手。

第十四節　陳其美牽扯陶賓南

陶遜的質問信發表後，滬軍都督陳其美不僅沒有給出正面答覆，反而通過陳仲瑀案進行嫁禍於人的勾連牽扯。

陳仲瑀是前清浙江省的鹽運使，辛亥革命爆發後避住於上海公共租界麥根路二號。一九一二年四月三日下午，陳仲瑀帶領侄子和秘書郭仲明來到蘇州會館祭奠母親，為陳仲瑀管理財務的慶華公司助理會計師陳景奇也來此會面。祭奠結束，陳仲瑀等人沿著新閘路徒步行走，突然間，十多個穿著中式短褂的人衝上來，抓住陳仲瑀的腦後長辮把他拖進了路邊的四輪敞篷馬車。

馬車快速駛去，經過陳仲瑀家門口時，郭仲明叫上傭人周福和印度看門人伯辛格一起追趕。馬車駛過麥根路橋，在靠近寶山巡警局的弄堂內停下來，陳仲瑀被帶進弄堂內的徵稅公所，隨後趕到的郭仲明和伯辛格也被抓了進去。郭仲明看到一位綁架者佩帶銅牌，上面寫著「血軍」二字；另外幾個人脫下短褸露出一塊白布，沒有看清楚上面寫的是什麼漢字。

深夜十一時，一名軍官把伯辛格放走。郭仲明隨後在一個小房間裡見到了雙腳受傷、頭部流血的陳仲瑀。陳仲瑀說，軍政府當天晚上要送他去南京，他要求郭仲明與自己一起去，同時希望郭仲明能夠回家取一些現金和衣服，並且告訴家人不要害怕。負責看押的士兵告訴他們，抓捕他們的是滬軍都督陳其美的探員，這些探員不允許郭仲明離開。

四月四日上午十一時，陳仲瑀被押上馬車，說是要被送往南京。郭仲明跳上馬車要求一同前往，被看押人員拉了下來。大約半小時後，馬車又把陳仲瑀送了回來，說是要把陳仲瑀改送滬軍都督陳其美那裡：「都督要問他幾個問題。那時候都督就在徵稅公所附近的一幢屋子裡。」

下午二時，郭仲明被允許離開。他回到陳仲瑀家裡，陳家讓他到新閘巡捕房報案，新閘巡捕房把他送到公共租界的中央巡捕房錄取口供。郭仲明在口供中寫道：「當我夜裡關押在樓上一間房間裡的時候，那軍官曾來告訴我說，是廣東藍天蔚將軍、浦口柏（Pah）司令和杭州蔣（Tsiang）將軍要緝拿我主人。」[1]

這裡的「廣東藍天蔚將軍」，應該是關東大都督藍天蔚的誤記。「浦口柏（Pah）司令」即駐紮在南京浦口、下關一帶的第一軍軍長柏文蔚。「杭州蔣（Tsiang）將軍」即浙江都督蔣尊簋。陳仲瑀的家人在寫給租界捕房的報案書中表示說：「敝主人從前是浙省鹽運使，他沒有侵吞公款，也未曾反對共和。……

1 《辛亥革命與上海：上海公共租界工部局檔案選譯》，第二六九頁。

由於我們是租界居民，敢冒昧相信，應當得到捕房的保護。現在他們派兵來租界非法抓走敝主人，我們卻不能安寧地住在租界。」[1]

在此前的四月三日下午六時一十分，陳景奇已經於第一時間到新閘捕房為陳仲璃報案。副探長菲茨吉本（Fitzgibbon）接到報案，專門前往閘北巡警總局查詢，該局警官答覆說，陳仲璃被拘押在隔壁兵營內。菲茨吉本向該兵營詢問，得到的回答是：陳仲璃已經被軍事偵探押往南京。

四月四日，公共租界工部局總董葛雷收到巡捕房警務處的《警務報告》，向比利時駐滬總領事兼領袖領事西弗爾特先生（D.Siffert）彙報說：「今晨，工部局收到警務處報告，謂昨晚六時又在租界新閘路發生綁架案一起，謹將報告抄件匆匆附上。目前工部局不知那個姓陳的是否仍在上海附近，但不管怎樣，本人與諸同人熱切希望能採取有力措施，確保此類嚴重違法行為不再發生。」[2]

同樣是在四月四日，總巡勃羅斯向滬軍都督陳其美發出交涉信函，陳其美在回函中假惺惺地道歉說：「上海中央巡捕房C. D.勃羅斯上校閣下：驚悉陳仲璃被綁架，深為遺憾。此事敝人全不知情，然當採取有力措施，使其回歸租界，請相信本人必將盡力為之。此種違法行為定是不負責任之輩所為，特致歉意。」

四月六日，工部局總董葛雷在寫給西弗爾特的報告中附錄了陳其美的道歉信，並就此事評論說：

1 《辛亥革命與上海：上海公共租界工部局檔案選譯》，第二七〇頁。

2 《辛亥革命與上海：上海公共租界工部局檔案選譯》，第二六六頁。

> 此次違法行為繼綁架銀行宋經理等人之後發生，而且工部局得悉，民國地方當局還在打算逮捕或綁架四十余名知名或富裕華人居民，所以認為道歉以及表示驚訝或遺憾之類的虛假措辭已屬無效。故提請領事團以此作為最緊急事件處理，批准拘捕那些居住在租界的民國領袖，將他們扣押，直到被綁架的人全數獲釋並獲得巨額賠償後為止。[1]

所謂「綁架銀行宋經理」，指的是發生於一九一二年三月二十四日的中國銀行經理宋漢章綁架案。在葛雷做出強硬表態之後的第九天即四月十五日，被綁架扣押五十天的宋漢章得到釋放。同樣是在租界當局的強硬干涉之下，陳其美與柏文蔚為了對陳仲瑀綁架案移花接木嫁禍他人，裝模作樣地隔空虛擬了一場電報大戰。

四月四日，陳其美致電柏文蔚：「南京陸軍部長黃轉第一軍柏文蔚君鑒：有名陳清泉者，自稱奉貴軍長命令，率領多人在英租界強將陳仲瑀捉拿，乘下午一時快車解寧。現英領與唐總理及敝處嚴重交涉，若本日內不解決，恐將牽動大局，乞火速派兵在車站截留，即刻解回滬上。切盼。並乞電複，其美叩。支。」

這裡的「陸軍部長黃」即黃興。「唐總理」即剛剛當選國務總理的唐紹儀。四月三日下午，唐紹儀與辭去中華民國臨時大總統的孫中山一起，從南京抵達上海入駐客利飯店。南京方面的柏文蔚在回電中表示說：

1 《辛亥革命與上海：上海公共租界工部局檔案選譯》，第二六七－二七〇頁。

陳都督鑒：支電敬悉。查陳清泉本軍中無此人，亦並未與聞此事。但該陳仲瑀曾據浙江湯都督云，此人拐帶鹽運鉅款，匿居滬上，委託聯軍兵站陶賓南設法代捕等情，敝處稍有所知。刻接尊處來電，即至車站詢查，並未解有此人抵寧，敝處已電致陶賓南，令其就近解交尊處核辦，免生枝節。特此電複，即希查照。柏文蔚叩。[1]

柏文蔚在同一天發給浙江都督蔣尊簋的電報中，卻暴露了他與陳其美合謀綁架並且公開說謊欺詐的真實面目：「蔣都督鑒：貴省拐運庫鉅款之逃官陳某，上年湯都督托聯軍總兵站陶賓南代捕，現為敝處所得，乞派員到下關與敝軍軍諮司接洽。第一軍柏文蔚。豪。」

四月五日，上海《大共和日報》（Republicn Times）報導說：「前清浙鹽運使陳玉麟曾卷款七十萬潛逃來滬，浙江都督已下令緝拿此人。最近鐵血軍陳清泉接到孫逸仙和黃興元帥關於跟蹤追捕陳玉麟的命令。本月三日他在滬軍遊擊隊第一營營長曾振卿先生的協助下逮捕了該鹽運使，並於昨晨將其解往南京。」[2]

陳玉麟即陳仲瑀。按照現代法理，無論陳仲瑀是不是侵佔公款，無論其居住在中國領土還是外國租界，革命黨人都應該依照司法程式，在既有的制度框架內予以追究，而不可以採取直接敗壞社會秩序的黑社會性質的恐怖暴力手段。但是，在陳其美、柏文蔚這樣的革命黨人那裡，法律條文、司法程式只是對付

1 《柏文蔚文集》，黃山書社，二〇一一年，第一二一—一三頁。
2 《辛亥革命與上海：上海公共租界工部局檔案選譯》，第一九七頁。

別人的一種工具和手段，他們自己是可以凌駕於司法程式、制度框架之上為所欲為的。就在同一天，陳其美在電報中兵不厭詐地牽扯到了與自己有殺弟血仇的江蘇都督府交臯司次長陶賓南：

下關柏軍長轉陶賓南君鑒：前晚有陳清泉者，在租界內強將前清浙運使陳仲瑀拘去，稱奉柏軍長及前浙湯都督命令。……並據光復軍報稱，此人昨晚到昆山，轉解南京或浦口，特電乞派人嚴查。如有解到及查有下落，希照柏軍長電就近解回敝處，轉交租界，以息交涉。事關大局，務乞協助。至浙省公款關係，已有殷實商人向敝處擔保，由敝處負責另案處理。除電柏軍長接洽外，用特電請速複，至盼感。其美叩。歌。[1]

事實上，陳仲瑀並沒有於四月四日晚上被押解到昆山，而是滯留在閘北巡警總局隔壁的兵營裡，接受陳其美的當面勒索。所謂「已有殷實商人向敝處擔保」，說穿了就是陳其美已經從陳仲瑀及其家人手裡敲詐勒索了巨額贖金。

四月六日，陳其美再次致電柏文蔚說：「下關柏軍統鑒：陳仲瑀案，得浙江蔣都督複電（按蔣電有陳某由柏軍代為捕獲之語，已見昨報），知該員已在尊處，如釋重負。……務乞速飭妥員，先將陳仲瑀解滬，以息交涉。特派外務科員王志南、偵探科員徐正明來寧接洽。陶賓南君昨已面晤，今午回寧，諒能轉述此間情形。至浙省公款，由敝處完全負責，另案追償。聞尊處軍需因此事墊有款項，敝處亦可承認。先

1 《辛亥革命在上海史料選輯（增訂版）》，第四四八頁。

複，至盼。陳其美叩。」

所謂陳仲瑀已經由柏文蔚方面「代為捕獲」，純粹是柏文蔚與陳其美相互配合演唱雙簧的虛構捏造。與此同時，陳其美還煞有介事地向滬軍旅長陳漢欽發布命令說：「據外務部報告，外國報載拘陳仲瑀一案，於該旅第一團第一營營長曾振卿涉有嫌疑。現特開公庭於南市市政廳內審訊，仰即飭該營長於八日上午九時到庭辯論清晰，以免外人干涉，是要。此令。」

四月七日，上海《時報》在《陳玉麟被捕案續志》中報導說：「滬軍都督陳英士君查悉前清浙江運使陳仲瑀玉麟，為軍長陳清泉在租界違章捕獲，繞由閘北出境等情一案，是以陳君於昨發出通令云：照得軍隊、員警各有專司。員警任維持公安之職，軍隊為鞏衛團防而設。閘北地方既設員警，遇有拘拿人犯等事，自應責成員警辦理，不得放棄責任。」

按照公共租界警務處《警務日報》的追蹤記載，四月七日這一天，陳仲瑀正被陳其美的軍隊關押在一條小河的民船上，由真如往昆山方向行駛。四月八日上午十時四五分，駐紮在寶山的光復軍司令李征五，在上海縣城某偵探的陪同下，把陳仲瑀送到公共租界的靜安寺巡捕房。陳仲瑀因頭部腿部受傷，先被送往山東路醫院包紮治療，然後回到巡捕房錄取口供，之後再由副捕頭吉布森和探目普羅瑟送回麥根路二號家中。李征五和他手下的馬丁上尉要求陪伴陳仲瑀回家，遭到陳仲瑀婉言謝絕。

作為定居在外國租界的中國人，陳仲瑀寧願選擇外國警方的安全保護，也不肯相信中國本土的軍警人員，這在當時是極其普遍的一種現象；就連滬軍都督陳其美以及直接參與締造中華民國的孫中山、黃興、伍廷芳、程德全、徐紹楨、林述慶、陶遜、于右任、唐紹儀、趙鳳昌等人，都優先選擇居住在外國租界，卻偏偏不肯腳踏實地地虛心學習並且認真遵守外國租界所奉行的一整套現代文明價值譜系和制度規則。

四月九日，上海《國民先驅報》（National Herald）公開報導上海軍政府公訴曾振卿涉嫌陳仲瑀案的審理情況。說是該案審判長是許繼祥，代表滬軍都督陳其美出庭起訴的律師是劉欽奇，陳仲瑀的秘書郭仲明、印度籍看門人伯辛格和一些閘北巡警出庭作證。審判廳譯員吉敏奇當庭宣讀了起訴書：「上海中華軍政府謹在此庭控告曾振卿於四月三日非法拘禁陳玉麟、郭仲明以及一印籍看門人。曾在上述行動中未徵得其上級官長的同意，從而觸犯軍政府法令。」由於被告方要求申請代理律師，法庭宣布推遲到四月十日上午十時再次審理。[1]

像這樣一場由幕後主犯陳其美公開起訴前臺從犯曾振卿的賊喊捉賊的法治鬧劇，說到底只是為了裝模作樣地演給租界區的外國人看。已經成功實現綁架勒索的功利目標的陳其美，幾天之後便公開暴露了其打著愛國旗號反法治、反文明的真實面目。

四月十二日，一百多名軍官在上海張園歡迎袁世凱的代表張紹曾，陳其美在演講中主要介紹了陳仲瑀案的交涉過程，說是他在都督府接見一位在公共租界擔任高級職務的外國人，這個外國人限他在四小時內將陳仲瑀送回家中，否則就命令停靠在黃浦江的炮艦上的海軍陸戰隊出面干涉。他當時的表現是：「我並不害怕，因為我們也有軍隊。」演講結束時，公然綁架勒索居住在租界的本國居民的陳其美，竟然自相矛盾地基於民族愛國情緒表示說：「這個外國人要採取強硬措施，但過不了多久中華民國將會照此辦理。」[2]

---

1 《辛亥革命在上海史料選輯（增訂版）》，第四四九頁。

2 《辛亥革命與上海：上海公共租界工部局檔案選譯》，第一九九頁。

事實上，陳其美一生當中從來沒有對外國人真正強硬過，他針對本國人尤其是革命黨內部的反對派，卻一直在採用順我者昌、逆我者亡、黨同伐異、敗壞法治的黑社會性質的恐怖暴力。在整個陳仲琇恐怖綁架案中，被陳其美和柏文蔚聯手移花接木、轉嫁罪責的陶遜（賓南），始終沒有留下一句公開表態。按照鎮江同鄉茅乃封的話說：「賓南終其身，與某公避道不謀面，亦絕口不道隻字，其隱痛何如哉！」[1]

這裡的「某公」即陳其美。由此可知，陳其美四月六日致柏文蔚電報中的「陶賓南君昨已面晤，今午回寧，諒能轉述此間情形」，與他和柏文蔚合謀虛構抓捕陳仲琇的故事情節一樣，屬於「莫須有」的憑空捏造。

到了一九一二年六月二十五日，公共租界警務處的《警務日報》記載說：「昨日凌晨，南市巡警局逮捕了約在一周前在常熟行劫的八名盜賊，其中一名係鐘金林，此人於四月三日在新閘路綁架前鹽運使陳仲琇一案中乃是首要分子。警務處現持有他的逮捕狀。我謹建議對此人辦理引渡手續，以便提送會審公廨依法控訴其帶頭非法綁架陳仲琇先生。」

總巡勃羅斯為這段話寫下的批註是：「此事正在辦理。」[2]

七月四日，《警務日報》介紹了此事結局：「曾在常熟多次持械搶劫並圖謀殺人的八名盜匪，已於上午十時用民船押往常熟。其中一人叫鐘金林，他是三月三日在新閘路非法綁架前清鹽運使陳仲琇一案中的主犯，會審公廨現正緝拿此人。到常熟後這些盜匪將根據他們所犯的各項罪行進行審理。」

1 茅乃封：《陶駿保遇害之我見》，《辛亥鎮江將軍錄》上冊，江蘇文史資料編輯部，一九九七年，第三〇九頁。

2 《辛亥革命與上海：上海公共租界工部局檔案選譯》，第二二九－二三三頁。

陳其美之所以把鐘金林等轉移到常熟而不是移交給租界區的會審公廨，顯然是擔心陳仲瑀案水落石出、真相大白。盜匪出身的鐘金林等人，能夠在陳仲瑀案中直接效力於滬軍都督府的綁架勒索，再一次印證了陶遜在公開信中針對陳其美的嚴正譴責：「貴都督府而為綠林盜窟也則可矣，如其非也，無論何種之專制法庭，未有如是之草菅人命者。」

第十五節　袁世凱昭雪殺陶案

一九一二年七月三十一日，陳其美在來自各個方面的強大壓力下被迫辭職，滬軍都督府所統轄的軍隊由江蘇都督程德全負責接收。陳其美對外表示要出國遊學、考察實業，臨時大總統袁世凱給陳其美撥付專款三萬元予以支持。陶遜為此事致電陳其美，表示將要就陶駿保案向法院提起訴訟，「遊歷之行，幸緩須臾」。陳其美在回電中表示：誅殺陶駿保是「為維持大局起見，無絲毫私意行為」，同意質之法律，「遊學事遵當從緩」，並且願意為陶駿保申請稽勳撫恤。[1]

陳其美即使在卸任滬軍都督之後，上海地區依然是他暗中把持操控的勢力範圍，無論是當時的江蘇都督程德全還是臨時大總統袁世凱，都沒有能力依據法律條款把陳其美繩之以法。陶遜所說的訴諸法律，最後只能不了了之。一九一三年一月十日，臨時大總統袁世凱在陳其美為陶駿保申請稽勳撫恤的呈文上做出批示：「此案前據陳其美聲複，業將陶駿保交臨時稽勳局議恤在案。據呈前請，應由國務院轉行該局，照

---

1 《陶遜和陳其美來往電報》，《申報》一九一二年八月二十二日第六版。

為國死事例，從優議恤，並將所敘事略交國史館查照。」[1]

同年三月二十日晚上，國民黨代理理事長宋教仁在上海遇刺，國民黨方面的孫中山、黃興、陳其美等人借機發動號稱「二次革命」的國內戰爭，政治形勢因此出現新的轉機。五月二十五日，鎮江政、軍、商、學各界數千人集會，推舉十一區總董、省議會議員殷宗濼等二十九人公開致電袁世凱，請求為陶駿保昭雪命案。北京方面的參、眾兩院議員王立廷等二十二人也呈請國家給予撫恤。[2]

時任國務總理的熊希齡，則在呈文中充分肯定了陶駿保參與締造中華民國的革命功績：「陶駿保左右林述慶一軍光復鎮江、南京等處，……其一省不可有三都督之通電，慮遠憂深，獨見其大。」[3]

十月二十三日，已經正式當選中華民國大總統的袁世凱頒布政令：「國務院總理熊希齡呈，據王立廷等呈稱：已故鎮軍總參謀陶駿保，光復鎮江、南京等地，維持秩序，人民稱頌，竟遭暴徒慘害，懇特予優恤等語。該總參謀顧全大局，齎志以歿，深堪憫惜。應准比照陸軍中將陣亡例給恤，並於有功地方建立專祠，用昭崇報。此令。」[4]

應該說，這裡的「暴徒」二字，是對於陳其美最具權威的歷史認定。現役軍人陶駿保與滬軍都督陳其美之間，並不存在下級服從上級的隸屬關係。前鎮江都督林述慶與陳其美、程德全之間，更是「一省三都

1 陶鳳勳等：《北固山陶公祠興毀始末記》，見《辛亥革命在鎮江》，第二七一頁。
2 《鎮紳昭雪陶駿保大會紀事》，《申報》，一九一三年五月二十八日。
3 《熊希齡集》上冊，湖南人民出版社，一九八五年，第五二六頁。
4 《十月二十三日大總統令》，《申報》，一九一三年十月二十五日。

督」的平行關係。無論陶駿保、林述慶是不是存在犯罪事實，陳其美、程德全以及一直沒有就任副元帥一職的黃興，都不具備撇開司法程式粗暴處置陶駿保、林述慶的合法權力。從這個意義上說，陳其美不經任何司法審判程式就殘酷殺害陶駿保，只能用「暴徒」行為來加以解釋；陳其美的滬軍都督府，正是陶遜所謂的「綠林盜窟」即黑社會性質的土匪窩。

袁世凱中央政府比照陸軍中將陣亡的撫恤標準，像此前安葬前農林總長、國民黨代理理事長宋教仁一樣下撥專款十萬元，作為殯葬、建祠、立碑、塑像之用。一九一三年十一月，來自鎮江地區政學紳商各界的張文銓等二十人，呈請縣署在北固山朱熹祠西側空地上修建陶公祠。一九一七年，陶駿保專祠在鎮江北固山建設完成，主體建築是用花崗岩和青磚精砌的樓房。正殿為樓上樓下各三間，中央安放一座一米多高的陶駿保銅像，上方懸掛時任大總統黎元洪題贈的「氣壯三山」匾額。室內掛有副總統兼江蘇督軍馮國璋的題匾「丹心碧血」及楹聯「江山人物消殘劫，風雨英靈起怒潮」。時任國務總理段祺瑞也有「英姿颯爽」的題匾。此前為陶駿保寫傳的同盟會元老于右任，題寫有楹聯「一代英雄同歸浩劫，千秋俎豆獨配名山」。與陶駿保案存在涉案嫌疑的柏文蔚，贈送有「碧血丹心」的題匾。陶駿保的屍骨隨後由高資遷葬於北固山上的陶公祠附近。陳其美誅殺陶駿保案，至此算是有了相對公正的一個結局。

可惜的是，這樣的歷史事實一直沒有被視國民黨為歷史正統的相關學者記錄在案，圍繞著陶駿保案的文字敘述，幾乎全部是道聽塗說甚至於蓄意說謊的以訛傳訛。

關於陶駿保的為人，他的鎮江同鄉、南京陸軍師範學堂時期的老同學、徐紹楨蘇浙聯軍司令部參謀茅乃封，在《陶駿保遇害之我見》中，曾經有過比較中肯的一段文字：

璞青為人，素稱機警，好學好名，多才多藝，恒思有所樹立，不欲湮沒無聞。然做大官之欲望過於做大事之心理，故其熱衷太甚，實為致死之因。然罪狀所云，離事實太遠。蓋九鎮秣陵關之失，璞青尚在天津，運押子彈，實為瞿君（按第九鎮三十四標管帶瞿鈞），聞敗折而繳還於鎮軍，且不得為瞿君咎，何能歸咎於遠在天津之陶璞青君乎？其冤一也。或謂璞青在巡警會辦任內，曾以獲殺黨人，得清廷優獎，故黃克強君會議璞青罪時，予以同意；但彼時實總監何君主之，會辦例無所可否，不得引為璞青罪，其冤二也。至最近林、徐之爭，璞青實多方調護徐公，為余親睹，其兄賓南尤為組織聯軍最力之一人，烏得而有挑撥之行為哉？至於首佐徐公練新軍，為徐公功尤多，乃緣宵小忌妒，致起殺機，主之者誰，無人肯認，毋亦有愧於中乎？[1]

這裡的「罪狀所云」，指的就是陳其美誅殺陶駿保時所開列的諸多「莫須有」的罪名罪證。到了一九三七年抗日戰爭爆發後，陶公祠遭到日本侵略軍的飛機轟炸，後來又幾經浩劫，陶公祠在今天的北固山上已經是無跡可尋……

1 茅乃封：《陶駿保遇害之我見》，《辛亥鎮江將軍錄》上冊，第三〇九頁。

第十六節　沈秋水成就史量才

關於陳其美誅殺陶駿保，尚秉和在《辛壬春秋》中提供的說法是：他從蘇軍統領劉之潔那裡聽說，「張勳之退，鎮軍最先知，揮兵逐之於浦口，獲銅最多。陳其美之殺陶君葆，蓋因爭餉。」[1]

這裡的「陶君葆」是對於陶駿保字璞青的錯誤拼寫，所謂「辛壬春秋」，就是關於一九一一辛亥年和一九一二壬子年的半真半假的歷史演義。張勳在南京城區確實掠奪了大量公款，當他向率部攻取天堡城的鎮軍都督林述慶乞降時，林述慶提出的條件中就有「在寧所掠公款八十餘萬須全部繳出」一項。張勳率部經浦口向徐州方向逃竄，鎮軍在浦口截獲了張勳攜帶的大宗銀兩。據鎮軍江北支隊司令李竟成記載，十二月二日蘇浙聯軍攻佔南京的同時，「我支隊先鋒官李桂生等，乘馬猛追，直躡火車站，截獲敵銀三十三箱，衣箱數十隻。……敵之衣箱及銀十五箱，儲之鎮部，徐統領取銀十四箱，趙統領取銀三箱有奇，為賞恤之費。」[2]

這裡的「火車站」即南京浦口火車站，「鎮部」指鎮軍第一鎮統制柏文蔚處，「徐統領」指徐寶山，「趙統頓」指趙春霆字鴻禧。另據率部參加浦口之戰的柏文蔚介紹，張勳北竄時「遺下輜重甚多，約有銅

1　尚秉和：《辛壬春秋》，中國書店，二〇一〇年，第九一頁。
2　李竟成：《鎮軍江北支隊克服浦口戰鬥詳報》，《丹徒文史資料》第九輯，一九九四年，第十頁。

元二十餘箱，元寶十六萬兩，後即交與金陵製造局鑄成銀幣，作為軍需。」[1]

時任鎮軍參謀的許崇灝也回憶說：「張勳率殘部由漢西門出城向浦口潰退，遭柏文蔚部截擊，繳得槍械餉銀甚多，柏就借此擴充了部眾。」[2]

儘管上述人等說法各異，一個基本事實是大家所共同認可的：大宗銀兩是在浦口截獲的，在浦口指揮作戰的是鎮軍將領柏文蔚、李竟成、徐寶山，陶駿保和林述慶當時正在南京東郊的攻城前線指揮戰鬥。沒有第一手的文獻資料能夠證明，柏文蔚等人把在浦口截獲的大宗銀兩移交給了林述慶和陶駿保。陳其美在誅殺陶駿保的布告裡面，也只是提到他扣押槍械而沒有提到他扣留軍餉。由此可知，無論陶駿保有沒有私吞軍餉，與陳其美誅殺陶駿保都沒有直接關係。在陶駿保遇害之後，江蘇都督程德全倒是向通電下野的北伐軍臨淮總司令林述慶追討過餉銀。經公共租界會審公廨出面交涉，居住在上海租界寫作《江左用兵記》的林述慶公開承認有餉銀四萬兩，因無人保管已交工部局暫代存儲。[3]

辛亥革命期間，扣留挪用公款及軍餉，是革命黨內部的普遍現象。武昌首義將領張振武被袁世凱和黎元洪合謀殺害後，黎元洪列舉的多項罪狀中都涉及揮霍挪用巨額公款及軍餉。與林述慶、張振武等人一樣，陶駿保也存在扣留挪用一部分公款及軍餉的可能性，他所扣留挪用的公款及軍餉，很有可能交給了紅粉知己沈秋水。

1 《柏文蔚先生革命談話稿》，《柏文蔚文集》，第四七五頁。

2 許崇灝：《鎮江新軍起義和鎮軍會攻南京紀實》，《辛亥革命回憶錄》四輯，文史資料出版社，一九六三年，第二五二頁。

3 《林述慶與軍餉之關係》，《申報》，一九一二年二月九日第七版。

一九三四年十一月十三日，史量才與沈秋水、沈秋水的內姪女沈麗娟、史量才的兒子史詠賡及其同學鄧祖詢，乘車從杭州西湖的秋水山莊返回上海。下午三時許，車行至海寧翁家埠大閘時，一輛京字七二牌照的別克轎車橫在路中，史量才被幾名殺手追殺慘死。上海方面的黃炎培得到消息，於當晚與史量才的外甥、《申報》總經理馬蔭良等人乘坐汽車赴往杭州，第二天又從杭州返回上海，協助料理史量才喪事。

十一月十七日，黃炎培在日記中寫道：「連日忙得疲乏。晏起。秋水初名花彩雲，嫁錢幼石，住上海西門，曾歸陶駿保，待年讀書蘇校，史為錢司書牘通問，旋歸史。」十一月二十四日，黃炎培日記中另有「撰《史量才先生之生平》，脫稿。……訪史詠賡，與秋水長談」的記錄。[1]

黃炎培日記中的文字記載，是迄今為止關於陶駿保、錢幼石、史量才與雛妓花彩雲之間多角情愛的最為原始也最為可靠的文字記錄。所謂「嫁錢幼石」，其實是還沒有成年的雛妓花彩雲即沈慧芝，與錢幼石達成了贖身約定而沒有正式迎娶。「曾歸陶駿保」，意思是陶駿保與花彩雲之間有過一段風塵豔史，也有人說陶駿保享用了花彩雲的第一夜。「待年讀書蘇校」，意思是還沒有成年的雛妓花彩雲即沈慧芝，一度在史量才任教的江蘇某校讀書識字，史量才先是幫助錢幼石傳遞情書，後來便與花彩雲直接談起了戀愛。

據史量才第一任妻子龐明德的內姪女龐榮棣在《申報魂：中國報業泰斗史量才圖文珍集》中介紹，史量才原名史家修，一八八〇年一月二日出生於江蘇江寧縣龍都鄉楊板橋村，其父史春帆長年在松江縣泗涇鎮經營史泰和藥店，史量才隨父生活期間結識了當地首富錢幼石。一九〇一年，史量才考入杭州蠶學館，畢業後投身教育界。一九〇四年與表妹龐明德結婚，夫妻二人在上海創辦女子蠶桑學堂，開啟中國女子科

---

1 《黃炎培日記》第四卷，華文出版社，二〇〇八年，第三二六頁。

技教育之先河。一九〇七年，史量才參加江浙兩省紳商的拒款保路運動，在張謇支持下成為江蘇鐵路公司的一名常務董事。有一次，張謇在趙竹君的惜陰堂議事，有人問他為什麼如此器重史家修，張謇回答說：「我是量才錄用。」史家修從此改名史量才。[1]

一九一一年四月二十三日，龐明德生育史詠賡。同年十月辛亥革命爆發，史量才結識革命黨人陳其美、章梓等人。上海光復後，史量才出任上海海關清理處長及松江鹽政局長，在此期間迎娶了沈秋水。

沈秋水原名沈慧芝，與大姐靈芝、二姐采芝都是四馬路迎春坊妓院的當紅妓女，在妓院接客時的花名叫花彩雲。她最初被陶駿保相中，隨後又認識了泗涇富豪錢幼石及其朋友史量才。沈秋水入住沈家後以太太身分主持家政，隱退讓賢的原配夫人龐明德，被親生兒子史詠賡稱呼為好媽，沈秋水被稱為親媽。一九一二年九月二十三日，史量才與張謇、趙竹君、應德閎合股，以十二萬兩銀子的代價從席子眉、席子佩兄弟手中購進《申報》，並於十月二十二日正式移交。這十二萬兩銀子當中，應該有沈秋水的巨額貢獻。

關於陶駿保、沈秋水、史量才之間最為離奇的風月傳說，出自張增泰的《史量才與沈秋水離合緣》。張增泰自稱這篇文章的內容是從「先師」汪英賓那裡聽來的。汪英賓任《申報》廣告經理二十年，非常清楚史量才的根底。汪英賓告訴張增泰說：陶駿保是一個恣驕善諂的武夫，是沈慧芝賣春時的第一個客人。有一天，「陶駿保乘著雙馬車，帶著武裝的衛士，上門索要慧芝。史量才識時務，不讓不爭，忍辱含恥，沈慧芝驚恐萬狀，低頭落淚，不知所措。陶一把拉過慧芝說：『跟我走吧，此地的一切都不值得留戀，我

1　龐榮棣：《申報魂：中國報業泰斗史量才圖文珍集》，上海遠東出版社，二〇〇八年。第一六－一九頁。

有的是。』沈慧芝被陶駿保挾上雙馬車，一去音信全無。」[1]

按照張增泰高度小說化的敘述演義，沈慧芝先是被陶駿保帶到一品香旅社，她在這裡等到的卻是「陶遇難的噩耗」。她從「袖籠」裡掏出五百元外商銀行鈔票，交衛士先去打點，以備收屍之用。等到衛士再回旅社時已經人去房空。此時的沈慧芝帶著巨額金錢，出現在了史量才面前。史量才從此將她的芳名改成「沈秋水」，寓意為望穿秋水。「沈慧芝挾貲歸來，極其富裕，錢財八十多萬，首飾值二十多萬。這時史量才正全力開發商業，於是短期內開了兩家錢莊、一家金鋪、一家米行，連盤進《申報》的款也來自秋水夫人。」所謂「說中國報業必說《申報》，說《申報》必說史量才，說史量才必說秋水夫人」，就是由此而來的。

像張增泰這種牽強附會、捕風捉影、信口開河、趣味低下的歷史演義，幾乎沒有任何歷史價值。但是，絕大多數讀眾所喜歡的偏偏是其中趣味低下的意淫成份。實際情況是：林述慶在鎮江籌備起義時，陶駿保正在天津發瘧疾而且幾乎因此喪失生命。一九一一年十一月七日，陶駿保從天津回到上海家中時，林述慶已經出任鎮江都督。十一月九日，陶駿保抱病回到家鄉鎮江出任鎮軍參謀長。十一月二十九日，陶駿保到天堡城前線陪同林述慶作戰前動員時，仍然在發瘧疾。如此算來，十二月十三日被陳其美殘忍誅殺的陶駿保，在這個時間段內基本上就是一瘧疾病人，既沒有時間也沒有精力去嫖娼狎妓。他與沈慧芝的交往顯然是基於此前的情感積累，而不是一時衝動的武力炫耀。沈慧芝作為一名妙齡妓女，是可以同時擁有多名恩客的，其財富來源自然不會限定於陶駿保一個人。在鎮軍統制柏文蔚得到陳其美二萬元的軍餉資助就

---

1 張增泰：《史量才與沈秋水離合緣》，《百年上海灘》，上海灘雜誌社，二〇〇五年一月，第四三五－四三六頁。

要通電致謝的情況下，陶駿保臨時存放在沈慧芝家裡的軍餉，最多也只有幾萬元的額度。張增泰所謂沈慧芝「極其富裕，錢財八十多萬，首飾值二十多萬」，分明是信口開河的天方夜譚。

第二章　陶成章案中的陳其美與蔣介石

在國民黨內部，蔣介石是資歷很淺的後來者，他之所以獲得陳其美和孫中山的賞識重用，並且在短時間內聚積較為強勢的政治資本，主要取決於他在民國初年參與組織了針對光復會首腦陶成章的謀殺行動。換句話說，蔣介石的執政合法性，從一開始就是不能成立的。

第一節　章太炎口述刺陶案

一九一二年一月十四日凌晨，三十五歲的光復會副會長陶成章，在上海法租界廣慈醫院被蔣介石夥同王竹卿、陳錫奎、劉永順等人持槍暗殺。同年十月十日，是中華民國的第一個國慶紀念日。上海《神州日報》以《光復會繼起之領袖陶煥卿君事略》為標題，刊登了章太炎的口述實錄，並且特別注明：「太炎口授，寂照筆述。時為陶君被匪徒戕害之次日。」

陶成章遇害的次日即一九一二年一月十五日。章太炎及《神州日報》之所以沒有在第一時間公開刊登針對孫中山、陳其美、胡漢民、黃興等人直接點名的口述實錄，主要原因是懾於臨時大總統孫中山和滬軍都督陳其美的強勢權威。為了最大限度還原歷史真相，也為了便於相關章節的充分展開，現予全文抄錄：

會稽陶煥卿，諱成章，光復會中最重要之一會員。光復會之起，在癸卯年，先於同盟會，以蔡元培為會長。其後同盟會興，光復會漸散，陶君亦兼入同盟會，而徐錫麟、熊成基亦皆光復會員，始終未入他會者。丁未以後，同盟會漸有渙散之象。戊申冬，陶君前往新加坡，與孫文相見，覩其行事，多不能中曆物之意，陶君鬱不快，嘗赴緬甸、爪哇等處演說革命方法，亦頗以是招孫文之忌，甚有人謀暗殺陶君者，賴李燮和保持之。其後同盟會河口之散，黨人多退入新加坡，或向孫文索資斧，孫不與，竟向英國華民政務司告密，捕囚黨人。陶君尤不平，遂於次年發書宣布孫文罪狀（按：此宣布書，本社現已訪得），自此孫黨之勢漸散，孫終不安於南洋。嗣是胡漢民等亦惟能往來香港、新加坡間，不敢再越一步，益無所獲。而爪哇一帶華僑，傾服陶君，附者甚眾。陶君因再與光復會，以李燮和為會中重要之員。至辛亥三月，黃興發難於廣東，推趙聲為主，趙君本亦光復會人也。嘗以機密洩漏，偵得其蹤，欲殺胡漢民之弟胡衍鸞不果。廣州敗後，一日，胡漢民邀趙君會食，食後趙君腹遽痛，赴醫院剖割兩次，俱不能愈，竟以斃命。外間頗有煩言指責。李燮和亦去南洋而來上海，潛進而冥冥中。上海光復與製造局之克，皆李燮和為之也。燮和既拔上海，陶君亦自南洋歸，時蘇、杭皆已次第反正，而李燮和所撫黎天才軍，與浙軍合攻南京最為出力。浙軍中之主將參謀，亦多光復會員。南京既破，黃興遽被舉為大元帥，浙軍不平，反對甚烈，卒以黎元洪為大元帥、黃興為副元帥，外人頗有疑陶君嗾動軍隊為此者。滬軍都督陳其美嘗與浙軍參謀呂公望言，謂致意煥卿勿再多事，多事即以陶駿保為例。公望聞之笑曰：南京之事，豈滬軍所能干涉，故勸君幸勿濫用威權也。未幾，孫文歸，被舉為臨時大總統，就任後，即與陶君書，詰問從前宣布罪狀之理由，謂予非以大總統資地與汝交涉，乃以個人資地與汝交涉。書到之日，陰曆十一月二十三日也。其後三日，陶即於廣慈醫院被人刺死。[1]

這裡的癸卯年即一九〇三年。查勘現有的文獻資料，光復會的實際成立時間是甲辰年即一九〇四年冬天，而不是章太炎所說的癸卯年。丁未即一九〇七年。戊申即一九〇八年。時任光復會會長的章太炎，在口述這樣一篇既簡明扼要又道聽塗說、既直言不諱又疑罪從有的所謂「實錄」之後，並沒有進一步履行其追蹤調查相關人證物證的會長職責，反而把主要精力投入到自己極不擅長的政黨活動及權位爭奪之中。

章太炎的這份口述實錄足以證明，陶成章案發生後，光復會方面在第一時間便鎖定了涉案嫌疑人。但是，光復會方面的主要構成人員，大都是江湖祕密會黨中不具備現代文明意識的黑道人士，他們習慣於以牙還牙、以暴易暴的報仇雪恨及暴力革命，而不知道在既有的司法程式和制度框架內調查真相、實現正義；與該案相關的最為基本的事實真相及證據鏈條，始終沒有被包括會長章太炎在內的光復會人士完整系統地記錄在案。由於同盟會方面的陳其美、蔣介石一派人，在上海周邊的黑白兩道中長期佔據強勢地位，陶成章命案曾經被視為不可觸碰的禁忌話題。直到近年來，隨著包括蔣介石日記、上海公共租界工部局檔案在內的各種檔案文獻資料浮出水面，與該案相關的事實真相，才逐步走向水落石出、真相大白。

1 湯志鈞編《陶成章集》，中華書局，一九八六年，第四三八－四三九頁。

第二節　陶成章奔走結會黨

陶成章，字希直，號煥卿，乳名炳生，一八七八年一月二十四日出生於浙江省紹興府會稽縣陶堰村。父親陶品三讀過幾年私塾，成年後主要務農，兼職充當建築工程中的磚瓦匠、油漆匠。陶成章八歲進入本村的陶氏義塾讀書，十五歲由堂兄陶成元推薦到陶堰村竹壩頭的另一所陶氏義塾擔任塾師。一八九四年，中國軍隊在甲午戰爭中慘遭重創，給包括陶成章在內的整整一代中國人造成一種強烈刺激，用陶成章的話說：「愚從事軍事之心，起自甲午。」[1]

一八九五年，十八歲的陶成章開始在族叔陶浚宣創辦的東湖通藝學堂任教。該學堂是紹興周邊的新舊思想交匯之地，陶成章在這裡初步接觸到了一些近現代文明。遺憾的是，他終其一生從來沒有表現出對於近現代西方文明認真學習、虛心接受的誠意和耐心；他的這種一知半解的文化態度，與清政府洋務大員張之洞所謂的「中學為本，西學為用」其實是一脈相承、高度吻合的。最為明顯的例證是：催眠術在西方社會是一門涉及多個學科的綜合性生命科學，到了職業革命家陶成章眼裡，卻變成極其廉價地投機取巧騙取錢財的革命手段和謀生工具。關於此事，他的紹興同鄉魯迅曾經有過專門介紹：

> 想起來已經有二十多年了，以革命為事的陶煥卿，窮得不堪，在上海自稱會稽先生，教人催

1 《致陶漢超書》，湯志鈞編《陶成章集》，第七〇頁。

眠術以糊口。有一天他問我，可有什麼藥能使人一嗅便睡去的呢？我明知道他怕施術不驗，求助於藥物了。其實呢，在大眾中試驗催眠，本來是不容易成功的。我又不知道他所尋求的妙藥，愛莫能助。兩三月後，報章上就有投書（也許是廣告）出現，說會稽先生不懂催眠術，以此欺人。清政府卻比這幹鳥人靈敏得多，所以通緝他的時候，有一聯對句道：「著《中國權力史》，學日本催眠術。」[1]

一九〇〇年，京津地區的義和團運動招致八國聯軍佔領北京，陶成章乘機北上，企圖謀殺慈禧太后。由於無從下手，他只好隻身出關，到東北、蒙古地區遊歷考察。

一九〇一年，陶成章再度北上，住在北京南城的南半截胡同山會邑館，也就是魯迅、周作人兄弟後來長期居住的紹興會館。陶成章在京期間走訪了時任外務部左丞的族叔陶大均，這位相當於副部長級別的從一品高官，當然不會支持陶成章株連九族的冒險行動。陶成章離開北京，前往徐州拜訪時任銅山縣令的另一位族叔陶仲彝。陶仲彝同樣不支持陶成章的冒險行動。陶成章失望之餘，斷然拒絕陶仲彝送給他的返程路費，身無分文的他連續步行七晝夜，幾乎餓死在路途之中。

一九〇二年，陶成章第三次北上，企圖實行他所謂的「中央革命」，結果是「審察大勢，知非由陸軍著手不可，因之屢謀入陸軍學校，以圖進身之路，乃竟不獲如願」。[2]

1 魯迅：《為半農題記〈何典〉後作》，《魯迅全集》第三卷，人民文學出版社，一九八一年，第三〇三頁。

2 陶成章：《致馬水臣書》，引自謝一彪、陶侃著《陶成章傳》，人民出版社，二〇〇九年，第三〇頁。

同年七月，陶成章來到上海，在中國教育會認識了紹興同鄉蔡元培，兩個人一見如故、結為同道。在蔡元培等人資助下，陶成章於同年九月東渡日本，進入作為留日預科學校的清華學校。該校前身是梁啟超創辦的東京高等大同學校，一九〇一年易名為東亞商業學校，一九〇二年由清朝公使蔡鈞出資接辦，改名清華學校，意思是大清王朝統治中華。校長為日本黑龍會首領犬養毅，主持校務的是日本人柏原文太郎和時任湖北留學生監督的浙江湖州籍人士錢恂。

一九〇三年春天，陶成章轉入成城學校。該校是日本陸軍士官學校的預備學校，校長是日本參謀總長川上操六。用陶成章的話說，他進入成城學習陸軍的目的，是「能回國柄權，實行革命」。[1]

同年四月二十九日，因為沙俄拒不依照既定條約從中國東北地區撤離軍隊，日本東京的中國留學生掀起一場拒俄運動，由鈕永建倡議自行組織義勇隊赴敵作戰。五月二日，留日學界再次集會，改義勇隊為學生軍。五月十一日，由於日本神田警署下令解散學生軍，秦毓鎏等人在錦輝館議決，把學生軍改組為「專主排滿」的祕密會黨組織，號稱是軍國民教育會。

在當年祕密加入軍國民教育會的二〇八人名單中，沒有出現陶成章的名字。但是，他的相關表現仍然引起新任留學生總監督汪大燮的注意。恰好陶大均與那桐、載振等人一起到日本參觀大阪博覽會，滯留東京期間與汪大燮合謀誘騙陶成章退學回國。五月二十三日，陶成章申請回國，汪大燮簽字同意。六月十二日，留學生監理委員長福島安正予以正式批准。

六月三十日，上海《蘇報》案發生，浙江同鄉章太炎被捕入獄，陶成章為聲援營救章太炎，結識了正

---

1 《致陶漢超書二》，湯志鈞編《陶成章集》，第七三頁。

在日本觀摩大阪博覽會的紹興同鄉徐錫麟，以及祕密加入軍國民教育會的浙江嘉興籍同鄉龔味蓀。

四年後的一九〇七年七月六日，徐錫麟因安慶起義失敗而慘遭處決，他的弟弟徐偉在獄中供認說：「錫麟於癸卯年同紹興府學堂東文教習日本人名平賀深造到東京大阪，赴博覽會，才認識陶煥卿、龔味蓀。回國後，即放言無忌。」[1]

據陶成章在《浙案紀略》中介紹：「浙江學生因章炳麟言革命入獄事，開會於牛込區赤城元町清風亭，錫麟出資贊助其事。會所中遇陶成章、龔味蓀，相談頗洽。散會後，即偕其徒張某訪陶成章於駒込追分町浪花館。成章導之以見松江鈕永建（字鐵生，前為義勇隊代表人），相談宇內之大勢，錫麟大悅，顛覆清政府之念由此益專，遂購圖書、刀劍以歸。」[2]

陶成章回國後來到北京，遲遲得不到陶大均所承諾的軍職，等他憤然返回日本時，不僅失去了成城學校的學籍，而且受到軍國民教育會的猜疑。關於此事，《浙案紀略》的說法是：「陶成章嘗於壬寅之夏，由北京至日本，與龔味蓀（原名國元，又名寶銓，味蓀其別號也，秀水人）相識為莫逆交。味蓀為軍國民教育會會員，其時會員皆嚴守祕密主義，成章不以問，味蓀亦不以告也。」

在日本留學期間，陶成章還結識了另一位浙江同鄉、處州府（今麗水市）雲和縣人魏蘭。據魏蘭在《陶煥卿先生行述》中回憶說：「其時，在日諸志士，組織義勇隊，推湯爾和、鈕鐵生為代表，謁袁世

---

1 陶成章：《浙案紀略》第二集《清吏案牘》（三）「徐偉供」，汪茂林主編《浙江辛亥革命史料集．浙江革命黨人的活動》，浙江古籍出版社，二〇一四年，第一七一頁。

2 陶成章：《浙案紀略．列傳二．徐錫麟》，汪茂林主編《浙江辛亥革命史料集．浙江革命黨人的活動》，第一五五頁。

凱，欲以拒俄為名，假其兵力，圖謀革命。事不成，疑先生從中破壞，命龔寶銓與先生同居，偵察先生之所為。及聞先生議論，始知先生之苦衷，於是陶龔稱為莫逆。」[1]

一九〇三年五月三十一日，從日本宏文學院畢業的軍國民教育會骨幹成員黃興，與李書城、萬聲揚、金華祝、李步青等人啟程回國。在此之前，黃興與同年三月到日本自費留學的湖南同鄉劉揆一，商議了聯絡哥老會大龍頭馬福益發動武裝起義的初步計畫。回國之初，黃興主要在上海周邊活動，與在上海組織軍國民教育會的愛國學社總理蔡元培，以及該社主要成員吳稚暉、黃宗仰、張繼、章太炎、章士釗、林力山、何海樵、何山漁、蔣維喬等人建立聯繫。同年十一月四日，劉揆一、張繼、章士釗、宋教仁、周震麟、胡瑛、徐佛蘇、柳大任、柳聘農、陳方度等人，以赴黃興三十歲壽宴為名，在長沙保甲局巷彭淵恂家籌創華興會，黃興被推舉為會長。

一九〇四年一月，陶成章、魏蘭、龔味蓀等人從日本回到上海。二月十三日，陶成章、魏蘭從上海抵達杭州，入住下城頭巷的《杭州白話報》館。報館主編孫翼中是陶成章在紹興東湖通藝學堂任教時的同事，他向陶成章推薦了正在仁和縣監獄關押的白布會首領、浙江桐廬人濮振聲。這一天是陰曆癸卯年臘月二十八日，自從一九〇二年七月赴日本留學之後，陶成章已經有一年半時間沒有回紹興陶堰。魏蘭勸告說：「杭州、紹興相隔一水，先生何不歸里一遊？」陶答道：「情字難卻，一見父母妻子，恐怕就不能再出來了。」[2]

1 魏蘭：《陶煥卿先生行述》，汪茂林主編《浙江辛亥革命史料集・浙江革命黨人的活動》，第四七六頁。
2 魏蘭：《陶煥卿先生行述》，汪茂林主編《浙江辛亥革命史料集・浙江革命黨人的活動》，第四七六頁。

第二天，陶成章、魏蘭帶著孫翼中的介紹信函，前往仁和監獄與濮振聲相見。二月一九即正月初四日，二人再次到獄中探望，濮振聲交給他們幾封介紹信和十多張名片，為他們奔走聯絡有錢賣命、無錢打劫的江湖會黨黑道人士，打開了方便之門。在隨後幾個月裡，陶成章、魏蘭、龔味蓀等人歷盡艱辛，把浙江各處的江湖會黨黑道人士聯成一片。

華興會計畫在陰曆甲辰年十月十日——西曆一九〇四年十一月十六日——慈禧太后七十壽辰時，在長沙、岳州、衡陽、寶慶、常德分五路同時起義。為了爭取長江下游地區及時響應，黃興把該項資訊傳遞給蔡元培，由蔡元培轉告陶成章等人。陶成章決定在長沙起義後三天予以響應，他與魏蘭、龔味蓀等人在嘉興、杭州、蘭溪、金華等地積極布置，計畫先襲取金華、衢州、嚴州等地，然後率兵入皖，一路進攻南京，一路進攻江西。臨近約定時間，長沙方面卻遲遲沒有消息，陶成章只好從義烏經諸暨返回杭州，直到此時他才從上海發行的各種報紙上得知湖南起義失敗、會黨首領馬福益犧牲、長江上游各省沒有如期響應的消息，急忙通知各地會黨停止行動、就地潛伏。

華興會起義失敗後，黃興、楊篤生、陳天華、劉揆一、章士釗、張繼等人聚集在上海租界區新馬路餘慶里，開辦啟華譯書局繼續從事革命活動。一九〇四年十一月十九日，安徽合肥人萬福華，因為在公共租界參與刺殺前廣西巡撫王之春失敗被捕，受此事牽連，章士釗、黃興、張繼、蘇鳳初等十二人於第二天在啟華譯書局被捕。經過多方營救，除萬福華被判刑關押外，其他人等相繼出獄並離開上海。留在上海的以浙江人為主體的軍國民教育會暗殺團成員，在蔡元培、蔡元康、陶成章、徐錫麟、龔味蓀，以及正在獄中服刑的章太炎的推動下，改組成立光復會。關於光復會與軍國民教育會暗殺團的關係，陶成章在《浙案紀略》中介紹說：

> 自軍國民教育會成立後，革命黨人功用從此一大進步，均由鼓吹時代而漸趨於實行之一方面。湖南楊卓林、黃興（一名軫，字靜塢，一字克強）等以軍國民教育會會員歸鄉運動，結徒散票，別成一會，號曰華興會，謀在長沙起事失敗，遁走上海。各省軍國民教育會會員亦多歸居上海。軍國民教育會組織有暗殺團，規則極為嚴密，為上海中國教育會會長蔡元培覘知，求入其會，於是改名為光復會，又曰復古會，軍國民教育會之名詞亦遂銷去無蹤矣。……元培與成章為同鄉，成章素重元培德行。元培之組織光復會，本為暗殺計，然亦招羅暴動者，知成章於內地各祕密黨中頗有結納，故勸之入會，成章不能卻其意，遂入會。其後元培複至嘉興勸敖嘉熊入會，嘉熊許其有事相助，而不入其會。成章介紹魏蘭入會，欲以成內外交通之樞紐，元培遲疑之，蘭遂以是不入其會云。[1]

另據魏蘭在《陶煥卿先生行述》中介紹，光緒三十年即一九〇四年的陰曆八月間，他曾到上海面見蔡元培，商談起義事宜，「彼此相左」。這應該是蔡元培不接納魏蘭加入光復會的主要原因。魏蘭雖然沒有加入早期光復會，卻一直是陶成章從事革命活動的主要合作者和支持者。與此相印證，蔡元培在一九一九年八月的口述傳略中回憶說：

> 自東京同盟會成立後，楊篤生君、何海樵君、蘇鳳初君等，立志從暗殺下手。乃集同志六

---

1 陶成章：《浙案紀略》，汪茂林主編《浙江辛亥革命史料集・浙江革命黨人的活動》，第一三一頁。

人，學製造炸彈法於某日人，立互相鑒察之例，甚嚴。何君到上海，訪子民密談數次。先介紹入同盟會，次介紹入暗殺團。並告以蘇君將來上海轉授所學於其他同志。其後蘇君偕同志數人至，投子民。子民為賃屋，並介紹鐘憲鬯君入會，以鐘君精化學，且可於科學儀器館購儀器、藥品也。開會時，設黃帝位，寫誓言若干紙，如人數，各簽名每紙上，宰一雞，灑血於紙，跪而宣誓，並和雞血於酒而飲之。其誓言，則每人各藏一紙。乃教授制炸藥法，若干日而畢。然能造藥矣，而苦無彈殼。未幾，黃克強、蒯若木、段書諸君先後自東京來，攜彈殼十餘枚。是時王小徐君、孫少侯君已介紹入會，乃由孫君攜彈藥至南京隱僻處，試之，不適用。其後楊篤生君來，於此事尤極熱心，乃又別賃屋作機關，日與王、鐘諸君研究彈殼之改良。其時費用，多由孫君擔任，而經營機關，則子民與其弟元康任之。

元康既由子民介紹入會，則更介紹其同鄉王子余、俞英厓、王叔枚、裘吉生及徐伯蓀諸君。徐君是時已聯絡嵊、天臺諸會黨，而金、衢、嚴、處諸府會黨，則為陶煥卿君所運動。子民既介紹陶君入會，則乘徐、陶二君同到上海之機會，由子民與元康介紹陶君於徐君，而浙江會黨始聯合焉。[1]

這裡所謂的「同盟會」，顯然是軍國民教育會的誤記誤寫，同盟會成立於一九〇五年八月二十日，比軍國民教育會整整晚了兩年零五個月時間。陶成章參與組建光復會之後，於一九〇五年一月再赴日本。同

1 蔡元培：《傳略（上）》，《蔡元培全集》第三卷，浙江教育出版社，一九九七年，第六六四－六六五頁。

年夏天，他回國在上海通學所講授催眠術，並且編撰《催眠術講義》。同年冬天，他與龔味蓀、徐錫麟在紹興創辦大通學堂，以體育專修科名義招納江湖會黨黑道人士進行訓練，為光復起義儲備兵源。

一九〇六年初，徐錫麟、陶成章等人籌畫捐官赴日本學習陸軍，他們以年齡長幼來分配捐官等級：最為年長的徐錫麟捐道台學步兵；陶成章捐知府學步兵；陳志軍捐知府學炮兵；陳魏捐同知學騎兵；龔味蓀捐同知學工兵。由徐錫麟的親信弟子、紹興富商許仲卿出資五萬，通過徐錫麟的表伯、正在湖北充當張之洞幕僚的前湖南巡撫俞廉三疏通關係，分別捐得道員、知府、同知官銜，然後由官方備文東渡日本。一行人抵達日本後，由於徐錫麟高度近視，陶成章身材矮小，加上新任駐日公使汪大燮、陸軍留學生總監督王克敏故意刁難，沒有被振武學校所錄取，一行人不得不先後返回國內。

一九〇六年十月，隨著陶成章、龔味蓀、蘇曼殊等人頻繁往來於上海、安慶、杭州等地籌畫起義，杭州城裡開始出現謠言，說是陶成章等人將於十月二十九日進攻省城。浙江藩司寶芬要求此前為徐錫麟、陶成章等人提供擔保的浙江巡撫張曾揚下令緝捕。張曾揚擔心拿不到證據而引起公憤，祕密派人通知陶成章暫時迴避。十一月初，陶成章再一次流亡日本，於一九〇七年 月四日加入同盟會。

同盟會成立於一九〇五年八月二十日，大部分會員來自兩年前成立的軍國民教育會以及隨後成立的以湖南人為主體的華興會，由孫中山參與創辦的以廣東人為主體的興中會，從來沒有在同盟會內部佔據人員優勢。

浙江紹興籍光復會員加入同盟會的第一人，是後來的浙江都督蔣尊簋。著名的浙江紹興籍革命黨人秋瑾女士，反而是先加入同盟會而後再加入光復會的。在會長蔡元培及主要成員蔡元康、龔味蓀、陶成章、李燮和、孫毓筠等人先後以個人身分加入同盟會之後，光復會並沒有像華興會那樣自然消亡。用湖南籍光復會員李燮和的話說：

丙午正月，複謀起義於長沙，事皆失敗。清巡撫俞廉三移營捕會黨，燮和乃出亡，遇浙人陶成章於上海。成章方與章炳麟、蔡元培創辦光復會，介紹燮和為會員，是為燮和入光復會之始。未幾，同盟會起於日本東京，光復會遂與合而為一，推孫文為會長。燮和時既東渡，改為同盟會員，然浙江安徽一帶尚未變光復舊名。後如炸五大臣之吳樾，刺恩銘之徐錫麟，安慶起義之熊成基，黃花崗稱總司令之趙聲，皆舊光復會成員也。[1]

按照陶成章《浙案紀略》的解釋，光復會沒有融入同盟會的第一個原因，是「浙江內地多不知有同盟會事，仍其舊名為光復會」；第二個原因，是浙江人喜歡個人獨立：「蓋浙人素多個人性質，少團體性質。其行事也，喜獨不喜群，既不問人，亦願人之不彼問，以故癸卯甲辰以後，內部革命勢力日增，而外界人迄不知也。至於紹興人之多入光復會者，實以蔡元培聞望素隆之故。惟秋瑾反是，喜群不喜獨，且偏為張揚其事，故自秋瑾返紹興後，而革命之風聲乃大露。」

陶成章的這種解釋，在邏輯上是不能自洽的。假如浙江人確實喜歡個人獨立，就不會湧現出那麼多從事地下祕密活動的江湖會黨黑道人士。應該說，光復會之所以沒有較為澈底地融入同盟會，主要是因為

1 《李燮和陳述光復軍成立並先後光復上海、南京等地諮呈》，《辛亥革命在上海史料選輯（增訂版）》，上海人民出版社，二〇一一年，第八〇一頁。

浙江籍的陶成章、徐錫麟等人，比湖南籍的黃興、宋教仁、劉揆一等人更加執著於農耕熟人社會保守封閉的鄉黨派別意識；同時也更加艱苦卓絕地奔走聯絡於浙江山區有錢賣命、無錢打劫的江湖會黨黑道人士之中。這一點在始終不肯加入同盟會的徐錫麟身上，表現得尤為突出。

據陶成章《浙案紀略》介紹，一九〇七年七月六日，徐錫麟發動安慶起義，親手刺殺安徽巡撫恩銘，他被捕之後在供詞中專門談到本名孫文號逸仙的孫中山：「我自為漢種，問罪滿洲，孫文何等鯫生，能令我哉！」[1]

章太炎在自定年譜中也認為，徐錫麟「性陰鷙，志在光復，而鄙逸仙為人」。[2]

而在事實上，湖南籍的華興會成員在加入同盟會之後，雖然形式上取消了華興會的名號，內心深處也依然保持著以華興會為班底的鄉黨派別意識。一九〇五年七月二十九日，宋教仁邀請陳天華到黃興住處聚會「商議對於孫逸仙之問題」，陳天華的意見是「以吾團體與之聯合」；黃興的意見是「形式上入孫逸仙會，而精神上仍存吾團體」；劉揆一的意見是「不入孫會」；宋教仁的意見是「既有入會不入會者之別，則當研究將來入會者與不入會者關係如何」。最後的結論是基於「個人自由」的自主選擇、自行其事。[3]

1 陶成章：《浙案紀略．列傳二．徐錫麟》，汪茂林主編《浙江辛亥革命史料集．浙江革命黨人的活動》，第一五六頁。
2 湯志鈞編《章太炎年譜長編（增訂版）》上冊，中華書局，二〇一三年，第一三九頁。
3 陳旭麓主編《宋教仁集》下冊，中華書局，一九八一年，第五四六頁。

第三節　同盟會內部起爭端

同盟會成立後，無論是來自華興會的湖南籍會員還是來自光復會的浙江籍會員，大部分都是基於「個人自由」而自主選擇、自行其事，對於總理孫中山並沒有表現出中華革命黨及中國國民黨時期的個人崇拜和人身依附。最為明顯的例證是一九〇六年春天，已經踴躍加入同盟會的前華興會會員劉道一、蔡紹南，在黃興等人的暗中支持下從日本回國，在江西萍鄉和湖南瀏陽、醴陵等地聯合會黨首領龔春台等人發動萍、瀏、醴起義，事先是瞞著同盟會總理孫中山祕密進行的；甚至於連前華興會核心成員宋教仁，也被排斥在機密之外。

一九〇六年十二月四日，以龔春台為都督的「中華國民軍南軍革命軍先鋒隊」在江西萍鄉和湖南瀏陽、醴陵等地發動武裝起義，幾天內就佔領了麻石、文家市、上栗市等重要市鎮。十二月十二日，宋教仁從日本報紙上看到「江西萍鄉革命黨蜂起，已圍縣城，勢甚危」的消息，專門到劉道一哥哥劉揆一住處，「詢問萍鄉事知其詳情與否？」劉揆一假惺惺地回答說：「當是前歲舊同志，但亦不知詳形也。」

十二月十七日，宋教仁向時任同盟會執行部庶務的黃興詢問「湖南暴動事」，黃興回答說：「已派多人往各省經營之矣。」

萍、瀏、醴起義期間，李燮和、陶成章、孫毓筠、胡瑛、寧調元等人先後回國響應，按照陶成章《浙案紀略》的說法，他們原計劃要運動浙江會黨與南京駐軍裡應外合攻佔南京，由於黃興「大放謠言於長江上下，致令清吏預為戒備，成章等計因不得行」。

一九〇七年一月五日，宋教仁在日記中記錄了劉揆一（林生）另立會黨的計畫：「夜，至劉林生寓，談良久。林生言欲結會，欲余為之定一章程。余不承應。乃出一已成之章稿，屬余為改之。余不得已，允之。」

一月七日，宋教仁在孫中山住處見到劉揆一，得知他已經放棄另立會黨的計畫而加入同盟會；其主要原因，是萍、瀏、醴起義敗局已定。一月二十二日，劉揆一收到家信，得知二三歲的劉道一於一九〇六年十二月三十一日在長沙被殺。

萍、瀏、醴起義失敗後，南京方面的孫毓筠、寧調元等人被捕；漢口方面的胡瑛等人被捕。孫中山後來在「建國方略」第八章「有志竟成」中回憶說：

> 丙午萍醴之役，則同盟會會員自動之義師也。……獨惜萍鄉一舉為會員之自動，本部於事前一無所知，故臨時無所備。然而會員之紛紛回國從軍者，已相望於道矣。尋而萍醴之師敗，而禹之謨、劉道一、寧調元、胡瑛等竟被清吏拿獲，或囚或殺者多人。此為革命同盟會會員第一次流血也。[1]

萍、瀏、醴起義的失敗，直接促成李燮和前往南洋開闢新的據點，為他日後參與重新組建光復會埋下伏筆。用李燮和的話說：「丙午秋，萍鄉、醴陵黃漢會黨起湘贛間。燮和返國至江寧，謀響應。兩江總督端方乃懸賞二千金購燮和。燮和謀刺之未得，間走上海。清吏偵之益急，燮和乃東走香港。未未正月，走

---

1 孫中山著《建國方略》，《孫中山全集》第六卷，中華書局，二〇〇六年第二版，第二三九頁。

新加坡，八月走榜甲。」[1]

一九〇七年一月四日，黃興準備到香港等地籌備起義，委託因用腦過度而神經衰弱的宋教仁代理庶務一職，並且請宋教仁從宮崎寅藏家搬到自己的伊勢屋寓所繼續養病。在隨後一個多月的頻繁接觸中，宋教仁對於孫中山有了新的認識。二月十五日，黃興因為「廣東近日非常戒嚴，香港亦難居」，只好從香港返回日本。二月二十八日，宋教仁在日記中記錄了發生在孫中山與黃興（慶午）之間的激烈衝突：

七時至《民報》社與黃慶午言余辭職事，慶午不應。良久，慶午忽言，欲退會，斷絕關係，其原因則以己意制一新國旗，而慶午以為不善，請其改之，逸仙固執不改，並出不遜之言，故慶午怒而退會。時諸人均在，皆勸之。余則細思慶午不快之原因，其遠者當另有一種不可推測之惡感情漸積於心，以致借是而發，實則此猶小問題。蓋素日不能開誠佈公、虛心坦懷以待人，做事近於專制跋扈，有令人難堪處故也。……不如另外早自為計，以免燒炭黨人之譏，遂決明日即向逸仙辭職，慶午事亦聽之。[2]

當年的日本社會黨分為軟、硬兩派。軟派以片山潛、田添鐵二為代表，在第二國際影響下，主張通過議會道路實現革命目標。硬派以幸德秋水、堺利彥、山川均、大杉榮為代表，完全否定議會鬥爭，積極宣

1 《李燮和陳述光復軍成立並先後光復上海、南京等地諮呈》，《辛亥革命在上海史料選輯（增訂版）》，第八〇一頁。
2 陳旭麓主編《宋教仁集》下冊，中華書局，一九八一年，第七一八頁。

揚又稱虛無主義的無政府社會主義。同盟會方面的章太炎、張繼、劉師培、陶成章、宋教仁、田桐等人，在日本社會黨的軟、硬兩派中間明顯傾向於硬派。一九〇七年四月，幸德秋水在《平民新聞》雜誌撰文，提倡東洋各國的社會黨聯合起來。章太炎響應這一倡議，與印度流亡在東京的革命者共同組織亞洲和親會。陶成章、張繼、劉師培、陳獨秀以及日本社會黨人山川均、大杉榮等人，紛紛加盟。同年六月，劉師培、張繼組織社會主義講習會，並且發刊《天義報》，公開提倡在中國實行無政府社會主義的暴力革命：「吾輩之宗旨，不僅以實行社會主義為止，乃以無政府為目的。」這種無政府社會主義思想表現在同盟會內部，便是張繼、劉師培、章太炎、田桐、陶成章等人，在日本東京掀起第一次「倒孫風潮」，要求罷免孫中山的總理職務。

在此之前，擔任軍機大臣的慶親王奕劻給時任韓國統監的伊藤博文寫信，要求日本政府將孫中山驅逐出境。當時的西園寺內閣考慮到壓制中國革命黨人，不利於在華擴張勢力，決定由內田良平出面與外務省協商解決。內田與外務省政務局長山座圓次郎協商決定，以孫中山三年以後可以重返日本為條件，給予七千元離開費用。一九〇七年二月二十五日，收取贈款的孫中山，花費一千元召集六十多名同盟會會員舉辦了一場盛大的告別宴會。除此之外，孫中山還收取了證券商人鈴木久五郎的一萬元贈款。

一九〇七年三月四日，孫中山帶領汪精衛、胡漢民、池亨吉、萱野長知等人，乘坐德國籍阿里斯王子號輪船離開橫濱，經上海、香港前往南洋的新加坡、安南等地開展活動。臨行前，他給《民報》留下二千元辦刊經費。幾天後，西園寺內閣通知清政府已經把孫中山驅逐出境。同盟會內部的日本人把孫中山與日本政府的祕密交易，告訴給了章太炎等人。在同盟會內部的司法部與評議部形同虛設的情況下，章太炎只好採取個人行動，把掛在《民報》社的孫中山照片撕下來，批上「賣《民報》之孫文應即撤去」字樣，寄往同盟會香港分會。[1]

章太炎的結拜兄弟、正在狂熱地信仰無政府社會主義的張繼，「認為在革命之前，首先要對革命黨進行革命，發出了排孫第一聲；他認為不能把希望寄託在黨首身上，故自行組織暗殺團。」[2]

據當時代理黃興的同盟會庶務職責的劉揆一回憶，張繼曾經為此事在民報社內與他扭打肉搏。他面對章太炎、張繼等人的巨大壓力，只好寫信勸告孫中山承認錯誤、承擔罪責。孫中山給出的答覆是：「黨內糾紛，惟事實足以解決，無引咎之理由可言。」[3]

同盟會成立之初效法美國三權分立、分權制衡的民主憲政的制度設計，至此已經宣告破產。按照譚人鳳在《石叟牌詞》中的介紹，同盟會內部的這次糾紛，幸同人調停解釋，表面尚得曲全，「惟同志之精神，則由此稍形渙散矣」。[4]

第四節　陶成章再造光復會

一九一七年十月十七日，梁啟超一派兩百多人在日本東京錦輝館召開政聞社成立大會，響應清政府

1 胡漢民：《南洋與中國革命》，引自湯志鈞編《章太炎年譜長編（增訂版）》下冊，第六六四頁。
2 北一輝著、董炯明譯《一個日本人的辛亥革命親歷記》，原書名為《支那革命外史》，香港又有文化傳播公司，二〇一五年，第一二三頁。
3 劉揆一：《黃興傳記》，《辛亥革命》第四冊，上海人民出版社，一九五七年，第二八九頁。
4 譚人鳳：《石叟牌詞》十九，石芳勤編《譚人鳳集》，湖南人民出版，二〇〇八年，第三三二頁。

預備立憲的重大決策。梁啟超、蔣智由等人特邀犬養毅等八名日本人參加。同盟會一派奉行暴力革命及無政府社會主義的張繼、平剛、陶成章等一千多人，仗著人多勢眾衝擊會場，打跑了同為中國人的梁啟超一派。章太炎為此專門寫作《政聞社社員大會破壞狀》一文，運用他似是而非、有罪推定的所謂國學知識評論道：「余意梁啟超、蔣智由輩，志在幹祿，慮非專心於立憲者。……綜觀中外之歷史，則歐洲、日本，去封建時代近，而施行憲政為順流；中國去封建時代遠，而施行憲政為逆流。」[1]

一九〇八年一月，替代患有腦病的章太炎編輯《民報》的張繼，由於與幸德秋水關係密切而受到日本警方的追捕，被迫逃往法國。二月二十五日，同盟會機關刊物《民報》刊登廣告：「本報編輯人張繼君以要事已離東京，自二十期起，改請陶成章君當編輯之任。」

《民報》從二〇至二三期由陶成章負責編輯，二四期再度交由章太炎編輯。陶成章隨後前往青島，準備仿照紹興大通學堂的辦法在該地創辦震旦公學。計畫失敗後，陶成章偕張恭從日本回國，在杭州聯絡江、浙、皖、贛、閩五省會黨，組織成立號稱是「革命協會」的江湖會黨大聯盟：「我們的會，就叫做革命協會；山名，就叫做一統龍華山；堂名呢，就叫做漢族同登普渡堂。」[2]

自稱是五省大都督的陶成章，在為「革命協會」撰寫的《龍華會章程》中，開門見山的第一句話是：

---

1 文載《民報》第一七號，一九〇七年十月二十五日。引自湯志鈞編《章太炎年譜長編（增訂版）》上冊，第一四四－一四五頁。

2 陶成章：《龍華會章程》，《辛亥革命》第一冊，上海人民出版社，一九五七年，第五三八－五四〇頁。據楊天石《〈龍華會章程〉主屬考》考證，該章程自署寫作於甲辰年即一九〇四年系有意倒填日期，實際時間應該是一九〇八年春夏之間。見楊天石著《晚清史事》，中國人民大學出版社，二〇〇七年，第二九一－三〇〇頁。

「怎樣叫做革命？革命就是造反。」其中明確宣稱要收回「大明江山」，革命成功後建立的新朝廷的所有官職，均取法於「大明大唐」。陶成章所理解的造反革命，依然是中國傳統儒教奉天承運、替天行道、天命流轉、改朝換代的打天下、坐天下、當天子、做皇帝：「孔夫子孟夫子的說話，諸位兄弟們想必多願意聽的。他兩位老先生的說話，載在四書上面，明明白白，何嘗說皇帝是不許百姓做的？」

與被章太炎戲稱為「煥皇帝」、「煥強盜」的陶成章相比，孫中山在其主筆的《中國同盟會革命方略》中，對於革命勝利之後的制度選擇，另有更加文明先進的設計規劃：「由平民革命以建國民政府，凡為國民皆平等以有參政權。大總統由國民公舉。議會以國民公舉之議員構成之。制定中華民國憲法，人人共守。敢有帝制自為者，天下共擊之。」[1]

沒有像孫中山那樣腳踏實地地親身遊歷過歐美文明社會的陶成章、章太炎一派人，所理解和認同的只能是「帝制自為」的皇權制度，而不是現代工商契約及民主憲政社會中個人自由、契約平等、法治民主、限權憲政、大同博愛的文明制度。在目光短淺、夜郎自大的陶成章看來，中國傳統的宗法農耕及皇權專制的家國天下，已經遠遠超越西方現代社會的工商契約及民主憲政：

無論各國立憲，是因為離著封建時代不遠，一時不能到平民執政的時代，就把這「立憲」做個上下過渡的用法。我們已是平民做了皇帝宰相千百餘年，哪裡還要用著「立憲」過渡呢？況且立憲實在是有弊病，無論什麼君主立憲共和立憲，總不免於少數人的私意，平民依舊吃苦，將來天下

---

1 《中國同盟會革命方略》，《孫中山全集》第一卷，中華書局，二〇〇六年第二版，第二九七頁。

各國，定歸還要革命。……雖然，成功以後，或是因為萬不得已，暫時設立一總統，由大家公舉；或五年一任，或八年一任，年限雖不定，然而不能傳子傳孫呢。或者用市民政體，或者竟定為無政府，不設總統，也未可知。然而必須看那時候我國國民程度了。但無論如何，皇位是永遠不能霸佔的，列位有大本領的出來，替大家辦事，余外百姓也使萬萬不至於像今日的樣子，苦的苦到萬分，窮的窮到萬分，他們做皇帝大官的，依舊快活到一萬二千分。

沒有經過任何權為民所賦、權由法所定的合法授權程式，使自以為「替大家辦事」的陶成章，在《龍華會章程》中所高懸的，是儒學經典《禮記・禮運篇》中所勾勒描繪的從來沒有真正實現也完全不可能真正實現的宗法農耕、小國寡民、自給自足、根除私產、天下為公的所謂大同社會：

到那時候，……也沒有大財主，也沒有苦百姓，稅也輕了，厘捐稅關也都廢了，兵也少了，從此大家有飯吃了，不愁冷了，於是乎可以太太平平，永遠不用造反革命了，這才是中華國民的萬歲。……我們兄弟家打定的主意呢，就報我們兄弟家祖上的大仇，並現在種種暴虐待我們的新仇，趕去了滿洲韃子皇家，收回了大明江山，並且要把田地改作大家公有財產，也不准富豪們霸佔，使得我們四萬萬同胞，並四萬萬同胞的子孫，不生出貧富的階級，大家安安穩穩享福有飯吃呢。

並不美好的歷史事實是：在陶成章所謂的「大明江山」裡，整個中國大陸長期處於閉關鎖國的僵化封閉狀態，連與國際社會初步接軌的開放口岸都沒有一個，其「種種暴虐」遠遠超過所謂的「滿洲韃子皇家」。是一八四〇年的鴉片戰爭以及一八九四的甲午戰爭，既打開了中國的國門，也打開了一部分國人的眼界，這樣才先後湧現出了像康有為、梁啟超、孫中山、蔡元培、黃興、陶成章、章太炎那樣的職業改良派及職業革命家；他們得以生存的主要方式，要麼是躲藏在外國租界，要麼是流亡到異國他鄉。假如陶成章當真明白應該如何造福於中國社會的話，他的優先選擇，應該是像光復會前會長蔡元培，以及聚集在上海租界的立憲派領袖人物張謇、伍廷芳、湯壽潛、趙鳳昌、李平書、馬相伯、張元濟那樣，在自己力所能及的範圍內腳踏實地地模仿學習西方社會的個人自由、契約平等、法治民主、限權憲政、大同博愛的價值譜系和文明理念，並且把外國租界近在眼前的法治環境和文明制度切實認真地複製到內陸地區；而不是在沒有經過完整系統的專業訓練和權為民所賦、權由法所定的合法授權的情況下，就單邊片面、一廂情願地「替大家辦事」。

對於陶成章來說，僅僅通過「將來等新朝廷成立以後，還要封疆封王」之類的美好願景，來收買動員有錢賣命、無錢打劫的江湖會黨黑道人士真刀真槍幹革命，顯然是遠遠不夠的。他必須充分展現的第一位的「大本領」，是籌集到足夠讓江湖會黨黑道人士出生入死的革命經費。這一點恰恰是同盟會總理孫中山的強項所在。陶成章要想在方面有所突破，必然會和孫中山一派人狹路相逢。

自從一九〇七年第一次「倒孫風潮」之後，孫中山有意識地撇開日本東京的同盟會總部而另立山頭。一九〇七年八月，孫中山支持同盟會新加坡分會創辦《中興日報》，使之成為更加得心應手的輿論陣地。與此同時，他積極整頓南洋各地同盟會，試圖在同盟會之外另行組建一個號稱是中華革命黨的會黨組織。一九〇八年秋天，孫中山集中優勢資源在新加坡建立同盟會南洋支部，委任胡漢民為支部長，從而在事實上架空虛置了日本東京的同盟會總部。沒有來自孫中山的資金支持，同盟會總部很快陷入一籌莫展、舉步為艱的半癱瘓狀態。

一九〇八年九月，陶成章帶領十六歲的堂侄陶文波從上海出發抵達新加坡，在中興日報社與孫中山會見。陶成章要求孫中山撥款救濟日本東京的民報社，並且幫助自己籌款五萬元回浙江辦事，孫中山「推以近日南洋經濟恐慌，自顧不暇，斷難辦到」。[1]

陶成章在南洋活動初期，與孫中山一度保持合作關係，並且在《中興日報》發表《規平實》、《再規平實》等文，與康有為、梁啟超一派保皇黨人展開論戰。由於在經費上得不到孫中山的鼎力支持，陶成章決心獨自經營。他制訂章程，以贊助江浙皖贛閩五省革命軍費並布置決行團的名義公開籌款，其籌款章程第一條寫道：「本光復會，由來已久，乙巳夏，由總會長蔡（元培）、湖南分會長黃（興），從輿論眾望，請孫中山先生為會長，開會日本東京，改名同盟會，而以本會附屬之。但該時浙江內地，勢力異常擴張，章程發布已久，更改為難，故內地暫從舊名，然重要事務員，均任同盟會職事，故又名浙江同盟會分會。」[2]

這段文字把成立在前的華興會說成是光復會湖南分會，公然抬高光復會的歷史地位，明顯屬於為標榜抬高自己而壓低貶損別人的虛張聲勢、造謠說謊。考慮到當地華僑對孫中山及同盟會比較熟悉，陶成章在籌餉章程中又不得不委曲求全地特別聲明：「本會既為同盟會分會，故本章程訂定後，移知東京總部及南洋支部」，所得款數「亦移知東京總會及星洲分會」。

1 《致王子匡書》，《孫中山全集》第一卷，第四一八頁。

2 徐市隱：《緬甸中國同盟會開國革命史》，引自謝一彪、陶侃著《陶成章傳》，第二一九頁。

缺乏足夠公信力的陶成章，在募捐方面進行得並不順利。他沒有從自己身上尋找原因，反而歸咎於孫中山一派的阻撓敗壞。一九〇九年三月，陶成章給李燮和寫信，說是在壩羅籌款時遭遇《中興日報》代表湯伯令，湯伯令在演說中強調「《中興報》事緊要」，詆毀陶成章「不過來遊歷而已，並非籌款而來」，從而導致陶成章籌款失敗：「於是會友疑且信，本可籌至千金，於是遂僅三百數十元。……弟本不說中山壞事，……至是逼弟至無可奈何，不得不略陳一二，諸如此類，不一而足，真正苦惱萬分，現今所籌者不足三千元，且多未寄出，暗殺、暴動，兩無可辦。」[1]

隨後，陶成章從《中興日報》執事員陳威濤那裡得到孫中山的一些負面資訊，下定決心要撇開孫中山另起爐灶。他將光復會尤其是徐錫麟、秋瑾的革命事蹟寫成《浙案紀略》，在緬甸《光華日報》陸續發表，在贏得南洋華人廣泛同情的同時，也招致孫中山、胡漢民一派的強烈不滿。據魏蘭介紹：「先生在英、荷各屬運動，孫文、胡漢民皆作函阻止之。先生至網甲島之檳港，孫文誣指先生為保皇黨，運動人暗殺先生，幸賴李燮和（改名柱中）力為剖白，始免於難。時李燮和等在網甲，為學堂教員，亦屢忿孫文以詐術待人……」[2]

這裡的「網甲」又寫作「榜甲」。李燮和，名柱中，字燮和，號鐵仙，別號代鈞，一九八三年十一月十六日出生於湖南省安化縣藍田鎮光明山最東端的李園，也就是錢鐘書長篇小說《圍城》中面溪背山的「三閭大學」所在地。一九〇九年，二十六歲的李燮和與當地華僑林亞華結婚。林亞華的父親林那能是擁

1 《致李燮和信》，《陶成章信劄》，嶽麓書社，一九八六年，第三頁。

2 魏蘭：《陶煥卿先生行述》，汪茂林主編《浙江辛亥革命史料集・浙江革命黨人的活動》，第四七八頁。

有錫礦、胡椒園、橡膠園的華僑巨富，對於革命事業多有資助。同年九月，陶成章來到榜甲檳港，聯絡李燮和、柳聘農、陳方度、胡國梁等人，以東京南渡分駐英、荷各屬辦事的川、廣、湘、鄂、江、浙、閩七省同志的名義起草《孫文罪狀》，帶回日本東京要求同盟會本部開會討論。其中指責孫中山有「殘賊同志之罪狀」五條，「蒙蔽同志之罪狀」三條，「敗壞全體名譽之罪狀」；並且提出「開除孫文總理之名，發表罪狀，遍告海內外」等九項要求。[1]

在陶成章返回東京之前的一九〇八年十月十九日，日本政府下令查禁《民報》第二十四號。章太炎三次致書日本內務大臣平田東助表示抗議，並且散發張貼傳單《請看東胡倭奴封〈民報〉之惡劣手段》，從而被日本當局送上法庭。十二月十二日，東京地方法院對《民報》違反新聞紙條例一案給出判決：章炳麟作為發行人及編輯人各處罰金五十元，又關於發行所及其他事項未作呈報一事，判處罰金十五元。[2]

一九〇九年三月三日，錢玄同在日記中寫道：「晚間有員警來炎處促其去，始知以《民報》罰金若再不交，明辰當下牢，做一百十五日苦工以償之。因之未生、兼士分頭出外籌款，乃始無事而歸。」[3]

由此可知，在章太炎面臨牢獄之災的情況下，共計一百一十五元的罰金是由章太炎講授國學的弟子龔味蓀（未生）、沈兼士等人緊急籌措的。同盟會及民報社當時已經是債臺高築、山窮水盡。

一九〇九年秋天，汪精衛依照孫中山的指令，在黃興、林時爽等人協助下撇開章太炎祕密編輯出版

1 《孫文罪狀》，湯志鈞編《陶成章集》，第一七〇－一七六頁。
2 湯志鈞編《章太炎年譜長編（增訂版）》下冊，第六七七頁。
3 楊天石主編《錢玄同日記（整理本）》上冊，北京大學出版社，二〇一四年，第一四八頁。

《民報》二五號，假借李石曾、吳稚暉等人在巴黎主辦的《新世紀》雜誌社為發行所。章太炎得知此事，憤然寫下《偽〈民報〉之檢舉狀》，揭發孫中山「本一少年無賴，徒以惠州發難，事在最初，故志士樂與援引……恃《民報》鼓吹之文，借同志擁戴之意，乘時自利，聚斂萬端。」進而譴責孫中山背本忘初、見危不救，在《民報》陷入絕境的時候，「或無複音，或言南洋疲極，空無一錢。有時亦以虛語羈縻，謂當挾五、六千金來東助，至期則又飾以他語，先後所寄，只銀元三百而已。」[1]

接下來，章太炎另有一段疑罪從有的有罪推定：「夫孫文懷挾鉅資，而用之公務者計不及一，《民報》所求補助，無過三、四千金，亦竟不為籌畫，其幹沒可知已。……身擁厚資、豢養妻妾之孫文，忝為盟長，未有半銖之助，不自服罪，又敢詆毀他人，此真豺虎所不食，友輩所不受。」

遠在法國的張繼也給孫中山寫信，要求他「退隱深山」，或「布告天下，辭退同盟會總理」。孫中山在回信中表示：「弟之退總理已在要求同盟會及章太炎認不是之時，同盟會及太炎至今未有認過，則弟已不承為彼等之總理者久矣。」[2]

陶成章、李燮和等人本來打算推舉同盟會庶務黃興取代孫中山的總理地位，沒有獨立籌款能力的黃興，卻選擇與汪精衛、劉揆一、譚人鳳、林時爽等人站在一起，繼續維護孫中山的領導權威。在同盟會內部不能實現相關要求的陶成章，孤注一擲地選擇了極具破壞力的報復措施：他委託陳威濤、魏蘭將相關材料油印百餘份，寄給南洋各報公開刊登。一九〇九年十一月六日，新加坡的保皇黨機關報《南洋總匯新

---

1 湯志鈞編《章太炎年譜長編（增訂版）》上冊，第一七五－一七六頁。

2 《孫中山全集》第一卷，第四二六頁。

報》以《章炳麟宣布孫文罪狀書》為題全文刊登了章太炎的檢舉狀；幾天後又開始連續刊登陶成章等人的《孫文罪狀》。

同年十一月七日，黃興給遠在倫敦的孫中山寫信說：「總觀陶、章前後所為，勢將無可調和。然在我等以大度包之，將亦不失眾望，不知公之見意若何也？……至東京事，陶等雖悍，弟當以身力拒之，毋以為念。」[1]

黃興在這封效忠書信的末尾，再一次可憐兮兮地乞討經費說：「弟所欠款事，刻尚無從籌得，且利息日加，今已及四千圓以上矣。欲移步他去，為所牽扯竟不能也。公有何法以援我否？」

針對章太炎、陶成章一方的公開檢舉，孫中山、黃興等人隨後組織了一系列報刊文章加以反擊，對於處於明顯劣勢的陶成章、章太炎來說，重組再造光復會已經是勢在必行。

一九一〇年二月，光復會總部成立於日本東京大塚町五十番地的《教育今語雜誌》社，章太炎任會長，陶成章任副會長，章梓任庶務員，沈家康任書記員。作為光復會總部的「通訊機關」，《教育今語雜誌》創刊號標明的出版時間是「共和紀元二千七百五十年」，宗旨是「保存國故，振興學藝，提倡平民普及教育」。所謂「今語」，就是通常所說的民間白話。

按照陶成章的說法：「此次設立會長，均以不置總會長為是。蓋總會長一舉一動，系於會事前途事大。當其職者若有才能而無道德，則借權營私，弊將百出，第二孫文將複見於他日。」關於會長人選，陶成章專門解釋說：「章君太炎，其人並非無才之人，不過僅能劃策，不能實行，其立心久遠，志願遠大，

1 黃興《複孫中山書》，湯志鈞編《章太炎年譜長編（增訂版）》上冊，第一七八頁。

目前之虛名，彼亦所不願也。大約日後使彼來南洋講學，廣招學徒，分布四方各埠，其效果當非淺鮮；若以會長處之，用違其才，反礙前進之路也。」[1]

一九一〇年八月，陶成章又在致譚人鳳信中表白說：「太炎先生既為總會長，可藉以聯絡各埠，弟意自聯絡成後，可將太炎公改為教育會會長，方為合宜。蓋彼之能力，在此不在彼，若久用違其長，又難持久矣。至於弟之副會長職，非特不能勝任，抑亦實非心之所願也，弟心本卞急，無容人過失之量，近日心復多疑，非所居而居之，辱與危且交至矣。意欲於聯絡後告退，諒諸兄必許弟也。」[2]

第五節　革命黨爭權大上海

由於光復會主要成員在徐錫麟、秋瑾遇難後紛紛逃亡南洋，重新恢復光復會的陶成章授權李燮和、沈鈞業、魏蘭在南洋設立執行總部。在此後一段時間裡，與同盟會分道揚鑣的光復會會員，一邊與同盟會共同致力於反對滿清王朝的革命活動，一邊相互爭奪著極其有限的經費資源。陶成章在寫給南洋執行總部的公函中，闡述了光復會武裝奪取政權的革命謀略：

現既已成立光復會，大張門面，其勢不得不用逆取順守之法。若用此法，須速而疾，且斷不

1 《複李燮和胡國梁信》，《陶成章信劄》，嶽麓書社，一九八六年，第三一—三二頁。

2 《致石哥書》，湯志鈞編《章太炎年譜長編（增訂版）》上冊，第一八五頁。

能持久。夫我輩之目的，在一舉覆清，若東放一把火，西散一盤沙，實屬有害而無益。……且先講持久策，其策無他，先集數千金，或萬金之款，辦暗殺事宜，以振動華僑始可。否則會既成立，於一二年內，竟乃影響全無，其可乎哉？如不用暗殺，轉用地方起兵，喪民費財，禍莫大焉；一有不慎，必引外國人之干涉，後事益難著手矣。[1]

據魏蘭《陶煥卿先生行述》回憶，一直主張中央革命的陶成章，「與女士孫曉雲密謀，欲在北京開設妓院，以美人誘滿清貴族，席間下毒，以為一網打盡之計。」關於此事，陶成章在寫給李燮和、胡國梁的回信中另有介紹：「至於革命一節，弟意非先擾亂北京不可。若有三四萬金，亦可將就。」[2]

孫曉雲是浙江省上虞縣崧廈鎮人，早年為反抗包辦婚姻而離家出走，一九〇九年在東京留學期間，認識了年長八歲的浙江同鄉陶成章。兩個人一度帶著尹銳志、尹維俊等十多人潛赴北京設立祕密地下機關，企圖通過開設妓院、密制炸彈之類的黑道手段，實施針對滿清高官的暗殺活動。該項活動並沒有能夠成功實施，孫曉雲反而變成了陶成章的第二位夫人。

據陶成章的孫子陶永銘回憶，其祖母孫曉雲曾經給他透露過一些歷史細節：「當年她（孫曉雲）首先加入的是同盟會，後來奉命加入光復會，任務是叫她瞭解光復會內部情況。陳其美在日本巡警學堂時，時

1 《致南洋光復會會員公函》，《陶成章信箚》，第四六頁。
2 《複李燮和胡國梁信》，《陶成章信箚》，第三二頁。

常來祖母住所探聽。」[1]

陶成章的族叔陶冶公是同盟會與光復會的雙重會員，他也曾經對陶永銘談到過：孫曉雲是同盟會派到光復會去的，名為溝通兩會聯繫，其實是監視陶成章及其他光復會領導人，孫曉雲見陶成章為人正派，為革命奔波辛勞，由尊敬產生愛慕，最終兩人成婚。

關於革命黨內部貌合神離、勾心鬥角的權位利益之爭，被陶成章擁戴為光復會會長的章太炎，在《自定年譜》一九一〇年項下回憶說：

時東京與南洋聲聞轉疏，孫、黃異議，逸仙亦他去。克強在香港，與丹徒趙聲伯先合。伯先始為江蘇標統，練達戎事，以黨人見黜，南行與克強、石屏計事，欲自桂林起兵下湖南。議甚秘，未行也。煥卿數言克強得伯先，事或可就，逸仙似無成者。余謂：「集黨數年，未有規畫，恐詒之後人耳。然清自袁世凱廢、張之洞死，宗室用事，人民胥怨，固不能久。粵人好利而無兵略，湘中樸氣衰矣，亦未必屬孫、黃也。君以光復會號召，所謂自靖自獻，成敗利鈍，誰能知之？」[2]

這段話的大概意思是：廣東的孫中山和湖南的黃興未必能夠奉天承運得天下；以光復會相號召的陶成章，只要能夠打定主意努力進取，未必就不能夠奉天承運得天下。

1 娜迪婭：《陶成章與陳其美：以暗殺始以被暗殺終》，《南方都市報》，二〇一一年十月九日。

2 章太炎：《自定年譜》，湯志鈞編《章太炎年譜長編（增訂版）》上冊，第一八三頁。

一九一一年四月，陶成章從日本前往香港，積極參加了廣州方面的黃花崗起義。南洋方面的李燮和應湖南同鄉黃興、譚人鳳（石屏）的邀請，此前已經率領陳方度、柳聘農、胡國梁和黃興長子黃一歐等人，從爪哇島先期抵達。廣州起義失敗後，起義總指揮、光復會與同盟會的雙重會員趙聲，於五月十八日在香港患盲腸炎逝世，光復會方面的陶成章等人懷疑是胡漢民等人下毒所致，革命黨內部進一步人心渙散、相互仇視。

陶成章、李燮和等人從香港來到上海，與準備撇開孫中山另立同盟會中部總會的譚人鳳、宋教仁、于右任、陳其美、潘祖彝、楊譜笙、范鴻仙、沈縵雲等人建立聯繫。按照魏蘭的《陶煥卿先生行述》的說法，這一年的陰曆閏六月初一日即陽曆一九一一年七月二十六日，光復會方面的陶成章、李燮和等人與同盟會方面的陳其美等人在嵩山路沈縵雲住宅祕密開會，陶成章與陳其美發生衝突，「陳其美出手槍欲擊先生」。幾天後，陶成章便和陶文波、李一民、陳陶遺等人一道，再一次前往南洋募集革命經費。

上海光復期間，李燮和及光復會卓有成效的革命活動，並沒有引起清政府的過度警覺，反而遭到同盟會方面的陳其美一派人的敵視和嫉恨。據當時只有十九歲的同盟會員周南陔回憶，陳其美指使他利用世交關係，將光復會已經聯絡好的姜國梁「拉過來」；如果姜不聽話，到了緊急關頭，我們可以「做了他」。陳其美的重要助手姚勇忱，也對周南陔表示說：「黃漢湘不是軍人，好說大話，其人原係同盟會，也可能與光復會有關係，李燮和等不是我們的人，不可信任……」[1]

1　周南陔：《上海光復時的巡防營和吳淞炮臺》，《辛亥革命回憶錄》第四輯，文史資料出版社，一九八一年版，第四三一—四五頁。

另據當時追隨在陳其美身邊的章天覺回憶，陳其美當面對於李燮和「額手相慶」，應付完李燮和之後，他馬上到另一處地方密約沈縵雲、鈕永建、蔣介石等親信人員，用挑撥的口吻介紹說：「長江一帶，本為光復會勢力所彌漫，今以首義示天下，同盟會將無立足之地。所以吾人為同盟會計，為報答孫先生多年奔走革命計，不得不繼武昌而立奇功於長江下游。倘能從光復上海入手，次第光復江、浙、南京、皖、贛以達北京，共和告成，同盟會化為永占政治優勢之政黨，始可無恨。」[1]

一九一一年十一月四日晚上，在光復會和同盟會共同推動下，杭州新軍發動起義。十一月五日晚上，杭州全城宣布光復。十一月六日，湯壽潛以浙江都督名義宣布浙江軍政府名單：幾天前剛剛加入同盟會的新軍八二標標統周承菼任浙軍總司令，諮議局議長陳黻宸任民政長，諮議局議員沈鈞儒任交涉長，光復會與同盟會的雙重會員褚輔成任交通長，諮議局議員汪曼鋒任巡警長。

湯壽潛（一八五六-一九一七），原名震，字蟄先，又寫作蟄仙，浙江蕭山人。光緒十八年（一八九二）考中進士，授翰林院庶起士，兩年後被任命為安徽青陽知縣，到任數月後辭職。一九〇〇年，八國聯軍入侵北京，湯壽潛聯合張謇、趙鳳昌等人遊說兩江總督劉坤一、湖廣總督張之洞實行「東南互保」。一九〇五年，湯壽潛發動旅滬浙江同鄉抵制英美侵奪蘇杭甬鐵路的修築權，倡議集股自辦全浙鐵路。同年七月，清政府允許滬杭鐵路由商民自築，授湯壽潛為四品京卿，總理全浙鐵路事宜。一九〇九年，湯壽潛出任浙江諮議局議長，與鄭孝胥、張謇、湯化龍、譚延闓等人發起組織立憲聯合會，要求清政府實行憲政，成為浙江省最具人望的標誌性人物。由代表民意的諮議局選舉前議長湯壽潛出任浙江都督，在當時是最具

1 章天覺：《回憶辛亥》，《辛亥革命史叢刊》第二輯，中華書局，一九八〇年，第一五五－一五六頁。

合法性的理性抉擇。但是，這一選擇偏偏遭到陶成章、王金發等革命黨人的阻撓抵制。

陶成章從南洋匆匆趕回上海時，辛亥革命已經在武昌首義成功，上海、蘇州、杭州等地也已經成功光復，在光復上海的戰役中立下首功的光復軍領導人李燮和，已經被滬軍都督陳其美採取恐怖暴力手段排擠出上海城區，到東北郊縣的吳淞地區另行組織軍政分府。

按照褚輔成的說法，十一月七日，來自光復會和同盟會的革命黨人召開軍事會議，討論重新組織軍政府，陶成章、王金發等人以湯壽潛涉嫌秋瑾命案為由要求另選都督，遭到褚輔成堅決抵制，其理由是：「湖南焦都督就職三日，即被倒，輿論頗多批評，浙省若再演倒督惡劇，國人將視光復義舉為爭奪權利，有礙革命之進行。」[1]

經過一番討價還價，湯壽潛雖然保留了都督位置，他所公布的軍政府名單卻遭到否決。十一月七日當天，杭州各界召開軍政府成立大會，湯壽潛在梅花碑勸業道署正式就職。重新改組的軍政府由周承菼任總司令；褚輔成任政事部長；莊崧甫任財政部長，沈鈞業任副部長；陳漢第任民政部長，張副之任副部長；湯爾和任外交部長，方鴻聲任副部長；傅修齡任交通部長，黃越川任副部長；陳泉卿任總務部長，謝斐麟任副部長。為了監督限制湯壽潛的都督職權，革命黨人組建參議部作為臨時立法機構，由光復會方面的陶成章、張恭、蔣著卿、莊辛墅、張浩、方鴻聲和同盟會方面的吳思豫、顧乃斌、莊崧甫、黃元秀、李炯裳等人充當參議員。到了十二月初，浙江軍政府再次改組，形成「軍政、政事、財政三大部鼎峙一城，各自為政，都督同幾同贅瘤」的權力格局，都督湯壽潛被架空虛置為名義上的最高長官，只好自嘲為「傀儡都

1　褚輔成：《浙江辛亥革命紀實》，《辛亥革命》第七冊，上海人民出版社，一九五七年，第一五六頁。

督」。[1]

十一月九日，浙江軍政府參議部開會討論如何處置被捕獲的前浙江巡撫增韞。陶成章發言說：既不殺，不若送之出境，以全終始，並絕後患。眾參議表示贊成。褚輔成指出增韞在浙江銀行有存款二十八萬元，應該勒令交出。陶成章與褚輔成當場約定，假如有此款項就電報通知，如果一天內沒有接到通知就可以釋放增韞。

當天晚上，浙江軍政府安排專車護送增韞前往上海，由陶成章、王文慶、姚吾剛、張蔚裁以及湯壽潛的都督府特派員黃某率領兩排士兵負責押送。抵達上海後，由余丹平安排到常州八邑會館住宿。增韞表示缺乏旅費，陶成章向余丹平借支一百銀元，花費四十四元購買船票，剩餘五十六元交給增韞充當零花錢。

十一月十日，陶成章與張蔚裁一起到上海浙江銀行查詢增韞究竟有沒有存款？該行回答說：即有存款，亦應存在杭州浙江銀行，上海無從查究。於是，陶成章把增韞送上開往秦皇島的開平公司輪船。

十一月十三日，作為同盟會機關報的《民立報》以《增韞允贈二十萬》為標題刊登所謂的杭州專電：「增韞允浙軍政府，籌贈經費二十萬，聞措繳。增與其母女確於二十日辰初押送滬交納。其鏢客四人，槍斃者二，禁錮者二。」

十一月二十七日，陶成章在《民立報》刊登大幅闢謠廣告，指出《民立報》刊登的杭州專電「語中有影射僕意，僕亦置之不理。繼則杭城謠言迭出，對於僕鹹有猜疑，甚有謂僕挾有南洋鉅資二十五萬，往紹興練兵謀獨立之舉，可笑孰甚！」在這種情況下，他不得不公開聲明：「僕抱民族主義十餘年於茲，困苦

1 《都督統一政權之濫觴》，《申報》，一九一一年十二月六日。

流離，始終不渝，此人之所共見者也。今南北未下，戰爭方興，僕何敢自昧生平，而爭區區之權利？謂僕得增餉款二十萬及紹興謀獨立，其視僕不亦左乎！」[1]

十一月二十八日，《民立報》又在《光復義勇隊紀聞》中報導說：

浙江陶煥卿君，秉性剛毅，不屈他族，立志推倒滿清，恢復舊物，行年三十餘歲，盡力奔走於南洋及閩、粵、皖、鄂、蘇、浙等處，辛苦經營，未嘗稍懈。……現陶公以南京未下，北虜猶存，苟不合力進剿，生靈行將盡害。故將召集舊部之光復義勇軍急速進剿，並電飭浙屬溫台處三府，添練義勇三營，以為後援。一面電告外洋各機關，速匯鉅款。又設立滬地機關，名曰「光復義勇軍練兵籌餉局」，箚派同志朱立岡、趙漢卿、王致同、張蔚裁四君總司其事。又商同浙都督湯公，於浙屬各府，設立籌餉局，以便接濟，誓滅此朝食矣。或問陶公云：滿賊盡滅，子將何為？彼答曰：托天之福，得如願以償，則吾西行矣。[2]

這裡的「西行」，說得直白一些就是上西天找死。《民立報》的上述文字，與其說是在歌頌讚美陶成章的豐功偉績，不如說是在公開宣判陶成章的死期臨近。按照許仲和的說法，杭州方面安排陶成章出面護送增餉，本身就是一個陷阱圈套：「煥卿至浙江後，鋒芒太露。其時適為處理增餉事，遂推煥卿護送至

1 《辛亥革命在上海史料選輯（增訂版）》，第九五四頁。

2 《光復義勇隊紀聞》，《辛亥革命在上海史料選輯（增訂版）》，第一一一三頁。

滬，不知此即圈套也。乃造謠謂煥卿得賄若干，煥卿性急躁，大登廣告於《民立報》，而迫煥卿不能立足於浙江。」[1]

陶成章當選浙江軍政府臨時參議員之後，並沒有在本鄉本土腳踏實地從事軍政建設，而是熱衷於在全國範圍內發揮光復會及光復軍的影響力和戰鬥力。關於這一點，魏蘭的說法是：

迨先生等抵滬時，杭城已經光復，督浙者暫推湯壽潛。及先生抵杭，即由革命黨人舉先生為總參謀。先生以張勳負固，金陵未下，不敢稍安，又奔走各處，聯絡同志，助浙軍攻取南京，設籌餉局於上海，竭精盡慮，寢食難安，而舊病加劇。及江南恢復，革命黨中之敗類，皆有爭功誇能、帝制自為之心，先生恐北虜未破，不能自安，強病而起，與朱瑞、呂公望、屈映光諸友人，謀北伐之舉，以盡吾浙人之義務。[2]

與此相印證，浙江都督湯壽潛在致章太炎、陶成章的回信中，委婉表達了他的不合作態度：「下走生平所病，在不爭權利；公乃以爭權利藥之，如症不對何？……煥公以餉章不通行之故，微有所不慊於下走，參議處不承認，下走安能以專制行之哉！」[3]

1 許仲和：《章太炎撰龔未生傳略注》，《浙江辛亥革命回憶錄》，浙江人民出版社，一九八一年，第九八頁。
2 魏蘭：《陶煥卿先生行述》，《辛亥革命浙江史料選輯》，浙江人民出版社，一九八一年，第三四六頁。
3 湯壽潛：《致太炎、煥卿信》，《蕭山文史資料選輯——湯壽潛史料專輯》第四輯，一九九三年，第七〇〇頁。引自謝一彪、陶侃著《陶成章傳》，第三三四頁。

這段話的意思是說，你章太炎來信指責我湯壽潛爭權利，我湯壽潛偏偏認為自己最大的缺點就是不爭權利。「煥公」即陶成章因為「光復義勇軍練兵籌餉局」籌不到錢款而不滿意我，是沒有道理的。不承認籌餉局的正當合法性的，恰恰是陶成章任參議員的參議處。

比起立憲派首領湯壽潛的消極怠工不合作，革命黨內部的滬軍都督陳其美針對光復會和光復軍，從一開始表現出的就是不擇手段黨同伐異的武力排擠甚至於恐怖暗殺。在與光復會的公共權力爭奪戰中，同盟會一直處於壓倒性的優勢地位。

第六節　章太炎推舉宋教仁

上海光復後，光復會會長章太炎於一九一一年十一月十五日率領眾多追隨者從日本抵達上海，住進李燮和位於吳淞中國公學的光復會總司令部。同一天，日本黑龍會主辦的《內外時事月函》刊登日本記者清藤幸七郎撰寫的《太炎先生的氣炎》，其中較為準確地記錄了章太炎的精神面貌：

> 在東京清國革命黨領袖章炳麟氏，今日率領八十餘位同志，搭乘自神戶解纜的「春日號」輪船啟程回國。記者正巧同行。……章氏曰：今日支那並無萬方矚目之人。雖然，時勢造英雄也。風雲所至，或當有英雄出。……吾革黨同志中，頗有意氣洋洋者，以為今日天下盡在吾黨掌中，實則大謬也。吾黨人正當惕勵加勉，不可再存僥倖機運之心。惟宜眾志成城，以赴國事。如其不然，正

恐萬劫不復而已。今日者，吾人發憤之秋也。[1]

十一月二十日，《民立報》以《章太炎之計畫》為標題惡意造謠說：「革命文豪章太炎先生與李燮和總司令夙稱至交，前日抵滬，即住吳淞軍政分府，與李祕密議決之事二件：一為由先生以私人資格向某某富戶借銀六十萬兩，交李司令作速行招募民兵二萬人之開辦費。一為係南京克復，即將吳淞軍政分府搬至去年南洋勸業場內云。」[2]

這裡的「某某富戶」，影射的是與章太炎關係密切的猶太籍富商哈同及其妻子羅迦陵。十一月二十一日，章太炎在《民立報》刊登闢謠聲明：「今見貴報登有《章太炎之計畫》一條，事出傳聞，實無根據。僕此來擔任調人之職，為聯合之謀，因淞軍司令官李君素有舊交，故暫駐軍中數日，初非別有規劃。所云『向某某富戶借銀六十萬兩』者，尤屬不根。」

十二月一日，章太炎在剛剛創刊十天的上海《民國報》旬刊第二號刊登《宣言》九則，內容涉及到新一輪政權建設的方方面面。

其一是關於臨時政府。「今日承認武昌為臨時政府，但首領只當稱元帥，不當稱大總統；各省都督，

---

1 謝櫻寧著《章太炎年譜摭遺》，中國社會科學出版社，一九八七年，第六五頁。相同的內容還見於清藤幸七郎《致內田良平》，其中特別談到章太炎的觀點：「今後頗有多頭共和制度，法國式統一共和制於中國並不相宜。」見《北一輝著作集》第三卷第一七八－一七九頁。引自湯志鈞編《章太炎年譜長編（增訂版）》下冊，中華書局，二〇一三年，第七一〇頁。

2 《辛亥革命在上海史料選輯（增訂版）》，第七八四頁。

亦不應稱總統。以總統當由民選，非可自為題署。北方未定，民眾未和，公選之事未行，則總統未能建號，元帥、都督，皆軍官之正稱也。」

其二是關於各省都督。「各省只應置一都督，其餘統軍之將，但當稱司令、部長，與民政官同受都督節制。」

其四是關於臨時政府人選。「方今惟望早建政府，速推首領，則內部減一日之紛亂，外人少一日之覬覦。初起倡儀者黎公，力拒北軍者黃公，今之人望，舍此焉適！元帥、副元帥之號，惟二公得居之。至虜廷傾覆以還，由國會選大總統，或應別求明德耳。」在倡議黎元洪、黃興為元帥、副元帥人選的同時，章太炎專門點評了同盟會方面的孫中山與宋教仁：「如僕所觀，孫君長於論議，此蓋元老之才，不應屈之以任職事。至於建置內閣，僕則首推宋君教仁，堪為宰輔。」

其八是關於內閣成員的選舉辦法。章太炎特別談到他自己被浙江都督湯壽潛推舉為教育總長之事：「僕已宣言，都督府不宜妄舉閣員。今見浙江湯都督，亦效庸眾所為，且以下走猥廁閣員之列，故不能已於言。閣員之選，當一任中央政府；若諸府爭舉，則意見滋生，而紛爭自此起矣。如僕一身之計，則願處言論機關，以裁制少年浮議，教育、法律二事，所懷甚多，亦不能專處學部之任也。」

其九是關於內閣人選。「鄙人本非在位，今以一人之見，品藻時賢：謂總理莫宜於宋教仁，郵傳莫宜於湯壽潛，學部莫宜於蔡元培，其張謇任財政，伍廷芳任外交，則皆眾所公推，不特論也。海陸軍主幹者，軍人中當有所推，非儒人所能定。若求法部，惟有仍任沈家本，為能斟酌適宜耳。」[1]

1 湯志鈞編《章太炎年譜長編（增訂版）》上冊，第二〇九－二一〇頁。

一九一二年四月十四日，《大共和日報》刊登章太炎寫給其大弟子黃侃的書信，其中糾正了自己此前對於宋教仁（遁初）的鼎力推薦：「昨兼述遁初語，此子當任其優遊，去秋之總理相期者，當時固無人敢為權首，秉鈞之望獨在新起有功者。同盟會人，亦惟此君差可，非謂中國惟此材也。且各部總長，非有學富經驗者弗能為，而總理則浮華疏通者多能任之，此豈為過譽耶？遁初於黨務首鼠兩端，斯乃謀慮有餘，斷制不足……」[1]

一九二八年，章太炎在《自定年譜》中回憶說，他當年的《宣言》九則是受宋教仁囑託而公開發表的：「時南方獨有江寧未下，規模粗定，諸軍皆推武昌為中央，遁初自許當為執政，屬余作人物品目。余念同志中唯遁初略讀政書，粗有方略，然微嫌其脫易，似前世劉禹錫輩。時輩既無過遁初者，因為宣布。」

無論光復會會長章太炎對於同盟會方面的宋教仁是主動推舉還是被動配合，他與宋教仁之間所形成的這種跨黨派合作，都是把公共權力化公為私、私相授受的一種打天下、坐天下、治天下、私天下的不正當行為。到了一九三三年十月十日，章太炎在標題為《民國光復》的演講中，絲毫沒有反省自己所犯下的嚴重罪錯，反而依據牽強附會的國學傳統全盤否定了宋教仁較為文明先進的路徑選擇：

當革命未成時，群目宋教仁為將來之政治家，然宋氏僅知日本之政治，處處以日本之政為准，如內閣副署命令，兩院決可否，矜為奇異。不知此二制度，中國已行於唐、宋。……而國會議

---

1 湯志鈞編《章太炎年譜長編（增訂版）》下冊，第七一九頁。

員至數百人之多，當時所選者半非人望，議員以可否權之奇貨自居，於是勢凌總統，敲詐賄賂，無所不至，國會名譽掃地無餘矣。而宋之在政府，亦以副署權陵轢元首，終蒙殺身之禍。由今觀之，其政治知識實未備也。[1]

在與同盟會方面的孫中山、陳其美等人的權位爭奪中處於明顯劣勢的章太炎，一方面把同屬革命黨的同盟會當成防範對象；一方面與同盟會一樣把在江蘇、浙江一帶擁有巨大潛勢力的立憲派人士張謇、程德全、趙鳳昌、湯壽潛、李平書、伍廷芳等人，視為政治盟友。就在章太炎發表《宣言》九則的一九一一年十二月一日當天，江蘇都督程德全從南京前線的堯化門致電上海方面的湯壽潛、陳其美、張謇等人，專門介紹了他與光復會會長章太炎當面達成的幾點共識：「前敵戰況極佳，南京旦夕可下。此後進行，亟待規正，其大要蓋有三端：一，派兵援鄂；一，進師北伐；一，聯合會組織實行。昨章太炎先生到堯化門面談，意見相同。」[2]

一九一一年十二月二日，章太炎陪同程德全從堯化門前線返回上海，針對譚人鳳等十四名「鄂同志」的來電公開響應道：「武昌都督轉譚人鳳諸君鑒：電悉。革命軍起，革命黨消，天下為公，乃克有濟。今讀來電，以革命黨人召集革命黨人，是欲以一黨組織政府，若守此見，人心解體矣。諸君能戰即戰，不能

1 湯志鈞編《章太炎年譜長編（增訂版）》上冊，第二一〇頁。

2 上海《時報》，一九一一年十二月二日。

戰，弗以黨見破壞大局。章炳麟。文。」[1]

該項電文以釜底抽薪的方式，公開譴責了同盟會方面結黨營私、黨同伐異的奪權行為，從而贏得張謇、黎元洪、程德全等實力派人士的普遍贊同。

十二月三日凌晨三時，蘇浙聯軍攻佔南京。十二月七日，程德全正式出任江蘇都督，宋教仁任政務廳長，外務司長和財政司長分別由立憲派的馬良、熊希齡擔任。在此期間，原本約定留在上海「聯絡聲氣以為鄂會後援」的各省都督府代表，以及聚集在上海租界的各界名流沈恩孚、俞寰澄、朱葆康、林長民、馬良、王照、歐陽振聲、居正、陶鳳集、吳景濂、劉興甲、趙學臣、朱福詵、程德全、湯壽潛、陳其美、章太炎、章駕時、蔡元培、王一亭、黃宗仰、趙鳳昌、顧忠琛、彭錫範等人，於十二月四日在江蘇教育總會召開會議，擅自推舉黃興為「暫定大元帥」，從而引發激烈反彈。

十二月十四日，已經抵達南京的十五省代表四十人召開全體代表會議，選舉浙江代表、光復會員湯爾和為議長，廣東代表、同盟會員王寵惠為副議長，福建代表、同盟會員潘祖彝為書記。十二月十七日，各省都督府代表聯合會改舉黎元洪為大元帥，暫駐武昌，由副元帥黃興代行大元帥職權。因為黃興沒有足夠的實力和威望組建中央政權，導致以南京為首都的政權建設陷入僵局。陷入僵局的黃興、陳其美等人，只好通過順我者昌、逆我者亡、黨同伐異、殺人立威的恐怖暴力來打破僵局，於是便有了陳其美於十二月十三日針對前鎮軍參謀長陶駿保的殘忍殺害，以及針對光復會員呂公望的恐嚇威脅：「致意煥卿勿再多事，

1 《章炳麟之消弭黨見》，《大公報》，一九一一年十二月十二日，第五版。

多事即以陶駿保為例。」[1]

十二月二十五日早晨，孫中山等人乘坐英國籍郵輪丹佛號駛抵吳淞口，同船到達的有胡漢民、謝康牧、李曉生、黃子蔭、陳琴航、朱本定、余森郎、朱卓文、陸文輝、黃菊生，以及美國友人咸馬里夫婦、日本友人宮崎寅藏、池亭吉、山田純三郎、太田三次郎、群島忠次郎、緒方二三。孫中山的到來，打破了南方獨立各省從事政權建設的困境僵局。十二月二十九日，各省都督府代表聯合會在南京召開全體會議，正式選舉孫中山為臨時大總統。

早在孫中山抵達上海之前，同盟會元老馬君武便在《民立報》發表社論《記孫文之最近運動及其人之價值》，一方面高調讚揚同盟會總理孫中山比袁世凱更加具有治國「魔力」，中國社會的財政外交問題，「通計中國人才非孫君莫能解決」；一方面以不點名方式，針對正在跨黨合作的章太炎、陶成章、宋教仁、譚人鳳等人實施口誅筆伐：「今見反對孫君之人大肆旗鼓，煽惑軍隊，此事與革命前途關係至大，又孫君於數日內將歸國。故不能已於言。」在馬君武眼裡，像章太炎、陶成章、宋教仁、譚人鳳那樣不支持孫中山出任臨時大總統的革命黨人，一定是「腦筋有異狀，可入瘋人院」的「挾小嫌宿怨以肆誣謗者」。[2]

十二月三十日，已經當選中華民國臨時大總統的孫中山，在宋教仁離開上海返回南京的情況下主持通過《同盟會本部改寫暫行章程並意見書》。其中開宗明義的「本會以異族僭亂，天地黲黷，民不聊生，負

1 語出章太炎：《光復會繼起之領袖陶煥卿君事略》，湯志鈞編《陶成章集》，第四三九頁。

2 《民立報》，一九一一年十二月二〇日。引自楊天石著《國民黨人與前期中華民國》，中國人民大學出版社，二〇〇七年，第八七頁。

澄清天下之任，使囊者朱明之緒無絕，太平之師不熸，則猶是漢家天下，政由己出，張弛自易」一段話，所張揚的並不是民主憲政、五族共和的現代文明新觀念；反而是以明太祖朱元璋、太平天國天王洪秀全為先驅楷模的大漢族主義的種族革命。接下來的「吾黨之責任蓋不卒於民族主義，而實卒於民權、民生主義者」；所高懸的則是中西合璧、空洞蒼白的人間天堂：「欲造神聖莊嚴之國，必有優美高尚之民。」

按照孫中山所奉行的公天下、救天下、打天下、坐天下、治天下的一人訓黨、一黨訓政、黨魁崇拜、黨同伐異的黨派觀念，要想實現神聖莊嚴的三民主義的人間天堂，就必須堅持同盟會總理孫中山的英明領導，「完全貫徹此三大主義而無遺」。直接妨礙這種神聖莊嚴的革命事業的，並不是大清王朝「虜巢尚在」的異族「韃虜」及其「元兇」；而是革命黨內部「冒托虛聲，混跡樞要」的「貪夫敗類」、「漢奸滿奴」、「偏怯者流」：

惟吾黨已眾，散處各地，或僻在邊徼，或遠居海隅，山川修阻，聲氣未達，意見不相統屬，議論歧為萬塗。貪夫敗類乘其間隙，遂作莠言，以為簧鼓；漢奸滿奴則覆冒托虛聲，混跡樞要。上者於臨時政府組織之軍[際]，其禍乃大著。此皆吾黨氣息隔閡，不能自為聯繫，致良惡無從而辨，熏蕕同於一器。星星之火，可以燎原，其為害於本會者猶小，害於民國者乃大。則本會之造成靈敏機關，剔棄敗類，圖與吾軍政府切實聯絡者，固今日之急務也。……是則本會之改造與吾黨之聯合，固逼於利害，忍而不能舍者，而吾黨偏怯者流，乃唱為「革命事起，革命黨消」之言，公然登諸報紙，至可怪也。此不特不明乎利害之勢，於本會所持之主義而亦懵之。是儒生闒茸之言，無一粲之值。言夫其事之起，則此晚近之世，吾黨之起於各省者屢矣，又何待於今日？言夫其功，則元兇未滅，如虎負隅，成敗未可預睹；曰成矣，而吾黨之責任，豈遂終此乎？中心未遂，盟誓已寒，義士所不忍為，吾黨固非僅操民族主義者也。[1]

這裡所謂的「貪夫敗類」、「漢奸滿奴」、「偏怯者流」，所譴責的是率先提倡「革命軍起，革命黨消」的光復會會長章太炎，連同同盟會內部與光復會方面的章太炎、陶成章、李燮和以及立憲派方面的張謇、程德全、湯壽潛、趙鳳昌、熊希齡、湯化龍、林長民、虞洽卿等人實現跨黨派合作的宋教仁一派人。孫中山之所以如此譴責排斥「冒托虛聲，混跡樞要」的章太炎、陶成章、宋教仁等人，是因為這些人已經在某種程度上成為妨礙他執掌政權的釘子戶和絆腳石。從某種意義上說，正是這份《同盟會本部改寫暫行章程並意見書》，為陶成章和宋教仁的先後遇刺，埋下了伏筆。

第七節　同盟會誅殺陶成章

據魏蘭在《陶煥卿先生行述》中介紹，陶成章起初聽到陳其美要派人刺殺他的江湖傳言時並不在意，直到王文慶專門從南京給他寫信通報相關資訊，他才意識到事情的嚴重性。於是，他先是躲避到客利旅館，因為光復會會務繁忙，他不得不遷移到「國民聯合會」。黨內同志認為這裡人員來往過於繁雜，建議他遷移到江西路的光復會機關所。第二天，陶成章又遷移到更加隱秘的滙中旅館。一九一一年十二月二十

1 《孫中山全集》第一卷，第五七七－五七八頁。

九日，同盟會員在上海匯中旅館宴請從海外回國的孫中山，陶成章在飯廳裡意外遇到已經脫離光復會加入同盟會的紹興軍政分府都督王金發、浙江軍政府政事部長褚輔成等人。十二月三十日，暴露行蹤的陶成章只好以治病為藉口，從匯中旅館躲進位於上海法租界的廣慈醫院。[1]

十二月三十日當天，陶成章給正處於新生兒哺乳期的第二位夫人孫曉雲寫了一張便條：「弟現移居金神父路（在南徐家匯相近）廣慈醫院頭等房間第六號。此地僻靜，晚間來看不便。如來看視弟，可在上午八九點鐘後，下午四點鐘前。此上小雲吾姊鑒。」[2]

在陶成章為保全性命而選擇退讓的情況下，浙江都督的人選問題又把他推到風口浪尖。一九一二年一月三日，南京臨時政府通過各部總次長名單，名單中的交通總長一職由浙江都督湯壽潛（蟄先）出任。湯壽潛在卸任浙江都督的同時，推薦章太炎、陶成章、陳其美為繼任人選。一月七日，已經感受到生命危險的陶成章在上海《民立報》發表通告：

> 當南京未破前，舊同事招僕者，多以練兵、籌餉問題就商於僕，僕未嘗敢有所推諉。逮南京破後，僕以東南大局粗定，爰函知各同事，請將一切事宜商之各軍政分府及杭州軍政府，以便事權統一，請勿以僕一人名義號召四方，是所至禱！恐函告未周，用再登報聲明。[3]

1 魏蘭：《陶煥卿先生行述》，《辛亥革命浙江史料選輯》，第三四六頁。

2 《與孫曉雲便條》，湯志鈞編《陶成章集》，中華書局，一九八六年，第二〇六頁。引自謝一彪、陶侃著《陶成章傳》，第三八九頁。落款處的「從弟東生」，是陶成章的化名。

3 《辛亥革命在上海（增訂版）》，第七八八頁。

同樣是在一月七日，章太炎沒有徵得陶成章同意，便在「皓」電中為其評功擺好、爭權奪位：「蜇公舉炳麟及陶煥卿、陳英士代理浙事。英士志在北伐，炳麟願作民黨，煥卿奔走國事，險阻艱難，十年如一日。此次下江光復，微李燮和，上海不舉；微朱價人，南京不下；而我浙之得力於敢死隊者甚多，是皆煥卿平日經營聯合之力。且浙中會黨潛勢，尤非煥卿不能拊慰。鄙意若令代理浙事，得諸公全力以助，必為吾浙之福。」[1]

這封電報是發給浙江軍政府的軍事首長蔣尊簋、參謀長周承菼、軍政部長顧乃斌、政事部長褚輔成、財政部長高爾登的。又寫作「朱介人」，指的是參與攻打南京的浙軍司令、光復會成員朱瑞。一月八日，章太炎專門致電湯壽潛，再次表白自己「天性耿介，惟願處於民黨地位」；吹捧陶成章「其功非獨在浙江一省。代理浙事，微斯人誰與歸？」

章太炎所謂的「民黨」，指的是他與程德全、趙鳳昌、張謇、唐文治、陳三立等十八人聯名發起的中華民國聯合會。一九一二年一月三日，中華民國聯合會正式成立，並且通過現場投票，選舉章太炎為會長，程德全為副會長。同年三月一日，中華民國聯合會改組為統一黨，投票選舉章太炎、程德全、張謇、熊希齡、宋教仁為理事。五月初，統一黨在章太炎、張謇等人推動下，聯合民社、國民協進會、民國公會、國民黨等政治社團改組成立共和黨。共和黨還沒有正式成立，從來沒有虛心研究過西方現代政治文明卻偏偏自以為是、喜怒無常的章太炎，便與張謇等人產生嚴重分歧。用張謇的話說：「連接章函電，槎椏

1 《與蔣尊簋等》，馬勇編《章太炎書信集》，河北人民出版社，二〇〇三年，第四一五頁。

特甚，乃知政治家非文章之士所能充。」[1]

陶成章對於章太炎極端情緒化的吹捧推薦並不領情，他在隨後的公開通電中轉而推薦光復會與同盟會的雙重會員蔣尊簋繼任都督：「僕自維輇才，恐負重任。如湯公難留，則繼之者非蔣軍統莫屬，請合力勸駕，以維大局。」[2]

陶成章委曲求全、退讓自保的一片苦心，並沒有得到光復會內部會黨同志的充分理解。一月十四日，《民立報》刊登龍華會首領、光復會成員沈榮卿以及毛修潔、蔣演、滕奇、童玨等人以「全體黨員」名義致陶成章的公開通電，說是「榮等已號召舊部，聽先生指揮。先生為大局計，萬祈早日回浙籌備一切」，不可以「一再退讓」。該報編輯在編者按中意味深長地評議說：「浙江大局已定，蔣都督經全省各屬代表一致歡迎受任，益見陶先生之功成不伐，不獨全國欽敬先生，即浙人亦當共體陶先生之謙德也。」

按照前述章太炎口述實錄的說法，辛亥年陰曆十一月二十三日即一九一二年一月十一日，也就是陶成章隱藏於廣慈醫院反復推辭浙江都督的關鍵時刻，臨時大總統孫中山以個人名義寄來秋後算帳性質的「交涉」信函。三天之後，便發生了暗殺事件。關於此事，魏蘭在《陶煥卿先生行述》中另有介紹：「時孫文溝通《民立報》，謂孫文攜有美金鉅款及兵艦若干艘回華。孫黨並有兵艦之照相，在南洋群島發賣，騙取總統，在南京組織臨時政府。先生因南洋籌款事，致書孫文，旋得其複書，略謂先生與彼反對，當籌如何

---

1 張謇日記，一九一二年五月六日。湯志鈞編《章太炎年譜長編（增訂版）》上冊，第二三五頁。

2 《致各報館轉浙江各界》，《民立報》，一九一二年一月十二日。引自《辛亥革命在上海（增訂版）》，第七八八頁。

對待。」[1]

一九一二年一月十二日上午，滬軍都督陳其美的結拜弟兄、滬軍第二師第五團團長蔣介石會見陶成章的親信張偉文、曹錫爵，說是與陶成章本無意見，想當面言明，庶免誤會。雙方議定於當天下午二時在光復會機關正式會晤。蔣、陶二人見面時「融洽異常」，陶成章應蔣介石請求寫下自己在廣慈醫院的具體住址。當夜十二時，有人持函到廣慈醫院，聲稱是通過蔣介石轉交的杭州快信，署名臨時協會。一月十三日，陶成章將來函出示給張偉文，張偉文認為浙江只有臨時議會而無臨時協會，對此表示懷疑。一月十四日凌晨，三十五歲的陶成章便在上海法租界廣慈醫院遭到槍殺。

一月十四日當天，由外國人主辦的上海《字林西報》發行特大號外，以《廣慈醫院發生暗殺大案，陶成章被刺身亡》的黑色大字標題報導說：

> 革命鉅子陶成章養病於本部法租界廣慈醫院，今晨二時許，突有穿西裝兩人，推門入房，趁陶臥床，以短槍擊之，破腦裂腹，慘不忍睹，兇手迄未抓獲，惜一代英豪，天不予壽，太可哀矣！

第二天即一九一二年一月十五日，同盟會第一大報《民立報》以《陶先生死不瞑目》為標題報導說：

1　魏蘭：《陶煥卿先生行述》，《辛亥革命浙江史料選輯》，第三四六－三四七頁。

會稽陶煥卿先生成章，盡瘁革命事業，曆有年所。此次浙省光復，功績在人耳目。最近浙湯督改任交通總長，浙督頗有與公者，而公推讓不遑，其謙德尤可欽佩。詎料昨晚二時許，公在廣慈醫院醫室靜宿，忽有二人言有要事相訪。侍者引入室，公面向內臥。二人呼陶先生，公寤而外視，二人即出手槍擊中公太陽部，複以手槍威脅侍者，禁勿聲張，從容而去，而公竟千古矣。

關於殺人兇手，《民立報》利用傳播謠言的方式轉移目標、嫁禍於人說：

兇手未獲，故案情頗不明了。惟近日盛傳滿洲暗殺黨南下，謀刺民國要人，公或其一也。聞軍政府刻已嚴密查究，法捕房亦嚴飭探捕緝獲云。

一月十七日，《民立報》再一次以《陶先生死不瞑目》為標題報導說：

法捕房得信後，立飭各探捕嚴行查拿外，稟請會審副領事顧賓君，由顧君諮照聶讞員，會同至該醫院，先察看該匪等入門形跡，複至二層樓頭等病房，檢視陶君之屍，……檢畢，由陶君親友備棺成殮……

同一天，該報還刊登了同盟會總理、臨時大總統孫中山的緝兇唁電：

萬急，滬軍陳都督鑒：閱報載光復軍司令陶成章君，於元月十四號上午兩點鐘，在上海法租界廣慈醫院被人暗刺，槍中頸、腹部，兇手逃走，陶君遂於是日身死，不勝駭異。陶君抱革命宗旨十有餘年，奔走運動，不遺餘力，光復之際，陶君實有巨功，猝遭慘禍，可為我民國前途痛悼。法界咫尺在滬，豈容不軌橫行，賊我良士。即由滬督嚴速究緝，務令凶徒就獲，明正其罪，以慰陶君之靈，泄天下之憤。切切。總統孫文。[1]

陸軍總長黃興也於當天致電陳其美：「聞陶君煥卿被刺，據報云是滿探。請照會法領事根緝嚴究，以慰死友，並設法保護章太炎君為幸。」

章太炎認為這是黃興的公開恐嚇，於是，他在自己參與創辦的《大共和日報》上針鋒相對地評論說：「彈丸匕首者威敵之具，所以濟軍隊之不足地。若以纖芥微嫌，循環報復，甚至片言齟齬，亦借此以泄忿，甚懼亂之無涯矣。」[2]

一月十九日，《大共和日報》以不點名方式把殺人兇犯鎖定在掌握政權的同盟會一方：「恃拳銃之威而強人以從我，否則必殺之，拳銃之專制。執拳銃者，嘗願革專制而希共和者也。」

與中外報刊的公開報導相印證，隱居在上海租界的保皇派成員鄭孝胥，在一月十七日的日記中寫道：「殷鑄夫自杭州來，告大七：陶煥卿之被刺，光復黨欲報仇，聲言主使殺陶者為某當道，已遣死士遮於寧

1　《總統唁電》，《民立報》，一九一二年一月十七日。引自《辛亥革命在上海（增訂版）》，第七九〇頁。
2　湯志鈞編《章太炎年譜長編（增訂版）》上冊，第二二一－二三一頁。

滬，指孫文、陳其美云。報言，陳其美赴寧。」

二月二日，鄭孝胥又在日記中記錄了孟森（蓴孫）來訪時的相關談話：「陶煥卿被刺，驗屍時於陶身畔得孫文手書。陶之被殺，孫實主之。此信今在法捕房。」[1]

由於章太炎是光復會方面既不注重黨務經營又不承擔黨務責任的掛名會長，更由於當時的同盟會一派過於強勢，孫中山、黃興這種要求兇手緝拿兇手的公開通電，自然不會有任何結果。直到同年九月，黃興、陳其美等人應袁世凱之邀來到北京，共和黨邀請章太炎一起出席招待宴會時，章太炎才敢於在《大共和日報》發表公開信，第一次公開指出陳其美、黃興在陶成章命案中的涉案嫌疑：「陶成章之獄，罪人已得，供辭已明，諸君子亦當聞其崖略。自陶之死，黃興即電致陳其美，囑保護章太炎，僕見斯電，知二豎之朋比為奸，已發上衝冠矣！」[2]

前面已經談到過，光復會會長章太炎於一九一二年一月十五日口述、由上海《神州日報》記者寂照筆錄的《光復會繼起之領袖陶煥卿君事略述》一文，因為點名指責陳其美、孫中山、胡漢民、黃興的涉案嫌疑而沒有及時發表。直到事過境遷的同年十月十日，才在《神州日報》公開刊登。這篇「事略」發表時，在正文中間為「發書宣布孫文罪狀」一句話夾帶了一句按語：「此宣布書，本社現已訪得。」

到了十一月二日，《神州日報》全文刊載《孫文罪狀》時，署名石漢的版面編輯又專門添加了另一段

1 《鄭孝胥日記》，中華書局，一九九三年，第一三八四－一三八九頁。

2 《卻與黃、陳同宴書》，《大共和日報》，一九一二年九月十九日。湯志鈞編《章太炎年譜長編（增訂版）》上冊，第二四一頁。

編者按語：「此稿係己酉年由李柱中原名燮和在南洋網甲島檳港中華學堂為教員時所作，托陶煥卿帶至日本東京同志會。陳威濤在爪哇諫裡魏蘭處用藥水印刷百餘張，郵寄中外各報館登之各報，今特錄出，以供眾覽。石漢識。」[1]

《神州日報》當時是奉章太炎為精神領袖的一部分共和黨人的輿論陣地，該報的主筆之一汪允中，與章太炎同為俞樾的門生弟子。該報經理汪彭年，剛剛於一九一二年九月二十二日凌晨，在位於北京前門外的金台旅館被追隨黃興、陳其美前往北京的王金發野蠻毆打，王金發因此被一審法庭判處五等有期徒刑，監禁八個月。汪彭年認為判決太輕，正在向北京高等審判廳提起上訴。

從十二月四日起，《神州日報》連續幾天以「光復會史編輯員」的名義刊登《徵集光復會史料》的大幅廣告，其中誇大其詞地標榜說，從一九〇〇年的上海中國議會成立到一九〇五年同盟會成立的五年時間裡，光復會是「薄海革命之唯一機關」。只是由於「南北會員皆尚實踐，而不事標榜，恥於希圖權利，而又未設言論機關，以故會中行動，常尚隱秘，而不為世所知」。隨著共和告成，「前此光復會員率皆投入共和黨中」，這些投入共和黨的前光復會員，「昨在滬上集議，擬即采事實，編為光復會史，用留紀念」。

與此同時，《神州日報》還刊登有《本社徵集陶煥卿君事蹟》的配套廣告，只可惜擬議中的「光復會史」，始終沒有能夠呈現在世人面前，伴隨著辛亥革命而一度輝煌的光復會及光復軍，從此消失得了無蹤影。[2]

1 湯志鈞編《章太炎年譜長編（增訂版）》下冊，第六九一頁。
2 謝一彪、陶侃著《陶成章傳》，第三三九－三四〇頁。

第八節 陳其美善後賊捉賊

由於陶成章案發生在法租界，最先介入調查的並不是中國內地的滬軍都督府，而是法租界的巡捕房。遺憾的是，筆者至今沒有看到法捕房的檔案材料，所能看到的只是上海公共租界工部局的檔案選譯。一九一二年一月十六日，上海公共租界工部局警務處刑偵股呈送給工部局總辦處的《警務報告》寫道：

> 十四日下午二時三十分，有一個叫陶成章的在金神父路廣慈醫院被兩名蒙面刺客槍殺在床上。根據法租界捕房的分析，他之所以被殺，是由於他才華出眾，對本埠某些軍界領袖來說是一個危險的對手。據中國人方面的消息稱，陶本不希望在民國政府擔任職務，因此儘管他被委任為浙江都督，卻未去上任。在任命後不久他就來上海，並進醫院治療胸腔疾病。據說在暗殺事件發生前三天左右，有一個中國婦女也住進了這家醫院的女病房，此女在前些時候曾因法租界某房屋爆炸案被逮捕。這次她進醫院，從表面上看是來治病的，但實際上是進行間諜活動，因為有一次有人看見她和陶先生在醫院的草坪上交談。[1]

1 《辛亥革命與上海：上海公共租界工部局檔案選譯》，中西書局，二〇一一年，第一〇二頁。

這裡的「十四日下午」，應該是十四日凌晨的誤寫或誤譯。所謂的「本埠某些軍界領袖」，顯然是指同盟會方面的滬軍都督陳其美等人。被認定為「間諜」的「中國婦女」，是與同盟會方面的陳其美、王金發、姚勇忱、蔣介石等人關係密切的光復會女幹將尹銳志。據龔翼星撰寫於一九一三年的《光復軍志》介紹：「燮和之始攻製造局，固無所得利器，乃假洋屋購藥料，躬率黨人習制炸彈。一夕，彈爆，黨人楊哲商死，傷平智礎、尹銳志二人，洋屋亦被毀，事複泄敗。於時新附軍惟王楚雄水師，器械粗備，取以分給陳漢欽警營，而敢死隊本專恃藥彈手槍，既不能悉自具，則潛購之洋市及假之日人，而後從事。」[1]

另據尹銳志的事後回憶，光復會製造炸彈的祕密機關設在法租界霞飛路某號三樓。有一天深夜她剛剛入睡，楊哲商因操作失誤引起爆炸，楊本人當場死亡，平智礎受傷。頭部受傷的尹銳志驚慌中從三樓窗戶跳下，乘坐洋包車到附近的自新醫院治療。法國巡捕追蹤而來，把尹銳志轉移到廣慈醫院，經過治療關押在巡捕房內。陳其美派王一亭送來五千元現款，由巡捕房轉交房主充當賠償費，尹銳志得到保釋後再次回到廣慈醫院治病療傷。[2]

一月十七日，公共租界的《警務報告》介紹說，滬軍都督陳其美於十六日上午八時十分，在十名士兵護衛下從上海前往南京。四年前因行刺安徽巡撫恩銘而被處決的光復會成員徐錫麟、陳伯平的靈柩，於十六日晚上十一時三十分從安慶運抵上海火車站。當時有二十名中國巡警在站恭迎。估計靈柩將運往附近的紹興會館，並在那裡舉行祭奠儀式。一月十九日的《警務報告》中，另有這樣一段案情追蹤：

1 龔翼星：《光復軍志》，《辛亥革命在上海史料選輯（增訂版）》，第二五四頁。
2 《銳志回憶錄》，汪茂林主編《浙江辛亥革命史料集．浙江革命黨人的活動》，第四八五頁。

> 關於陶煥卿於本月十四日在金神父路廣慈醫院被人擊斃之事，他的朋友們說，一個叫王竹卿的紹興人可能是兩刺客中的一人。經查刑偵股檔案，此人曾被人控告過，亦曾服過刑。他曾用過兩個別名，過去是某滿清官員的僕役。一九一一年四月二十四日，他在刑偵股受審時說，他是革命黨人，該黨在江浙兩省擁有黨徒六七萬人。他曾於一九一〇年某時在紹興打死勸學署（Educational Bureau）成員吳振聲（Woo Tsung Sun）。因吳曾殺害一個革命黨人。警務處曾將王所說之事告訴中國當局，但他們不信。以後便於一九一一年五月九日將王逐出公共租界。目前刑偵股獲悉，此人現和嘉興革命軍有聯繫，而且還擔任某項職務。不久前他曾到過法租界，本月十五日或十五日前後又搭滬杭鐵路火車返回嘉興。[1]

這裡所謂的「勸學署（Educational Bureau）成員吳振聲（Woo Tsung Sun）」，是《辛亥革命與上海：上海公共租界工部局檔案選譯》一書的明顯誤譯。Woo Tsung Sun的所指，是與蔡元培同年中舉的浙江紹興府山陰縣人、本名胡道南的胡鐘生。

據蔡元培寫作於一九一三年八月的《亡友胡鐘生傳》介紹，胡鐘生名道南，字任臣，號鐘生。他十五歲考中秀才，二十八歲考中舉人，隨後連續七次參加全國範圍的科舉會試，都沒有能夠考中進士，曾經以舉人資格出任長興縣學教諭。一八九八年戊戌變法失敗後，蔡元培辭去翰林院編修的職務，與胡鐘生

1 《辛亥革命與上海：上海公共租界工部局檔案選譯》，第一〇三－一〇四頁。

在紹興中西學堂和學務公所有過共事經歷，兩個人在觀念上雖然存在較大分歧，卻能夠「相信相愛，一如曩昔」。一九一〇年農曆八月十五日中秋節，剛剛出任紹興清查公產事務所總理的胡鐘生，慘遭暗殺。這天黎明，有兩個家奴打扮的人急匆匆來到清查公產事務所，告訴看門人說：胡先生家昨天被盜，特來報告胡先生。看門人進去報告時，有一人尾隨而入。還沒有起床的胡鐘志聽到消息，急忙披衣而出。「尾者忽出手槍，擊君，未中，君卻走，尾者追之，復發兩彈，皆中。眾聞警畢集，則擊者已遺兩履而逸矣。君創甚，逾四時而卒。」胡鐘生臨死前告訴兒子胡豫，刺殺他的人來自「下流學界」，原因是懷疑他參與了針對秋瑾的告密活動。[1]

按照蔡元培的說法，辛亥革命成功後，「秋案之始末公布，而君之冤乃大白。……說者謂：自君之死，號為秋君復仇者，懾於同志之責備，而不敢複肆其冒昧之毒手；凡與君同被嫌疑，遂皆緣是而保全。」

蔡元培所說的因為胡鐘生慘死而被保全的「同被嫌疑」之人，指的是袁翼、湯壽潛、章介眉等人。胡鐘生遇害時，蔡元培遠在德國留學，並不是這一事件的歷史見證人。《亡友胡鐘生傳》是蔡元培應胡鐘生親友約請而寫作的悼念文章，其中難免有選擇性的偏袒避諱之語。按照常理，胡鐘生、袁翼等人作為紹興地區的教育主管，主動向政府當局報告秋瑾、王金發等人以大通學堂為據點，預謀發動武裝暴動，正是他們的職責所在；無論是在任何時代，都無可厚非。蔡元培本人在北大校長任上，也曾經阻止平息過該校學生的各種學潮。

---

1 袁進編《學界泰斗——名人筆下的蔡元培，蔡元培筆下的名人》，東方出版中心，一九九九年，第三五九－三六一頁。

據章太炎一九〇八年七、八月間撰寫的《複蔣智由書》介紹，在秋瑾案中與胡鐘生一起參與告密的紹興士紳袁翼，與蔣智由同為以梁啟超為精神領袖的立憲派社團政聞社的一名社員。章太炎在書信中明確表示，蔣智由對於袁翼、胡鐘生的公開辯護不能成立，革命黨人應該針對告密者實施打擊報復。[1]

另據陶成章《浙案紀略》介紹：「先是，紹興士紳既有恨於瑾，又因師期屢改，密謀盡露，於是胡道南等密稟知府貴福。」貴福獲悉秋瑾主持策劃「謀反」行動後，到杭州徵求湯壽潛意見，湯壽潛慫恿貴福採取行動。貴福就此事當面請教浙江巡撫張曾敭，張曾敭委派幕友張讓山諮詢湯壽潛，湯壽潛再一次「從中下石」，導致張曾敭斷然決定殺害秋瑾。作為證據，陶成章還抄錄了紹興知府貴福致浙江巡撫張曾敭的密電：「越密。前據胡道南等面稱，大通體育會教員革命黨秋瑾及呂鳳樵、竺紹康等謀於六月初十日起事，……請預防。」[2]

關於湯壽潛、胡鐘生與徐錫麟案及秋瑾案之間的關係糾葛，章天覺在《回憶辛亥》中介紹說：

> 徐錫麟在安徽刺恩銘，湯為徐捐候補道時以同鄉京官同具保結之一，皖變湯惴惴不安，懼累及之，乃密訐於浙撫，力主封閉大通學堂，搜捕與徐有關係之人。……瑾素輕湯，時湯著有《盛世危言》一書，瑾購得，指摘其疵，眉批追遍，湯銜之。皖案發，乘機告訐，報宿怨，圖卸保結之責。湯預屬黨羽、紹興敗類、府學堂監督杜子懋、監學胡鐘生播謠中傷，指秋瑾擬起事響應安

1 湯志鈞編《章太炎年譜長編（增訂版）》上冊，第一六一頁。

2 陶成章：《浙案紀略》，汪茂林主編《浙江辛亥革命史料集·浙江革命黨人的活動》，第一四六－一四七頁。

> 徽。……是年冬，胡鐘生被刺於越，杜遁走於魯，皆為此也。秋案繼徐案發生，株連及之者，除徐之家屬外，有裘吉生、孫德卿、陳墨緣、張星齋（皆越人）、竺紹康、王金發（即王季高）、謝斐麟、尹銳志、尹維峻（皆嵊人）、蔣著卿（諸暨人），或隱匿，或出亡，奔走四散。

談到王金發參與刺殺胡鐘生一事，章天覺的說法是：「數年前刺胡鐘生時，亦賴同志掩護，得以逃脫。」[1]

自稱長期在浙江文史館搜集王金發史料的裘孟涵，在《王金發其人其事》中寫道：「秋瑾被害，係由於該地紳士胡道南告密，金發此時雖潛跡上海，無日不思為秋俠報仇。某日適為中秋之夕，胡道南正在後園與家人賞月，忽一農民裝束者倉皇直入，告以胡之外甥急病，主人遣其棹舟前來，請胡即去一視。胡聞之不及細詢，即披衣隨之出，出門數步至河灘，農民回身拔槍斃胡於河畔。事後報官緝兇，蹤影全無。農民即金發所化裝。」[2]

浙江紹興籍的光復會副會長陶成章被同盟會方面陰謀暗殺，在當時並不是什麼祕密。吊詭的是，直接參與暗殺活動的王竹卿，偏偏是一年前夥同王金發陰謀暗殺紹興籍學紳胡鐘生的一名紹興籍光復會會員。更加吊詭的是，一九一二年一月二十一日下午，指使蔣介石、王竹卿、陳錫奎、劉永順等人組織實施暗殺活動的幕後主凶陳其美，竟然聯合紹興旅滬同鄉會，在上海永錫堂召開了大約有四千人參加的「徐伯蓀、

1 章天覺：《回憶辛亥》，《辛亥革命史叢刊》第二輯，中華書局，一九八〇年，第一五五－一五八頁。
2 裘孟涵：《王金發其人其事》，《浙江辛亥革命回憶錄》，浙江人民出版社，一九八一年，第五四頁。

陳墨峰、馬子畦三烈士及陶煥卿先生追悼大會」。

關於陶成章與已經依附於滬軍都督陳其美的前光復會成員王金發、褚輔成、王竹卿、陳錫奎等人之間的複雜關係，龔味蓀在自敘傳中回憶說：「武昌倡義，煥卿自南洋還浙江，浙江已獨立，乃推煥卿為參謀長，鬱鬱不得志，余歸寓西湖病甚，煥卿屢與王逸輩牴觸，欲自練兵上海，為忌者所刺。時同盟、光復二會嫌隙滋甚，而趨勢者都歸同盟會，一日或二三千人，同盟舊人亦為其所陵轢，余益無意於世事矣。」[1]

據《民立報》報導，當天下午三時，首先由臨時主席許默齋宣告開會，並且介紹同鄉會與陳都督聯合舉辦這次追悼會的緣由。其次是紹興籍光復會成員孫德卿向大會報告徐錫麟（伯蓀）、陳伯平（墨峰）、馬宗漢（子畦）、陶成章（煥卿）的生平事蹟。再其次是陳伯平的妹妹陳挽瀾報告其兄長的生平事蹟。然後由與徐錫麟關係密切的光復會成員盧鐘嶽，介紹赴安徽遷移徐錫麟、陳伯平的靈柩，以及馬宗漢遺骨此前由家屬隱藏在果品篋中運出安徽的大致經歷。接下來是學生軍唱追悼歌，全體來賓行三鞠躬追悼禮，陳其美的都督府代表以及上海民政總長李平書、商團代表盛紹昌、女界協贊會代表邊女士依次宣讀祭文。再後來是陳其美發表演說，大概意思是滿清朝廷還沒有被徹底顛覆，光復大業還沒有完全成功，「同胞當努力繼紹諸烈士之志，以慰烈士之心」。陶成章的會黨同志繼陳其美之後依次發言，其中沈劍侯表示說：「陶公之死，非死於漢奴，非死於私仇，必死於懷挾意見之纖豎，吾同胞當必代為雪仇。」孫鐵舟更是「擲手槍於案，頗為激烈」，說是「陶君之死，必死於爭競權利之徒，如嗣後有挾私害公者，當以手槍殺

1 龔未生：《龔味蓀自敘革命歷史》，《浙江辛亥革命回憶錄》，第九七頁。

之」。[1]

光復會成員沈劍侯、孫鐵舟等人在慷慨激昂地高調發洩之後，並沒有表現出依法偵緝、依法結案的正當意願。陶成章命案除了在上海租界區一度進入司法程式之外，在中華民國的領土上，從來沒有進入過司法程式。徐錫麟、陳伯平的靈柩由安徽安慶專門運送到上海停留六天時間，應該是出於陳其美一派人的精心安排。徐錫麟、陳伯平、馬宗漢三位烈士的靈柩，事實上充當了陳其美一派人賊喊捉賊地轉移陶成章案的嫌疑目標的政治道具。

第九節　光復會追殺王竹卿

一九一一年一月二十二日，也就是上海追悼大會的第二天，徐錫麟、陳伯平、馬宗漢、陶成章的靈柩由永錫堂出發，經過租界區被送往火車站，然後由相關方面專門安排花車送往杭州。一月三十日下午一時，浙江軍政府在杭州昭慶寺為陶成章、徐錫麟、陳伯平、馬宗漢舉行更大規模的追悼活動，時任都督蔣尊簋率領軍政要員到場主持，參加追悼會的各界人士達一萬多人。陳其美的親信助手、時任同盟會上海支部長的前光復會會員姚永臣（又寫作勇忱、永成），在大會上報告了陶成章的生平事蹟，並且表示「諸公既來與會，宜為陶公復仇」。[2]

1　《辛亥革命在上海（增訂版）》，第七九一頁。
2　《追悼先烈大事記》，《民立報》，一九一二年一月三十一日。

追悼活動結束後，陶成章的遺體被安葬在西湖西泠橋西鳳寺岳墳街南側，墳墓兩側安葬著光復會烈士楊哲商、沈由智。社會各界為陶成章家屬捐贈奠儀一萬元，浙江軍政府發放撫恤金一萬元。陶成章的父親陶品三用這些錢款在墓後購地建房，號稱陶社。光復會成員張偉文在四處奔走要求懲凶之餘，自籌資金在陶社附近建造房屋，為陶成章守墓三年。一九一四年，紹興東湖通藝學堂經過改造，建成第二座陶成章專祠，由前光復會會員孫德卿出面，聯絡陶成章的故舊親朋，組織成立紹興陶社以示紀念。陶成章遇害時，原配妻子王氏生育的長子陶守和十三歲，次子陶守咸十一歲，全部交由龔寶銓（味蓀，又寫作未生）領到嘉興加以撫養。第二位妻子孫曉雲為逃避追殺，懷抱著哺乳期的幼子陶守銓避難於上海南市的煤炭巷，直至抗戰時期才與尹銳志取得聯繫並拋頭露面。

一九一二年一月三十一日，《民立報》刊登消息說：

滬軍第二師第五團團長蔣志清，因病仍未痊，稟請滬軍都督府准予辭職。昨奉陳都督批示云：稟悉。該團長病仍未痊，應准請假調養，以期全治。所請委員接辦，准予辭職各節，可毋庸議。並仰第二師團長切實挽留，以資襄助。此批。

在此之前，滬軍都督陳其美、滬軍參謀長兼第二師師長黃郛、第五團團長蔣介石，剛剛在位於上海打鐵浜四十五號的蔣介石寓所結拜為異姓兄弟。蔣介石為此還專門訂制了三把軍刀，上面刻著陳其美題寫的誓詞對聯：安危他日終須仗，甘苦來時要共嘗。發誓要與異姓兄弟蔣介石同甘共苦的陳其美，為了確保蔣介石的生命安全，動用公款資送其前往日本。蔣介石在日本期間除了學習德語之外，還在其住址東京府下代代木山谷一四三番地創辦了一份《軍聲雜誌》，裝模作樣地研究起軍事問題。一九一二年十二月，蔣介石見風頭已過，悄悄潛回上海，在陳其美庇護之下繼續其花天酒地、醉生夢死的墮落生活。

據楊天石抄錄自南京中國第二歷史檔案館的由蔣介石親筆撰寫的《中正自述事略》記載，參與刺殺陶成章的蔣介石，正處於一生當中最為黑暗的沉淪歲月：「當時涉世不深，驕矜自誤，沉迷久之。膺白冷眼相待，而其所部則對余力加排斥，余乃憤而辭職東遊。至今思之，當時實不知自愛，亦不懂人情與世態之炎涼，只與二三宵小，如包、王之流作伴遨遊，故難怪他人之排余，以人必自侮而後人侮也。且當時驕奢淫逸，亦於此為盡。民國元年，同季回滬，以環境未改，仍不改狎邪遊。一年奮發，毀之一旦，仍未自拔也。」[1]

「膺白」，即與陳其美、蔣介石結拜為異姓兄弟的黃郛，「包、王之流」的「王」，指的就是王金發、王竹卿之流，「同季回滬」的「季」，指的是孫中山的親信秘書戴季陶。另據蔣介石的奉化縣溪口鎮同鄉兼多年同學楊志春回憶：

> 浙江紹興人陶成章，為陳英士所忌恨。陶當時在上海醫院養病，黃遂計上心來，密找介石謂之曰：「陶某為陳都督仇人，你如果能將陶的生命結果，陳都督必以你辦事能幹，有作為、有魄力而喜歡你。」蔣曰：「無緣無故，如何可去殺他呢。」黃曰：「陶現在醫院養病，你可以派一人，

1 中國第二歷史檔案館藏手稿本，檔案號：三〇四一－一－八一。引自《蔣介石為何刺殺陶成章》，楊天石著《找尋真實的蔣介石：蔣介石日記解讀》，山西人民出版社，二〇〇八年，第四六頁。

以送陶食物為名，到醫院將陶殺死，豈不方便？」蔣曰：「此事須與陳都督相商之。」黃曰：「你去問陳，陳必表面上不允許，反阻止你去殺他了。」蔣曰：「如此我便服從陳命令，不去殺陶好了。」黃曰：「如此陳心中必恨你，做事無才幹。你若不去問陳，先將陶殺死，再去報告陳，陳必心中愛你。」蔣問：「何以見得呢？」黃曰：「你看《三國演義》上許褚殺死曹操友人許攸，許褚如問了曹操再去殺許攸，必然不允許，先殺了許攸，再去報告曹操，操因許褚對自己十分忠心而加倍愛許褚了。今你去殺陶，亦是如此。」蔣介石一時被黃郛說得好聽，真去派人殺死了陶成章。未幾上海與論譁然，報紙上揭露了蔣介石暗殺陶事，陶黨亦將捕蔣抵罪，蔣知上海不可久住了，乃辭團長職，推薦張群代自己任團長。蔣遂離滬避居他地。[1]

一九一二年三月二十八日，上海《時報》以《白日刺殺隊長之駭聞》為標題，報導了王竹卿遭到暗殺的消息：「嘉興軍政分府尚武團隊長王君竹卿，本月二十五日夜，由府署外出被匪在暗中放槍行刺未中。不料，本日（即二十七日）上午十一時，王在品芳樓飲茗回家，該匪複偵伺其後，迨進門時，該匪即轟放手槍，擊中王之背部，彈從前胸穿出，王痛極，奔至室內，倒地而死。軍政分府得報，協同統領赴王寓驗視屍身，一面分派軍隊，趕速緝凶，現已獲嫌疑犯蕭姓一名，未識是否正兇云。」[2]

1 楊志春：《關於蔣介石家世及其早期政治生涯瑣記》，《江蘇文史資料選輯》第五輯，江蘇人民出版社，一九八〇年，第二三一－二三四頁。

2 謝一彪、陶侃著《陶成章傳》，人民出版社，二〇〇九年，第四〇四頁。

三月三十日，上海《申報》又有更加翔實的追蹤報導：

> 紹人王竹卿，去秋曾與杭州光復之役，嗣後委派為新軍隊長駐紮嘉興。王年僅三十許，平日交遊甚廣，至其行動則無人知其底蘊。三月二十四號，王自府知事署歸家，忽覺身後有人尾之，即回首，見有二人，其一人似以手探胸作狙擊狀，王立即拔取手槍，將身向上一縱，刺客之彈已從腳下掠過。此二人已飛步而逝。王亦置之，惟長日戒備而已。至二十七號午間，王又從府知事署歸家，方及門躡足上階，忽砰然一彈飛來中王胸，複一彈來，王即倒地身死。刺客亦逃逸。後經統領董耀亭親自騎馬追趕至火車站，拘獲一嫌疑犯，押解進城。聞該犯並不承認為刺客，此事尚須徹究云。另函云光復會領袖陶烈士煥卿，自被刺後諸同志痛其冤死，頗聞道路流言，謂與王竹卿有關，乃於陰曆初九日十一時，王忽在嘉興城內被刺殞命，尤為疑訝。現聞刺王兇手被巡警當場拿獲。即晚電稟都督，密飭解省徹究云。[1]

據浙江嘉興籍光復會員許仲和回憶：「王祝卿既殺煥卿，逃至嘉興新篁鎮依徐忍茹，徐非光復會中人，事為嘉興光復會中人所悉，乃囑潘梅仙殺王為陶報仇。」潘梅仙便雇請居住在王店的幫會頭目剃頭三寶殺王於嘉興東門大街。當日獲兇手之一解省訊辦。事隔三月，兇手押還嘉興，不了了之。「王祝卿刺陶事，我不知其詳，但王在嘉興被王店剃頭三寶所殺，則在嘉興聽李廣元詳說其事。我在六一年寫了《關於

1 《浙江又出暗殺案》，《申報》，一九一二年三月三十日。

王祝卿其人》的補充稿，由全國政協採用，可惜我以前所寫不留底稿。」李廣元是山東人，在嘉興建鐵路時的小工。路成之後被裁下，開一饅頭店，有以前同做小工的二個到他那裡吃面欠帳，在殺王前夕，這二個小工又到李廣元店中吃面還欠帳，當夜就宿在李店中。第二天一早，他們（剃頭三寶和這二個幫手）去殺王，王在東門裡，李店在東門外吊橋堍，三個人殺王逃出城，計畫上火車，結果被捉回一個，當時有人就說：這個兇手昨夜住在老李大餅店中。李廣元急了，所以詳細注意這個案子，但不知其各方面的相互關係。[1]

第十節 陳錫奎供述兇殺案

一九一二年六月四日，上海《申報》報導說，上海公共租界會審公堂初次審理陳錫奎等人的團夥搶劫行兇案時，綽號阿四的陳錫奎當庭承認自己是刺殺陶成章的兇手：「暗殺陶煥卿一案，實由王竹卿受某都督之命，小的等複受王的指使。因小的與劉及王三人曾拜兄弟，且與劉曾各得王竹卿現洋二百元。行刺陶煥卿時，我上去開槍，劉在扶梯守候。」綽號麻子的劉永順對此矢口否認，只承認與陳錫奎同犯串竊之罪，陶案及其他重大各案，均未預聞。當劉永順否認涉案時，「阿四大呼，暗殺陶煥卿，實由□□□指使結義兄弟王竹卿來滬，轉托小的與劉等，將陶擊斃。所有酬洋，亦各分用，何必貪生圖賴。」

1 許仲和：《章炳麟撰龔未生傳略注》，《浙江辛亥革命回憶錄》，第九八頁。

六月十八日，會審公堂對陳錫奎等人在公共租界所犯罪行給出判決：判處陳錫奎永遠監禁，同案李友山、徐春山分別監禁二十五年、十年；劉永順因與所判重案「無涉」予以釋放。

六月二十一日，法國副領事和公堂讞員聶宗義在法租界開庭審理陳錫奎等人刺殺陶成章一案，陳錫奎對於刺殺陶成章依然供認不諱，劉永順仍然堅決否認。會審讞員聶宗義接到陳其美指令，依照《洋涇浜設官會審章程》及續約有關會審公堂無權審理和判決刑期五年以上重大刑案的規定，建議將三名犯人移解上海地方審判廳；法國領事以中華民國尚未被法國政府正式承認為由，加以拒絕。

陳其美得到報告，要求通商交涉使陳貽範通過外交途徑再一次照會租界當局。一九一二年七月一日，上海公共租界工部局警務處按日編制的《警務日報》，摘錄了一段來自英文報紙的新聞報導：

> 滬軍都督陳其美就公審公廨對三名曾在公共租界犯有多起搶劫罪並在法租界進行一起謀殺案的囚犯李雨山（Li Yu Sai）、朱仲三（Chu Chung Sai）和陳德貴（Chen Teh Kwei）分別判處二十五年、十年和無期徒刑一事，正在考慮訴訟手續。陳認為會審公廨無權判處囚犯五年以上徒刑；凡需判處流放和死刑的囚犯均須移交中國審判廳審理。他說，陳德貴是行刺已故浙江革命軍將領陶煥卿的兇手，因此，此人必須移交給中國當局。[1]

上述文字是《辛亥革命與上海：上海公共租界工部局檔案選譯》一書對於英文檔案不太準確的翻譯，

---

1 上海市檔案館編《辛亥革命與上海：上海公共租界工部局檔案選譯》，第二三一頁。

三名案犯的漢語名字應該是李友山、徐春山、陳錫奎（又寫作陳錫魁）。同年七月八日，上海《時報》就此事報導說：

為槍斃陶煥卿要犯事，滬軍都督陳英士君照會駐滬通商交涉使陳貽范君文云：為照會事。案英租界捕房拿獲要犯陳錫魁即阿四、李友山、徐春山三名，供認槍斃陶煥卿及其餘命、盜案多起。查向章，租界會審公堂許可權僅止判定五年以下罪名，自軍流以上，即應解歸地方官衙門判決。陳阿四既係謀斃陶煥卿案內兇手，且積犯命、盜案件多起，實屬罪大惡極，自應照章解歸地方官衙門研訊明確，明正典刑。詎聞公審公廨竟將陳錫魁判令永遠監禁，李友三二十五年，徐春山十年，殊與向章不合，且於主權有關。為此照會貴交涉使查照，轉商領袖領事暨美、法總領事，照章將陳錫魁即阿四、李友山、徐春山三犯解交地方審判廳訊辦。須至照會者。[1]

陳貽範通過外交途徑提出照會後不久，滬軍都督府於七月三十一日正式撤銷，陳其美從此喪失了直接出面干涉司法審判的公共權力。三名案犯被重新押回公共租界後，陳錫奎、李友三收監服刑，劉永順開釋。

另據上海市黃浦區檔案館許洪新介紹，陳錫奎本為長江積盜，曾經於一九〇九年四月三日、一九一

1 《為移解陳錫魁等照會交涉使陳貽範》，《時報》，一九一二年七月八日。《辛亥革命在上海（增訂版）》，第三五七頁。

〇年一月十八日、一九一一年三月二十三日三次被上海公共租界依法抓捕，每一次都被判刑入獄半年時間。其中的一九一一年三月二十三日，是與王竹卿同案被捕。辛亥革命期間，陳錫奎在陳其美的滬軍系列擔任民軍軍官，與王竹卿、王金發、陳其美、蔣介石等人關係密切。中華民國初步實現南北統一、五族共和之後，陳錫奎因軍隊整編而回歸民間，重新操持江湖會黨人士有錢賣命、無錢打劫的黑道營生。他與劉永順、李友山、徐春山、羅阿四、曹阿金、劉虎英等人連續持械搶劫同康錢莊、大有豐煙膏店、德康煙紙店、廣仁信煙膏店及大舞臺門前行人，並且開槍拒捕、槍傷探夥唐阿二，於一九一二年四月十五日在內河拖輪上被匯司捕房捕探楊掌生等人抓獲。當時曾經從他的住處搜出他的護兵的護照及手槍、刺刀等物。陳錫奎為人兇狠，性格暴烈，得知是徐春山向租界巡捕洩露案情、出賣同夥，便揮斧將其砍成重傷。[1]

與陳錫奎同案的其他人犯，也都是江湖會黨中有錢賣命、無錢打劫的黑道慣犯，辛亥革命期間被裹挾參加了上海地區的光復革命。徐春山曾為陳其美下屬的上海鐵血軍偵探，被捕時身上還帶有相關印笥，此前在公共租界留下過三次犯罪案底。李友山有過被審判五次的犯罪記錄。因證據不足而獲得釋放的劉永順，同樣是長江積盜，與陳錫奎、王竹卿為結義兄弟，並且與陳錫奎同住在南林裡。劉永順在庭審過程中除承認與陳錫奎同犯串竊小案外，對刺殺陶成章等重大案件一概否認。但是，劉永順釋放不久，一九一二年六月二十八日的《申報》就刊登了他因持槍搶劫而再次被捕的消息。

一九一三年四月十八日，正在服刑的陳錫奎因企圖越獄而遭受搜查，監獄當局從他身上搜出一封書信，內容表明他與一九一〇年十月二十四日上海富商金琴蓀被刺身死一案有關。

1 許洪新：《誰是刺殺陶成章的殺手》，《世紀》，二〇一二年第三期。

一九一三年十一月十八日，另案被捕的裘美根供稱，陳錫奎是刺殺金琴蓀的直接殺手，指使者是滬上「光復時有名人物」，涉及黨魁某某等數人。

這裡所謂的滬上「光復時有名人物」，指的就是陳其美、王金發、應夔丞、姚勇忱、陸惠生等在上海地區從事地下暗殺活動的革命黨人。

與此相印證，鄭孝胥在一九一二年一月十四日的日記中寫道：「大七聞上海領事會反對陳其美，因其陰主暗殺，查有實據，金琴孫被殺一案亦牽連有跡云云。」[1]

署名更生的記者，在其回憶文章中介紹說：「斯時清廷對待革命黨手段至嚴厲，一切革命工作，無不以極祕密行之。英公主持江浙兩省革命運動，設總機關馬霍路德福里。此外，則清和坊琴樓別墅，及粵華樓十七號，為附屬機關。表面則酣歌狂飲，花天酒地，以避滿清之耳目。不知者以為醉生夢死之流耳。又孰知革命大事醞釀於此中哉！一部分黨員每於下午十二時後至粵華樓報告工作，及聽候指揮。晚間十時後，則改至琴樓別墅以為常，六時至十時，則或餐於粵華，或宴於琴樓，主要人物討論計畫之時也。主要人物則英公而外，尚有王金發君、姚勇忱君、沈虯齋君、王孟南君、沈怡中君、應桂馨諸君。記者以筆箚之役，亦時相過從。」[2]

江蘇武進人許指嚴，也在一九一八年由上海清華書局出版的《新華秘記》中介紹說：「英士未得志時，為所暗殺者如汪雲卿、金琴孫等。既得志後，又殺陶煥卿、夏瑞芳等。稍知滬上舊史者，皆能道

1 《鄭孝胥日記》，中華書局，一九九三年，第一三八五頁。

2 何仲蕭編《陳英士先生紀念全集》（一），臺北文海出版社，一九七〇年，第一五二－一五三頁。

之，……當陳被刺後，滬人大半數均稱快意，絕不為之鳴冤，蓋因被害者多，久犯眾怒也。」[1]

綜合上述資訊，尤其是前述王金發夥同王竹卿於一九一〇年陰曆八月十五日（一九一〇年九月十八日）刺殺紹興同鄉胡鐘生（道南）的相關事實，可以判定陳其美、王金發、姚勇忱、沈翔雲、應夔丞、陸惠生、王竹卿、陳錫奎、劉永順、裘美根、李友山、徐春山等人，早在辛亥革命之前就已經結合成相對固定的或報仇鋤奸或綁架勒索的暗殺團夥。

第十一節　蔣介石標榜爭道統

一九一二年八月六日，與陶成章關係密切的光復會骨幹會員魏蘭，奮筆寫下《陶煥卿先生行述》，直言不諱地把孫中山、陳其美、蔣介石等人列為謀殺陶成章的涉案嫌疑人，卻完全無視上海租界針對陳錫奎、劉永順等人的依法審判，以及上海報紙關於陶成章案的追蹤報導所形成的證據鏈條。置身於恐怖威脅之中並且習慣於有罪推定的魏蘭，在文章結尾表白說：「明知此言一出，小人之攻我，手槍之擊我，炸彈之擲我，在所不免。然我既為陶公之友，知之最詳，知而不言，恐天下後世，無人知革命黨真相，是非淆亂矣。故信筆而書，寧為董狐之直，犧牲生命，亦所不辭。知我罪我，聽諸當世。」[2]

1 許指嚴：《新華秘記》，引自《閒話民國》，四川人民出版社，一九九九年，第一〇五頁。

2 魏蘭：《陶煥卿先生行述》，《辛亥革命浙江史料選輯》，第三四七頁。參見謝一彪、陶侃著《陶成章傳》，第四一四頁。

不出此門。

隨著國民黨於一九二七年通過北伐戰爭奪取全國政權，並且事事處處貫徹落實孫中山天下為公、改朝換代、一人訓黨、一黨訓政、黨在國上、黨同伐異的黨派觀念，陶成章命案在很長時間裡一直是不能自由言說的禁忌話題。一九二八年，魏蘭在浙江雲和大羅山臥病不起，住宅門口張貼有八字聯語：陶案不清，不出此門。

同樣是在一九二八年，章太炎在《自定年譜》一九一二年項下寫道：「初，趙伯先之死，未有疑克強者也，煥卿不能分別，並惡之。至是，日與黃、陳不合，自設光復軍總司令部於上海，……果被刺死。或言英士為之也。」章太炎去世後，《自定年譜》得以影印出版，「或言英士為之也」一句話慘遭塗抹和覆蓋。[1]

比陶成章年輕八歲的族叔、光復會與同盟會員的雙重會員陶冶公，對於魏蘭（石生）的上述觀點並不認同，甚而至於欺軟怕硬地反咬一口，把陶成章之死的主要罪責，栽誣到了魏蘭的頭上：「煥卿與中山先生雖政見稍殊，但並不如魏石生作《煥卿行述》所言之甚，跡近污蔑，不足相信。煥卿於石生言聽計從，因此結怨同志，乃至殺身。為大事者，而無知人之明，以致敗事，可為殷鑒。」[2]

在奉孫中山為神聖偶像的陶冶公看來，魏蘭針對孫中山「跡近污蔑」的言辭是「不足相信」的；但是，陶冶公自己偏偏自相矛盾、黨同伐異地標榜著同樣「跡近污蔑」的所謂「信史」：「事關信史，不得不述所知以明是非，非有好惡存於其間也。」

相比之下，憑藉在黃埔軍校積累起來的軍政資本，一躍成為國民黨及中華民國的最高元首的蔣介石，

---

1 湯志鈞編《章太炎年譜長編（增訂本）》上冊，第二一四頁。

2 陶冶公：《龔未生自敘革命歷史書後》，《浙江辛亥革命回憶錄》，第一〇三頁。

反而基於一人訓黨、一黨訓政、黨在國上、黨同伐異的黨派立場，反復強調著陶成章案與先總理孫中山之間的潛在關聯。他在陶成章命案中欠下血債的犯罪行為，也因此被粉飾標榜為效忠總理、拯救黨國的英雄事蹟，以及充當孫中山正統接班人的道統依據。

在楊天石抄錄自南京中國第二歷史檔案館的《中正自述事略》中，蔣介石專門談到自己與陶成章之間的黨派恩怨：

> 當革命之初，陶成章亦□（踵）回國，即與英士相爭，不但反對英士為滬軍都督而顛覆之，且欲將同盟會之組織根本破壞，而以浙江之光復會代為革命之正統，欲將同盟會領袖□□（孫、黃）之歷史抹煞無遺，並謀推戴章炳麟以代孫先□（生）。□（嗚）呼革命未成，自起紛爭。而陶之忌刻成性，竺紹康未死前，嘗為余曰：「陶之私心自用，逼陷徐伯生者，實此人也。爾當留意之！」惜竺於此時已逝世，而其言則余初未□（忘）。及陶親來運動余反對同盟會，推章炳麟為領袖，並欲置英士於死地，余聞之甚駭，且怨陶之喪心病狂，已無救藥，若不除之，無以保革命之精神，而全當時之大局也。蓋陶已派定刺客，以謀英士，如其計得行，則滬軍無主，長江下游必擾亂不知所之。而當時軍官又皆為滿清所遺，反復無常，其象甚危。長江下游，人心未定，甚易為滿清與袁賊所收復，如此則辛亥革命功敗垂成，故再三思索，不能不除陶而全革命之局。[1]

1 《蔣介石為何刺殺陶成章》，楊天石著《找尋真實的蔣介石：蔣介石日記解讀》，山西人民出版社，二〇〇八年，第三—十二頁。

按照蔣介石從孫中山那裡繼承來的公天下、救天下、打天下、坐天下、治天下的天下為公、改朝換代、一人訓黨、一黨訓政、黨在國上、黨同伐異的黨派觀念和道統邏輯，同盟會的革命正統，是不可以被光復會所反對的；並不正統的光復會，則是可以被同盟會所反對甚至於澈底消滅的。為了保護以同盟會為唯一正統的革命大局，捍衛同盟會單邊片面、黨同伐異的專權壟斷地位，蔣介石便可以撇開正當合法的授權審判程式，擅自誅殺消滅陶成章等人：「余因此自承其罪，不願牽累英士，乃辭職東遊，以減少反對黨之攻擊本黨與英士也。」

一九三六年，蔣介石早年的啟蒙老師、時任其機要文案的毛思誠，在《民國十五年以前之蔣介石先生》一書中，正是依據蔣介石的相關自述，公開標榜蔣介石參與刺殺陶成章，是「辛亥革命成敗最大關鍵，亦即公最重要歷史之也」。[1]

一九四三年七月二十六日，蔣介石在日記中再一次談到陶成章案：「看總理致吳稚暉先生書，記曰：讀此書，益憤陶成章之罪不容誅。余之誅陶，乃出於為革命、為本黨之大義，由余一人自任其責，毫無求功、求知之意。然而總理最後信我與重我者，亦未始非由此事而起，但余與總理始終未提及此事也。」[2]

到了一九四五年，蔣介石在黃埔一期培養的親信學生、一九二八年至一九三五年先後擔任蔣介石侍從

---

1 毛思誠著《民國十五年以前之蔣介石先生》，第一冊第四編，一九三六年，第三頁。引自謝一彪、陶侃著《陶成章傳》，第四〇〇頁。

2 楊天石著《找尋真實的蔣介石：蔣介石日記解讀》，第十二頁。

參謀及軍委會政治部一廳廳長的鄧文儀，在《蔣主席》一書中更加明目張膽地讚美歌頌蔣介石說：

這時侯，有個假冒革命，陰謀奪取浙江都督的陶成章，因為陰謀不能成功，準備暗殺陳英士先生。主席知道了這件事，心想：假使陶成章的陰謀成功，那麼江浙再入混亂狀態，勢將影響到革命基礎的動搖。經過公私利害的慎重考慮以後，便決心先除陶成章。那時陶成章匿居上海租界某醫院裡面，主席便到醫院去找他，先用嚴辭責問他，那曉得陶成章不但是恬不知恥，反而還侃侃而談，主席怒不可遏，便掏出手槍，一槍把他打死。打死陶成章以後，主席並不掩飾這件事，反向黨中表明心跡，自承其罪，黨中自然沒有加以深究，只有感覺到他的識見的宏遠。主席槍殺陶成章，關係武昌起義的革命大局是至深且巨的。[1]

接著這番話，鄧文儀特別強調了陳其美、孫中山對於蔣介石謀殺陶成章的充分肯定：蔣介石刺殺陶成章之前，陳其美曾撰寫一副對聯，由孫中山親筆書寫給蔣介石：「安危他日終須仗，甘苦來時要共嘗。」這副對聯中「深含著倚畀的意思」。

同樣的一件事情，在立場不同的人們眼裡，往往會出現截然相反的兩種評價：站在敵對立場的中共領導人周恩來，曾經痛斥蔣介石「奉陳其美之殺了浙江革命黨魁陶成章，而竊取了浙江光復的革命果

[1] 鄧文儀著《蔣主席》，勝利出版社，一九四五年，第一六頁，引自謝一彪、陶侃著《陶成章傳》，第四〇三頁。

實」。[1]

楊天石發表於一九八七年的《蔣介石為何刺殺陶成章》一文，採信一系列文獻證據，坐實了蔣介石是「刺陶案的主凶」。二〇一五年一月二十九日，浙江省社會科學院歷史所研究員張學繼在《團結報》發表考據文章《蔣介石與陶成章案關係考》，其中羅列堆砌了他所掌握的文字資料，尤其是蔣介石的「五虎上將」之一蔣鼎文一九六四年在臺北接受訪問時的一段話——「北伐後，我任寧波警察局局長時，委員長曾交下一個綽號叫『莫姥姥』的在我警察局吃閒飯，一天到晚罵大街，據說他就是委員長（殺陶成章）的一名打手。」——從而得出自以為「揭開了這個謎底」的另一種結論：「據此，筆者以為基本上可以確定，蔣介石只是陶案的策劃與組織者，而直接的殺人兇手則是蔣介石物色的王竹卿與『莫姥姥』。王竹卿後來在嘉興老家被光復會制裁，而『莫姥姥』則不僅逃脫了懲罰，而且在蔣介石發跡之後被當作『功臣』供養了起來。」[2]

而在事實上，陶成章案與當年的陶駿保、姚榮澤、張振武、宋教仁、夏瑞芳、王金發、陳其美等諸多命案一樣，是一例多維度、多層級、多側面、立體性的複雜個案，簡單認定蔣介石、王竹卿、「莫姥姥」中的某一個是該案主凶，在學術上是很不嚴謹的。更加完整的證據鏈條顯示，早在辛亥革命之前的一九一〇年，陳其美、王金發、姚勇忱、沈翔雲、應夔丞、陸惠生、王竹卿、陳錫奎、劉永順、裘美根、李友山、徐春山等人，就已經結合成一個相對固定的或報仇鋤奸或綁架勒索的暗殺團夥。南京臨時政府成立

1 周恩來：《論中國的法西斯主義——新專制主義》，《周恩來選集》上冊，人民出版社，一九八〇年，第一五一頁。

2 張學繼：《蔣介石與陶成章案關係考》，《團結報》，二〇一五年一月二十九日。

後，謀殺陶成章的主要決策者，是滬軍都督陳其美；負責組織實施該項刺殺計畫的，是滬軍都督陳其美的結拜兄弟、滬軍第二師第五團團長蔣介石和前光復會成員王竹卿；直接進入法租界廣慈醫院執行暗殺任務的槍手，是王竹卿的結拜兄弟、滬軍軍官陳錫奎和劉永順。與陳錫奎、劉永順屬於同一個黑社會性質的犯罪團夥的李友三、徐春山、羅阿四、曹阿金、劉虎英等人，也有可能參與了協助配合、接應掩護之類的涉案行動。

回顧歷史，辛亥革命總體上是一場以現代都市為中心並且與國際社會初步接軌的城市革命。與同盟會相比，更加樸實刻苦也更加保守落後的光復會一派人，主要成長於浙江省內的窮山惡水之中，他們更加習慣於宗法農耕及皇權專制社會注重於身分等級、鄉黨派別的暴力革命和恐怖暗殺，卻不肯認真學習和虛心接受現代工商契約及民主憲政社會普遍通行的主體個人自由自治、甲乙雙方契約平等、公共領域法治民主、制度建設限權憲政、國際交往大同博愛的價值譜系。他們在與同盟會的權力鬥爭中歸於失敗並且退出歷史舞臺，是歷史發展的一種必然趨勢。

第三章　王金發的殺人與被殺

浙江紹興籍會黨首領王金發，是中國近現代史上一位具有傳奇色彩的神祕人物。儘管他在辛亥革命前後曾經割據一方，並且與徐錫麟、陶成章、秋瑾、陳其美、黃興、孫中山、蔣介石、姚勇忱、魯迅、周作人等著名人物，都有過接觸；迄今為止卻沒有一篇切實完整地敘述他的人生經歷的傳記文章。現在能夠查閱到的，幾乎全部是半真半假、單邊片面的演義文本。

第一節　徐錫麟賞識王金發

王金發譜名敬賢，又名逸，字季高，號子黎，乳名金發，一八八三出生於浙江紹興府嵊縣獨烏梓村（今屬嵊州市崇仁鎮董郎崗村）。據比王金發年長十六歲的同鄉謀士謝震，在《王季高君行述》中介紹說：

王逸，字季高，一字子黎。隸籍浙江嵊縣，金發，其乳名也。家本小康，早喪父，母延師教之讀，天資頗高，而性頑梗好弄，又孔武有力，與裡中群兒戲，輒雄長其曹，能以手推倒牆壁，於是有大王之目。然畏母，一聞呼聲，即立奔。稍長，好獵，嘗於家園中學習打靶，久之，槍無虛發，能於空中落飛鳥。又好博，性起時，擲錢滿地不顧。此其幼年與成童時期之歷史也。[1]

關於王金發與母親徐珍梅之間的關係，蔡元培在《王君季高傳》中寫道：「父諱啟孝，早卒。母徐氏，魁碩饒膽識。君以先世忠烈之遺，秉母氏剛方之質，自幼多膂力，恒部勒裡兒為行陣，儼具兵法，眾號之曰大王。性嗜博，聞母呵輒止，少長好獵，能擊飛鳥，十不失一，於書不求甚解，然嘗補博士弟子員。」[2]

南社詩人陳去病在《王逸、姚勇忱合傳》中，另有更加離奇的文字介紹：「父啟孝，母徐，孕十四月而生逸。生而有睾丸三，裡人皆異之。……每鬥毆，聞母至輒惶恐，歸受戒，其他勿能制也。」[3]

一九〇〇年即清光緒二十六年，十八歲的王金發組織洪門系統的烏帶黨。一九〇二年，烏帶黨依附於以嵊縣林河莊人竺紹康為首的平陽（又寫作平洋）黨。一九〇四年，二十二歲的王金發考中秀才，並與主持東鄉公學的謝震等人創立大同學社。一九〇五年，舉人出身的光復會首腦徐錫麟，在深入浙東腹地聯絡江湖會黨期間，結識了竺紹康、王金發等人，對於比自己年幼十歲的王金發尤為賞識。王金發因此拜徐錫

---

1 謝震：《王季高君行述》，《辛亥革命浙江史料選輯》，浙江人民出版社，一九八一年，第四七二－四七六頁。

2 錄自《王氏宗譜》卷之八，嵊縣敦倫堂木刻本。見高叔平編著《蔡元培年譜長編》第一卷，人民教育出版社，一九九八年，第六八－六九頁。

3 黃季陸編著《革命人物誌》第一集，臺北中國國民黨中央委員會黨史史料編纂委員會，一九六九年，第一五二－一五四頁。

麟為師，並且加入光復會。

一九〇五年冬天，徐錫麟夫婦帶領自己的侄子徐學舜、徐學麒，以及龔味蓀、陳魏、陳伯平、馬宗漢、沈鈞業、沈樂年、范愛農、王金發等十九人前往日本留學，紹興同鄉陳子英和本名周樹人的魯迅，專程從東京趕到橫濱予以迎接。一九〇六年，王金發從大森體育學校畢業，回國任大通學堂體育教師，並協助徐錫麟、秋瑾等人祕密聯絡各地的會黨人士。

一九〇七年，主持大通學堂的秋瑾依據一首七絕詩詞——「黃禍源溯浙江潮，為我中原漢族豪。不使滿胡留片甲，軒轅依舊是天驕。」——把光復會職員分成從「黃」字到「使」字的十六個級別。其中「黃」字為大首領，由光復會首腦徐錫麟擔當。「禍」字為協領，由秋瑾自居。「源」字為分統，以洪門會黨各首領充任。「溯」字為參謀，以洪門紅旗等充任。浙字以下為部長、副部長等職，重要職員均以金指環為標記。大通學堂因此成為聯絡浙江及江蘇、安徽等地江湖會黨的重要樞紐。

接下來，秋瑾把浙江各路洪門會黨編制為「光復漢族大振國權」八軍，總稱光復軍，由竺紹康、張恭、王金發等人擔任分統。原計劃先在金華起義，處州繼之，誘騙杭州清兵出城援助金華、處州，然後糾集嵊縣、紹興的會黨武裝突襲杭州，時間預定為一九〇七年七月六日，後來改期為七月十九日。

七月六日這一天，時任安徽巡警處會辦兼巡警學堂監督的徐錫麟，乘巡警學堂舉行畢業典禮之機，當場刺殺安徽巡撫恩銘並發動起義，因寡不敵眾而失敗被捕。第二天，徐錫麟被恩銘的衛隊剖心挖肝、凌遲處死。

紹興方面，預備響應起義的秋瑾得到消息後「執報紙坐泣於內室，不食亦不語，又不發一令。有勸之走者，不問其為誰何，皆大詬之」，以至於「束手待斃」，於七月十五日被斬殺於紹興城中心的十字街頭軒亭口。[1]

竺紹康、王金發逃離大通學堂後遭到通緝，率領會黨成員逃往嵊縣的大山深處，斷斷續續地度過了幾年劫富濟貧、敲詐勒索的「綠林」生活。

一九〇八年四月十六日，《申報》在標題為《嵊縣革命黨猖獗情形》的文章中報導說：「王金發、竺紹康等，近來聯絡一氣，倡言革命，勢愈狂熾，地方官長畏匪如虎，竟有親到匪巢請和情事。合邑紳民萬分惶急，公舉代表謝申如、李焦軒二紳到杭，會同旅杭同鄉於十二日開特別大會，籌商對付之策。」[2]

在該文引述的嵊縣紳民呈情狀中，羅列有竺紹康、王金發「煽惑同黨，議籌兵餉八萬金」的打劫實錄：竺紹康「妙運動厚勢力，向各村當戶訛致萬金，據說齊往日本購運軍火」；王金發「資望較淺，又僻處山鄉，附近少富戶，只得專用強硬手段」。一九〇七年九月，王金發率領悍黨多人，搶劫了嵊縣北部沙園村的兩戶張姓人家，以及新昌澄潭鎮的沈姓人家。一九〇八年二月初十日，王金發帶人到會邑大廠莊蔣尚惠家打劫時，殺死了蔣家三條人命。十一日，綁架了掛壁鑼莊的何貞鳳，勒索現洋一千元。十二日又從掛壁鑼莊的七戶人家勒索了五百一十元現洋。十三日從馬家坑泥塘莊的舒、裘、王姓人家搶劫四百三十元。十四日從湖村橋兩戶孫姓人家搶劫七百元。十五日，王金發率人回到天竺寺，預備召集黨人大會。十六日，王金發命令到會的兩百多人每人再去糾集一百人或者幾十人，於二十日入城劫獄。十七日，王金發

---

1 陶成章：《浙案紀略》，汪茂林主編《浙江辛亥革命史料集．浙江革命黨人的活動》，浙江古籍出版社，二〇一四年，第一四六－一四七頁。

2 汪茂林主編《浙江辛亥革命史料集．浙江革命黨人的活動》，第五一〇頁。

率領一百多人圍燒了張村丁姓人家的房屋，他以前的私塾教師丁浼當面哀求並且交納贖金，才得以倖免。當天晚上，大灣莊三戶張姓人家遭到搶劫；另外還有許多大戶人家收到恐嚇信，說是必須準備數千元現金才能保住性命。三月十八日，馮姓縣令委託武舉人馬熊飛到王金發家裡進行和解談判。十九日，馮姓縣令親自來到王金發家裡，與王氏家族商定彼此雙方、各不為難。二十日，凌姓管帶（營長）帶兵放哨至天竺寺，王金發的黨人遵守前一天的約定，沒有向對方發起攻擊，凌姓管帶假裝沒有看到王金發等人揚長而去。

在該份呈情狀中，關於竺紹康、王金發的革命活動還有開宗明義的一段定性文字：「嵊邑著匪，前有張、裘，後有王、竺，但其命意不同。張、裘由仇殺而入於盜賊，竺、王則妄意於滿漢種族，而歸宿於子女玉帛者也。」

縱觀王金發一生的會黨傳奇，「妄意於滿漢種族，而歸宿於子女玉帛者」，堪稱是不幸而言中的一種經典概括。

第二節　王都督割據紹興府

按照謝震寫作於一九一七年的《謝飛麟年譜自序》中的說法，一九〇七年暑假後，他「仍赴滬校，時竺酌仙、王季高輩亦避難來滬，始與楊俠卿、陳英士、姚勇忱等相識加入同盟會。」[1]

1 汪茂林主編《浙江辛亥革命史料集·浙江革命黨人的活動》，第四九六頁。

在寫作於同一年的《王季高君行述》中，謝震介紹說：王金發「售賣所餘家產，得千余金，更籌借千金，共二千餘金，於戊申夏自挈帶來滬，未幾，即與陳英士、竺紹康輩在滬開設天寶棧。」「戊申夏」，就是一九〇八年的夏天。謝震（一八六七—一九一三），字飛麟，又寫作斐麟，號顯雷，別號俠佛，嵊縣新市鄉夏村人。所謂「滬校」，指的是四十一歲的謝震當時所就讀的上海理科專修學校。「酌仙」是竺紹康的字。由此可知，竺紹康、王金發二人早在一九〇八年從事搶劫勒索的「綠林」生活期間，就已經與上海同盟會方面的陳其美、楊俠卿、姚勇忱等人建立秘密聯繫，並且把搶劫勒索的錢財交給陳其美等人從事革命活動。

據謝震的門人陳成（志賡）編寫的《先烈謝飛麟先生年譜》記載，一九〇八年，四十二歲的謝震在上海與陳其美、姚勇忱、楊俠卿、張恭、竺紹康、王金發、呂逢樵等人一起從事地下活動期間，祕密機關因為兩江總督端方的偵探劉師培、何震夫婦告密而遭到破壞，張恭被捕後關押於南京監獄。謝震為逃避追捕，一度返回嵊縣任教於東鄉公學和愛華女校。[1]

關於時名劉光漢的劉師培脫離同盟會充當偵探一事，陶成章在《浙案紀略》中提供的說法是：

> 光漢之性務名，遂與張繼等提倡無政府主義，乃應之者寡，光漢鬱鬱不得意。……會其妻何震及汪公權日夜慫恿光漢入官場，光漢外恨黨人，內懼豔妻，漸動其心。……清帝后死，光漢意成章歸國，日與兩江督標中軍官米占元往各船塢查成章行蹤，久之不得，無以複端方之命，而以張恭

1 汪茂林主編《浙江辛亥革命史料集・浙江革命黨人的活動》，第四八八頁。

報告於端方，張恭遂被拿問。王金發怒，挾槍見光漢，將殺之，光漢懼，許以必為保全張恭，恭因得不死，光漢由是亦不敢再至上海。汪公權以為無慮，仍至上海，偵探黨人舉動，遂卒為王金發所槍斃焉。[1]

另據陳去病在《王逸、姚勇忱合傳》中介紹，遭受通緝的王金發，是在楊廉即楊俠卿的救援下，離開深山逃往上海的。王金發到上海後改名換姓為夏子黎，並且一度逃亡日本。一九〇八年冬天，光緒皇帝和慈禧太后相繼死亡，時任新軍第三一混成協馬營隊官的光復會骨幹熊成基，打算利用南洋新軍和湖北新軍集結於安徽太湖縣舉行秋操的機會，發動武裝起義。王金發、張恭等人聞訊，從日本回國圖謀響應，與竺紹康、楊俠卿、陳其美、謝震等人再度會合。

一九〇九年十月二十六日，《申報》以《密拿革黨王金發》為標題報導說：「上海縣大令接奉道憲蔡觀察劄開，奉浙江撫憲增劄開，革黨王金發逃在上海西門內外，專向各小洋行私行購買槍械子彈等物，煩為飭屬遴選幹練探捕，覓線嚴密訪查，務獲究辦等情。大令查王金發係昔年曾在英租界槍斃汪姓漏網之犯，立即飭差速將該犯嚴拿務獲。」

這裡的「上海縣大令」，指的是上海縣知縣。「道憲蔡觀察」，指的是時任「分巡蘇松太常等地兵備道」的蔡乃煌。「浙江撫憲增」，指的是浙江巡撫增韞。「槍斃汪姓」，指的是張恭被捕後，王金發在上海英租界的大街上，公然槍殺了涉嫌告密的何震表弟汪公權。

1 汪茂林主編《浙江辛亥革命史料集·浙江革命黨人的活動》，第一五〇頁。

關於陳其美的為人，錢基博在《辛亥江南光復實錄》中介紹說：「其美貪財好色，驟用事，而擅上海財賦之地，不惜揮金如土，日走妓館，恣情濫狎，一時有楊梅都督之號。……江浙各地之光復，光復會之功為多，而同盟會嫉其掩己，陰賊險狠，刺客交於衢道。」[1]

陳其美、王金發、應夔丞、陸惠生、姚勇忱、沈翔雲等人在上海馬霍路（今黃陂北路）經營祕密革命機關天寶客棧時，還以上海著名的青樓妓院清和坊琴樓別墅和粵華樓十七號為附屬機關，「陽為縱情聲色，以掩人耳目，所以外面只知道這是個娛樂場所，不覺其為革命機關」。[2]王金發在跟隨陳其美參與革命活動的同時，也沾染了貪財好色、陰賊險狠的壞習氣。

隨著辛亥革命爆發，王金發在一系列的歷史關鍵點上都發揮了自己的作用，並且被後世文人演義出了真假難辨的歷史傳奇。

一九一一年十一月六日下午，陳其美等同盟會人士，撇開領導上海武裝光復的最高軍事統帥、臨時總司令李燮和及其他光復會人士，在小東門原清海防廳署集會商議組建地方政權。據許奇松回憶：「二時左右，出席會議的人員陸續到來，陳英士穿著學生裝，髮辮已剪去，隨身帶來四十個便衣衛士（敢死隊隊員），由劉福標帶隊。」[3]

另據章天覺回憶：「蔣介石、劉福標、王季高大聲急呼，『請陳其美同志擔任都督』！眾面面相覷。

1 錢基博：《辛亥江南光復實錄》，《辛亥革命》第七輯，上海人民出版社，一九五七年，第三八－四八頁。

2 何仲蕭編《陳英士先生紀念全集》（一），臺北文海出版社，一九七〇年，第一五二－一五三頁。

3 許奇松口述、李宗武記錄：《爭奪滬軍都督現場目擊記》，文史資料選輯《辛亥革命七十周年》，上海人民出版社，一九八一年，第一七四頁。

蓋劉福標呼嘯時，猶頻頻以手撫槍，王季高亦以手探西服褲袋；似探槍者，頗類古人之所謂按劍也。眾無言，公舉都督事總算大定。」[1]

事實上，一九一一年十一月六日，蔣介石、王金發二人正在浙江杭州參加光復起義，是不可能出現在上海方面推舉滬軍都督的會議現場的。十一月九日，《民立報》以《浙江敢死隊之壯觀》為標題，報導了發生在十一月六日的杭州起義：

> 浙江革命軍之編制，皆以敢死隊為先鋒，然後繼之以各標新軍。敢死隊之編制共分五隊，以蔣介石為指揮官，……第四隊由王金發為隊長，攻擊軍裝局。其實為天然之形勝，守易而難攻。自攻擊點起，以至軍裝局頭門，約有三千米之遠，巷道深奧，門柵重疊，城池堅固，守備嚴重，防禦綿密，乃為各官局之首。凡察杭垣陣地者，無不以此為最險、最難之區，乃敢死隊竟自起點以至軍裝局頭門，直前衝鋒，勢如霹靂。惟入頭門為賊軍偷刺隊員周堯吉君一員，而軍裝局遂入吾手矣。

關於辛亥革命期間的王金發，謝震在《謝飛麟年譜自序》中介紹說：「越日，季高自滬至，相與定議於八月十五日夜半起事，由鳳凰山及筧橋兩處兵隊裝槍實彈，潛行進城。蔣介石、張伯岐等率敢死隊攻撫署，季高率所部攻軍裝局，皆破之，又以兵團攻旗營，三日下之。舉湯蟄仙先生為都督，而英士亦於是時在滬攻破製造局，任滬軍都督。湯都督複令季高赴紹練兵，預備北伐，給以紹興軍政分府之印，季高邀

---

1 章天覺：《回憶辛亥》，《辛亥革命史叢刊》第二輯，中華書局，一九八〇年，第一五五—一五八頁。

予偕往，予以紹興為桑梓之地，遂辭浙江都督府總務科長不就，而偕季高率所部渡江赴紹，同行者有黃皆親、黃競白、何悲夫、童德淼諸君。」

這裡的農曆「八月十五日」，應該是九月十五日即一九一一年十一月五日的筆誤。十一月七日，浙江都督湯壽潛（蟄仙）所任命的總務部長是陳泉卿，謝斐麟（又寫作飛麟）的正式職務其實是總務部的副部長。關於這段歷史事實，蔡元培在《王君季高傳》中另有敘述：「辛亥八月，武昌起義，君集同志首謀恢復浙江，以九月十五日夜半率死士攻軍裝局，繼下督署。事既定，任紹興軍政分府，日夜搜練，以備北伐。」

十一月六日，紹興繼省府杭州之後宣布獨立，紹興縣議會議長張琴孫聯絡當地紳商，共同推舉紹興知府程贊清為獨立後的紹興軍政分府府長。十一月九日，不情願與浙江都督湯壽潛保持合作的王金發，從杭州帶領一支軍隊回到已經宣布獨立的紹興城區，武力接收紹興軍政分府，並於第二天自任都督。回到家鄉躲避戰亂並出任「辦理光復事宜」的治安科長的紹興官紳章介眉，因涉嫌參與殺害秋瑾一案而被逮捕關押。

據謝震介紹，紹興分府「內由皆親、競白、沈文雄、沈寅生、孫德卿、胡競思、吳采之等先後任總務、財政、庶務等科；在外任事者有王世裕、徐叔蓀、傅頑石、陳贊卿、錢景江等；其軍務科則由于鏡波、陳子明、周獻廷、應衛擊、何悲夫、盧允超等組織之；俞芝祥暫理執法處，後薦任府知事。予長分府秘書兼注意於軍事上，由商會集資徵兵。先編一旅擬成一師，而槍支子彈大形缺乏，特派周志由赴滬購辦，季高複自去接洽，非常延俄，故未與於南京之役。」

所謂「南京之役」，就是江浙聯軍聯合攻打南京城區的決定性戰役，浙江方面參戰的主要是光復會員朱瑞、呂公望率領的一支正規軍，和光復會副會長陶成章在台州等地緊急召集的一支會黨武裝。

第三節　陶成章關聯胡道南

一九一二年一月一日，孫中山率領大批隨員從上海滬寧火車站乘專列前往南京，就任中華民國臨時大總統。據同盟會方面的第一大報《民立報》報導：「大總統於十一時乘滬寧火車專車起節，送行者如外交總長伍秩庸博士、民政總長李平書君，滬軍都督陳英士君因政躬不豫請假，特派派諜報科長應君並先鋒隊兵士護送至寧。共和憲政會會員、南市商團代表葉惠鈞君及南北各軍士團均至車站相送……」

這裡的「諜報科長應君」，就是時任滬軍都督府諜報科長的青幫「大」字輩大佬應夔丞（桂馨）。他奉陳其美的命令，率領滬軍都督府衛隊長郭漢章等人抵達南京後，先被孫中山任命為衛隊司令，隨後又被任命為在總統府內地位僅次於秘書長胡漢民的庶務長。再後來，應夔丞因故撤職被調往黃興任總監的南京下關總兵站任職。兵站撤銷後，應夔丞回到上海，在陳其美支持下組織作為青幫、紅幫、哥老會等江湖會黨聯合組織的中華國民共進會並出任會長，隨後還在陳其美的擔保下，被江蘇都督程德全任命為江蘇駐滬巡查長，直到一九一三年三月因為涉嫌參與宋教仁案而被捕入獄。

到了一九八四年，沈鵬年在《孫中山與王金發》一文中轉述邵力子的事後回憶，說是陳其美為了保證孫中山的絕對安全，專門派遣已經於一九一一年十一月十日出任紹興軍政分府都督的王金發，化裝成「總統專列隨員」，身佩雙槍，暗中保護孫中山：「當李英石以總統衛隊長身分登上滬寧鐵路專車，分享沿途民眾對孫中山先生的敬意時，有一個無名英雄默默地為保衛孫中山的旅途安全而通宵達旦，廢寢忘食。此人就是王金發。」陳其美為此事還專門對邵力子解釋說：「我們革命黨慣用暗殺手段對付清政府的顯要權貴，也要防止他們用暗殺手段來傷害孫中山先生。有王金發擔任祕密工作，就可以放心了。」[1]

當年為陳其美及孫中山擔任「祕密工作」的，主要是滬軍都督府的諜報科長應夔丞。時任滬防軍司令、在上海地區的軍政實力方面僅次於陳其美的李英石，是完全不可能充當孫中山的衛隊長的。沈鵬年在邵力子已經去世的情況下轉述如此荒誕的歷史傳奇，顯然有蓄意偽造虛構歷史故事的嫌疑。

一九一二年一月十四日凌晨，光復會副會長陶成章在上海法租界廣慈醫院被兩名兇手持槍暗殺，此舉引起國內外人士的廣泛關注。一月十六日，上海公共租界工部局警務處刑偵股呈送給工部局總辦處的《警務報告》中寫道：

> 關於陶煥卿於本月十四日在金神父路廣慈醫院被人擊斃之事，他的朋友們說，一個叫王竹卿的紹興人可能是兩刺客中的一人。經查刑偵股檔案，此人曾被人控告過，亦曾服過刑。他曾用過兩個別名，過去是某滿清官員的僕役。一九一一年四月二十四日，他在刑偵股受審時說，他是革命黨人，該黨在江浙兩省擁有黨徒六七萬人。他曾於一九一〇年某時在紹興打死勸學署（Educational Bureau）成員吳振聲（Woo Tsung Sun）。因吳曾殺害一個革命黨人。[2]

1 沈鵬年：《孫中山與王金發》，《臨沂師專學報》，一九八四年第三期。
2 《辛亥革命與上海：上海公共租界工部局檔案選譯》，中西書局，二〇一一年，第一〇三－一〇四頁。

本書第二章引述上述材料時，已經指明這裡所謂的「勸學署（Educational Bureau）成員吳振聲（Woo Tsung Sun）」，是《辛亥革命與上海：上海公共租界工部局檔案選譯》一書的明顯誤譯。Woo Tsung Sun 的所指，是與蔡元培同年中舉的浙江紹興府山陰縣人、本名胡道南的胡鐘生。[1]

依據現有的資料文獻，親臨現場參與刺殺胡鐘生的，應該是他的紹興同鄉、曾經是光復會骨幹會員的王金發和王竹卿。一年之後，一直想利用有錢賣命、無錢打劫的江湖會黨黑道人士從事革命活動的光復會副會長陶成章，像胡道南一樣倒在了前光復會成員王竹卿、陳錫奎等人的槍口之下。陶成章案發生之後，曾經有過王金發參與此案的傳聞；這一傳聞雖然沒有直接證據予以支撐，王金發站在陳其美及同盟會一方，與光復會的前會友處處敵對，卻是不爭的事實。王金發與陶成章的共同朋友龔味蓀，在《龔味蓀自敘革命歷史》中寫道：「武昌倡義，煥卿自南洋還浙江，浙江已獨立，乃推煥卿為參謀長，鬱鬱不得志，余歸寓西湖病甚，煥卿屢與王逸輩牴觸，欲自練兵上海，為忌者所刺。時同盟、光復二會，嫌隙滋甚，而趨勢者多歸同盟會，一日或二三千人，同盟舊人亦為其所陵轢。」

王金發與或直接或間接地介入陶成章案的陳其美、蔣介石、王竹卿、陳錫奎等人，關係極其密切，他在陶成章案中究竟扮演著什麼樣的角色，迄今還是一個不解之謎。

---

1 袁進編《學界泰斗——名人筆下的蔡元培 蔡元培筆下的名人》，東方出版中心，一九九九年，第三五九－三六一頁。

第四節　越鐸報揭黑被血洗

一九一二年七月三十一日，紹興軍政分府宣布取消，軍政分府都督王金發從嵊縣老家招募的衛隊士兵，面臨著或整編調防或遣散回鄉的命運。八月一日，這些士兵以《越鐸日報》記載失實為藉口，突然闖入報社實施血腥報復。

《越鐸日報》創刊於一九一二年一月三日，是時任紹興府中學堂教員的前大通學堂學生、光復會和南社的雙料會員宋紫佩，聯絡紹興學界的孫德卿（又寫作德清）、魯迅、陳子英、范愛農、李宗裕等人創辦的一份地方報刊，其發刊辭《〈越社〉出世辭》，出自魯迅的手筆。魯迅當時的身分，是王金發任命的山會師範學堂的監督即校長。

《越鐸日報》的骨幹成員，大多是王金發追隨徐錫麟、陶成章、秋瑾等人參加光復會活動期間的親密會友；而且一直沒有像王金發、謝震等人那樣脫離光復會而加入同盟會。辛亥革命成功後，同盟會與光復會處於勢不兩立的敵對狀態。隨著陶成章遭受同盟會方面與王金發關係密切的陳其美、蔣介石、王竹卿、陳錫奎一派人的陰謀暗殺，固守光復會的黨派立場的《越鐸日報》，與王金發的軍政分府之間，很快陷入不可調和的尖銳對立之中。

據上海《申報》一系列的追蹤報導，《越鐸日報》以「能言」著稱，王金發軍政分府在紹興的「種種失當」和「一切不法」，該報都予以公開揭露，不留餘地。一九一二年八月一日下午一時許，操著紹興嵊縣口音的三十多名衛兵突然衝進《越鐸日報》社，「持利器逢人即毆，逢物即毀」，報社中人有的從屋頂逃到鄰家，有的從後門落水遊到對岸。從光復會成立之初，就一直出錢支持陶成章、徐錫麟、秋瑾等人的革命及教育事業的該報主要出資人孫德卿，腹部被刀砍傷，經神州醫院謝佩銘醫生及時搶救，才得以保住生命。新婚不久的報社員工葛星馳，被衛兵用最粗的繩索勒住喉部，並用椅腿用力毆打至體無完膚、滿地鮮血。等到被王金發任命的紹興府知事俞芝祥和駐軍管帶何悲夫聞訊趕到時，肇事衛兵已經離開，二人簡單查看一番便離開現場，留下巡警局警員保護現場並驅逐閒雜人員。沒有想到肇事衛兵再次折返，巡警見事不妙而四散逃走。這些衛兵在進一步損毀《越鐸日報》剩餘財物的同時，又揮刀砍傷報社員工車湘舟的後背；另一名員工倪雪恨的頭部，也被砍了三刀。

事件發生後，僥倖逃脫的《越鐸日報》同人，打算通過電報向外界尋求支持和聲援，王金發的衛隊士兵把守電報局不許通電，導致省城杭州在八月二號還沒有得到確切資訊。「尤奇者，王（金發）分府俞知事自親行後，並不加以保護，唯付之一笑而已」。

八月二日，紹興印刷廠因「心懷疑懼，恐受池魚之殃」而「相約停工，不肯排印」，導致紹興各報被迫停版。《紹興公報》發放的傳單聲稱，等到與當局交涉妥洽，便立即出版。

關於《越鐸日報》事件，遠在北京擔任教育部職員的魯迅，在八月七日的日記中寫道：「見北京報載五日電云，紹興分府衛兵毀越鐸報館。」[1]

遭受血腥報復的《越鐸日報》，直到八月二十一日才恢復出版。九月二十一日至二十三日，《越鐸日報》連載署名支航的長篇文章《八月一日本報之浩劫》，其中完整敘述了事件的前因後果，並且特別指

1 《魯迅全集》第一四卷，人民文學出版社，一九八一年，第十三頁。

出，衛隊士兵第二次折返報社行兇施暴的過程中，王金發本人「臨社監視，然顧盼少頃，即飄然而去」。事件發生後的第二天，王金發關於此事的解釋是：「分府業於昨日取消，衛兵滋事，余可不負責任。且若輩不著軍服，尤不當視為衛兵。」[1]

王金發衛隊血洗《越鐸日報》的惡性暴力事件，共造成該報員工十七人重傷，其中的葛星馳因傷勢過重而離開人世。葛星馳的父親多次向該報經理趙漢卿要求撫恤，趙漢卿一面墊款萬餘元安葬撫恤，一面向浙江都督朱瑞請求嚴緝兇犯。懾於陳其美、王金發等人炙手可熱的恐怖勢力，這樁專門針對新聞媒體的野蠻報復事件，最終不了了之。

《越鐸日報》案發生時，辭去教育總長一職離開北京的蔡元培，正在江浙一帶辦理同盟會分會的相關事務，他對於發生在自己家鄉的這一重大血案，不可能一無所知。但是，他在當時所寫作的《亡友胡鍾生傳》中，一個字也沒有談到三年前涉嫌槍殺胡鍾聲、並且剛剛又在紹興家鄉製造慘案的王金發。一九一七年寫作《王君季高傳》時，蔡元培也只是採用避重就輕、反話正說的春秋筆法，略微提到了王金發在紹興都督任上草菅人命的種種暴行：「君當奔走革命時，艱苦卓絕，儕輩交推。洎分府紹興，頗滋物議；然士卒有犯煙禁、淫行，輒予死刑，風紀固肅然也。」

由於王金發（季高）時常往返於紹興與上海之間，紹興軍政分府的日常事務，主要由王金發的嵊縣同鄉和親信謀士謝震以秘書長身分負責主持。謝震在《謝飛麟年譜自序》中，所提供的是只報喜不報憂的片面敘述：

---

[1] 《魯迅年譜》（增訂本）第一卷，人民文學出版社，二〇〇〇年，第二七二頁。

季高由是常往返滬越間。新兵初練不易管束，外人推測，輒以紹興糜爛為慮，杯蛇市虎，謠言滋多，予因定每星期赴各營演說一次，於軍人道德三致意焉，頗感動。以後如減餉，如裁兵，如南北統一取消分府，將所有軍隊俾俞丹屏帶至寧波，皆於事前為之反復講明理由，故臨時不生齟齬，措施裕如。蓋自辛亥九、十月間，紹興分府成立，至於壬子秋七月取消，雖無何種善政，猶私心竊喜，未釀兵變，差堪告慰。

謝震的門人陳成在《先烈謝飛麟先生年譜》中，更是把紹興練兵的全部成績算在了謝震一個人的頭上：「先生任分府總參議兼秘書長，先練陸軍一標，又令何旦編練紹河水師，並飭魏峰和尚組織北伐僧兵一團。……在分府結束期間，每日抽暇一小時至軍隊演講三民主義，並曉以大義，服從省令，故陸軍一標交省委俞公丹屏帶至寧波，紀律甚佳。」[1]

另據陳去病在紀實小說《莽男兒》中提供的說法，王金發在出任紹興軍政分府都督的八個多月時間裡，經常去上海協助陳其美從事各種軍政活動，並且沉溺於「燈紅酒綠之地，佐以淺斟低唱」的溫柔之鄉，「動輒經旬不返」，漸漸「色授魂銷，大有樂不思蜀之慨」。王金發打著籌集革命經費的旗號大肆斂財，以至於「括民財及百萬，以巨金購宅海上，額曰逸廬，要名妓花小寶貯其中，平日呼麼喝六，做牧豬

1 汪茂林主編《浙江辛亥革命史料集．浙江革命黨人的活動》，第四八九頁。

奴戲，折資無算」。[1]

紹興軍政分府解散後，王金發拒絕就任袁世凱任命的總統府顧問一職，而是攜帶巨額公款赴上海享受寓公生活。已經擁有原配妻子徐氏和小妾沈氏的王金發，先是納妾楊月娟，接著又在上海迎娶名妓花寶寶為妾。魯迅在《這個與那個》一文中，指責王金發「漸漸變成老官僚一樣，動手刮地皮」，指的就是這些事情。[2]

第五節　袁世凱特赦王金發

二〇一五年十二月七日，《經濟觀察報》刊登韓福東的《袁世凱的特赦權》一文，其中考證發掘了王金發很不光彩的一段人生經歷：一九一二年九月二十二日凌晨，王金發在位於北京前門外的金台旅館，與《神州日報》經理汪瘦岑（汪彭年）發生爭吵，進而毆傷汪之腿臂，幾致汪於死。

據《申報》報導，九月二十一日晚上，剛剛由中國同盟會、統一共和黨、國民公黨、國民共進會、共和實進會等黨派組織聯合組建的國民黨，在六國飯店宴請共和黨理事張謇；從上海追隨國民黨首領黃興（克強）、陳其美來到北京的姚勇忱、王金發，應邀出席。宴會結束後，王金發穿著出席宴會的大禮服、

1　陳去病著《莽男兒》，一九一五年八月，上海國光書局出版。張夷主編《陳去病全集》第二冊，上海古籍出版社，二〇〇九年，第一二二一頁。

2　《魯迅全集》第三卷，人民文學出版社，一九八一年，第一四一頁。

頭戴高帽來到金台旅館。這裡居住著王金發的革命黨朋友一百多人，其中包括上海女子進行社的張福貞、北伐女隊的林宗雪。王金發與這兩位女子十分熟稔，已經連續多天到這裡嬉戲打鬧，並且時常在張福貞房間內鬧出很大動靜。

金台旅館位於前門地區，是北京城區當年的一所著名的中式旅館。一個月前的一九一二年八月十六日，來自湖北武昌的辛亥革命首義將領張振武、方維，被袁世凱、黎元洪合謀處死。張振武、方維生前就帶領三十多名武裝衛隊租住在金台旅館。三個月後的一九一二年十二月下旬，王金發在上海從事地下活動時期的老同黨、時任共進會會長的青幫「大」輩大佬應夔丞連同如夫人李氏，以及共進會副會長張堯卿等人，在內務部秘書洪述祖陪同下來到北京拜會袁世凱和趙秉鈞時，同樣是入住的金台旅館。

和女眷一起來京的《神州日報》經理汪彭年，恰好住在張福貞房間的樓下，當天又恰好趕上中央政府撤回省級官制案。心有感觸的汪彭年連夜執筆趕寫文章，王金發與張福貞等人的吵鬧聲打斷了他的思緒，他因此大聲抗議道：「旅館是公共地，須稍顧公德，夜深擾人清夢，於理未合！」

汪彭年話音剛落，就聽到樓上破口大罵：「哪個王八蛋！」

汪彭年大怒，開門出屋高聲應戰。伴隨著「王八蛋」之類的叫罵聲，王金發直下扶梯，飛起一腳踢中汪彭年左膝。

王金發的皮靴非常堅硬，一腳便把汪彭年的呢褲和襯褲洞穿踢破，汪彭年撲倒在地，腳上拖鞋隨之脫落。王金發上前對著汪彭年的臉部拳掌無數，導致汪彭年皮破血出。已經臥床休息的汪彭年的眷屬，試探著要從房間裡出來予以救護，被汪彭年回身阻止。前來拉架的店夥計和房客沈小沂，也遭到王金發的野蠻毆打。

汪彭年趁著眾人拉架的機會躲進房間，王金發又用腳猛踹房門，嘴裡還夾雜著「大總統請我來」、「黃克強邀我來」之類的炫耀話語。聞訊趕來的巡警懾於王金發的淫威，一時間竟然不敢採取行動。汪彭年在房間內用電話將同鄉葉範予叫來，由於葉範予隨身帶有非常強健的僕從，王金發才有所忌憚，知趣地躲回張福貞的房間。

張福貞隨後走下樓來，進入汪彭年房間「稍慰藉之」。汪彭年見有人助勢，又走出房門開始理論。聞訊起來的巡官與巡警一樣，不敢對王金發採取行動，汪彭年為此勃然大怒：「既然法律不管，那麼王金發逞兇之事，只有以武力來解決了。」

躲到樓上的王金發擔心事情鬧大，「寂然不敢作聲」。巡警無奈，要求王金發和汪彭年一起到區警廳去解決問題。王金發大聲恫嚇說：「我貴為都督，經大總統相請而來，豈與小民同打官司？」

巡官只好勸汪彭年先走一步，他自己稍後陪同「王都督」再來。

汪彭年抱著傷腿在區員警廳等了很久，等來一個自稱是王都督代表的仇姓男子，提出要協商私了。汪彭年大驚道：「他是刑事現行犯，也可有代表私了？」

巡官支吾半天，勸說汪彭年先回旅館，汪堅決拒絕。巡官於是又回去勸說王金發，王金發高帽禮服走到半路，卻又折返旅館。

汪彭年返回後，發現王金發依然滯留旅館，他大為恐懼，只好再度報警。巡官便委派兩名巡警加以守護。

第二天，汪彭年催促區員警廳依法作為，區級巡官不敢應答，推辭說要把案子移交總局。在汪彭年的堅持下，案件被移送到北京地方檢察廳。作為違法肇事一方的王金發，非但沒有被限制自由，反而大搖大擺地前往天津走了一遭，一周之後才返回北京，住進租界區的六國飯店。

事件發生後，《新聞報》、《時報》、《時事新報》、《大共和報》、《民生報》、《太平洋報》、《民報》等多家報刊，聯合發表致袁世凱大總統、參議院及司法部的公開信，其中明確表示：「京師為法權表率，乃敢妄逞暴行，侵犯人權，蹂躪國憲，蔑視司法，若不按法予懲，必致法權屈而賊民興，全國望治之心因而瓦解，為此公懇立予伸雪，以尊國紀，不勝待命之至。」

懾於輿論壓力，北京地方檢察廳於九月二十九日中午函告各國駐華使節，得到允許後才派出警員，將王金發從六國飯店拘走，由預審廳先行預審。

王金發被拘留後並不認罪，反而辯稱是汪彭年先動手打人，甚至栽誣汪彭年的《神州日報》想要敲詐他，他才開始動手打人。在此情況下，北京地方檢察廳依法對王金發提起公訴。

案件進入法律程式後，有個叫鄭謙的南京人前來會見汪彭年，說是代表黃興、陳其美表達對於此案的關切和不安：「不知老兄駕臨，以為尋常百姓，故予以懲處。今願和息。」

汪彭年回答說，這是刑事案件，既然已經公訴，我作為原告也無權將其銷案。雙方因此不歡而散。

接下來，又有一位張姓南京人找到汪彭年，自稱畢業於美國耶魯大學，現在漢口做律師。這位張律師依然勸說雙方和解。汪彭年問：刑事案子怎能和解。張律師說：可以半作民事。汪彭年請其解釋。張律師說：你的褲子被毆破損，就符合民事訴訟中的損害賠償條款啊。汪彭年一笑置之。

繼張姓律師之後，另有一個叫黃秀伯（字中慧）的南京人與汪彭年見面。他勸告汪彭年說：「袁世凱大總統在今日，也不得不拍黃克強的馬屁，你一個酸書生以法律自負，我請問大總統對黃克強、陳其美敢執法嗎？不如由我出面調解，你尚可得一面子。」又說「明天我在六國飯店請你吃飯。」

第二天，汪彭年以傷發不能行走為藉口，謝絕了黃秀伯的邀請。

《申報》在追蹤報導案件進展的同時，還配發了一系列評論文章。其中一篇評論說：王金發毆傷汪彭年，是非曲折昭昭在人耳目。王口出大言，自稱都督，直是敗類行為。鄭謙代表黃興、陳其美拜謁汪彭年時，說的算是什麼話呢？民國共和，豈有所謂「尋常百姓」、「特別百姓」之分？假使「尋常百姓」可以被毆辱，現在還算是共和時代嗎？

另一篇評論則把矛頭指向黃秀伯的枉法言論：該案是非曲折自有公評，最令人不解的是黃秀伯對汪彭年說的話，他說袁世凱大總統也不得不拍黃興的馬屁云云，黃秀伯乃是黃永思的兒子，黃永思在前清時就「大酸天下」，他的兒子現在又用這種口氣說了這番話，讓人聽了想要嘔吐，真實可痛、可歎、可恨又可殺！

黃秀伯的父親黃思永是清光緒六年的狀元，被認為是中國興辦債券股票的第一人，與張謇並稱「商部實業兩狀元」。黃秀伯早年赴美深造，後來在實業上也頗有成績。

一九一二年十月初，王金發被一審法庭判處五等有期徒刑，監禁八個月。汪彭年認為判決太輕，向北京高等審判廳提起上訴。

在一審宣判之前，王金發就以交納三百元保證金為條件「暫釋候訊」。一審宣判之後，黃興以王金發在紹興都督任內尚有未了事件需要料理為由，準備援引刑律以每日一元的贖款共花費二百四十元另加訟費十元，來換取王金發的釋放。《申報》為此發表評論說：王金發入監，本來「可為一般自稱都督、胡亂毆人者戒。克強何必而必為之保釋？嗚呼，予欲無言。」

在報刊輿論的廣泛關注下，北京高等審判廳很快給出終審結論：維持八個月的原判，但不准贖刑。署名瞻圓的作者在《申報》上發表諷刺文章說：王金發案播傳遐邇，通國皆知，鄙見認為贖刑未始不可，只是前定二百四十元數目太小。「若王金發者，曾據高位，搜刮民膏，私囊充斥」，所以應該罰以重款，用於各省水災的賑濟，「破貪囊以救民命，亦中國今日權宜之善法也」。

王金發正式服刑一個月後，案件再一次出現轉機。司法總長許世英依據《臨時約法》第四十條，提請臨時大總統袁世凱特赦王金發，其理由是：毆傷汪彭年的案情，罪本無可原，「惟王逸有功民國，應否量予寬典，出自特權」。

一九一二年十一月二十三日，袁世凱下發命令：「特赦王逸，免其執行。」

當年與黃興、陳其美、王金發、姚勇忱等人一同進京的謝震，在《謝飛麟年譜自序》中回憶說：

取消分府後，季高攜眷居滬，予擬入病院，旋為季高邀同赴京，有姚勇忱、裘吉生君同行。季高上書呈請出洋調查軍隊，考察實業，予亦在京發起慈善會，並與諦閑法師聯名呈請，擬辦蒙藏佛教聯合會，經蒙藏院批准。旅京兩月餘，回滬已近歲臘，適蒙疆告警，又為季高作文呈請，自願率所部征蒙，均不果行。

謝震在北京逗留的兩個多月時間裡，先是代王金發草擬了第一份向袁世凱投誠效忠的《上大總統條陳根本大計書》，接著又替王金發草擬了第二次上書袁世凱的《呈大總統再請效死蒙疆文》，其中高調表示，要「招集舊部，率領前驅，誓當直搗庫倫」。

應該說，袁世凱特赦王金發的主要原因，是他此前剛剛和孫中山、黃興達成了一系列的政治妥協。一九一二年九月二十五日，總統府秘書廳正式公布《大總統秘書廳記錄大總統與孫中山黃克強兩先生暨黎副總統協商訂定內政大綱八條》，其中寫道：

> 一，立國采統一制度。二，主持是非善惡之真公道，以正民俗。三，暫時收束武備，先儲備海陸軍人才。四，開放門戶，輸入外資，興辦鐵路、礦山，建置鋼鐵工廠，以厚民生。五，提倡資助國民實業，先著手於農、林、工、商。六，軍事、外交、財政、司法、交通，皆取中央集權主義，其餘斟酌各省情形，兼採地方分權主義。七，迅速整理財政。八，竭力調和黨見，維持秩序，為承認之根本。此八條者，作為國民、共和兩黨首領與總攬政務之大總統之協定政策可也。……從此進行標準，如車有轍，如舟有舵，無旁撓，無中阻，以專於利國福民之一途，我中華民國庶有豸乎！[1]

根據八大政綱，袁世凱還與孫中山、黃興達成四項政治協定：其一，實行統一。各省軍政府尚未取消者，電飭其限期取消。一面派員分赴各省調查情形，軍事、外交、交通各司長，皆由中央委任。一切事宜均直隸於中央各部，以期統一。其二，整頓海陸軍。擬籌集的款，速組織陸軍大學，並組織海軍學校，飭由海陸軍部選派人員，赴各國考察。其三，興辦鐵道。已歸孫中山先生辦理，請黃君擔任開礦事宜，於北京、南京兩處，建設鋼鐵工廠，以能達到全國軍械皆出於自造之目的。其四，資助國民組織實業銀行，農

1 《政府公報》，一九一二年第一四九號。陳錫祺主編《孫中山年譜長編》上冊，第七三三頁。

林、工商諸事，官督紳辦，以救政府不及之患。[1]

作為上述協議的一種具體表現，孫中山此前在八月二十八日接受《亞細亞日報》記者採訪時，就公開指責參議員圍繞張振武案針對袁世凱、黎元洪的彈劾提案，「於事實毫無補救，徒費良好時光」；並且宣稱自己十年內不參加總統競選，中華民國十年內不撤換大總統。袁世凱投桃報李，於九月九日特授孫文籌畫全國鐵路全權並組織鐵路總公司，由交通部每月提供三萬元辦公經費。還在路途之中的黃興，也於九月九日與黎元洪、段祺瑞一起被授予陸軍上將軍銜，隨後又被任命為漢粵川鐵路督辦。

從民主憲政的現代法理和分權制衡的制度建設著眼，被當時報刊稱譽為「南北調和」重大成果的「孫、黃、袁、黎協定之八大政策」，其實是凌駕於「臨時約法」明確規定的憲法條款、制度框架和法律程式之上的非法「協定」。偌大一個中華民國，在袁世凱、黎元洪、孫中山、黃興的眼裡，竟然變成了私相授受、包辦瓜分的盤中餐和囊中物。更加不堪的是，在這場政治交易當中，還包含著孫中山對於袁世凱、黎元洪違法殺害辛亥革命首義將領張振武和方維的枉法辯護；以及黃興、袁世凱對於觸犯法律的王金發的枉法庇護。中華民國的現代法治建設，就是在「孫、黃、袁、黎」的政治妥協和政權交易中，被架空虛置為一紙空文的。

1 《獨立週報》，第一年第三號，一九一二年十月六日。李雲漢：《黃克強先生年譜》，國民黨黨史委員會，一九七三年，第三〇五頁。

第六節　姚勇忱橫死杭州城

據褚輔成在《王季高君墓誌銘》中介紹，國民黨代理理事長宋教仁於一九一三年三月二十日在上海滬寧火車站遇刺之後，王金發、陸惠生等人受陳其美派遣，「以國民黨特派員的身分」參加緝凶工作，僅用三天時間迅速偵得線索，會同租界巡捕將應夔丞（桂馨）捉拿歸案，次日又於應宅捕獲兇手武士英，並搜得種種罪證，證明宋教仁案與袁世凱有關，使「間接教唆犯詢鞫得實，輿論大嘩」。[1]

與此相印證，陳去病在《王逸、姚勇忱合傳》中介紹說：王金發以國民黨特派員身分，「以緝匪自任，期於必獲，未幾，果偵得賊為應桂馨，而案大白，逸之功也。」

關於王金發在宋案發生之後的相關表現，謝震在《謝飛麟年譜自序》中回憶說：

> 予自是常住英租界自新醫院養病。癸醜三月，宋教仁來滬主張內閣制，到處演說。四月間動身赴京，於滬寧車站被人暗算。……予在院，初得諸季高口述如此駭甚；繼聞查悉應杜馨間接指使，武士英為兇手，且都已緝獲，又喜甚。旋聞訊得口供，並檢查其家中信函，牽連袁政府左右多人，予始恍然於居中指使者之大有人在。……後聞有調和之說，予奮然曰：堂堂民國大總統竟出此

1 引自章念馳：《紛紜謠諑總無端——論王金發》，《嵊縣文史資料》第二輯，嵊縣文史資料委員會編，一九八五年六月，第七一－九二頁。

> 鬼祟殘忍之手段，以戕我民黨中重要分子，非寸磔無以謝死者謝天下，豈尚有調和之餘地乎？……因自去晤英士，力申前說，據云終以穩健為是。季高亦依違其間，予乃怫然。

且不說袁世凱是不是宋教仁案的幕後主凶，站在前光復會會員謝震面前的前滬軍都督陳其美，恰恰是一九一二年一月十四日刺殺光復會副會長陶成章的幕後真凶。按照謝震的革命邏輯，他「非寸磔無以謝死者謝天下」的第一個復仇對象，理應是「堂堂」的滬軍都督陳其美，而不是「堂堂」的民國大總統袁世凱。像謝震這樣選擇性的意氣用事，其實是沒有任何正當性可言的。

按照蔡元培的《王君季高傳》的說法，他自己由於求學的緣故而久留西歐，對於王金發的事蹟「不備悉」。一九一七年出任北京大學校長期間，恰好謝震來到北京，「以君生平行誼見告，趣予為傳。予以飛麟為君故友，其言足征，因次其語而著於篇」。

由此可知，蔡元培的《王君季高傳》，主要是依據紹興同鄉謝震提供的傳記材料而寫作的。令人感到驚奇的是，其中竟然有這樣一段話：「二年，以宋教仁案，君被嫌，與姚勇忱馳歸浙江，為浙督朱瑞誘致署中，畢命幽室，時四年六月二日也。」

至少從這段話的字面意義上來理解，王金發在宋教仁案中，確實有一部分的涉案嫌疑。儘管當年第一時間報導宋教仁案的報刊文獻當中，並沒有留下王金發直接參與宋教仁案的明確記錄，褚輔成、陳去病、謝震、蔡元培等人的事後回憶，還是具有較高可信度的。時任浙江都督朱瑞，恰好是與章太炎、陶成章、宋教仁等人關係密切的前光復會骨幹成員，早年還曾經給青幫「大」字輩大佬應夔丞（桂馨）當過徒弟。朱瑞行使職權殺害自己的老同黨王金發和姚勇忱，其中應該有為陶成章、宋教仁以及應夔丞公報私仇的情感因素在裡邊。

「二次革命」爆發後，陳其美於一九一三年七月十八日在上海宣布獨立，自任討袁軍總司令。時任浙江都督的前光復會成員朱瑞，於七月二十日通電宣布浙江自保、不問其他。王金發便在上海自任浙江駐滬討袁軍總司令，一面派人回嵊縣老家召集舊部，一面親自到寧波策動紹興軍政分府期間所訓練的一標軍隊。據《浙江公報》記載，朱瑞當年通過電報將王金發的活動及時報告給了袁世凱：

昨據探報，王金發偕同亂黨數人，於養日到寧，多方煽惑軍隊，擬先由九十七團三營佔據軍械局入手，即率隊赴紹，聯絡台、溫、處相繼獨立，省會改建寧波，現正運動甬旅長顧乃斌為都督等情。查近來亂黨實以全力注浙，力圖破壞，滬上亂黨機關報《民報》、《民主》、《中華民報》，日來連載浙省亂事新聞，希冀搖惑人心，……頃據軍事處敬電，沈定一回甬，與謝飛鱗密謀煽亂……[1]

這裡的「養日」，即一九一三年七月二十二日。所謂「敬電」，就是七月二十四日的電報。

關於此事，謝震在《謝飛麟年譜自序》中回憶說：「李烈鈞倡義於湖口，黃克強獨立於南京，陳英士統率松江、鎮江之兵攻製造局，季高自為浙江駐滬討袁軍司令，予在紹興候信起師，乃浙督朱瑞不肯贊成。……予在紹興催季高款不至，屢被搜捕瀕死者數，以交友多途徑熟，故得脫於險。八、九月間繞道由

1　裘孟涵：《王金發其人其事》，《浙江辛亥革命回憶錄》，浙江人民出版社，一九八一年，第五四頁。

甬至申，然而苦矣猶未也。時各省同志多在滬，機關林立，皆思積極進行。予前囑胡君笑樵赴嵊催款，又囑呂君韶美、盛君雨村至滬催季高撥款，並與各方面接洽。迨予抵滬，又有某女士交到款若干，予即欲將就起程，人言款須籌足盍少待，由是遷延多日。」

當時追隨謝震從事革命活動的陳成，在《先烈謝飛麟先生年譜》中另有敘述：謝震在上海養病期間發生了宋教仁案，謝震力主討伐，與孫中山意見一致。他抱病撰寫討伐袁世凱的檄文，公開發表在《民權報》上；然後獨自一人回到浙江，先到寧波聯絡俞丹屏統率的紹興舊部，再到紹興徵調何旦統率的紹河水師。何旦陽奉陰違，祕密向浙江都督朱瑞通報軍情，導致謝震幾乎被捕。謝震只好返回上海重新佈署。留在浙江的革命黨人反復起事，都以失敗而告終，從而造成巨大傷亡。謝震的「革命動力幾喪失殆盡」。

隨著「二次革命」迅速潰敗，藏匿在上海租界區的陳其美、王金發等革命黨人，由參與締造中華民國的功勳人士，轉變成為遭受懸賞通緝的國事要犯。

在《王季高君行述》中，謝震談到王金發在上海攻打製造局的戰役中，「輸送軍士酒食，至半途，被人暗算，擲炸彈，汽車受損，人得不死」；隨後他又在《謝飛麟年譜自序》中洩憤說：「予以其二次革命時見義不為，背予前約，致予受種種身心上之痛苦，深恨之。因同在隱匿時期，姑含忍而蹤跡已疏，彼有事不予我知，我亦不過問，且擬彼完全安適時發表理由，與之脫離關係。」

按照謝震的說法，「二次革命」失敗後，遭受通緝的王金發（季高）「既不願冒危難，乃匿居他處。然報紙上數數登載南方有暴動案，輒謂由季高委任，且登門索餉者踵相接。」王金發的母親徐珍梅，為了幫助兒子擺脫來自政府當局及革命黨內部的雙重困擾，在代表袁世凱中央政府的幾名說客誘導下，強迫王金發以「改過投誠」的方式，呈請陸軍部取消通緝令。

一九一五年一月十一日，陸軍部下達批文：「據稟已悉，爾子王逸既未附和亂黨，已准免緝。囑其安分讀書，養才待用可也。」

徐珍梅催促王金發前往北京會見陸軍總長段祺瑞及陸海軍統率辦事處官員，王金發請客送禮花費了兩萬多元，統率辦事處卻向他提出限期拿捕韓恢、詹大悲、蔣介石、夏之麒、夏爾嶼、陸惠生、姚勇忱等人的自贖條件，從而把他置於騎虎難下的被動境地。按照謝震的介紹，王金發返回上海後，一邊與革命黨人保持聯繫，一邊與陸軍部派駐上海的王百川、李魯生等人相互來往，一邊繼續「以醇酒婦人為自尋娛樂計」。到了中日交涉「二十一條」的一九一五年，「吾黨同志紛紛回國，謠言四起，季高忽偕姚勇忱、陸某赴浙江，意殆謂借此可以消釋嫌疑。孰知朱瑞始而監視，繼而看守，至六月二日，突云奉令立予槍斃。」

一九一五年五月三日，王金發帶著姚勇忱及愛妾花寶寶，以「購地建房，奉母終養」為藉口來到杭州。與王金發既是嵊縣同鄉又同為前光復會會員的浙江都督朱瑞，一邊扣押王金發等人，一邊向袁世凱密報王金發「來杭意圖叵測」。到了六月二日，朱瑞奉袁世凱命令，對三十三歲的王金發執行槍決。王金發被處決後，袁世凱政府公開宣布罪狀說：

據興武將軍督理浙江軍務朱瑞電稱：亂黨王金發即王逸，係迭次通緝要犯，現金發逮交本署軍法課及軍事審判處會訊。據詳訊得王金發於二年七月隨同陳其美攻上海製造局，並赴寧波運動軍隊，搶款構亂，又唆使陳楚青等在上虞百官鎮起事，圖撲紹城，迨事敗潛逃，往來港滬。三年十一月，寧波破獲匪徒陳國治擾亂一案，訊係王金發為偽總司令，分發偽委任狀及計畫書，供征確鑿。

> 該犯二年以來，迭犯內亂罪，情節顯著，法無可應原。據陸軍部呈稱：王金發犯罪在逃，迭飭通緝。去歲曾請捕獲他犯自贖，但延宕日久，隨時與亂黨勾通，迄未捕獲一犯。現又與陳其美等密謀在浙構亂，按該犯迭犯之內亂罪，本未呈經赦免，茲複怙惡不悛，始終圖變，如不執法懲治，必仍貽禍地方。應請立予正法。由飭將王金發按內亂罪立予正法。罪狀宣布，俾眾周知。[1]

關於王金發之死，上海《字林西報》評論說：王金發任紹興軍政分府都督期間「敲撲取盈」，「二次革命」期間又與陳其美「隱相勾結」，王金發正法，「莫不歡欣鼓舞」。

與王金發結下仇怨的《神州日報》評論說，王金發是「損益於政府者」，所以「死有餘辜也」。

另據岑夢樓於一九一五年在上海華洋書局出版的《王金發》一書介紹，王金發身為「綠林強盜」，初以雞鳴狗盜，「殺人越貨，擾害社會，阻撓文明」。出任紹興軍政分府都督後，不諳吏治，倒行逆施。「二次革命」後又投誠袁世凱，「欺詐同志，則得罪於黨友」。加上他「豪侈不可名狀」，「好吃好殺人好賭好色好穿」，被執行槍決之後，紹興各界莫不喜形於色，歡聲雷動，專門在紹興布業會館召開「殺王慶死會」，還「欲於東關門外鑄一鐵像，並敘次其生平劣跡，俾遺臭於萬年」。

與王金發同時被捕的姚勇忱，兩個月後也在杭州被執行槍決。一九一五年七月三日，《申報》以《姚勇忱亦執行槍決》為標題報導說：「王金發、姚勇忱同時被獲，王執行槍決，徇姚羈陸軍監獄署，遲遲未

---

1 《政府公報》，一九一四年，第一一一五號。參見王小安、章念馳：《陳英士與王金發》，浙江文史資料選輯第三六輯《陳英士》，浙江人民出版社，一九八七年，第一三七頁。

有消息。茲聞杭垣昨日奉到中央命令，著即就地正法，遂於下午五時在監獄署執行，由軍事審判處執法官張尚賓宣布罪狀，立將姚勇忱槍斃矣。」

與王金發相比，姚勇忱的傳記資料更加匱乏，至今能夠看到的比較真實可靠的傳記資料，只有陳去病的一篇《王逸、姚勇忱合傳》，其中寫道：

> 姚勇忱者，名志強，吳興織里村人也，原名永貞，亦號永成。初習理化學於上海，而制炸彈，因得識秋瑾，邀之至紹興，為大通學校教師，遂入光復會。皖越事敗，勇忱冬夜逃匿小艇，幾為邏者所獲，賴舟人以詭詞脫之，因還上海，依楊廉以居。會徐夫人自華營葬秋瑾於西湖，勇忱與廉俱往會，之鳳林寺，並結秋社以隱集同志。是夏遂居湖上避暑者經月，而楊廉墜馬傷顱，創重還滬卒。勇忱爰之洛陽，任理化學校教師，明年已酉歸，留鎮江者數月。夏秋間，乃還上海，依竺紹康，一病幾死。至十月，《中國公報》發行，邀勇忱佐其事，未幾中止。勇忱仍落魄依陳其美。及武漢光復，勇忱乃助陳其美開府滬瀆，並料量儲胥，勞績頗著。民國成立，勇忱被推為同盟會上海支部長，旋改國民黨，仍任副部長。及國會之開，複被推舉為眾議院議員。居京數月，以側目者眾，遂南歸。自是往來日本，多所謀劃，顧卒無效。當是時，黨人俱星散，獨王逸居上海，幸無恙。勇忱乃往依之，易其字曰劫灰，日譯小說以自遣。逸之詣陸軍部自首也，或謂勇忱實與其謀，然勇忱卒因是死。

一九一六年六月六日，帝制失敗的袁世凱因尿毒癥醫治無效而離開人世。繼任大總統黎元洪，對國民黨採取合作態度。一九一七年三月三十日，王金發的母親徐珍梅在陳子明、俞丹屏、謝震等人協助下，把王金發、姚勇忱的遺骨安葬在與徐錫麟墓和竺紹康墓相鄰的杭州西湖臥龍橋畔。謝震在《王季高君行述》中對王金發多有溢美之辭，同時又不得不承認王金發「逞其智巧，以求一時之安，又未能審慎周詳」，以至於不僅身死，「且名譽亦因之毀矣」。

一九一七年八月下旬，徐珍梅帶著王金發六歲的兒子王戢華，在謝震、陳成等人陪同下來到北京，入住位於前門西河沿的群賢旅館。此行的主要目的，是向中央政府呈送謝震的《代民婦王徐氏擬請昭雪王逸呈》，並且向京城名流散發《王季高君行述》以尋求支持。經過武昌首義領導人孫武以及浙江省在京議員褚輔成、盧臨先、蔣著卿、趙成志、張雨蕉、童宣甫等人的聯合聲援，王金發的昭雪安葬之事得到中央政府批准。正是在這一背景之下，褚輔成寫作了《王季高君墓誌銘》，蔡元培寫作了《王君季高傳》。

蔡元培在寫作《王君季高傳》的同時，還為王金發的墓碑題寫了一副挽聯——「生死何常，湖山無恙；智勇俱困，天地不仁」——並且為「魁碩饒膽識」的王金發母親徐珍梅，題寫了「女傑」二字。在為謝震的《徐孺人行述》題寫的跋語中，蔡元培進一步讚美「王母徐老孺人」，是「身處閨闈，而能以天下國家為心，其識見固超出尋常萬萬矣」的當世「女傑」。

到了一九二三年二月九日，在上海創辦《真報》公開批評浙江督軍盧永祥的謝震，被盧永祥的偵探徐鴻飛引誘到四馬路言茂源酒館實施抓捕，於二月十五日被殺害於杭州陸軍監獄。這一天恰好是中國傳統的除夕即臘月三十日。

第七節　周樹人反思王金發

魯迅的紹興同鄉王金發，是中國近代史上一位具有傳奇色彩的會黨人士；王金發撲朔迷離的傳奇故事能夠留傳後世，在很大程度上得力於本名周樹人的魯迅並不準確的文字記錄。

一九二五年十二月十二日，魯迅在國民黨人士主辦的北京《國民新報》上發表了一篇《捧與挖》的雜文，收入《華蓋集》時與其他幾篇雜文一起合併為一篇長文章，標題為《這個與那個》，其中寫道：「民元革命時候，我在S城，來了一個都督。他雖然也出身綠林大學，未嘗『讀經』（？），但倒是還算顧大局，聽輿論的，可是自紳士以至於庶民，又用了祖傳的捧法群起而捧之了。這個拜會，那個恭維，今天送衣料，明天送翅席，捧得他連自己也忘其所以，結果是漸漸變成老官僚一樣，動手刮地皮。」

所謂「民元革命」，指的是爆發於一九一一年十月十日的辛亥革命。「S城」就是魯迅的老家浙江紹興，「出身綠林大學」的都督，指的是曾經落草為寇、打家劫舍的紹興都督王金發。

一九二五年十二月二十九日，魯迅在其著名文章《論「費厄潑賴」應該緩行》中再一次談到王金發：「秋瑾女士，就是死於告密的，革命後暫時稱為『女俠』，現在是不大聽見有人提起了。革命一起，她的故鄉就到了一個都督，——等於現在之所謂督軍，——也是她的同志：王金發。他捉住了殺害她的謀主，調集了告密的案卷，要為她報仇。然而終於將那謀主釋放了，據説是因為已經成了民國，大家不應該再修舊怨罷。但等到二次革命失敗後，王金發卻被袁世凱的走狗槍決了，與有力的是他所釋放的殺過秋瑾的謀主。」

按照魯迅的敘述，殺害秋瑾的「謀主」，其實也是殺害王金發的「謀主」。但是，人民文學出版社一九八一年版《魯迅全集》第一卷第二七九頁關於「謀主」的注釋文字，卻糾正了魯迅的錯誤敘述：「據本文所述情節，是指當時紹興的大地主章介眉。他在作浙江巡撫增韞的幕僚時，極力慫恿掘毀西湖邊上的秋瑾墓。辛亥革命後因貪汙納賄、平毀秋墓等罪被王金發逮捕，他用『捐獻』田產等手段獲釋。脫身後到北京任袁世凱總統府的秘書，一九一三年二次革命失敗後，他『捐獻』的田產即由袁世凱下令發還，不久他又參與朱瑞殺害王金發的謀劃。按秋瑾案的告密者是紹興劣紳胡道南，他在一九〇八年被革命黨人處死。」

在《魯迅全集》第十五卷第五四二頁中，另有一條關於章介眉的專門注釋：「章介眉（一八五五－一九二五），名恩壽，字介眉，浙江紹興人。魯迅姑祖父章介倩的族人，一九〇七年時曾作浙江巡撫張曾敭的『幕友』。辛亥革命後他因秋瑾被害案為紹興軍政分府逮捕，以『毀家紓難』名義捐獻田產獲釋。後任袁世凱政府財政諮議、財政部秘書等職。袁死後在京閒住。」

這條注釋所針對的是魯迅日記中關於章介眉的兩條記載。其一，一九一六年十月六日，魯迅在日記中寫道：「下午章介眉先生來。」其二，一九一六年十月十日，魯迅在日記中寫道：「晴。國慶日，休息。……往大荔會館訪章介眉先生，不值。」

由此可知，一九一六年的教育部僉事魯迅，對於他所認定的既是殺害秋瑾的「謀主」又是殺害王金發的「謀主」的同鄉前輩章介眉，並沒有表現出他後來公開提倡的「痛打落水狗」的戰鬥精神，反而在禮尚往來的過程中表現出了一點他所公開反對的「費厄潑賴」的紳士精神。

特別值得一提的是，當年與魯迅關係親密的同胞弟弟周作人，在刊登於《越鐸日報》的一系列文章當中，是公開反對王金發及其紹興都督府「以暴易暴」的種種違法行徑的。

一九一一年一月二十二日，周作人在《越鐸日報》發表署名「獨應」的文章《望華國篇》，其中以中國傳統歷史上的五胡、金、元、清、太平天國為例證，分析批判了國人「以利祿為性命，以殘賊為功業，利之所在，不問恩仇，雖異族可君，同種可殺」的國民性；並且明確指出，不久前遭遇謀殺的光復會首腦陶成章，就是「不死於異族，而死於同種之手」的又一例證。[1]

二月一日，周作人發表《爾越人勿忘先民之訓》，其中寫道：「先民有言，會稽乃報仇雪恥之鄉，非藏垢納汙之地。蓋越自勾踐以來，遺風未泯，士尚氣節。」針對辛亥革命之後，包括王金發的紹興軍政分府在內的同盟會勢力，「內訌頻聞，形同割據」，並且公開宣稱以武裝北伐抵制南北和談、謀求南北分立的種種表現，周作人大聲疾呼：「越人勿忘先民之訓」，不要作「毒於國」並且使民怨的事情。

二月二日，周作人又在《越鐸日報》發表署名為「獨」的文章《民國之征何在》，其中寫道：

> 昔秋女士被逮，無定讞，遽遭殘賊，天下共憤，今得昭複。而章介眉以種種嫌疑，久經拘訊，亦獄無定讞，而議籍其家。自一面言之，可謂天道好還；又一面言之，亦何解於以暴易暴乎？此矛盾之一例也。更統觀全域，則官威如故，民瘼未蘇。翠輿朝出，荷戈警蹕；高樓夜宴，倚戟衛門；兩曹登堂，桎梏加足；雄師捉人，提耳流血。保費計以百金，酒資少亦十角。此皆彰彰在人耳目者，其他更何論耶！

1　張菊香、張鐵榮編著《周作人年譜》，天津人民出版社，二〇〇〇年，第九三頁。

當時的魯迅是由新任都督王金發任命的山會師範學堂的監督即校長，周作人文章中的觀點，在很大程度上是兄弟二人的共同觀點。換句話說，魯迅一九二五年對於王金發、章介眉的看法，與他和周作人一九一二年對於王金發、章介眉的看法，恰好相反。

一九二六年十一月十八日，魯迅在《范愛農》一文中，進一步介紹了王金發在紹興都督任上的所作所為。

首先是王金發及其新政府的迅速腐敗：「王金發帶兵從杭州進來了，……他進來以後，也就被許多閒漢和新進的革命黨所包圍，大做王都督。在衙門裡的人物，穿布衣來的，不上十天也大概換上皮袍子了，天氣還並不冷。」

其二是王金發與魯迅之間並不和諧的上下級關係：「我被擺在師範學校校長的飯碗旁邊，王都督給了我校款二百元。」

其三是《越鐸日報》與王金發都督府的公開敵對：「開首便罵軍政府和那裡面的人員；此後是罵都督，都督的親戚、同鄉、姨太太」；與此同時卻又收取了王金發派人送來的五百元大洋，從而把魯迅夾在了中間：「這樣地罵了十多天，就有一種消息傳到我的家裡來，說都督因為你們詐取了他的錢，還罵他，要派人用手槍來打死你們了。別人倒還不打緊，第一個著急的是我的母親，叮囑我不要再出去。但我還是照常走，並且說明，王金發是不來打死我們的，他雖然綠林大學出身，而殺人卻不很輕易。況且我拿的是校款，這一點他還能明白的，不過說說罷了。果然沒有來殺。寫信去要經費，又取了二百元。但彷彿有些怒意，同時傳令道：再來要，沒有了！」

其四是魯迅的出走以及報館案的發生：「報館案是我到南京後兩三個星期了結的，被一群兵們搗毀。子英在鄉下，沒有事；德清適值在城裡，大腿上被刺了一尖刀。他大怒了。自然，這是很有些痛的，怪他不得。他大怒之後，脫下衣服，照了一張照片，以顯示一寸來寬的刀傷，並且做一篇文章敘述情形，向各處分送，宣傳軍政府的橫暴。」

一九八一年版《魯迅全集》在關於「報館案」的注釋裡，糾正了魯迅的明顯錯誤：「指王金發所部士兵搗毀越鐸日報館一案。時在一九一二年八月一日，作者早已於五月離開南京，隨教育部遷到北京。這裡說『是我到南京後兩三個星期了結的』，記憶有誤。」

查勘魯迅日記，只在一九一三年一月十三日項下提到了孫德卿的名字：「收五日《越鐸報》，有孫德卿寫真，與徐伯蓀、陶煥卿等遺像雜廁，可笑，然近人之妄亦可怖也。」

這裡的徐伯蓀，就是王金發的恩師、紹興籍光復會先烈徐錫麟。陶煥卿即陶成章。徐錫麟、陶成章、秋瑾等人在紹興創辦大通學堂時，孫德卿是主要出資人之一。孫德卿把自己的照片與革命先烈徐錫麟、陶煥卿等人的遺像一起刊登在《越鐸日報》上，雖然不太吉利，也談不上有多麼狂妄和恐怖。遠在北京的魯迅在日記中如此表述，反倒證明他內心深處並沒有把孫德卿當作自己的革命同志及私人朋友。

前面已經談到過，孫德卿的受傷部位是腹部而不是大腿。魯迅在《范愛農》一文中所說的孫德卿「大怒之後，脫下衣服，照了一張照片，以顯示一寸來寬的刀傷，並且做一篇文章敘述情形，向各處分送，宣傳軍政府的橫暴」，應該屬於他的回憶性文章中經常出現的一種明顯小說化的虛構捏造。

到了一九三四年，魯迅在為美國人伊羅生所寫的《自傳》中，最後一次提到王金發：「紹興革命軍的首領是強盜出身，我不滿意他的行為，他說要殺死我了，我就到南京，在教育部辦事，由此進北京，做到社會教育司的第二科科長。」

魯迅去世後，晚年周作人在《知堂回想錄》中抄錄了三弟周建人的回憶文章《略談關於魯迅的事情》，其中把王金發衛隊血腥報復《越鐸日報》的惡性事件，輕描淡寫地演繹成了一場滑稽鬧劇：

後來那報館被兵士毀壞了一部分，孫德卿大腿上被刺了一尖刀，但並非要害，傷亦不重。這也許是三王指使的，也許是王金發自己的主意，即使是他的主意，比之於後來軍閥的隨便殺人，實在是客氣得多了。孫德卿被刺傷後，想要去告訴各位朋友，並且預備把傷痕照了相給老朋友去看。但是很為難，因為身體大而傷痕小，……魯迅接到照片，拆開來看時只見赤條條的一個孫德卿，不看見傷痕，不覺嚇了一跳，還以為他發癡了，等到看了他的說明，才知道原來是這樣一件事情。[1]

周建人回憶文章中所談到的魯迅收到孫德卿寄來的「赤條條」的照片，分明是在魯迅的《范愛農》一文的基礎上，更進一步地以訛傳傳訛、錯上加錯的虛構捏造。遠在紹興充當小學教員的周建人，是不可能知道教育部僉事魯迅看到孫德卿照片時的心理活動和精神面貌的。尤其應該說明的是：在民國歷史上，儘管查封報館、抓捕甚至於暗殺報人的惡性事件，時有發生；但是，像王金發這樣明目張膽地血腥報復一家報社的事情，還是極其罕見的。

1 周作人：《知堂回想錄》，河北教育出版社，二〇〇二年，第二九四－二九八頁。

第四章　陳其美的連環命案

在代理理事長宋教仁慘遭殺害之後，國民黨方面並沒有遵循宋教仁所開創的在五族共和、民主憲政的制度框架內陽光參政、和平競爭的現代文明新路徑，反而選擇退出民主憲政的制度框架而重新走上公天下、救天下、打天下、坐天下的天下為公、改朝換代的回頭路。隨著國民黨方面的武裝力量在「二次革命」中一觸即敗、落花流水，這個剛剛實現文明轉型的議會第一大黨，很快便走到盡頭。再一次轉入地下祕密活動的陳其美，在接連組織一系列的恐怖暗殺和革命暴動之後，同樣倒在了祕密暗殺的血泊之中……

第一節　國民黨二次鬧革命

一九一三年四月八日，中華民國第一屆國會在新落成的眾議院大樓舉行開幕典禮，參、眾兩院到會議員共六百八十二人，國務總理、各部總長及中外來賓列席會議。沒有親臨現場的臨時大總統袁世凱，委託總統府秘書長梁士詒前來祝賀。上午十一時，籌備國會事務局委員顧鼇宣布國會開幕典禮開始，鳴禮炮一〇八響。在籌備國會事務局委員長施愚報告國會召集經過之後，到會議員公推最為年長的雲南省參議員楊瓊為臨時主席。等到梁士詒代表總統致賀辭時，部分國民黨議員以袁世凱沒有到會為由加以拒絕，一開始就把國會與政府置於尖銳對立的敵對狀態。

在國民黨內部，一直是分成兩部分開展活動的。一部分是以孫中山、黃興、陳其美、李烈鈞、胡漢民、柏文蔚、譚延闓、孫道仁等人為首的南方實力派，他們完全沒有耐心從事議會政黨活動；另一部分是以現代議會為活動舞臺的北京本部。宋教仁案發生後，主要從事議會政黨活動的國民黨北京本部，失去了自己的精神領袖。不願意從事議會政黨活動的孫中山、黃興等人，僅僅通過遙控指揮是不足以主導北京本部的。於是，國會剛剛開幕，國民黨議員吳景濂、張耀曾、陳家鼎，就因為爭奪眾議院議長的權位而發生內訌。張耀曾為顧全大局主動讓步，陳家鼎脫離國民黨另行組織癸醜同志會。前安徽都督孫毓筠因為聯合王芝祥、于右任、李書城、陸建章、王人文、李經羲、林述慶、章士釗，以及民主黨的湯化龍、共和黨的黃為基等人另行組織國事維持會，遭到黨內激烈派的嚴厲譴責。孫毓筠隨後又與景耀月等人組織政友會，向袁世凱政府公開靠攏。劉揆一等人組織的相友會、郭人漳等人組織的自由俱樂部、夏同和等人組織的超然社，與陳家鼎等人組織的癸醜同志會一樣，雖然沒有公開擁護袁世凱，卻也不再支持國民黨方面的舊同志。

四月二十五日，參議院以記名投票方式選舉國民黨籍候選人張繼、王正廷為正、副議長。接下來，國民黨在眾議院議長選舉中慘遭失敗。在四月三十日的第三輪投票中，湯化龍贏得二七九票，吳景濂僅得二四八票，由湯化龍當選議長。五月一日，共和黨貴州籍議員陳國祥，當選眾議院副議長，國民黨因此失去眾議院中的多數黨地位。國民黨議員中的激烈派成員張繼、馬君武、謝持、田桐、白逾桓、谷鐘秀、呂復、陳策、王正廷、盧元弼等人並不引以為戒，反而在孫中山、黃興、陳其美等人的遙控指揮下，反而表現得越來越高亢激昂。

按照安徽都督柏文蔚在《五十年大事記》中提供的說法，早在宋教仁案發生之前的一九一二年二月，湖南都督譚延闓（組庵）就委派歐陽振聲來到安慶，謀求南方各省的政治聯盟。宋教仁案發生後，柏文蔚催促歐陽振聲返回湖南，與譚延闓等人做好戰爭準備。江西都督李烈鈞（協和）也委派以文群為首的軍政人員，前來與柏文蔚洽談戰爭謀略，並且祕密鋪設了五百餘里的軍用電線。柏文蔚「潛至滬，謀進行，但意見不能一致，終以紛爭失敗。……孫公自信力強，或又雜有私念，致余有生平第一大恨事……」[1]

這裡的「孫公」即孫中山。關於孫中山在湘、粵、閩、皖、贛五省軍事聯盟中的相關表現，柏文蔚提供的說法是：

> 孫公舍粵以外，覺毫無興趣，對他省同志亦因之無信用心，別具懷抱，鑿枘不入，甚苦惱也。惜哉！中山先生主張即刻宣布暗殺政府罪狀，興師討伐。余與協和、英士贊成之，克強先生主張應以法律手續解決，組庵與展堂贊成之，且贊成黃先生主張者占大多數。擾攘兩月，大計莫定。……因孫、黃意見不一，舉棋不定，表面孫決議不動，而暗中孫公遣朱卓文、冷公劍等在南京運動第八師。……克強在滬，本欲貫徹其主張，絕不阿附，乃為同人所迫，有欲罷不能之勢，孫公派精衛送到南京。

國民黨方面利用宋教仁案挑起發動「二次革命」的種種表現，直接關係著社會穩定與經濟發展。一

1 柏文蔚：《五十年大事記》，孫彩霞主編《柏文蔚文集》，黃山書社，二〇一一年，第四四〇－四四二頁。據柏文蔚介紹，這份大事記執筆寫作於一九三二年夏天。

九一三年五月一日，上海出口皮毛雜貨公會、商界共和團皮商公會以通告同業的方式發表聲明：「生命財產，人人自有保護之權。……故光復之初，吾商界輸財助餉，不遺餘力，無非欲保全治安，維持大局。近因政黨中人橫爭意見，總統未經選定，憲法未經提出，彼亦一是非，此亦一是非，而外間妄加揣測，遂有南北剖分之謠。……刻下金融機關，十分停滯，推原其故，實由於造言生事者危詞聳聽，構成一風聲鶴唳、草木皆兵之象，使人人皆有戒心。就市面情形而論，金錢不活動，貨物無往來，誰實使之然哉？」[1]

五月七日，上海總商會在周金箴主持下致電大總統、國務院、參眾兩院及各省都督，首先表明統一共和、安居樂業的基本要求：「前年武昌起義，海內響應，人民苦於專制，急求改革，不惜犧牲生命財產，克成共和，……而秩序漸安，人心漸定。當此春夏之交，正商業進行之際，……詎意風波迭起，謠諑朋興。……各埠成交之貨物，紛紛函電止退。……或者謂法蘭西過去時代，恐慌倍蓰於今日，商人所見者淺，未能遠謀。然師人者當以覆轍為殷鑒，毋寧舍短而用長。」進而明確要求相關各方在民主憲政的制度框架內解決政治紛爭：「近日紛紛爭議，宋案也，借款也，選舉總統也。竊謂宋案審判於法庭，借款、選舉取決於議院，自有法律為範圍，豈尚血氣為勝負。商人在商言商，不知附和，若有所破壞而無建設，亂靡有定，胡所底止。」最後希望中央和各省都督「以保衛商民、維持秩序為宗旨，無使我商民喘息餘生再罹慘禍，坐致大局淪胥，貽革命豐功之玷。」[2]

四月二十七、二十八、二十九日，國民黨方面相對穩健的《民立報》連續發表該報主筆徐血兒的《綜

1 《商界急謀自保》，《申報》，一九一三年五月二日。

2 《上海總商會要求保衛商民維持秩序通電》，《民立報》，一九一三年五月九日。朱宗震、楊光輝編，《中華民國史資料叢稿．民初政爭與二次革命》上編，上海人民出版社，一九八三年，第三三三頁。

論大暗殺案》，其中雖然過於天真卻又不無道理地表白說：「記者對於本案之主張，即袁、趙自行解職，組織特別法庭，以受法律之裁判是也。……國民苟以是主張到底，民意可以禦甲兵，獨夫何畏焉！苟法律而尚不能完全解決，則以政治解決可矣！……國會當依據約法，提出彈劾案，使袁、趙解職，出國民組織特別法庭，為公正之審判，以為此案最後之解決也。」

六月一日，《民立報》刊登朱宗良的《二次革命聲中之冷眼觀》，公開告誡黨內人士說：「社會心理，莫不翹首企踵以渴望太平之隆盛，一聞變起，心驚膽裂，寢食為之不寧，較諸前次革命時，聞兵變而色然以喜者，蓋大相懸絕者矣。夫人民之厭亂既如此，則尚有誰敢為戎首，輕心發難乎？發難之後，誰肯附從之乎？此我國之無二次革命之餘地可知。」

在一年前的上海光復戰役中立下首功的光復會領導人李燮和，在寫給湖南同鄉黃興的公開信中明確表示：

遁初為創造民國之一人，亦吾兄與弟之良友，遁初即死，而其死又出於至慘，痛心之事，孰過於此？惟此案既歸地方法院審判，實屬正當辦法，但使證據確實，自有水落石出之一日，斷不宜以私人之感情參加意見於其間，亦不宜於未經法院判斷之前，而持一種模糊影響之談，以肆無端之攻擊，司法獨立，固應如此。……吾兄為民國關係最重之人，當此民氣可靜而不可動之時，而有宋案與借款二事發生，弟願吾兄平情論事，而以持重之態度出之，為國家計，既為吾兄計也。[1]

1 《申報》，一九一三年五月二十四日，上海社會科學院歷史研究所編《辛亥革命在上海史料選輯（增訂版）》，上海人民出版社，二〇一一年，第八四七頁。

另一位湖南同鄉、雲南都督蔡鍔，更是在公開通電中嚴正警告說：「查宋案應以法律為制裁，故審判之結果如何，自有法律判決。……萬一有人發難，當視為全國公敵，鍔等才力縱薄，必不忍艱難締造之民國，破壞於少數使用僉壬之手也。」[1]

英國駐華公使在寫給英國外交大臣的報告裡面，專門談到國民黨方面發動「二次革命」的不得人心：「除江西和江蘇的軍隊之外，運動似乎沒有得到中國任何重要人物的支援。群眾的態度依舊是冷淡的。……國內大部分有文化的人士準備支持（至少在口頭上）一個集中的強有力的政府的政策。……而全國的商會和行會對推翻臨時大總統的企圖表示厭惡方面也沒有落後。」[2]

到了一九三一年，由國民黨元老蔡元培、吳稚暉等人掛名主編的商務印書館萬有文庫，出版發行陳功甫撰寫的《中國革命史》，其中對於「二次革命」的違背民意反思道：「蓋自武昌起義以還，元氣迄未恢復，人心厭亂，達於極端，故聞革命之聲，無不掩耳而走。蓋以袁氏善後大借款，已經成立，財力軍械，均遠勝討袁軍，宜其卒於戰勝也。」

1 曾業英編《蔡鍔集》下冊，湖南人民出版社，二〇〇八年，第八五二－八五三頁。

2 袁偉時：《孫文的「二次革命」與中國政治轉折》，《戰略與管理》，二〇〇〇年第六期。

第二節　陳其美敗走上海灘

一九一三年七月十二日，已經辭職下野的李烈鈞，在江西湖口率先打響國民黨方面的「二次革命」第一槍。戰爭爆發後，袁世凱繼續對革命黨人實行後發制人的懷柔策略，遲至七月二十一日才依據《臨時約法》發布平叛通令：「用兵定亂，為行使約法上之統治權，民國政府當然有此責任。」[1]

七月十五日，黃興在南京脅迫江蘇都督程德全和民政長應德閎宣布獨立，並由程德全任命其為江蘇討袁軍總司令。在此之前，山東都督周自齊、駐濟南的第五師師長靳雲鵬曾經主張先發制人，對江蘇第三師迅速突擊。袁世凱鑒於江蘇第三師師長冷遹（禦秋）的政治態度尚未明朗，訓令第五師嚴守準備，未可輕進。等到戰爭打響之後，袁世凱依然強調釁非我開，堅持不放第一槍。直到黃興在南京宣布獨立之後的第七天即七月二十二日，孫中山公開發布討袁宣言之後，袁世凱才下令褫奪黃興、陳其美、柏文蔚的榮典軍職，並於七月二十三日下令取消孫中山的籌辦全國鐵路全權。

為了滿足進步黨改組內閣、執掌政權的欲望，爭取進步黨在議會內外的合作支持，袁世凱在黃興宣布南京獨立的第二天即一九一三年七月十六日，正式免去趙秉鈞的國務總理兼內務部總長職務，隨後不久便提名熊希齡出任國務總理。

1 《政府公報》，一九一三年七月二十二日。

由於國會議員多數留在北京，眾、參兩院分別於七月二三、三十日兩日以多數票通過熊希齡的總理提名。七月三十一日，袁世凱正式任命熊希齡為國務總理，進步黨人歡欣鼓舞地著手組織政府內閣。進步黨與袁世凱合作雙贏的相互利用，還籠絡了一大批此前追隨宋教仁從事議會政治的國民黨議員，從而把挑起發起國內戰爭的一部分國民黨人士陷入了既不符合法理更不符合民意的孤立境地。

袁世凱儘量避免採取更加嚴峻措施，說明他在政治策略上富於彈性、在政治操作上高度成熟。與袁世凱盡可能在制度框架內依法行事不同，被袁世凱公開指責為「佯謀下臺，實則猛進」——也就是公開妥協、幕後備戰——的國民黨理事長孫中山，卻表現得既自相矛盾又軟弱無力。借用民國史家朱宗震的話說：「孫中山本人，在黃興一系的制肘下，由於沒有直屬軍事力量，在政治上也就無所建樹。他已不像辛亥年那樣眾望所歸了，連革命黨內部，都對他的邀進主張敬而遠之。」[1]

七月二十二日，在章士釗等人的奔走聯絡下，與孫中山積怨很深的黃興，公然撇開本黨理事長孫中山，聯合上海方面的陳其美等人以所謂省議會聯合會的名義，推舉寓居上海租界的前清兩廣總督岑春煊為討袁軍大元帥，節制各省都督及討袁軍總司令。岑春煊在討價還價過程中，竟然提出以前清皇帝溥儀出任大總統的復辟條件，從而在並不強大的反袁陣營中，進一步製造了混亂情緒。

在辛亥革命前後的同盟會及國民黨內部，陳其美是表現得最為強悍也最為恐怖的一位實力派人物。一九一二年三月，滬軍都督陳其美專門致信共和建設會、共和促進會、工商勇進黨等二十多個民間團體，表白自己「以冒險為天職，此後共和鞏固，已無冒險者可為之事。……管見所及，無過於實邊之謀。滿、

---

1 朱宗震著《民國初年政壇風雲》，河南人民出版社，一九九〇年，第二二八頁。

蒙、回、藏，僻處邊陲，地廣人稀，利源未辟。欲將我國躋於強大，先應籌集鉅款，實力經營；利用已集之軍人，拓殖未辟之邊地，則富強之基，實立於此。」[1]

辭去滬軍都督之後，陳其美領取袁世凱的三萬元出國考察經費，並且在上海各界的餞行宴會上公開表示：「革命者，盡我天職之事，今破壞已終，建設方始，建設之道不可無學。吾往外洋求學，歸而襄助建設，亦所以盡我天職也。」[2]

話雖這麼說，陳其美並沒有當真離開他所控制的上海地區，而是一直在從事著「以冒險為天職」的革命事業。

一九一三年七月十七日，上海南市商會與商團公會、教育會、救火聯合會共同組織上海保衛團，公推辛亥革命期間與陳其美聯手組建上海軍政府的前民政總長李平書為團長。

七月十八日，李平書、王一亭前往上海製造局會見由北京政府陸軍部任命的該局總辦陳幌和上海鎮守使鄭汝成，希望他們顧全大局和平退出，上海商界願意「以三萬金贐送北歸」，被鄭汝成斷然拒絕。

在此情況下，陳其美於七月十八日當天宣布就任上海討袁軍總司令，設司令部於上海南市，以黃郛為參謀長，著手組織針對上海製造局的武力進攻。

此前一直由陳其美、黃郛、蔣介石等人幕後控制的駐守上海製造局的陸軍第六十一團，由於主力一

1　陳其美：《為辭職事與共和建設會等二十餘團體書》，一九一二年三月九日。何仲蕭編《陳英士先生紀念全集》上集卷二，臺北文海出版社，一九七〇年，第七頁。

2　李平書：《上海公民歡餞陳英士先生序》，何仲蕭編《陳英士先生紀念全集》上集卷二，第十五頁。

營被調往龍華，加上團長陳其蔚表現消極，已經難以單獨行動。隸屬江蘇第三師師長章駕時的第三十七團，在團長梁敦倬約束下避不參戰。七月二十二日，劉福彪的福字營從南京匆匆趕到，被陳其美改編為特別敢死隊。七月二十三日凌晨，六十一團、三十七團的部分官兵與特別敢死隊聯合攻擊製造局受挫，陳其美迫於各方壓力，只好把司令部由南市遷往閘北的南海會館。

七月二十四日晚上，討袁軍再次進攻製造局，在海軍重炮打擊下傷亡慘重，紅十字會會長沈仲禮、英國醫生柯司在駐上海領事團支持下，向南北軍隊商洽停戰。在不能達成一致意見的情況下，閘北商人夏瑞芳等十多人聯名要求租界當局給予保護。

七月二十七日清晨，公共租界工部局以中國商民夏瑞芳等人要求保護生命財產為由，派遣總巡卜羅斯（又寫作勃羅斯）率領馬隊三十餘人，會同租界區的萬國商團來到閘北南海會館。陳其美此時已經設總司令部於吳淞炮臺附近的中國公學，與分別就任吳淞要塞總監和司令的白逾桓、居正會合。留守閘北的蔣介石等二百零七人，被英國武裝人員繳械驅逐。

七月三十一日，袁世凱懸賞捉拿黃興、陳其美、黃郛、李書城四人，賞格分別是黃興十萬，陳其美三萬，黃郛和李書城各二萬，不論生死，一律給賞。

八月三日，袁世凱中央政府限令陳其美自首投降，同時行文上海領事團，要求把陳其美等人驅離租界。

領事團接到公文後，在報紙上刊登寫給陳其美的公開信，通知他不准留在或進入上海租界區，若仍留在租界範圍之內，立派巡捕拘拿。

陳其美為此發表長篇抗議書，認為國民黨人謹守國際公法，領事團不僅不加以保護，反而迫令遷出，「無異間接之拘交，於公法殊屬不合」。說是自己此前在滬設立革命機關，運動各省贊助革命，曆有八年，從未妨礙「租界治安」。辛亥革命勝利後「對於租界若何保護」，領事團卻「不以為德，反以為怨」。最後正告領事團說：「袁氏不去，敝國絕無寧日」，扶助袁世凱者「終將自悔失人」，應該以公理人道為重，切莫結怨於國民黨人士。[1]

上海領事團看到陳其美的抗議信後，沒有再與他為難，任其在租界區藏匿。

八月十三日，上海討袁軍在紅十字會醫生柯司調解下和平撤出吳淞炮臺。鈕永建、居正率領餘部千餘人退往嘉定，行軍途中被北洋軍隊澈底擊潰。

按照黃郛的說法，「二次革命」爆發之前，陳其美原以為「以海陸兩軍驅逐製造局北軍，其事易易」，沒有想到袁世凱搶佔先機，由海軍部命令上海方面的海軍艦隊赴煙臺檢閱，等到海軍艦隊從煙臺返回上海時，政治立場已經發生微妙變化，由此前的積極響應「二次革命」轉變為保持中立。後因袁世凱派人攜鉅款收買，加上國民黨方面控制的吳淞炮臺擅自攻擊，導致海軍總司令李鼎新調轉炮口，對討袁軍實施摧毀性打擊。[2]

由此返觀宋教仁案，袁世凱擁有足夠的智慧和資源來應付一心要在民主憲政的制度框架內從事非暴力的議會選舉、陽光參政的國民黨代理理事長宋教仁。他即使非要選擇暴力解決的極端方式應對宋教仁的政治挑戰，也應該像此前的張振武案那樣，交由北洋軍隊內部經過嚴格訓練的軍警執法人員，在自己嚴密控制的勢力範圍之內加以解決；而不是選擇既不可靠更不可控的應夔丞等人，在陳其美及國民黨佔據壓倒性

1　陳其美：《致上海領事書》，何仲蕭編《陳英士先生紀念全集》上集卷二，第二一頁。

2　《黃膺白先生家傳》，《黃膺白先生故舊感憶錄》，臺北文星書店，一九六二年，第八三頁。

優勢的上海地區草率行事、授人以柄。

第三節　夏瑞芳敬業反惹禍

一九一三年十月一日晚上，藏匿在租界區的陳其美祕密離開上海，於十月七日抵達日本東京，入住曲町區紀尾井町三號陸惠生處，並於當天隨戴季陶、陸惠生、山田純一郎拜訪孫中山，隨後在孫中山親自主持下宣誓加入中華革命黨。

十一月二十六日，中國政府外交部照會駐北京的外國公使團，要求上海租界當局訪拿陳其美等人，交由上海鎮守使鄭汝成訊辦。照會中寫道：「查陳其美等前在南省稱兵倡亂，罪狀昭彰。現又密謀不軌，不特擾害中國治安，即於外人生命財產，亦多危險。近據密探調查確實情形，該逆仍匿上海，以租界為逋逃藪，以圖再舉。」[1]

在該項照會的附件中，有陳其美於一九一三年九月三日寫給洪幫大頭目、江蘇常熟人楊以均號志平的親筆信，其中談到在此前的「滬江戰事」即上海「二次革命」期間，曾經由著名京劇演員、青幫「通」字輩大佬潘月樵介紹，得到楊以均的「仗義疏財，接濟維持」，此事已經呈請各省討袁軍大元帥岑春煊註冊存案。「吾輩抱定宗旨，百折不回，現已由滬江同志議決，以一半往長崎赴會，聯合日人，籌餉購械，以臺灣為根據，從閩、浙進行。複讉同志多人，赴大連聯絡胡黨英傑，勾結宗社黨人，在北方定期起事。江

1 楊天石著《從帝制走向共和——辛亥前後史事發微》，社會科學文獻出版社，二〇〇二年，第三一八－三一九頁。

浙方面概由鄙人主持一切，將來仍請閣下召集洪門同志，共舉義旗，直搗金陵，先誅張賊，後討袁逆，以雪前恥，掃除專制惡毒，重立共和政體，吾黨幸甚！」

所謂「胡黨英傑」，指的是橫行於東北三省的土匪黑道武裝。「宗社黨人」，指的是以前清肅親王善耆及升允、鐵良等人為首的滿清皇族的復辟勢力。當時的遼東半島已經被日本人改名為關東州，並且在旅順設立了實施殖民統治的關東都督府。潛伏在大連接受日本殖民統治者庇護的，既有革命黨人，也有宗社黨人。當地的兩百多名革命黨人，分別隸屬於以陳其美為首的寧夢岩派、以何海鳴為首的劉藝舟派、以山東人為主的邱丕振派。根據日本員警廳的情報記錄，劉藝舟等人正在大連等地聯絡政府軍、土匪及宗社黨成員策劃「第三次革命」，他們「將以大連為據點，在奉天附近舉起革命大旗。同時在各省起義，一齊壓向袁（世凱）政府」。為這項計畫奔走斡旋的日本人，大連方面是金子克己，東京方面是山田純三郎，長崎方面是野中右一等人。[1]

一九一三年十二月三十日，劉大同等人從大連給遠在日本的陳其美寫信：「這裡確已齊備，一刻千里，望陳速來。」

日本東京方面的孫中山、陳其美、周應時、山田純三郎等人經過六次密商，於一九一四年一月十九日委派陳其美、戴季陶、山田純三郎離開東京趕赴大連。化名朱志新的陳其美在途中感染肺病，於二十六日下午乘坐日本輪船「台中丸」抵達大連，一上岸便住進日本人的滿鐵醫院。陳其美一邊治病，一邊與化名木村藤吉的戴季陶祕密聯絡革命黨人。

---

1 陳錫祺主編《孫中山年譜長編》上冊，中華書局，一九九一年，第八七一－八七二頁。

陳其美等人的行蹤很快被吉林護軍使孟恩遠彙報給袁世凱：「陳其美、戴天仇、寧秉然、謝寶軒共同謀亂，擾害治安。」袁世凱政府「以陳其美有刺殺商務印書館經理人夏粹芳等嫌疑，要求引渡到案」。實際控制遼寧省地方政權的第二十七師中將師長張作霖奉命向滿鐵副總裁伊藤大八祕密交涉說：「大總統有命令，不論用任何手段，都得要將陳其美逮捕。」[1]

在袁世凱政府的強大壓力下，日本關東都督府轉變態度。二月四日，陳其美在致周淡遊的書信中介紹說：「此間事外交干涉日緊，前者所稱可以商酌之關東都督，已受袁氏籠絡矣。不但拒不見面，且已命其部屬將下逐客令矣。看來難望有為也。奈何！」

孫中山得到消息後密電陳其美：「在南方的廣東、雲南、廣西等省尚未足備實力之際，滿洲暫不著手進行。如目前在滿洲輕率舉事，反而造成不利局面，並給日本帶來麻煩之虞，故切忌輕舉妄動，待時機到來後再斷然實行之。」[2]

一九一四年三月十五日，陳其美、戴季陶、山田純三郎搭乘「台南丸」離開大連，第二天，奉天革命黨人孫祥夫、劉藝舟、馬明遠設在大連的祕密機關便遭到破壞，馬明遠被捕犧牲。

袁世凱政府所謂「陳其美有刺殺商務印書館經理人夏粹芳等嫌疑」，指的是一九一四年一月十日發生在上海閘北地區的夏瑞芳案。

1 張學繼著《陳其美》，團結出版社，二〇一一年，第一四一頁。

2 張學繼著《陳其美》，第一四一－一四二頁。

一九一四年一月六日，商務印書館與日本合資方簽訂退股協議。一月十日，《申報》刊登商務印書館廣告：公司為完全由國人集資營業的公司，已將外國人股份全數購回。

同樣是在一月十日這一天，商務印書館總經理夏瑞芳走出位於上海租界區河南路的發行所準備回家時，被等在門口的兇手槍擊身亡，時年四十三歲。

夏瑞芳，字粹芳，一八七一年出生於江蘇春浦（今屬上海市），一八九七年與鮑鹹恩、鮑成昌、高鳳池、沈伯芬等人集資創辦商務印書館，任經理。當時的商務印書館只有一台機印機和兩台手搖印刷機，原始資本三千二百五十元，以每股五百元計算，沈伯芬擁有兩股，夏瑞芳、鮑鹹恩、鮑成昌各占一股，餘下的高鳳池等三人各有半股。夏瑞芳的一股，還是他的妻子鮑氏向一位女同學轉借來的。這幾位股東都是畢業於上海教會學校清心小學的年輕人，他們都信仰基督教，都懂一點英文，都有過在外國人開辦的文化企業裡任職的資歷——夏瑞芳曾在多家英文報館任排字工，鮑氏兄弟在美華書館從事過排字、製版工作，高鳳池在美華書館掌握了熟練的印刷技術——夏瑞芳與鮑氏兄弟，還是姻親關係。

創業之初，他們給商務印書館起了一個英文名：Commercial Press。他們印製的每本書後面都印著「CP」中間加一個圓形「商」字的商標。

當時正值光緒皇帝推行洋務運動，夏瑞芳等人捕捉到了這一商機，專門邀請謝洪賚將印度版英文教材加上譯注，於一八九八年以《華英初階》的書名出版發行。《華英初階》是商務的第一本出版物，也是正式引入中國社會的第一本成人外語教材，第一次印刷的二千冊不到二十天便銷售一空，由此開拓出一個全新的圖書市場。《華英初階》和隨後推出的《華英進階》一至五冊，在很長時間內一直是商務印書館的暢銷書。

一九〇一年，商務印書館改組為股份制公司，資本增至五萬元，由考取進士、當過京官的著名學者張元濟（菊生）入股主持編譯工作，從此成為中國出版史上最早編印各種新式中小學教科書的出版機構。

隨著科舉制度的廢除，全國各地紛紛開辦新式學堂，中小學教科書成為圖書市場中高居首位的大宗商品。一九〇三年十月，商務印書館與日本出版企業金港堂簽訂合資協定，股本增加到二十萬元，其中日方投資一十萬元，中方除原有資產折價五萬元之外，又追加五萬元資本金。商務印書館在引進日本先進印刷技術的同時，還引進日本近現代教育的先進經驗，精心編著了一套十本的《最新國文教科書》。這套教科書的版權署名是：

編纂者：蔣維喬、莊俞、楊瑜統

校訂者：日本前文部省圖書審查官小谷重、日本前高等師範學校教授長尾槙太郎、高夢旦、張元濟

這套教科書於一九〇四年上市後，數月時間便風行全國，商務印書館由此奠定了圖書出版界龍頭老大的地位。商務印書館再接再厲，陸續編印修身、算術、史地、英語等一整套的教科書，同時還興辦師範講習班、附屬小學、養正幼稚園及函授學校，出版各種中外文工具書、學術性刊物和學術著作。

一九〇七年，商務印書館在上海閘北寶山路建成印刷總廠和編譯所新址。一九〇九年將編譯所收藏古籍善本和參考書籍的圖書館定名為涵芬樓，後來又改名為對外開放的公益性質的東方圖書館。一九一四年，商務印書館清退日方股份後總資本增至一百五十萬元，職工達七百五十人，成為國內最大規模的現代化出版企業。然而，商務印書館的總經理夏瑞芳，卻偏偏在出版事業最為輝煌的巔峰時刻，倒在了陳其美幕後操縱的一場恐怖暗殺的血泊之中。

關於夏瑞芳案，當年的商務印書館董事鄭孝胥在日記中保存了較為完整的文字記錄。

一九一三年七月十八日，陳其美宣布上海獨立並就任上海討袁軍總司令。七月二十一日，鄭孝胥在日記中寫道：「雨晦。日來袁軍守製造局，黨人軍欲戰，調停未定，氣象甚惡，將有浩劫。……報言，廣東宣布獨立，數袁十二罪。陳炯明遣兵助戰，福建孫道仁、許崇智應之。至印書館，薩鎮冰來，欲托夏瑞芳往勸岑春煊勿助孫、黃。」[1]

七月二十五日：「秀伯又來，雲南軍已攻入局，為船炮擊殪前隊幾盡，又不克。各報紛紛皆言，南軍經此痛創，決不能振。……葉揆初、夏瑞芳皆言，孫、黃、岑、陳驅出租界，已定議；印錫璋雲，未決。」

七月二十八日：「至印書館，見閘北請萬國商團協同保衛章程三條：一、不幹預員警權，一、不干涉商團機關，三、事平後退出。後，又加一條，謂外國商團因此事所有費用由閘北業主擔任；均照辦。萬國商團於二十七號整隊至南海會館、湖州會館，查出大炮、來福槍、子彈無數，即由萬國商團封鎖看管。」

八月二十八日：「至印書館，夏瑞芳示投書者言：黨人惡虞洽卿、張菊生及夏等，將加害，可慎出入。虞洽卿宅今早有投炸彈者，未中。」

一九一四年一月十日，鄭孝胥在日記中寫道：「夢旦約晚飯。出訪俞恪士、張讓三，皆不遇。至寶山路夢旦新宅，甫坐進食，有走報者曰：『夏瑞芳於發行所登車時，被人暗擊，中二槍，已入仁濟醫院。』夢旦、拔可先行，余亦繼至，知夏已歿，獲兇手一人。此即黨人複閘北搜扣軍火之仇也。眾議，夏卒，公司鎮如常，菊生宜避之。余與菊生同出，附電車送至長吉裡乃返。」

一月十一日：「至印書館。拔可來。夜，赴商務印書館董事會，舉定印錫璋為總經理。」

1 《鄭孝胥日記》，中華書局，一九九三年，第一四七五頁。

一月十二日：「往視夏粹芳入斂。」

鄭孝胥所說的「黨人複閘北搜扣軍火之仇」，指的就是前述一九一三年七月二十七日清晨，公共租界工部局以中國商民夏瑞芳、虞洽卿、張元濟等人要求保護生命財產為由，派遣總巡卜羅斯率領馬隊三十餘人，會同萬國商團來到閘北南海會館，武裝驅逐蔣介石所率領的國民黨軍隊二百零七人。就是這次借助於外國武裝保護民族工商企業的敬業行為，給夏瑞芳帶來了殺身之禍。殺害夏瑞芳的幕後主凶，是蔣介石的盟兄、前滬軍都督陳其美。

一九一四年二月十九日，與夏瑞芳同為暗殺對象的張元濟，在寫給遠在法國遊學的老朋友、國民黨元老蔡元培的親筆書信中解釋說：

> 夏粹翁於一月十日被凶人在本店門首狙擊，當即殞命，兇手被獲，審系出資雇來。說者謂原因由於閘北一役，以私見揣之，未必盡確，大約主因皆由於同行嫉妒，未知卓見以為然否？本館之事照常進行，繼任總經理，已推定印君錫璋，亦公司中之大股東……[1]

隨後，張元濟又在寫給蔡元培的另一封書信中介紹說：「夏粹翁猝遭慘害，實出意外。差幸凶徒就棘，夫複何言？開吊尚未定期，可否乞賜銘誄，尤所禱盼。」

直到一九一七年，張元濟還在日記中表白說，自己當年不主張徹底追查夏瑞芳案，是因為此事於夏瑞

1 張樹年主編《張元濟年譜》，商務印書館，一九九一年，第一一七頁。

芳本人無益、於夏夫人鮑氏有損。

蔡元培在應張元濟約請而寫作的《夏瑞芳傳》中介紹說：「君信仰基督教，內行甚修，接人甚和易，宜若可以盡其天年，而卒被暗殺，倘所謂天道無知者邪？然君雖歿，而君所創設之事業，方興未艾，其於教育之影響，則輾轉流布而不能窮其所屆，雖謂永永不死可也。」[1]

儘管張元濟和蔡元培都在有意識地迴避夏瑞芳慘遭暗殺的事實真相，夏瑞芳被陳其美（英士）派人暗殺一事，在當時並不是什麼祕密。江蘇武進人許指嚴，在一九一八年由上海清華書局出版的《新華秘記》中明確指出：「英士未得志時，為所暗殺者如汪雲卿、金琴孫等。既得志後，又殺陶煥卿、夏瑞芳等。稍知滬上舊史者，皆能道之……」[2]

但是，隨著國民黨於一九二七年掌握全國政權，陳其美與孫中山一起被蔣介石尊奉為國民黨實施一黨訓政的精神偶像，關於夏瑞芳案的事實真相，在此後幾十年裡再也無人公開談論。直到一九九一年，由張元濟（菊生）的兒子張樹年主編的《張元濟年譜》才給出這樣一段文字說明：

> 時夏出門行將登上馬車，一刺客向夏開槍，子彈從左肩射入，左胸穿出。夏當即倒在大門前石階上。小馬夫胡有慶奮力追捕兇手，受輕傷，追至泗涇路口，兇手被員警捕獲。夏被送至仁濟醫院，七時去世。兇手王慶餘供系有人出鉅資雇用。後經租界會審公廨審問，背景複雜，干犯被槍決

1 袁進編《學界泰斗——名人筆下的蔡元培 蔡元培筆下的名人》，東方出版中心，一九九九年，第三六三頁。

2 許指嚴著《新華秘記》，章伯鋒統編、吉迪編《稗海精粹．閒話民國》，四川人民出版社，一九九九年，第一〇五頁。

後，商務方面亦不敢追究。[1]

在為這段文字補寫的注解中，還有一段補充說明：「夏瑞芳被刺原因，乃因先前出於維護商界利益，曾聯合諸商抵制滬軍督陳其美駐兵閘北，陳嫉恨之，嗾使人暗殺。……有關夏瑞芳被刺經過、追捕審詢兇手等消息，一月十一日起《申報》有連續詳細報導。」

另據張樹年回憶，在夏瑞芳遭到暗殺之前，曾經有人給張元濟寓所送來舊書一包，張元濟當天回家較晚，第二天早晨又匆匆出門，沒有來得及打開觀看。送書的人只好把書取回。幾天後，巡捕房前來調查，說是書包內藏有炸彈，送書的人回去查看時被當場炸死。

即使在「二次革命」失敗之後，因遭受通緝而負罪潛逃的陳其美，依然可以出鉅資雇用兇手王慶餘、李海秋等人，陰謀暗殺在全國範圍內擁有巨大影響力的商務印書館總經理夏瑞芳。商務印書館在兇手王慶余向租界當局供述「背景複雜」的情況下，竟然不敢針對幕後真凶陳其美進行依法追究。陳其美等人在上海地區所擁有的黑社會性質的恐怖勢力，可想而知。

正是由於陳其美、蔣介石、陳立夫、陳果夫一派人所擁有的黑社會性質的恐怖勢力過於強大，才導致比夏瑞芳案更加陰暗恐怖也更加具有破壞性的宋教仁案，迄今為止依然是一樁只有前臺故事而少有幕後真相的懸空案例。

---

1 張樹年主編《張元濟年譜》，第一一六頁。

第四節　米占元暗殺范鴻仙

范鴻仙，名光啟，一八八二年出生於安徽合肥北鄉的一個耕讀之家，他從小聰穎好學，早年曾中過秀才。一九〇七年，范鴻仙來到上海，在于右任等人創辦的《神州日報》開始了記者兼革命家的職業生涯。一九〇八年夏天，離開《神州日報》的范鴻仙與李鐸（警眾）、李燮樞（辛白）、陳仲衡、王無生、胡適等安徽同鄉，聯合創辦《國民白話日報》。一九〇九年五月，范鴻仙協助于右任創辦《民呼日報》，常以「孤鴻」為筆名，發表時事評論文章。《民呼日報》被上海租界當局查封之後，于右任、范鴻仙等人又創辦《民籲日報》。《民籲日報》被查封後，于右任、范鴻仙等人又於一九一〇年十月創辦了影響更大的《民立報》。

一九一一年七月三十一日，同盟會中部總會在上海成立，范鴻仙當選候補文事幹事，成為文事幹事宋教仁的得力助手。同年十月十日，辛亥革命在武昌率先爆發，同盟會中部總會委派柏文蔚、范鴻仙等人負責南京方面的光復工作。南京光復後，江蘇都督程德全於十二月七日通電宣告軍政府職員名單，宋教仁任政務廳長，范鴻仙任參事會會長。

一九一二年一月一日，孫中山就任中華民國南京臨時政府大總統。力主北伐的范鴻仙在孫中山、黃興、宋教仁、陳其美、于右任等人鼎力支持下，辭去江蘇省參事會長一職，返回安徽家鄉組建「鐵血軍」。一九一三年三月宋教仁遇刺後，范鴻仙又積極參與了國民黨方面的「二次革命」。

「二次革命」失敗後，范鴻仙一度流亡日本。一九一四年初，范鴻仙等人潛回上海，祕密組織中華革命黨總機關部，從事地下性質的革命活動。一九一四年五月，居住在法租界民賴達路新民里的蔣介石、范鴻仙等人，曾經祕密策劃過一次未遂暴動。關於此事，日本駐上海總領事有吉明，在呈送外務大臣加藤高明羅男爵的調查報告中彙報說：

> 這次行動以蔣介石為首，當地安徽派的一部也參加進來，以中國街閘北小沙渡的祕密分機關為據點，計畫在五月三十日舉事。第一部長陳喻蔭在小沙渡地方的閘北某處舉行暴動；第二部分陳榮廷在真如方面發起騷動，進攻閘北員警署；第三部分何元龍破壞鐵路和電信，然後襲擊滬寧火車站，搶奪當日火車上由上海送往南京的官款。但尚未行動，即為閘北員警署偵悉。閘北員警署的部分人偽作革命黨內應，他們突然進攻小沙渡的祕密機關，陳喻蔭等十餘人被捕，判處死刑和其他刑罰，其他人逃走。[1]

所謂「安徽派的一部」，指的就是范鴻仙、吳忠信所領導的一部分安徽籍革命黨人。經過這次未遂事變，袁世凱應上海鎮守使鄭汝成的要求，在原有兩團兵力的基礎上，又從直隸增派騎兵、炮兵各一團駐紮上海。鄭汝成還在租界區設立祕密機關，大量收買下層革命黨人充當線人密探。按照有吉明的說法，這些線人為了爭功領賞，行為至為惡劣。自一九一三年秋至一九一四年夏，因「亂黨」嫌疑而被判死刑或其他刑罰的達數百人，其中真正的革命黨人只有數十人個。

1 黃慧英著《碧血共和：范鴻仙傳》，江蘇文藝出版社，二〇一一年，第二八二頁。

蔣介石在行動失敗後，躲藏到張靜江位於租界區的一處祕密住所。有一天，蔣介石外出歸來，發現該住所已經被租界巡捕所包圍，只好逃回浙江奉化的溪口老家短暫躲藏。為了籌措逃亡日本的路費和繼續從事革命活動的經費，蔣介石在盟弟王恩溥協助下，綁架了奉化北門外的首富夏全木，從夏全木那裡敲詐勒索了一萬元現洋。

一九一四年七月八日下午，孫中山在日本東京的築地精養軒召開中華革命黨成立大會，正式就任該黨總理，並且親自書寫「願犧牲一己之身命自由權利，統率同志，再舉革命，務達民權、民生兩主義，並創制五權憲法」的入黨誓約，由胡漢民擔任主盟人，陳其美、居正擔任介紹人。[1]

八月二十八日，孫中山、丁仁傑、周應時、戴季陶、陸惠生等人來到陳其美在東京赤阪區高橋醫院養病的病房，商討下一步的革命行動，決定「鄧鏗圖粵，夏之麟圖浙，複靈兄弟圖寧，互為犄角」。為了便於統一指揮，孫中山專門委派蔣介石、陸惠生回到上海，著手籌辦行動總部。

九月一日，蔣介石攜款離開東京，九月十六日抵達上海。九月十九日深夜，正在通過安徽籍軍官陳元輔等人，企圖攻打鄭汝成設在上海製造局的鎮守使署的范鴻仙，在設於法租界葛羅路三十三號（現嵩山路三十九號）的上海中華革命黨總機關部裡，被四名殺手刺殺身亡，年僅三十二歲。

九月十九日晚上，范鴻仙留宿上海中華革命黨總機關部的前樓二樓，保鏢楊斌在樓下負責保衛，平時總要睡在范鴻仙床前地板上的貼身保鏢鐘明貴，聲稱自己的被子拆洗未幹，要求回家住宿。

當天深夜，從隔壁空房子的前樓陽臺沿著繩梯悄悄閃進四個黑影，他們闖進范鴻仙的房間，掀起床帳

---

1 陳錫祺主編《孫中山年譜長編》上冊，中華書局，一九九一年，第八九二頁。

揮刀便砍。范鴻仙驚醒之後，忍痛負傷向樓下跑去，被兩名兇手死死抓住，又被另一名兇手頂住胸膛開槍射殺。槍聲驚醒了住在樓下的楊斌和住在後樓的劉秋水、劉義章、張海洲、陸學文，張海洲卸下門板迎著槍彈衝向前樓二樓，陸學文等人手執鐵棍、柴刀緊跟其後。四名兇手一面開槍，一面沿著繩梯逃往隔壁。其中一名兇手於慌亂中跌倒摔傷，被楊斌等人活捉。范鴻仙因傷勢過重，倒在了血泊之中。[1]

據法租界司法當局的審訊記錄，組織實施暗殺行動的密探頭目是米占元，充當內應線人的是范鴻仙的貼身保鏢鐘明貴。

米占元與徐寶山、李征五、應夔丞等人同為青幫「大」字輩大佬。按照陶成章《浙案紀略》中的說法，一九〇八年前後，米占元在兩江總督端方手下任督標中軍官，專門替端方緝捕革命黨人，陶成章、張恭等人都是米占元在劉師培、汪公權等人協助下追蹤訪拿的目標人選。[2]

到了辛亥革命期間，米占元搖身一變，混入揚州軍政分府司令兼第二軍軍長徐寶山所統帥的革命軍隊裡面，充當了第三師第五旅旅長，徐寶山被陳其美、張靜江、黃複生、李海秋等人設計謀殺後，米占元投靠馮國璋，繼續負責在包括上海在內的江蘇境內緝捕革命黨人。他先是買通鐘明貴的師傅蘆某，又通過蘆某買通鐘明貴通風報信，從而成功實施了針對范鴻仙的暗殺行動。

范鴻仙遇難後，由蔣介石出資七百大洋購置楠木棺材和貴重禮服予以收殮。九月二十日，上海革命黨

1 參見黃慧英著《碧血共和：范鴻仙傳》，江蘇文藝出版社，二〇一一年，第二八七頁。

2 陶成章：《浙案紀略》第二集《清吏案牘》（三）「徐偉供」，汪茂林主編《浙江辛亥革命史料集．浙江革命黨人的活動》，浙江古籍出版社，二〇一四年，第一五〇頁。

人給陳其美寫信彙報情況，二十二日又致電陳其美通報情況。陳其美恰巧到小田原的山田純三郎家裡客居三日，直到二十四日才收到電報信函，當即趕往孫中山住處彙報情況。

同年十一月一日，孫中山在寫給鄧澤如的籌款書信中介紹說：

前月范鴻仙君在滬被刺。范君係安徽舊同志，辦事甚久。此次擔任上海事，已運動北軍過半，袁賊一方知其勢力不可遏，乃懸紅暗殺之，花紅六萬元，其死與宋教仁相類。范死同時，上海鎮守使捕殺其北來軍士二百餘人，蓋皆與范通而擔任代表者。又埋攻製造局之炸藥，亦被發覺。上海本與杭州省城為一氣，范死，浙江事亦有頓挫。至上月二十日杭州省城破壞機關五處，捕去黨人三十餘，軍事主任夏之麒（寅卿）亦與焉。夏老成負重望，其在江浙，屢為武備陸軍學堂總辦，與廣東之趙聲相似，而勢力尤大。……第二次革命，我黨乃無一死於戰事者，范君、夏君以流血洗前事之辱，即以種將來之果，斷非徒死者也。[1]

一九二九年九月，國民黨中央委員會決定將范鴻仙附葬中山陵園內。一九三五年三月二十一日，國民黨中央追贈范鴻仙為陸軍上將，並組織葬事籌備委員會，辦理其葬事。同年十一月，國民黨中央派人到上海將范鴻仙靈柩迎到南京，暫厝第一公園內的國民革命烈士祠內。一九三四年二月十八日，蔣介石、于右任、林森、孫科、汪精衛、何應欽等國民政府要員及各界人士在停靈處舉行公祭儀式，二月十九日舉行國

1 《孫中山全集》第三卷，中華書局，一九八六年第二版，第一三二頁。

葬。一九三六年，范鴻仙又被移葬於南京中山陵東側的馬群，成為中山陵的「附葬」。在國民黨歷史上，能夠享受此種喪葬禮遇的，只有韓恢、廖仲愷、范鴻仙、譚延闓四個人。

但是，把范鴻仙的女兒范天德（雪筠）收養為女弟子的章太炎，卻在《書范鴻仙事》中提供了另一種說法：「當宋氏變作，時袁世凱雖傾險為謀主，然元首之號未去，非蒙外患內憂之罪，不得而譴之。徒以見微知著……斯時宜伏以俟之矣。光啟篤於故舊，感憤所激，願與袁氏爭一夕之命……卒為奸人狙擊以死。籲！其可哀也！」[1]

章太炎的意思是說，范鴻仙之死是激於情感而不是出於理性，他應該潛伏下來等待為宋教仁復仇的最佳時機。「自光啟等死逾年，袁氏果潛號，而東南（黨內）人物耗矣！討之者則蔡鍔、唐繼堯、陸榮廷，非素有瓜葛者也。」

在替范鴻仙及整個革命黨表示惋惜之餘，章太炎把洩憤的矛頭指向了孫中山：「丈夫謀大行固有道，或以術取，即往往蹈危地，此官以一身任之，毋牽率才俊以殉可也。」意思是說，孫中山身為黨魁，應該自己去衝鋒陷陣，而不應該讓一個個青年才俊去犧牲送死。

在此之前的一九一二年，章太炎也曾經批評作為師範學生的黃興：「廣州之役，黃興驅少年才俊以殉之，死者六七十人，而黃興僅傷兩指。得脫者奔出廣州，比至香港，黃興已端拱座於中矣。漢陽之敗，誠由南北不敵，而知兵者多以輕率僨事譏之。」[2]

1 《鐵血忠魂：辛亥先烈范鴻仙紀念文集》，鳳凰出版社，二〇一一年，第一五七頁。

2 《章太炎答友人書》，《神州日報》，一九一二年九月二十九日。湯志鈞編《章太炎年譜長編（增訂版）》下冊，中華書局，二〇一三年，第七二六頁。

章太炎的入室弟子魯迅，在一九三五年二月二十四日寫給楊霽雲的書信中，另有與乃師較為一致的歷史評判：「中山革命一世，雖只往來於外國或中國之通商口岸，足不履危地，但究竟是革命一世，至死無大變化，在中國總算是好人。」[1]

第五節　陳其美崇拜孫中山

一九一四年十月二十七日，孫中山正式委任中華革命黨本部各部職員：總務部長陳其美，副部長謝持；黨務部長居正，副部長馮自由；軍事部長許崇智，副部長周應時；政治部長胡漢民，副部長楊庶堪；財務部長鄧澤如，副部長何天炯。以凌鉞、蕭萱、張肇基、賀治寰、徐朗西分任黨務部第一、二、三、四、五局局長，範鴻鈞為黨務部機要職務長，方谷、鐘鼎、夏重民、周道萬為職務員。在黃興被排擠出局的情況下，陳其美躍升為黨內第二號人物。

一九一五年二月四日，陳其美按照孫中山的授意，從日本

1 魯迅：《致楊霽雲》，《魯迅全集》第十三卷，第六五頁。

鄭汝成遇刺的上海外白渡橋。

東京給遠在美國的黃興寫了一封長信，對同盟會時期一度盛行的「孫氏理想，黃氏實行」展開清算：

克強我兄足下：美猥以菲材，從諸公後，奔走國事，於茲有年，每懷德音，誼逾骨肉。……溯自辛亥以前，二三同志如譚、宋輩過滬上時，談及吾黨健者，必交推足下，以為孫氏理想，黃氏實行。夫謂足下為革命實行家，則海內無賢無愚，莫不異口同聲，於足下無所增損。惟謂中山先生傾於理想，此語一入吾人腦際，遂使中山先生一切政見，不易見諸施行，迨至今日，猶有持此言以反對中山先生者也。然而征諸過去之事實，則吾黨重大之失敗，果由中山先生之理想誤之耶，抑認中山先生之理想為誤而反對之，致於失敗耶？惟其前日認中山先生之理想為誤，皆致失敗，則於今日中山先生之所主張，不宜輕以為理想而不從，再貽他日之悔。此美所以追懷往事而欲痛滌吾非者也。[1]

這裡的「二三同志如譚、宋輩」，指的是一九一一年七月三十一日與陳其美一起在上海組織同盟會中部總會的譚人鳳、宋教仁等人。關於「孫氏理想，黃氏實行」的有據可查的文字記錄，見於一九一二年九月二十一日刊登在《民立報》的《孫黃兩公旅京記》一文，其中報導說，九月十五日下午，孫中山、黃興、陳其美、貢桑諾爾布一同參加北京國民黨本部的歡迎大會，與宋教仁關係密切的大會主席谷鐘秀，在

1 《陳英士致黃克強書》，孫中山著《建國方略之一，孫文學說——行易知難（心理建設）》附錄，《孫中山全集》第六卷，中華書局，一九八六年第二版，第二一五頁。

歡迎詞中講道：「共和民國，由孫提倡而黃實行，兩先生功最偉，貢有信於蒙，陳有造於滬，均為民國所仰賴。」[1]

在陳其美眼裡，正是譚人鳳、宋教仁等人所說的「孫氏理想，黃氏實行」，直接誤導了包括他自己在內的革命黨人，從而架空虛置了孫中山的黨內權威，造成了同盟會及國民黨內部一再違背「中山先生之理想」的「重大之失敗」。陳其美為了充分證明孫中山實行黨魁崇拜的合理性，不厭其煩地羅列了「昔日反對中山先生其曆致失敗之點之有負中山先生者數事」：

其一，由同盟會成員佔有壓倒性優勢的南京臨時參議院依法行使立法權時，辜負了孫中山英明正確的最高權威。

其二，南北議和之後，黨人沒有見識，不表同意於已經離職下野的孫中山，從而在三件大事上辜負了孫中山的英明決策。第一件是袁世凱應該到南京就職。第二件是中華民國須遷都南京。第三件是不能以清帝退位之詔授全權於袁氏組織共和政府。

其三，沒有見識的黨人，敗壞了孫中山「擴張教育，振興實業」的百年大計。

其四，黃興連同陳其美等人在宋教仁案發生之後，違背孫中山的意志犯下了戰略性錯誤。

其五，黃興連同陳其美等人在「二次革命」中貽誤戰機，導致國民黨人士兵敗逃亡。

作為這五個方面的歸納總結，陳其美把政治清算的目標更加明確地鎖定在黃興、譚人鳳尤其是遭受暗殺的宋教仁身上：「夫以中山先生之智識，遇事燭照無遺，先幾洞若觀火，而美於其時貿貿然反對之，而

1　李雲漢編著《黃克強先生年譜》，臺北國民黨黨史委員會，一九七三年，第三〇二頁。

於足下主張政見，則贊成之惟恐不及，非美之感情故分（厚）薄於其間，亦以識不過人，智暗慮物，泥於孫氏理想一語之成見而已。……美之所見如此，未悉足下以為何如？自今而後，竊願與足下共勉之耳。」

陳其美的所謂「共勉」，說穿了就是要求被他斥為「無識黨人」的黃興等人，放棄此前「孫氏理想，黃氏實行」的角色定位，澈底拜倒在孫中山的最高權威之下，充當偶像崇拜的馴服工具：「至於所定誓約有附從先生服從命令等語，此中山先生深有鑒於前此致敗之故，多由於少數無識黨人誤會平等自由之真意。……故遵守誓約，服從命令，美認為當然天職而絕無疑義者，足下其許為同志而降心相從否耶？」

並不美好的歷史事實是，早在辛亥革命之前的一九〇七年到一九一一年，由於內部糾紛不斷，孫中山在同盟會內部的黨魁地位已經名存實亡。遠在美國的孫中山對於一九一一年爆發的辛亥革命，並沒有做出實質性貢獻。在孫中山回國之前，包括黃興在內的南北雙方，已經把大總統職位預約給了袁世凱。同盟會方面搶先一步擁戴孫中山出任臨時大總統，本身就是出爾反爾、背信棄義的違約行為。

一九一二年三月十五日，由武昌首義功勳黎元洪、孫武、孫發緒、張振武、劉成禺等人牽頭髮起的民社，在其上海機關報《民聲日報》中，曾經明確指責「無功受祿」、「掠他人之功以為功」的南京臨時政府，是日謀「蟠踞之私利」；孫中山、黃興等人堅持建都南京，是「沐猴而冠，盜終不變其盜」。[1]

三月下旬，南京方面的四川籍革命黨人黃複生、吳永珊（玉章）等人，為鄒容、喻雲紀、彭家珍等死難者召開追悼大會，孫中山親自出席。沒有到場的章太炎，專門送來一副詛咒同盟會方面的當政者為竊國

1 春雨：《龍蟠虎踞之南京》，《民聲日報》，一九一二年三月十五、十六日。

大盜的挽聯：「群盜鼠竊狗偷，死者不瞑目；此地龍蟠虎踞，古人之虛言。」[1]

一九一三年七月，堅持發動「二次革命」的陳其美，在與日本駐上海領事有吉明的祕密談話中，明確認定孫中山、黃興對於辛亥革命並沒有卓越貢獻：「孫、黃二君多年流浪於外國，實際上見機不敏。觀去年之革命，亦係按我等人之手所計畫者，孫、黃不過中途返國而已。因而孫此次廣東之行，與其預期相反，因兩三旅團長被收買而喪膽，透露完全失望之口吻。黃則徒然多疑，坐失良機。此無非不通曉國內之情況而已。余等實際當事者，尚未十分悲觀云云。」[2]

到了陳其美、黃興等人已經去世的一九一八年，孫中山在《建國方略之一，孫文學說——行易知難（心理建設）》一書中，專門附錄了上述「陳英士致黃克強書」，通過充分利用陳其美的死後餘熱，來極力推行國民黨內部一人訓黨、一黨訓政的黨魁崇拜。借用胡適的話說，「中山先生著書的本意只是要說：『服從我，奉行我的《建國方略》。』他雖沒有這樣說明，然而他在本書的第六章之後，附錄《陳英士致黃克強書》（頁七九—八七），此書便是明明白白地要人信仰孫中山，奉行不悖。」[3]

---

1 湯志鈞編《章太炎年譜長編（增訂版）》上冊，第二二八頁。

2 《日本外交文書》，一九一三年七月八日有吉駐上海領事致牧野外務大臣電，陳明譯。見陳錫祺主編《孫中山年譜長編》，第八二五—八二六頁。

3 胡適：《知難，行亦不易》，《新月》月刊第二卷第四號，一九二九年四月。與此相印證，居正在《中華革命黨時代的回憶》中介紹說，孫中山一直堅持的主張是「同志要再舉革命，非服從我不行。我不是包辦革命，而是畢生致力於國民革命，對於革命道理，有真知灼見；對於革命方略，有切實措施。」見陳錫祺主編《孫中山年譜長編》上冊，第八八五頁。

對於陳其美所轉述的「日國亞東，於我為鄰，親與善鄰，乃我之福，日助我則我勝，日助袁則袁勝」的「聯日」策略，孫中山在《建國方略》中另有注解：「文按：民黨向主聯日者，以彼能發憤為雄，變弱小而為強大，我當親之師之以圖中國之富強也。不圖彼國政府目光如豆，深忌中國之強，尤畏民黨得志而礙其蠶食之謀，故屢助官僚以抑民黨，必期中國永久愚弱，以遂彼野心。彼武人政策，其橫暴可恨，其愚昧亦可憫也。倘長此不改，則亞東永無寧日，而日本亦終無以倖免矣。東鄰志士，其有感於世運起而正之者乎？」

應該說，孫中山一生當中最為後人所詬病的，就是這種即使在字面邏輯上也不能夠貫通成立的「聯日」策略：既然日本人能夠「發憤為雄」，包括孫中山在內的中國人，就應該學習這種「發憤為雄」的國民精神，而不是一廂情願地依賴日本人的金錢槍炮，在中國本土發動一輪又一輪的國內戰爭；更不應該因為日本方面沒有提供足夠援助，就加以「其橫暴可恨，其愚昧亦可憫……亞東永無寧日，而日本亦終無以倖免」的怨恨詛咒。

第六節　革命黨刺殺鄭汝成

第一次世界大戰爆發後，歐洲列強忙於相互廝殺，無暇顧及遠東地區。日本大隈內閣認為這是推行其「大陸政策」的最佳時機。一九一四年五月十一日，孫中山在寫給日本首相大隈重信的書信中，緊密配合「大陸政策」來闡述「日助我則我勝，日助袁則袁勝」的「聯日」策略：「助一國之民黨，而顛覆其政府，非國際上之常例。然古今惟非常之人，乃能為非常之事，成非常之功，竊意閣下乃非常之人物，今遇非常之機會，正閣下大煥其經綸之日也。」[1]

一九一四年九月，日本侵略軍一舉奪取德國在山東半島的勢力範圍。一九一五年元旦，袁世凱頒布《亂黨自首特赦令》，規定凡在一九一五年年底以前犯有「附和亂黨罪」而能自首者，均可受到特赦，而且可以量才錄用、給以官職。與此同時，袁世凱還開動宣傳機器，指責孫中山、陳其美等人像引狼入室的吳三桂一樣，於窮途末路中引誘日本政府侵略中國。

一九一五年一月十八日，日本駐華公使日置益會見袁世凱，當面遞交企圖把中國的領土、政治、軍事、財政都置於日方控制之下的二十一條無理要求，希望袁世凱「絕對保密，盡速答覆」。袁世凱在力量懸殊的情況下，故意通過媒體把「二十一條」的相關內容洩露出去，從而引起國際國內的強烈反應。一貫激進的中華革命黨人何海鳴，公開宣稱政府以穩健誡國人，國人以大任托政府，苟政府不加海鳴以不利，海鳴且以首丘於祖國為安。同年三月，何海鳴回到上海創辦《愛國報》。

一九一五年二月五日，也就是陳其美寫下清算黃興並且擁戴孫中山的長篇書信的第二天，他與孫中山、戴季陶、王統一在國家存亡的危急時刻，與日方代表前滿鐵株式會理事犬塚信太郎、滿鐵社員山田純三郎祕密草簽《中日盟約》，其中明確規定：「為便於中日協同作戰，中華所用之海陸軍兵器、彈藥、兵具等，宜採用與日本同式」；「與前項同一之目的，若中華海陸軍聘用外國軍人時，宜主用日本軍人」；

1　王芸生著《六十年來中國與日本》第六卷，天津大公報社，一九三二年，第三四－三六頁。另見《孫中山全集》第三卷，第八四－八五頁。

「使中日政治上提攜之確實，中華政府及地方公署若聘用外國人時，宜主用日本人。」[1]

在全面出讓軍政主權之餘，《中日盟約》還把事關經濟命脈的金融、礦山、鐵路、航運，全部交由日本控制。好在該項盟約沒有得到日本政府的正式響應，而只是換來了日本政府透過民間管道的間接支持。

同年三月十日，孫中山命令黨務部發出中華革命黨第八號通告，要求黨員積極討袁。三月二十二日，孫中山授意陳其美等人舉行紀念宋教仁逝世兩周年大會，大會由劉毅夫主持，陳其美等九人登臺講話，與會人士共一百九十四人，他們藉著紀念宋教仁的名義所要推行的，其實是反對袁世凱中央政府的政治動員。

五月二十六日，袁世凱頒布命令：「據駐日汪公使電報，逆首孫文近乘中日交涉和約成立之後，在日開會密議，詆毀政府甘心賣國，籍詞伐罪吊民，密派黨徒，潛赴內地」，飭令各地嚴加防範，並「加賞花紅，獲案究辦。」[2]

這裡的「汪公使」指的是汪大燮。陳其美在此前後由日本返回上海，利用日本民黨人士野江提供的五十萬元活動經費，祕密組織「鐵光銳進社」。由於上海鎮守使鄭汝成的嚴密防範、鐵腕控制，無論是該社的擾亂團還是暗殺團，都沒有表現出「銳進」勢頭。陳其美只好在孫中山一再催促下再一次返回日本東京，並於九月五日凌晨入住孫中山位於東京府牛多摩郡千駄谷町大字原宿一〇九番地（今澀谷區神宮前三丁目三十三番地）的新居。

十月十四日，奉命赴南洋籌款的陳其美、許崇智、鄧鏗等人，乘船抵達吳淞口，在革命黨人接應下在

1 陳錫祺主編《孫中山年譜長編》，第九三三－九三四頁。

2 《學魂日報》，一九一五年五月二十六日。見陳錫祺主編《孫中山年譜長編》上冊，第九四九頁。

上海祕密登陸。十月十五日，謝持向孫中山面交周應時請辭中華革命黨軍事部副部長兼江蘇司令長官的辭呈，孫中山批示道：著與英士商量，由英士決奪辦理。

十月二十五日，許崇智上書孫中山，建議陳其美留在上海主持討袁。經孫中山批准，陳其美以淞滬司令長官名義在法租界霞飛路漁陽里五號設立總機關，委派蔣介石、吳忠信、楊庶堪、周淡游、邵元沖、丁景良、余建光、楊虎、韓恢等人，分任軍事、財政、總務、文牘、聯絡等項職務，由蔣介石負責起草《淞滬起義軍事計畫書》。當時的上海已經成為袁世凱嫡系親信、上海鎮守使鄭汝成所把控的勢力範圍，陳其美想要奪回自己曾所把控的舊地盤的第一步，就是密謀刺殺鄭汝成，為死難的革命同志報仇雪恨。

十一月八日，陳其美得知日本新天皇將於十日舉行登極典禮，鄭汝成按照國際通行的外交禮節，將要參加日本領事館召開的慶祝宴會，便於九日召集楊虎、孫祥夫、周淡游、李海秋等人在法租界薩坡賽路（今淡水路）十四號密謀布置。經過商議，陳其美決定在鄭汝成可能經過的道路上設置五道關卡：其一，吳忠信率領安徽籍革命黨人在十六鋪埋伏狙擊；其二，江浙革命黨人在跑馬廳埋伏狙擊；其三，謝寶軒等人在黃埔灘埋伏狙擊；其四，馬伯麟、徐之福等廣東革命黨人在海軍碼頭埋伏狙擊；其五，孫祥夫指揮吉林人王曉峰、山東人王明山（銘山）、奉天人尹神武等人，在最為關鍵的英租界外白渡橋埋伏狙擊。當天晚上，陳其美親自召見王曉峰、王明山，由周淡游出示鄭汝成照片給兩人辨認，然後交給每人一支駁殼槍和一枚炸彈。

十一月十日早晨，周淡游趕到王曉峰、王明山位於寶昌路寶康里三十四號的住處，同他們一起前往外白渡橋。上午十一時左右，在孫祥夫、周淡游現場指揮下，王曉峰、王明山當場擊斃鄭汝成及其總務處長舒錦繡。

陳其美組織實施的針對鄭汝成的暗殺行動，與宋教仁於一九一三年三月遭遇的暗殺行動，在操作步驟和運作方式上如出一轍。王曉峰、王明山被外國巡捕逮捕之後，在會審公堂的慷慨陳詞，也與武士英基本一致：「鄭汝成輔袁世凱叛反民國，余等為民除賊，使天下知吾人討賊之義，且知民賊之不可為。事之始末，皆餘二人為之，勿妄涉他人也。」[1]

鄭汝成的死訊傳到北京，袁世凱「大為傷感，輟會終日」。他下令追贈鄭汝成一等彰威候，照上將陣亡例議恤，發給治喪費二萬元，撥天津小站營田三千畝給鄭氏家屬，並在上海及鄭汝成的直隸靜海縣原籍建立紀念專祠。

第七節　陳其美命喪連環案

除掉鄭汝成後，陳其美等人迅速制定以艦隊為主、炮隊營為副，同時並舉的行動計畫，決定於十二月中旬發動上海起義。他任命吳忠信為參謀長，肇和艦長黃鳴球為海軍總司令，楊虎、孫祥夫為海軍陸戰隊正副司令。袁世凱得到密報，立即採取應對措施，把一部分與陳其美祕密聯絡的軍隊調離遣散，派遣海軍總長薩鎮冰專程到上海檢閱海軍，命令肇和艦於十二月六日開赴廣東。

一九一五年十二月五日，陳其美下令趁海軍各艦長公宴薩鎮冰的機會提前起義。下午三時，楊虎率領海軍陸戰隊三十多人直奔肇和艦。六時許，佔領肇和艦的楊虎向上海製造局開炮，在法租界漁陽裡坐鎮指

1 張學繼著《陳其美》，團結出版社，二〇一一年，第一六三頁。

揮的陳其美聽到炮聲，立即率領吳忠信、蔣介石、丁景良、周應時等人趕赴華界就近指揮。半路上得知各路起義相繼失利，只好退回租界重新布置。他們在漁陽里商議過程中，法租界巡捕十餘人破門而入，在樓下望風的陳果夫、丁景良被當場逮捕。陳其美、吳忠信、楊庶堪、蔣介石等人聽到響動，迅速登上屋頂轉移到位於新民里十一號的蔣介石住所。肇和艦起義持續時間不到十二個小時，革命黨人被捕四十餘人，死傷七十餘人。

十二月二十五日，唐繼堯、任可澄、蔡鍔、李烈鈞、戴戡等人宣布雲南獨立，維持共和，推舉唐繼堯為雲南都督，並組織約二萬人的討袁護國軍。全國範圍內武裝討袁的護國戰爭，由此爆發，日本政府的對華政策也因此轉變為大力支持一切反袁力量。

一九一六年一月九日，孫中山在複上海革命黨人的電報中指示說：「日府派青木中將來滬調查，而後定方針，宜祕密間接圖利之。」[1]

「青木」即曾任日本駐華武官的青木宣純，他於一月二十三日奉日本政府委派前往北京，隨後從北京前往上海，與陳其美等人祕密接觸。一月二十四日，岑春煊化名張國祥抵達日本東京，中華革命黨方面派遣張繼、戴季陶到火車站迎接。

二月三日，梁啟超的代表周善培抵達東京，入住中華革命黨人謝持的住所。十二日，孫中山親自出面與岑春煊、周善培、張繼等人會談了六個小時。

為了在護國戰爭中擴大中華革命黨的權重份額，孫中山迫切希望陳其美以上海為中心打開局面。

1　陳錫祺主編《孫中山年譜長編》上冊，第九七二頁。

二月二十二日，孫中山通過電報任命陳其美為江、浙、皖、贛四省總司令，次日又令陳其美就近接洽湘、鄂等省討袁事宜。

三月八日，孫中山、王統一至芝區白金今里町十八號訪問久原礦業株式會社社長久原房之助，王統一於當天得到久原房之助提供的二十萬日元借款。

三月九日，孫中山、戴季陶來到日俄貿易會社，在社長松島重太郎的擔保下，以出讓四川省某項權益為代價與久原房之助簽署借款合同。

三月十六日，孫中山與王統一聯名收到三十萬日元，並於當天通過三井銀行給陳其美等人匯款二十一萬元，其中二十萬元作為江浙革命活動及運動第二艦隊反正的費用，一萬元轉交在湖北活動的田桐。

三月二十日，岑春煊、張耀曾與日方企業家竹內維彥簽訂一百萬日元的貸款契約，作為西南各省的反袁軍費。

當時的日本政府，企圖借助於反對袁世凱的護國戰爭擾亂敗壞整個中國大陸。在南方，由久原房之助私下出錢援助各派反袁勢力，發動倒袁戰爭。在北方擁立在旅順避難的清肅親王善耆，使滿洲、蒙古聯成一片，建立獨立國家。這筆資金由大倉組撥出。據日本勝田龍夫著《中國借款和勝田主計》一書披露，僅一九一六年上半年，日本政府通過久原房之助總共資助孫中山二百四十萬日元。此外，久原房之助還借給岑春煊一百萬日元，借給黃興十萬日元，借給陳其美十萬日元。[1]

另據美國猶太裔學者哈樂德・史扶鄰介紹，直到久原房之助於一九六五年去世時，他還保存著借給孫

1 陳錫祺主編《孫中山年譜長編》上冊，第九七八－九八〇頁。

中山一百四十萬日元的收據。

上海方面的陳其美，依然想效法辛亥革命時期的路徑手段，聯絡李平書等上海地區的商界人士及商團武裝發動起義，遭到李平書等人婉言拒絕。用李平書的話說：「余鑒於癸醜之役，極力勸阻。況三月底為南北錢業收賬之期，一旦起事，地方不免紛擾，關係市面金融，於餉源亦大有妨礙。」[1]

三月二十二日，袁世凱被迫撤銷帝制。二十三日又下令取消洪憲年號。三十一日，孫中山在電報中對於陳其美等人遲遲沒有採取行動表示責難：「北方來電，帝制取消，軍心益振，而滬反因之觀望，恐前聯絡之人皆多不實，故托此為辭，欲再得款耳。望兄詳察，勿受其欺，幸甚。」[2]

四月四日，孫中山在電報中再次催促上海革命黨人採取行動：「能動即動，若彼等政府成立，吾黨外交更失地位。王統昨晚離京，其事二十前後可發。山東消息甚佳，月內當動。」

四月七日，孫中山在電報中表示說：「終日奔走，夜半回寓，始接急電，明晨當竭力籌之，然驟恐難得十萬。若滬得後，可立致百萬。著即委統總司令。」

這裡的「統」即王統，又名王統一，浙江永嘉人，早年留學日本海軍學校，並娶日本女子為妻，回國後任海軍參謀。「二次革命」失敗後來到日本，一九一三年九月二十七日與黃元秀、朱卓文、陸惠生、馬素五個人第一批加入中華革命黨，名列該黨第一號黨員。據日本參謀本部的情報，王統一是袁世凱派遣的密探。孫中山對他雖然有所懷疑，卻依然倚重有加。一九一四年四月，袁世凱政府派遣四十五名海軍軍官

---

1 張學繼著《陳其美》，第一七〇頁。

2 《孫中山全集》第三卷，第二五九頁。

到日本海軍基地橫須賀受訓，孫中山派遣王統一前往該基地，在這些海軍軍官中發展了十八名中華革命黨黨員。同年七月二十二日，這十八名黨員乘船返回上海。一九一六年四月三日，王統一以海軍總司令身分率領在日本招募的日本退役海軍軍人前往上海。據擔任王統一秘書的日本人大田宇之助回憶：「本來的計畫是，以完全用退役的日本海軍軍人組成的一隊奪取停在上海附近的對方軍艦『策電號』，爾後將『策電號』往吳淞開，在吳淞炮擊袁世凱的兵工廠，而以此為信號，待命中的陸軍部隊則出動來佔領上海。」[1]

四月八日，孫中山電匯陳其美十一萬元，並告以「切望捷音，行當率同志齊來」。

四月十三日，日本報館依據孫中山的日本友人菊池良一的通告，以號外形式公開披露王統一招募日本退役海軍在上海起義的計畫。

四月十四日，孫中山派遣胡毅生化名趙衡齋搭乘「伏見丸」前往上海。

四月十五日，孫中山派遣胡漢民化名陳國榮搭乘「天津丸」前往上海。

四月十六日，孫中山致電陳其美、王統一：「聞王兄到滬，嘉慰無極。自後海軍悉由王兄指揮，務望兩兄協力。得軍艦，即先將機器局襲取，立吾黨基礎。」

四月二十四日，孫中山電告陳其美等人：「前費鉅款無效，不能昭信於人，無法再籌。軍官索款，可許以事後倍給，事前毋輕擲。」並且告知自己將於四月二十七日偕廖仲愷、戴季陶等人返回上海。[2]

「以事後倍給」之類無法兌現的空頭支票收買官方軍隊尤其是有錢賣命、無錢打劫的江湖會黨黑道

1 陳錫祺主編《孫中山年譜長編》上冊，第八五一、九八八頁。
2 《孫中山全集》第三卷，第二五七頁。

人士，是孫中山從事革命暴力活動的慣用手段。山東方面的第五師師長、青幫大佬張樹元，當時正在與居正密商倒戈反袁，孫中山於三月二十九日在回覆居正的電報中表示：「五師果有自動之意，宜速派人往聯絡，如彼能純歸本黨範圍，可許以事後賞主動者百萬，及全師加雙餉至終身。如有諧，文當親來指揮。」

在孫中山一再催促之下，束手無策的陳其美只好派遣楊虎、尤民等人赴江陰運動蘇軍第七十五混成旅起事。四月二十六日，江陰起義軍遭到圍剿，尤民遇難，楊虎潛逃。四月二十六日當天，孫中山在離開日本之前再次來電：「若滬、浙能入吾黨範圍，則大局可定矣。文乘『近江丸』回，著山田通知青木中將，若彼派人來接船，須與山田同來便可。」

五月一日，孫中山在廖仲愷、戴季陶、張繼、宮崎寅藏、鐘工宇等人陪同下抵達上海，並把自己置於日本人的嚴密保護之下。

五月五日，由於日本報紙已經公開披露王統一的海軍計畫，更由於「策電艦」的內應沒有按照事先約定而響應起義，導致上海革命黨人襲取「策電艦」的軍事行動遭受挫折，姜永清、杜鶴麟等二十多名革命黨人被捕。王統一為逃避罪責東渡日本，七月九日從日本攜眷回國後再無下落，成為民國史上的一樁神祕懸案。

五月九日，已經在護國戰爭中處於明顯劣勢的孫中山，在上海發表第二次討袁宣言，公開表示「自審立身行事，早為天下共見，末俗爭奪權利之念，殆不待戒而已除」。

五月十一日，孫中山在致岑春煊等人的通電中，公開讓渡討袁戰爭的領導權：「文近自海外歸來，誓從國民之後，滅此朝食，已分電告各方同志，取一致之行動。……文知憂國，甚願盡力所能至為公等助，惟公等有以教之。」

一個月前的四月十日，志在必得的孫中山在致旅居加拿大的中華革命黨黨員胡維熏的信函中，關於岑春煊給出的是恰恰相反的另一種評價：「本舊官僚，見識思想均極愚陋，斷不足維持中國，奉之者不過借為傀儡而已。」[1]

陳其美顯然不是甘心情願與岑春煊「取一致之行動」的一個人。他膽大妄為地致力於恐怖暗殺活動的直接結果，是在護國戰爭接近勝利的一九一六年五月十八日慘遭暗殺。五月十九日，孫中山在致居正的密電中表示說：「英士昨下午在山田家被凶轟斃，捕凶一人，關係者數人，捕房查押。見兄侄來，請暫勿會。此電請秘。」[2]

同樣是在五月十九日，中華革命黨上海機關報《民國日報》刊載《陳英士先生遇害記》一文，其中較為翔實地報導了慘案現場：

昨晚五時三十分左右，法新租界薩坡賽路十四號門牌出一重大之暗殺案。蓋民黨鉅子陳英士先生竟被匪徒狙擊畢命也。匪徒共三四人，雇坐五百七十二號汽車前往，時陳先生方在客室會客，該匪徒由兩人入門，其一穿橡皮雨衣，其一穿黑色衣服，進門後即徑入客室，對準陳先生亂開手槍，陳頭部中彈倒地，該匪即飛步奔逃。因有人追出故仍舉槍亂放，又傷一人（丁某）死一人（聞系王某），該匪等奔上汽車圖逃，而汽車夫已不知去向（當系聞槍聲畏避），急自行司機竟將機件

1 《孫中山全集》第三卷，第二八六、二六九頁。

2 《孫中山全集》第三卷，第二八七頁。

> 損壞不能行動，又舍車而逃。則探捕已趕至圍捕，當即捉住一人，後聞又在某處捕得嫌疑犯一人，現在偵查中。而陳先生因彈中要害，未及入醫院即棄民國而長逝矣，嗚呼。[1]

在偵查結果還沒有出來之前，該報已經按照中國特色的疑罪從有、有罪推定的傳統思維，把幕後主凶鎖定在袁世凱身上：「陳英士先生之歷史俟更詳述，惟先生富辯奸之識，滬軍取消後，薄工商總長而不為，蓋早知袁之不可共處。袁亦忌先生最甚，當時即竭力播散謠言，顛倒輿論，以金錢之力污蔑先生名譽，迨二年春，宋案發生，先生協助捕房發奸摘伏，用是益遭袁忌。嗣後先生主持討袁，至今日未嘗少懈，袁政府心目中殆以先生為唯一勁敵，至懸賞七十萬元以購先生，可見其謀害之亟。此次行刺，兇犯其設備至周，進行至勇，非偶然也。」

五月二十日，孫中山在致黃興信中進一步介紹說：

> 英士兄以十八日下午五時被刺，係在薩坡賽路山田家會客。先兩日，英士病頗劇，杜門，而是日則約有兩處人相見。第一起為劉基炎（說山），為鴻豐煤礦公司四華人一日人。坐頃，更有二人入。坐客興辭，英士亦起身，客即以槍擊英士頭部，立倒地。丁景良、吳忠信、蕭紉秋、余建光在外室聞槍聲，闖門欲入。數兇手槍亂放，丁景良亦中槍，餘人走避。兇手等且放槍且逃，丁、吳從後追呼。兇手等本乘汽車來，此時汽車夫先走捕房報，故獲得兇手許國霖。又一兇手王介凡則

1 張學繼著《陳其美》，第一七四頁。

斃於道，或云自殺，或云其夥殺以滅口。繼獲李海秋一名，則介該公司與英士交涉，而是日同來者也。李與日人俱云不知情（日人亦可疑，然此時未捕）。李海秋與王介凡為英士素識，許國霖與一程起鵬則是日始問姓名。許被獲，已認兇手，並云王、程、李皆凶。王已死，程未獲。李之介紹鴻豐公司人來，謂有礦產將抵押與中日實業公司，借五十萬，而請英士擔保，可借二十萬與革命黨。英士固常聞人云，鴻豐為偵探機關，然不料其有大不測之舉動。且見滬事再失敗，前費鉅款無效，謀再起，因急籌款，則姑與接洽。事變突起，未嘗防備。聞捕房查得是日到者十六人，把門守路者皆持槍擊人，蓋非尋常暗殺事件可比，英士頭中一槍，頰中兩槍，故登時殞命。[1]

這是迄今為止關於陳其美刺殺案最為權威卻又單邊片面的歷史敘述，按照孫中山的說法，陳其美之死是袁世凱政府針對革命黨人的連環命案中的重要一環：「英士忠於革命主義，任事勇銳，百折不回，為民黨不可多得之人。年始四十，遽遭賊害！數年來，如宋鈍初、范鴻仙、夏之麒俱為逆賊購凶刺死，今又繼及英士。」

在同一封書信中，孫中山對於國內大勢另有分析：「英士於肇和艦事件失敗後，迭遭挫折。同時惕生亦經營進行。顧前此不能為一致之行動，故常有積極的無形之衝突，兩難奏效。弟到滬後，各人感情漸洽，方與惕生謀合辦方法，而英士慘遭不測矣。英士死後，所圖必大受影響。但冀將來由惕生專任殲彼楊、盧二賊，事當有濟。然軍隊運動已久，而屢不得力，其卑劣之觀望，正未易破。馮在南京，為陰為

1 《孫中山全集》第三卷，第二八九頁。

陽，盧、楊益有所恃，其部下更難決心。大抵民黨他方無特別之勢力發展，則滬事急遽無好希望也。」

「惕生」即黃興的親信、曾任南京臨時政府參謀次長的鈕永建。「楊、盧」即袁世凱中央政府委任的淞滬護軍使楊善德和第十師師長兼淞滬護軍副使盧永祥。「馮」即鎮守南京的江蘇督軍馮國璋。孫中山在這段話中，還隱約透露了革命黨內部的派系鬥爭。

與此相印證，邵元沖在為陳其美所寫《行狀》中回憶說：「中華革命黨成立，公受任為總務部長。始公之抵日本也，諸黨人以敗喪泰半多意沮，以為匪久曆歲月，事難可猝圖。公獨己心是孫公言，乃力排眾議，主亟進，以是往往為故諸人所不悅，不顧也。」[1]

筆者在這裡大膽假想一下，假如孫中山像保障自己的生命安全那樣力保陳其美的生命安全，而不是採取某種縱容默許的消極態度，陳其美是很有可能逃過一劫的。同樣的道理，假如三年前的孫中山、黃興、陳其美等人，當真願意保全宋教仁的生命安全，宋教仁也是有可能倖免於難的。

第八節　張宗昌涉案遭報應

寓居上海的前清遺老鄭孝胥是保皇派的主要代表人物，他在革命黨人與袁世凱一派前清官吏之間，更加仇恨的是背叛清廷的袁世凱。

一九一六年五月十九日，鄭孝胥在日記中寫道：「陳其美被刺，立死，昨午後五時也，其黨頗脅人取

1　陳錫祺主編《孫中山年譜長編》上冊，第八六九頁。

貨，故仇家甚眾。」

五月二十八日，鄭孝胥又在日記中寫道：「黃秀伯來約午飯，至黃寓，晤日人山田純三郎，乃陳其美之友，陳即在其寓宅中被刺。」[1]

一九一七年三月三十一日，鄭孝胥在日記中再一次提到陳其美：

> 作字。陳藹士求為陳其美作「百折不回」四大字，刻於墓上，其美雖狂賊不識道理，然仇視袁世凱，卒為所殺。嘗詰袁世凱：「如鄭君者何以不用？」袁曰：「大才盤盤，難以請教。」陳固不識余，後乃於黃秀伯宅中見之。余今從其兄之請，亦以愧賣主求榮之士大夫耳，所謂：「亂臣之罪浮於賊子」也。使復辟事濟，陳其美或反先降，蓋惟理足以折服之耳。孫文極敬重升吉甫，即其事也。

陳藹士即陳其美的弟弟陳其采，所謂「其兄」，是鄭孝胥的誤記。按照「亂臣之罪浮於賊子」的奇怪邏輯，鄭孝胥認為像陳其美這樣的革命黨人雖然「狂賊不識道理」，但是，他們畢竟仇視並且抵制過袁世凱，而且很有可能會折服於滿清王朝的復辟帝制；比起「賣主求榮之士大夫」袁世凱、徐世昌、張謇、湯壽潛、熊希齡、梁啟超諸人，還是要高尚一點點。孫中山敬重宗社黨首領升吉甫即升允，就是這個道理。

到了一九三〇年十二月八日，鄭孝胥乘火車從上海前往天津，在車廂中遇到陳藹士：

---

1 《鄭孝胥日記》，中華書局，一九九三年，第一六一〇－一六一二頁。

藹士言，陳其美被刺於日本人宅中，其妻奔哭，日人禁之；時蔣介石所居甚近，遂移屍至其寓中治喪，自此交情益密。蔣至孝，為人甚厚。人多譏其娶宋美齡事，此事誠可訾議；然其妻毛氏及子今居奉化，非棄之也。惟用人不免近狹。南京今惟胡漢民頗認真辦事耳。近教育無人，蔣自兼之，乃防共產黨流毒於學生也。

這裡的「日人」，指的是法租界薩坡賽路十四號的承租人山田純三郎。山田純三郎的哥哥山田良政，於一九〇〇年十月死於廣東惠州的三洲田起義，被孫中山稱讚為「外國志士為中國共和犧牲者之第一人」。一九一二年一月一日，孫中山宣誓就任中華民國臨時大總統，山田純三郎作為特邀代表之一參加了就職典禮。「二次革命」失敗後，山田純三郎取代宮崎滔天，成為孫中山與日本朝野的主要聯絡人。他所承租的薩坡賽路十四號三層住宅，也成為革命黨人非常重要的祕密機關和活動據點。住宅的底層供革命黨人聚會並接待客人，二層供山田一家居住，三層供革命黨人隱居潛伏。一九一五年十一月九日，陳其美、楊虎、孫祥夫、周淡游、李海秋等革命黨人，就是在這裡密謀刺殺鄭汝成的。其中的李海秋，是此前奉陳其美命令刺殺過駐守揚州的第二軍軍長徐寶山、商務印書館總經理夏瑞芳的一名具體執行人，他與陳其美的親密程度，近似於涉入宋教仁案的應夔丞、吳乃文、王金發。

陳其美遇刺的一九一六年五月十八日，山田純三郎的兩歲長女民子在驚嚇中摔倒致終身殘疾，這也許是山田純三郎禁止陳其美妻子姚文英到薩坡賽路十四號哭喪的主要原因。據當場被捕的犯罪嫌疑人宿振芳供認，「程子安奉張宗昌命令，暗殺陳先生」。為實施暗殺，許國霖、程子安奉命在上海設立鴻豐煤礦公司，與日商中日實業公司商議押礦借款事宜，由王介凡通過李海秋約請陳其美出面擔保。五月十八日，由杜福生租賃汽車、馬車作為交通工具，由程子安率領王殿章、任子廣、王潤甫以及張宗昌在上海的代表王甫庭等人，各持手槍、石灰包負責暗殺，宿振芳在弄堂口擔任瞭望。

另據犯罪嫌疑人許國霖在法國巡捕房供述，他受朱光明指使替袁世凱政府辦事，賞格是十三萬元，「介紹見陳者可得三萬元」。於是，他通過與陳其美熟識的革命黨人王介凡、李海秋認識了陳其美，「程子安本為張秀全、韓恢、胡俠魂等部下」。[1]

王介凡曾經是孫中山、陳其美的重要親信。一九一四年七月八日下午，在日本東京築地精養軒召開的中華革命黨成立大會上，王介凡是和孫中山、王統一、陳其美、夏之騏、周應時、廖仲愷、居正等人一起與會的八省代表之一。韓恢、胡俠魂，曾經是與孫中山、朱卓文、戴季陶、何海鳴以及共進會長應夔丞、副會長張堯卿關係密切的「鐵血監視團」成員。按照朱宗震在《陳其美與民初遊民社會》一文中提供的說法：「（陳其美）案的黑幕沒有充分暴露。……張秀全究竟是否即前文所述何海鳴所介紹之『張秀泉』尚待考證；而韓恢、胡俠魂則都是鐵血監視團成員，韓並始終參加革命。他們的部下程子安卻參與了暗殺陳其美的罪惡活動。」[2]

種種跡象表明，陳其美案中的「張秀全」，就是宋教仁案中與吳乃文、鄧文斌、拓魯生、陸惠生、王金發等人一起安排王阿法舉報應夔丞的張秀泉。何海鳴所謂的張秀泉和鄧文斌「未得酬勞」，指的是黃興、陳其美沒有如約兌現為宋教仁案聯名懸賞的一萬元緝凶賞格。與張秀泉、鄧文斌、王阿發、吳乃文等

---

1 蔡寅：《英公被刺案情概要》，《陳英士先生紀念全集》卷一，第三五－三六頁。引自朱宗震：《陳其美與民初遊民社會》，浙江文史資料選輯第三六輯《陳英士》，浙江人民出版社，一九八七年，第一五一頁。

2 朱宗震：《陳其美與民初遊民社會》，浙江文史資料選輯第三六輯《陳英士》，第一四一－一五一頁。

人一起參與舉報中華國民共進會會長應夔丞的何海鳴，隨後被共進會副會長張堯卿以及韓恢、尹仲材、胡俠魂、柳人環、盧漢生、文仲達等江湖會黨人士推舉為鐵血監視團團長。一九一三年五月二十九日凌晨一時，鐵血監視團聚眾攻打上海製造局，由於黃興、陳其美、黃郛等人的祕密出賣而慘遭失敗。五月三十一日，陳其美帶著《民強報》記者來到上海製造局，公開指責鐵血監視團與應夔丞一樣，是與北京中央政府內務部有祕密聯繫的「南方敗類」，從而與鐵血監視團結下怨仇。

一九一一年武昌首義的功勳人員李翊東，在標題為《王憲章》的傳記文章中介紹，王憲章是貴州遵義人，早年與張廷輔、王文錦、羅良俊等下級軍官組織將校團，後與蔣翊武、劉復基、詹大悲、何海鳴等人的文學社合併，出任文學社副社長。辛亥革命期間，王憲章、宋錫全等人主持光復陽夏即漢陽，並且與黃興、宋教仁等人締結友誼。一九一三年七月「二次革命」爆發後，王憲章被黃興任命為討賊軍第四師師長。程德全、黃興先後逃離南京之後，孫中山「密令翊東為江蘇都督，再起江寧，翊東推何海鳴為主，君仍任師長，與馮國璋戰二十餘日……乃亡走日本。」一九一四年四月，王憲章奉孫中山的命令，與詹大悲一起從日本返回上海，「謀集舊部，圖江寧。有高華廷者，曾犯刑章，系金陵獄，討袁時經君釋出，授以軍職，遇之厚。其後華廷為馮國璋作鷹犬，佯為君運動江南軍隊，而君不知其計，輒給之資。華廷乃設計，與賊奴耿華堂、張秀全等，宴君於上海一品香，以酒醉君，強載汽車中。駛解南京。越五日，馮國璋殺君於于金陵舊撫署前。」[1]

1 李翊東：《王憲章》，黃季陸主編《革命人物志》第一集，臺北中國國民黨中央委員會黨史史料編纂委員會，一九六九年，第一七四－一七五頁。

由此可知，張秀全、耿華堂、高華廷等人，與涉嫌殺害陶成章、宋教仁、夏瑞芳、范鴻仙、陳其美的王竹卿、陳錫奎、應夔丞、吳乃文、李海秋、米占元、張宗昌、王介凡、程子安、許國霖等人一樣，都是有錢賣命、無錢打劫的江湖會黨黑道人士。他們的存在，構成了民初連環命案中一道撲朔迷離、錯綜複雜、若隱若現、神祕莫測的幕後風景線。到了一九二六年，張宗昌奉張作霖的指令組織直魯聯軍，何海鳴還以老朋友身分出任宣傳處長，又可以見出當年的張宗昌，與鐵血監視團的江湖會黨黑道人士之間，一直是有祕密聯繫的。

關於張宗昌主持謀殺陳其美的主要原因，大致有兩種說法，一種說法是奉老上司李征五的派遣清算舊怨；另一種說法是奉袁世凱、馮國璋的指令清除政敵。

張宗昌，字效坤，山東掖縣人。少年時代家境貧寒，父親是一名吹鼓手，母親是在要飯途中被迫改嫁的一名大腳婦女。只念過一年書的張宗昌頑劣好鬥，十八歲時前往東北闖關東，先在撫順挖煤，後到哈爾濱充當賭場守衛，再後來到原名符拉迪沃斯托克的符拉迪沃斯托克（俄語：Владивосток，英語：Vladivostok，意為「鎮東府」）充當「吃好漢飯」的江湖會黨黑道人士。他體格高大，精於騎射，會說俄語，在得到當地黑道人士廣泛擁戴的同時，還拉攏了一批流亡中國的白俄軍人。辛亥革命爆發後，上海青幫「大」字輩大佬、駐紮閘北寶山地區的光復軍司令李征五（厚禧）派人到東北徵兵，正在千金寨煤礦「吃好漢飯」的張宗昌，率領人馬乘海船由符拉迪沃斯托克來到上海，成為光復軍騎兵營的上尉營長。關於此事，上海公共租界工部局警務處編制的《警務日報》多有記載。

一九一二年四月二十五日，《警務日報》介紹說：駐紮在寶山旺安裡的五百名騎兵，因其上級沒有給他們發放彈藥而心懷不滿，另外他們雖然都有步槍，但只有四十人有馬匹。預計這幾天將有一批馬匹從山海關運來。[1]

五月十一、十二日的《警務日報》介紹說：宿營在寶山鴻安里的一百名山東籍騎兵於十一日下午二時拒絕出操，因為他們尚未領到月餉。他們向班長埋怨說，有一個叫張宗昌的隊長曾向各店鋪鋪主發了告示，告誡他們勿向士兵賒售食品藥物。這位班長就將士兵們的申訴轉告張隊長。張答覆說，如果他們出操而不鬧事，三天內就給他們發餉。士兵們聽到此話，就聽從指揮於下午二時至六時進行了操練。十二日下午，這些騎兵每人領到一塊大洋，並且得到保證，欠餉將於三天內全部發清。

七月十五日的《警務日報》介紹說：十二日，有人發現在新閘橋附近鴻安里兵營有一騎兵劉德生藏有一封從光復軍寄來的要他參加搶劫的書信。十三日早晨，得悉二十四名光復軍士兵業已潛逃，並在陳家宅犯案。十三日當天，劉德生在軍事審判廳受審，由張宗昌上尉判處死刑，於十四日凌晨四時押往滬寧火車站西面的鐵路橋，綁在電線杆上執行槍決。

陳其美辭去滬軍都督後，李征五也辭去光復軍司令一職，駐紮在閘北寶山一帶的光復軍，一部分被遣散，一部分調往徐州由江蘇陸軍第三師師長冷遹（禦秋）收編。「二次革命」爆發後，時任第三師騎兵獨立團團長的張宗昌，被馮國璋部隊祕密收買。等到黃興、冷遹等人臨陣脫逃之後，張宗昌自任師長，率領第三師退入南京城區，配合張勳部隊佔領最為重要的戰略制高點天堡城。「二次革命」失敗後，張宗昌出任江蘇督軍馮國璋的副官長兼軍官教導團團長。至於張宗昌如何奉命到上海主持刺殺陳其美，至今沒有見到第一手的文獻記載。陳其美刺殺案後來由法國租界引渡到上海地方審判廳，許國霖以「教唆」程子安等

---

1 《辛亥革命與上海：上海公共租界工部局檔案選譯》，中西書局，二〇一一年，第二〇八頁。

人暗殺的罪名被判處死刑，擔任瞭望的宿振芳屬於消極進行為，判處一等有期徒刑十五年。江蘇省審判廳複審時，以許國霖雖係同謀，究非主動為由，改判為無期徒刑。該案的主凶張宗昌、程子安等人，一直沒有被抓獲歸案。

一九一六年十一月，馮國璋出任代理總統，張宗昌升任侍衛武官長。一九一八年護法戰爭爆發，張宗昌出任江蘇第六混成旅旅長。一九二一年，在戰場上失敗逃亡的張宗昌北上直隸省城保定，投靠直魯豫巡閱使曹錕。由於遭受吳佩孚等直系將領排擠，張宗昌帶領曹錕手下的失意軍官許琨等人，遠赴奉天（今瀋陽）投靠張作霖、張學良父子，由直系轉到奉系。一九二七年六月十八日，張作霖在北京中南海懷仁堂就任安國軍大元帥，並宣布成立安國軍政府，張宗昌被任命為安國軍副總司令兼第二軍團軍團長。張作霖趁國民黨方面寧、漢分裂之機，派遣張宗昌開赴隴海線徐州一帶，與馮玉祥軍隊展開激戰。同年十月，張宗昌部師長潘鴻鈞引誘馮玉祥軍旅長姜明玉率部倒戈，並且逮捕馮軍第八方面軍副總指揮、軍長鄭金聲。鄭金聲被押解到濟南後，被張宗昌下令槍殺。

到了一九三二年九月三日下午，鄭金聲的過繼之子鄭繼成，在時任山東省主席韓復榘的幕後操縱下持槍刺殺了張宗昌，從而形成新一輪冤冤相報的輪迴報應。

第九節　孫中山密謀柏文蔚

按照柏文蔚《五十年大事記》中的說法，作為同盟會及國民黨方面的一名軍事首領，他從來沒有得到最高黨魁孫中山的充分信賴。

一九一二至一九一三年間，柏文蔚在擔任安徽都督兼民政長的半年多時間裡，為鞏固自己的權力地位，並沒有依照個人自由、契約平等、法治民主、限權憲政、大同博愛的現代文明價值譜系，在自己的勢力範圍內主動實施地方自治、民主選舉之類的現代制度建設；反而與袁世凱中央政府多有勾結，甚至於和袁世凱的安徽籍親信段祺瑞、江朝宗，以同鄉關係結拜為異姓兄弟。安徽籍革命黨人為此對柏文蔚大為不滿，紛紛「相與團結，謀危安徽政局」，從而把安徽省拖入爭權奪利的困局亂象之中。「最可異者，中山先生但聽落伍者之讒言，頗不信余。余惟抱定宗旨，切實作去，一面求吾皖內政之完整，一面又防袁氏之叛國。如此機要，只有陳獨秀、徐子俊、徐介清相與計議，其他即多年之患難同志，亦不敢微露真意。蓋因權利衝突，恐其洩露告密也。」[1]

一九一三年「二次革命」期間，被黃興委任為安徽討袁軍總司令的柏文蔚，沒有能力整合安徽境內的各派武裝，反而被胡萬泰、孫多森等人驅逐出了都督府。江蘇討袁軍總司令黃興與第九師師長冷遹等人臨陣脫逃之後，錢通、伏龍、韓恢等人從南京趕到安徽蕪湖，迎接柏文蔚前往南京主持軍事行動。柏文蔚抵達南京，很快陷入自稱江蘇都督的張堯卿與自稱江蘇總司令的何海鳴的權力爭奪。柏文蔚依然沒有能力控制局面，只好在日本軍方安排下逃往上海，並於同年八月三十日由上海抵達日本長崎。九月二十六日，柏文蔚與白逾桓一起來到東京，二十八日下午到赤阪區靈南阪町二十七號拜訪孫中山。二十九日，柏文蔚、白逾桓搬到芝區白金今里町八十九號李烈鈞住處，三十日離開東京返回長崎。

一九一四年五月十四日，田桐根據孫中山的指示發布通告，說是在中華革命黨未成立以前先行組織

1 孫彩霞主編《柏文蔚文集》，第四三九頁。

籌備委員會，由孫中山委任柏文蔚、周應時、陳其美、劉承烈、鄧家彥、胡漢民、楊庶堪、居正、侯度生、張肇基、凌鉞、文群、陳揚鑣、張百麟、田桐等人為籌備委員。

同年六月十六日，孫中山徒步來到位於日本東京芝區南佐久間町一丁目三號的民國雜誌社，和陳其美、田桐、柏文蔚、居正、胡漢民、周應時、劉承烈等人協商中華革命黨的幹部人選，孫中山當場被推舉為總理。革命黨內部懷疑投資一萬日元在目白台建築房屋的黃興，有另立門戶的嫌疑，推舉黃興為協理的擬議遭到擱置。孫中山初步擬定的幹部名單為：總務部長陳其美，黨務部長田桐，財政部長張人傑，軍事部長柏文蔚，政事部長胡漢民。

柏文蔚當時與孫中山討論改組中華革命黨的問題，「孫公未言之先，已見不悅之色」。聽了柏文蔚的陳述，孫中山大怒曰：「我組織中華革命黨，對與不對，你還沒有資格來講……」柏文蔚回到長崎便寫信給孫中山，辭去軍務部長一職。「孫公大不悅。由是閉戶讀書，謝絕外事，與孫公亦少往還」。

隨著中華革命黨成立，加上又稱「歐戰」的第一次世界大戰的爆發，奉黃興為精神領袖的李烈鈞、李根源、柏文蔚、鈕永建、章士釗等人，於一九一四年八月在東京成立歐事研究會，主張暫時停止暴力革

與浦東新區世貿場館隔江相望的上海製造局遺址。

命。李烈鈞、柏文蔚等人隨後又來到南洋，與陳炯明一起成立為廣東水災募集善款的水利促成社，並且致力於開展商業活動。孫中山一派人與革命黨內部擁有金錢實力的黃興一派人的關係日趨緊張，甚至演變為你死我活的尖銳敵對。

九月八日，孫中山在致鄧澤如的信函中寫道：「茲遇歐洲戰亂，無暇東顧，袁氏更無後援，只有待斃，此時機會更不可失，海內同志已預備進行。惟以餉糈極絀，未能應時發展，亟望兄等在南洋提倡籌款，以為接濟。……據聞陳競存、李烈鈞俱有鉅款約十萬，交陳楚楠、林義順兩君經營商業，不審確否？乞密中一調查報知。」

在接下來的一封書信中，孫中山乾脆授意鄧澤如對李烈鈞採取行動：

> 茲得同志某君來函云：陳□□、□□□已先後回南洋，此兩公皆挾有厚資，而□尤厚，據江西同志云總有二三百萬。……茲請兄以本黨財政部長名義與□□□立約，若彼肯出此資，兄可簽押，許以竭力運動同志舉彼為第三次成功之總統也。……否則彼所挾之資，乃民國之公款，實非彼一人之私財也。彼若不肯挪公款為公用，則屬自私自利，不仁不義也，則望兄等當籌適當之法以對待之也。[1]

這裡的「陳□□、□□□」，即陳炯明、李烈鈞。關於此事，鄧澤如在《中國國民黨史稿》中寫道：

1 《孫中山全集》第三卷，第一二〇頁。

「黃興在美，情勢隔膜，因聯李烈鈞、陳炯明、柏文蔚、鈕永建五人，通電宣告，停止革命，一致對外，多懺悔辯解之語，……如柏文蔚、譚人鳳、周震麟、龔振鵬等來南洋，開大會議，炯明招待，……所至輒阻撓中華革命黨之籌餉，反對孫中山。」[1]

一九一五年八月四日，孫中山在寫給中華革命黨巴東支部長楊漢孫的信函中，對不肯效忠於自己的李烈鈞（協和）、陳炯明（競存）、柏文蔚（烈武）、譚人鳳（石屏）等人加以政治清算，並且牽扯到此前遭受暗殺的光復會副會長陶成章以及該會會長章太炎（炳麟）：

> 其時，李協和、柏烈武俱在東京，李即以犧牲一己自由附從黨魁為屈辱；柏既受盟立誓，卒為人所動搖，不過問黨事；譚石屏之主張，略同於李。陳競存在南洋，弟前後數以書招之，亦不肯來。……陶成章、章炳麟，非皆同盟會會員乎？乃首先反對於黨內，俾敵黨得以乘之，而其為害乃更烈，此正如來書所云，他日功成，更益以爭權爭利之私見為可患也。[2]

革命黨內部「爭權爭利」的反對派，比黨外敵對勢力的危害更加直接，應該不擇手段地加以清洗剷除，這是孫中山經營地下祕密性質的革命會黨的一貫邏輯。這種邏輯早在一九一一年十二月三十日詛咒譴責章太炎、陶成章、宋教仁等人為「貪夫敗類……漢奸滿奴」的《中國同盟會意見書》中，已經有過明

1 陳錫祺主編《孫中山年譜長編》上冊，第九〇八頁。
2 《孫中山全集》第三卷，第一八四頁。

確表述。到了一九一六年三月下旬，孫中山更是明確授意居正（覺生）聯合日本人萱野長知設法除掉柏文蔚：

覺生兄鑒：十八、二十兩日寄書，均悉。柏已宣誓入黨，最近亦有書來達意，果到青島，請當日人面與之會見。叩其服從弟命令否？如彼唯唯，則兄應以總司令地位臨之，使就範圍。否則，當托萱兄設法去之，毋使紛擾。柏雖曾充都督，然以較內務部次長，未免稍遜，望勿自餒。津事此間已得門徑，京、津、保定三處事，兄暫不必兼顧（俟此間頭緒弄清，即行介紹至兄處，再加審查定奪），請著意經營山東，毋落人後。萱兄赴青島前，力言青島方面可籌十萬，即以此款辦山東事，所需者惟統一之人，故煩兄負此艱鉅。[1]

按照《孫中山全集》編校者的注解，該信在國民黨《中央黨務月刊》第八期首發時，「否則，當托萱兄設法去之」的原話為「否則，當設法去之，托萱兄」，此處根據《國父全集》第三冊加以校改。所謂「內務部次長」，是居正辛亥革命後在南京臨時中央政府中擔任的職務，相當於今天的公安部加民政部的副部長。「萱兄」即萱野長知，因其滿臉麻點而別號鳳梨，是日本黑龍會頭目犬養毅、頭山滿手下專門圖謀侵犯中國主權的著名黑道浪人，自一八九五年通過陳少白結識孫中山之後，一直是孫中山從事地下祕密性質的革命暴力活動的重要支持者。

1　《孫中山全集》第三卷，第二六〇頁。

在此之前的一九一六年二月二十九日，柏文蔚從新加坡回到上海，由安徽同鄉、孫中山的主要親信陳策（勤宣）和一名日本人護送到位於法租界協平里的家中。柏文蔚隨後與滯留上海的居正等人有所接觸，並且談到山東青島方面的軍事行動。

三月七日，柏文蔚從上海致信孫中山請示機宜：「先生鈞鑒：違別左右，曷任馳思，遠跡南洋，久疏書問。為憤國殷，且經病累，因循鮮暇，想勿深罪。比因時局日紛，同人相促，乃於前月十九號由島南返國，二十九號安抵滬濱，晤諸同志，急謀進行。……尚冀先生指示機宜，俾明塗轍。」[1]

三月十三日，孫中山在《致直魯晉省革命同志函》中，正式委任居正「為中華革命軍東北軍總司令，統籌直隸、山東、山西革命軍進行事宜」。居正在其《梅川譜偈》中，把自己從上海前往青島履行職責的時間，明顯錯誤地提前到這一年的一月份：

正月抵青島，山東吳大洲、薄子明、尹錫五、趙中玉、呂子人、馬海龍等，各集所部待命。余以籌餉購械，與各部整訓，須費時日。粗有準備，先電濟南靳雲鵬，令其退出，否則以大炮轟之。傳至上海，總理頗不謂然，命余慎重將事。五月初命薄子明率一支隊取周村。余親率陳、趙、呂、尹、馬所部趣濰縣。……東北軍編制，總司令部參謀長蔣介石未到任前，由副官長陳中孚代，秘書長蕭培荄，警備司令邵元沖，憲兵司令賀治寰。華僑義勇團團長夏重民，團員百餘人，皆美洲

1 《柏文蔚文集》，第三五五頁。

華僑。[1]

三月二十一日，孫中山收到柏文蔚來信，隨後又收到居正於十八、二十日從青島寄出的兩封書信。居正在書信中建議由具備實戰經驗的柏文蔚接替自己的總司令職位，於是便有了孫中山上述信函的相關授意。

按照柏文蔚的說法，當年的中華革命軍只有居正在山東濰縣聚集的一支軍隊，在護國戰爭中「成績甚小」，他因此放棄了前往青島與孫中山一派展開合作的意向。

柏文蔚顯然不知道，他的這一選擇於無形中避免了針對自己的一場秘密暗殺。四月上旬，黃興從美國抵達日本，以個人資格從日本政府那裡借到300萬日元，由柏文蔚負責在東至湖州西至泗安的浙江、安徽兩省的交界地區訓練軍隊。此後不久，革命內部最擅長恐怖暗殺的陳其美，反而於一九一六年五月十八日遇刺身亡。袁世凱於一九一六年六月六日去世之後，柏文蔚訓練的這支軍隊奉黃興命令就地遣散……

第十節　蔣介石義葬陳其美

陳其美遇刺當日即一九一六年五月十八日，他的異姓盟弟蔣介石連夜把遺體轉移到位於法租界蒲石路新民里十一號的寓所，並於二十日下午六時入棺收殮。孫中山沒有親臨收殮現場，只是在寫給陳其美家屬

1　居正：《梅川譜偈》，居蜜編《居正與辛亥革命：居氏家藏手稿彙編》，中華書局，二〇一一年，第三一七頁。

的弔唁信中表白說：「英士兄慘遭變故，文不便親臨致奠，益增哀悼。此案關係至重，不能不澈底窮究，而文亦欲詳悉內容，以便設法應付。所有關於此案文件交涉等事，應托某某君經理，隨時面告，以專其事為要。」[1]

這裡的「某某君」，指的就是蔣介石。關於陳其美案的第一手文獻資料，流傳下來的主要是作為中華革命黨機關報的《民國日報》，站在黨派立場進行的單邊片面、黨同伐異的相關報導。其中的蔣介石《祭陳英士文》表白說：「維民國五年五月二十日，盟弟蔣介石致祭於英士先生之靈曰：嗚呼！自今以往，世將無知我之深愛我之篤如公者乎。丁未至今十載，其間所共者何如事，非安危同仗之國事乎？所約者何如辭，非生死與共之誓辭乎？……赤忱未剖，奸邪觝隙，忠言失察，竟成今日之禍，悲乎哀哉。」[2]

五月二十七日，陳其美靈櫬從蔣介石寓所轉移到位於上海法租界打鐵浜的蘇州集義公所暫厝。隨著六月六日袁世凱去世，祭悼陳其美的活動才逐漸公開進行。

六月十九日，《民國日報》刊登孫中山的《祭陳其美文》，其中繼五月十九日《民國日報》刊載《陳英士先生遇害記》之後，再一次把懸賞七十萬元刺殺陳其美的幕後主凶，鎖定在袁世凱身上：「七十萬金，頭顱如許，自有史來，莫之或匹。君死之夕，屋欷巷哭，我時撫屍，猶弗瞑目。曾不逾月，賊忽暴殂，君儻無知，天胡此怒？」

1 《孫中山全集》第三卷，第二九一頁。
2 張學繼著《陳其美》，第一七七頁。

但是，這言之鑿鑿的七十萬元賞格，一直沒有第一手的文獻檔案予以支撐。八月十三日下午，由孫中山、黃興、伍廷芳、唐紹儀、溫宗堯、王寵惠、章太炎等六十三人聯名發起的「陳英士先生暨癸醜以後殉國諸烈士追悼大會」，在上海法租界霞飛路尚賢堂隆重舉行。據《民國日報》報導，會場上排列有五幀大幅照片，中為陳英士先生，左為范鴻仙、夏之麒兩先生，右為夏次岩、陳子范兩先生，另外還有數十位烈士的小照片依次排列，除此之外還有三百多名癸醜以後殉國烈士，以白布榜單的方式懸掛於會場兩旁。參加追悼大會的各界來賓計三、四千人。孫中山因病未能出席，由黃興主持並致詞，楊庶堪宣讀由孫中山領銜的《祭陳英士及癸醜以來殉國烈士文》，對「二次革命」以來在反袁鬥爭中死難的革命烈士表示悼念。

同年十月三十一日，黃興在上海病逝。十一月八日，蔡鍔病逝於日本醫院。十二月十八日，依據《臨時約法》復會的第一屆國會，投票通過中華民國第一部《國葬法》。十二月二十二日，大總統黎元洪下令國葬黃興、蔡鍔。

在此之前的十一月二十日，孫中山與唐紹儀聯名致函北京政府各總長、各議員，要求給予陳其美以國葬待遇。黎元洪的國葬令頒布之後，國民黨籍眾議員葉夏聲又在國會提出議案，「請以國葬之禮施諸陳英士君」。議案一經提出，立即在國會內部引發激烈論爭。由進步黨演變而來的研究系議員王謝家，在《對於陳其美國葬之商榷書》中表示說：「必如黃、蔡二先生之偉烈殊勳而又道德純粹，輿論洽孚，乃足以當茲隆典。」而前滬軍都督陳其美，雖然是革命鉅子，只是「與黃、蔡一例國葬，尚待商榷」；其理由是：「國葬乃極重大之典禮，如先儒從祀廟廷，寧缺勿濫。」[1]

1　張學繼著《陳其美》，第一八二頁。

國民黨籍議員高旭，在《為國葬陳英士駁王謝家文》中反駁說：「若言其私道德，惟有『風流都督』四字而已，本無足諱。此乃其個人問題，猶之松坡之婦人醇酒，如信陵君之所為，此則借此運動，彼則借此以脫險，豈蔡可國葬，而陳獨不可歟？若以革命論，恐陳在先覺之例，而蔡還自居後生小子矣。」

十二月二十八日，作為研究系機關報的北京《晨鐘報》刊登署名秋水的文章，其中寫道：「此次黃、蔡用國葬，人無閒言。然若陳其美者，其對於國家、國民有無功德，人所共知，乃亦欲援黃、蔡為例，請用國葬，吾恐將來一般偉人得用國葬者，其濫將如嘉禾章、文虎章，識者視之，真不值一錢矣。」該文指責國民黨方面要求國葬陳其美的相關言行，是想把國葬變而為一黨一派的「黨葬」。

國葬陳其美的議案遭到否決後，孫中山便發動革命黨人集資安葬陳其美。一九一七年五月一日，孫中山、唐紹儀、章炳麟、譚人鳳、孫洪伊、李烈鈞、胡漢民、朱佩珍、張人傑、王震等人，以主喪友人資格與陳其美家屬聯名發布舉殯訃告。

五月十二日，陳其美靈柩從上海運回湖州的前一天，上海方面為他隆重舉辦送葬儀式。關於此事，《民國日報》報導說：「前滬軍都督勳二位陳英士先生靈櫬歸葬湖州碧浪湖，於民國六年五月十二日假打鐵浜蘇州集義公所開吊。……九時，由大總統代表、智威將軍胡漢民致祭。次前臨時大總統孫中山先生致祭。次兩廣陸巡閱使、廣東譚督軍代表古襄勤君致祭。均宣讀祭文，其餘各同志亦多致祭者。」[1]

這篇報導特別提到與宋教仁有關的兩件事情。其一是前來弔唁的日本人當中有一位田中壽平，他帶來

1 張學繼著《陳其美》，第一八三頁。

的木龕中供奉著四位栗主，木龕外面書寫著「嗚呼忠烈四大先生之神位」一行字。他所謂的四大先生，指的是宋教仁、黃興、蔡鍔、陳其美。按照他的說法，他所經營的勝田館位於上海租界區的虹口附近，許多革命黨人亡命期間都在那裡隱居潛伏過。自去年冬天起，他在勝田館內設置了這個神龕，每天早晨頂禮膜拜，以示崇敬之誠。今天特別帶來放置在靈案之上。其二是在陳其美靈前照料的十二個童子軍中，有唐紹儀的兒子唐榴和宋教仁的兒子宋振呂。

一九一七年五月十八日，是陳其美遇刺一周年的日子，其家屬親友在湖州東門外碧浪湖畔的峴山，為他舉辦了安葬典禮，由北京政府大總統黎元洪的特派代表胡漢民主祭。陳其美墓坐落在風景秀麗的峴山南麓，面迎碧浪湖。墓道入口處所建石坊上，有孫中山「成仁取義」的題字，墓碑上刻有孫中山的題字「陳公英士之墓」。一九三一年，陳其美墓在蔣介石主持下得以改建，「文化大革命」期間遭到嚴重破壞。現在的陳其美墓，係重新修復於一九八四年。

陳其美之死直接成就了異姓盟弟蔣介石的日後輝煌。陳其美遇刺後不久，日本護士重松金子於一九一六年十月六日為戴季陶生育了一名私生子，這個私生子就是蔣緯國。由於戴季陶嚴重懼內，也由於重松金子是戴季陶和蔣介石在日本期間的公共情婦，戴季陶事先與蔣介石說好，由蔣出面認領這個孩子。蔣緯國出生後，由日本人山田純三郎從日本帶到上海，再由蔣介石交給他當時的情婦、妓女出身的姚冶誠撫養成人。由蔣介石與陳其美、戴季陶、山田純三郎的親密關係，可以看出他當年已經進入孫中山身邊的核心圈子。

一九二〇年十月二十九日，孫中山在致蔣介石信中寫道：「我望競兄為民國元年之克強，為民國二年後之英士，我即以當時信託克強、英士者信託之。……兄與英士共事最久，亦知我所以待英士矣，兄不妨以我之意思，盡告競兄也。」[1]

這裡的「競兄」，指的是粵軍總司令陳炯明字競存，蔣介石當時的職務是許崇智的粵軍第二軍參謀長，也就是陳炯明的間接部下。

到了一九二四年三月二日，蔣介石在寫給孫中山的書信中，重點渲染了他與陳其美之間的特殊情誼，進而懇求孫中山像此前倚重陳其美一樣倚重他自己：「先生不嘗以英士之事先生者期諸中正乎？今敢還望先生先以英士之信中正者而信之也。先生今日之於中正，其果深信乎，抑未之深信乎？中正實不敢臆斷。」[2]

此後不久，孫中山便任命蔣介石為黃埔軍校校長，為蔣介石的日後崛起鋪平了道路。

第十一節　韓復炎附葬中山陵

前面已經提到過，參與刺殺陳其美的程子安，是張秀全、韓恢、胡俠魂等人的部下，這裡有必要專門介紹一下韓恢其人。

韓恢，字複炎，一八八七出生於江蘇泗陽鄉下（今泗陽縣史集鄉韓圩村），早年曾讀過幾年私塾，他的名與字都自己取的，其中所寄託著是那一代國人恢復炎夏的民族情懷。成年後，他曾在英商承建的寧滬鐵路充當築路勞工，並且加入簡稱青幫的江湖會黨組織安清幫，排行為「通」字輩。

1 《孫中山全集》第三卷，第三七九頁。
2 陳錫祺主編《孫中山年譜長編》下冊，第一八五五頁。

據好友蔣作新在《韓恢事略》中介紹，韓恢有一天與工友一起遊覽南京城區，路過儀衛森嚴的兩江總督署時大發感歎：「偌大好房屋為滿奴所居，大可惜。」有好事者譏笑他說：「若何不入而居之？」韓恢回答說：「請君記之，不十年吾必逐其人，以居其室。」[1]

一九〇八年，二十二歲的韓恢與好友樊炎一起投入南洋新軍第九鎮第三十三標，在標統趙聲手下充當正目即班長，並在趙聲介紹下祕密加入了同盟會。一九一一年廣州黃花崗起義時，韓恢隨趙聲之弟趙光南下廣州，充當敢死隊先鋒。趙聲去世後，韓恢回到南京等待時機。國民黨黨史會編撰的《革命先烈先進傳》中，收錄有《趙光、韓恢覆林森、鄒魯補述黃花崗烈士事蹟書》。

一九一一年十一月八日，韓恢與南京第九鎮排長蘇良斌等人，在南京城內發動起義。韓恢在起事失敗後逃出城區，與第九鎮中路軍第三十四標敢死隊會合，於第二天率領敢死隊衝鋒陷陣，以犧牲隊友四十七人的代價，一度攀上雨花臺東峰，並且徒手奪得兩挺機槍。因後援不繼，韓恢率領敢死隊退出陣地，前往鎮江投靠鎮軍都督林述慶，被任命為鎮軍炸彈隊司令，隨軍參加攻克南京的重大戰役。攻陷南京之後，韓恢、蔣作新又率領炸彈隊前往淮安府山陽縣，增援臧在新的鎮軍支隊。

據蔣作新的《韓恢事略》介紹，韓恢「身材短小，氣宇軒昂，語言訥訥，不輕諸口，而膽識過人，不拘小節」。中華民國成立後，韓恢以「破壞已終，當謀建設」為由遣散炸彈隊，轉而以青幫「通」字輩大佬身分，投入江湖會黨的政治活動，他與孫中山的親信保鏢、繼應夔丞之後擔任南京臨時總統府庶務科長的朱卓文、上海工人領袖徐企文等人聯合組織中華工黨，在工人當中祕密從事行幫工會的組織活動。

[1] 蔣作新：《韓恢事略》，《革命先烈先進傳》，臺北國民黨黨史史料編纂委員會，一九六五年，第四七〇頁。

宋教仁案發生後，涉案的江湖會黨聯合組織中華國民共進會會長應夔丞，被國民黨內部的陳其美一派迅速抓捕，與孫中山關係密切的共進會副會長張堯卿，聯絡國民黨內部有江湖會黨黑社會背景的激進派人士韓恢、王憲章、何海鳴、胡俠魂、徐企文等人組織「鐵血監視團」，於一九一三年五月二十九日打著黃興、陳其美等人的旗號攻打上海製造局，因為黃興、陳其美、黃郛等人的出賣而慘遭失敗。

「二次革命」爆發後，江蘇討袁軍總司令黃興在南京臨陣脫逃，韓恢陪同何海鳴等人從上海搭乘「大福輪」星夜趕到南京，在憲兵隊老戰友蔣作新、劉傳銑等人支持下，何海鳴出任江蘇討袁軍總司令，韓恢出任副總司令兼新建第三軍的軍長，終於實現了他幾年所發下的入住兩江總督署的誓願。只可惜，何海鳴、韓恢等人在組織南京保衛戰的同時，很快便陷入與先後出任江蘇都督的張堯卿、柏文蔚的權力鬥爭。張堯卿、何海鳴、韓恢、王憲章、李翊東、伏龍、周應時等人在南京城區堅守二十二天後，張勳、雷震春、徐寶珍於九月一日攻佔南京，放縱士兵大肆搶殺三日。張堯卿、何海鳴、韓恢等人先後躲進日本海軍陸戰隊設在成賢街的駐屯哨所，在日本軍方的幫助下，輾轉逃亡日本。

按照日本外務省政務局編制的逃亡東京的革命黨名單，韓恢、何海鳴是一九一三年十月二十一日抵達日本下關港口的，在袁世凱簽發的革命黨人通緝名單中，韓恢的名字列入「首要分子」一欄，懸賞金額是十萬大洋。[1]

韓恢在日本期間，成為孫中山重新組織中華革命黨的一名重要支持者。一九一五年十二月六日，鄭孝胥在日記中談到上海肇和艦起義時，就明確提到了韓恢的名字：「拔可來，言革命黨與海軍合攻製造

1 張功臣著《民國先驅：清末革命黨人秘史》，新華出版社，二〇一三年，第三六〇頁。

局。……聞黃伯樵言，製造局已掛白旗。浦東有北軍三千人，若與黨人聯合，則上海事已定。黨人中陳其美主謀，韓恢、楊虎佐之。鑄夫夜來，言陳其美與歐陽豪爭先發，劫肇和以攻製造局，海軍故發空炮，天明，他艦擊肇和，黨人遂遁。」[1]

一九一六年初，周應時、韓恢、伏龍等人在上海密設機關，聯絡上海、南京周邊的退伍軍人，企圖在南通發動武裝起義，由於機密洩露而遭到鎮壓。關於此事，南通當地的《通海新報》報導說：

> 近日在港捕獲的黨人和炸彈，已有數起之多。均係暴力分子來通搗亂者，內有早經密緝的伏龍等一併在內。捕獲後由員警隊送往鎮守使署訊問，當於昨日早晨將伏龍、沈嶺南、張廷楨、趙亞傑、顧錫九、龔士方、梁峻泉、吳良臣、張同一、李子洲、李武卿等十四名一併押赴開場，一律執行槍決。[2]

一九二二年八月九日下午，因遭受陳炯明軍隊攻擊而退守永豐艦的孫中山，登上英國炮艦摩漢號離開廣州前往上海，守衛在他身邊的親信隨員，包括蔣介石、陳策、黃惠龍、韓恢等人。護送孫中山返回上海後，韓恢被委任為江蘇招討使、討賊軍總司令。他與妻子許慧賢只團聚了一個多月時間，便打算前往福建參加討伐陳炯明的戰爭。

---

1 《鄭孝胥日記》，第一五八七頁。

2 張功臣著《民國先驅：清末革命黨人秘史》，第三六六頁。

十月二十八日，即將離開上海的韓恢被淞滬員警廳捕獲，十月三十日押解南京，被江蘇督軍齊燮元以潛來蘇北組織軍隊、煽動舉事的罪名下令槍殺。時年三十五歲。

關於此事，一九二二年十一月九日的上海《申報》，在《民黨鉅子韓恢被捕押解寧槍殺之經過》一文中報導說：韓恢在租界隱藏期間所雇用的汽車司機在與員警廳的汽車司機聊天時，無意中透露了雇主姓名。員警廳司機知道韓恢是大名鼎鼎的革命黨人，回去密告廳長徐國梁，並與韓恢的司機合謀抓捕韓恢以領取賞金。十月二十八日，韓恢乘坐汽車到租界某戲院看戲，他的司機通過員警廳的司機給徐國梁通風報信，徐國梁立即派遣偵緝隊長率領四名探員趕往戲院門口。四名探員登上韓恢乘坐的汽車，先將其抱住，再用迷藥手帕堵塞其口鼻，然後把已經迷倒的韓恢帶往警察局，稍微詢問幾句便祕密押解南京，移交給齊燮元審理處置。

在此期間，孫中山委任的漢口軍事特派員金華袞，也在上海租界被偵探綁架，押解武昌後被湖北督軍蕭耀南下令槍決。十一月七日，孫中山致電齊燮元、蕭耀南表示抗議說：

南京齊撫萬先生、武昌蕭珩珊先生均鑒：報載武昌殺金華袞、南京殺韓恢，皆密向上海租界誘捕，不與審判，遽處極刑；而殺之之名，則以金、韓曾隸民黨，萬人惶惑，奔相走告。……金、韓兩君私人行止，別為問題，然當不至遽受死罪；若以往時謀國，概被以土匪惡名，則海內同志，人人自危，前途險惡，將有不堪設想者。[1]

1 上海《時報》，一九二二年十一月十日。陳錫祺主編《孫中山年譜長編》下冊，第一五二一頁。

到了一九二四年四月十一日，時任中華民國陸海軍大元帥的孫中山，在廣州大本營發布《追贈韓恢伏龍令》：「故江蘇招討使、討賊軍總司令韓恢，江蘇陸軍第六師師長兼參謀長伏龍，生立功勳，死極慘烈，經交由大本營軍政部議複，請予贈恤。韓恢著追贈上將，伏龍著贈陸軍中將，均照陣亡例給恤，以昭忠烈。」

一九二八年，國民政府在建造中山陵的過程中，專門把韓恢遺體從當年就義的南京小營荒地移葬於中山陵左側的衛崗，並豎立石牌坊一座，橫額上陰刻于右任手書的「烈士韓恢墓道」六個大字，字下鐫刻一對相互交叉的國民黨黨旗和國旗；牌坊立柱上鐫刻著于右任題寫的挽聯：「殺身以成仁志在黨國，崇封建華表永慰英靈。」

在整個國民黨統治時期，韓恢是附葬於中山陵的黨國元老第一人，在他之後也只有廖仲愷、范鴻仙、譚延闓三個人，享受到了這項喪葬禮遇。

第十二節　姚榮澤關聯宋教仁

按照法學教授趙曉耕及其法學博士何莉萍的說法，江蘇淮安府山陽縣司法長姚榮澤殘殺革命志士周實、阮式一案的最後結局是：「姚在袁世凱的特赦令中獲釋，改為判處監禁十年，附加罰金而結案，實際上關押三個月就釋放了。」[1]

---

1 趙曉耕著《大衙門》，法律出版社，二〇〇七年，第二〇八頁。

文學博士楊早在《民國了》一書中，把故事情節編排得既生動傳奇又真假難辨。按照他的說法，一九一二年三月二十三日下午，姚榮澤案在上海開庭。法庭經過二十三日、三十日、三十一日三次審判，最後判定姚榮澤死刑。判決後，法庭給姚榮澤五分鐘做最後陳述。姚榮澤申辯說：殺死周實、阮式並非出自本意，而係受地方紳團的逼迫所為，請求減刑。十二人組成的陪審團也認為，本案發生在光復未定、秩序擾亂之際，與平靜之時不同，「該犯雖罪有應得，實情尚有可原」，便決定由陪審員集體稟請大總統「恩施輕減」。這時臨時大總統已經換成袁世凱，遂由張謇轉請北京特赦了姚榮澤。姚榮澤「死而復生」，令革命黨人憤怒異常。他們大呼，「天理何在？國法何在？」可是革命黨在江蘇的勢力此時已無三月前那麼浩大，姚榮澤被特赦後即匿藏在上海法租界，同案如楊建廷等八人也消失無蹤。你能怎麼辨？[1]

關於姚榮澤案即所謂「山陽血案」的最後結局，楊早依據蔣象怡的事後回憶介紹說：民國二年七月，丁寶銓又出面了。他提出的調停條件是：「由八名案犯捐出田產六百畝、現款二萬元充作兩烈士遺族贍養費，並修改一所二烈士祠堂，革命黨方面不再追究往事。」這個提議得到了兩位烈士家屬的支持。於是幾經交涉，加了一個條件：此八人以後不得再過問地方事務。

與趙曉耕、楊早的上述文字相比較，當年的天津《大公報》另有更加切近的追蹤報導。一九一三年三月二十六日，《大公報》以《姚榮澤將次保釋》為標題報導說：「前山陽縣司法長姚榮澤於光復時在任誤殺周阮二士被控，前滬軍都督府組織軍事裁判，訊明擬抵。旋經陪審官公議，呈請大總統赦免死刑，判罰

1 楊早著《民國了》，新星出版社，二〇一二年，第二〇八頁。蔣象怡：《淮安光復和周實阮式兩烈士被害經過》，《辛亥革命回憶錄》第四輯，第二八四頁。

撫恤，寄監上海。去年冬間由安徽同鄉紳士余誠格等以姚在籍經理八都湖實業墾務公司，辦有成效，自姚獲譴後乏人經理，股東資本盡失，且姚母年逾八旬，思子情殷，淚血成盲，以致八都湖同鄉會情願聯名具保。原案如需訊問，由同鄉會交案，呈請江蘇都督批准令行保釋等情。上海縣知事奉文即函請檢察廳抄錄原案，呈請都督飭取保結，令縣釋放，或飭檢察廳徑行解省交保。呈請示遵。茲由安徽同鄉紳士余誠格等十餘人出具蓋章保結，呈請江蘇都督會同民政長將原結令行上海縣知事遵照辦理矣。」

余誠格（一八五六－一九二六），字壽平，號至齋，又字去非，號愧庵。安徽望江人。光緒十五年即一八八九年進士。歷任廣西按察使、湖北布政使。一九一一年八月恩壽被革職後，接任陝西巡撫，同年十月調任湖南巡撫。武昌起義後，焦達峰、陳作新等人於十月二十二日在湖南響應，余誠格乘船逃到上海，出任安徽旅滬同鄉會會長。一九二一年，余誠格的會長職務被組織「斧頭幫」的安徽籍會黨首領王亞樵武力取代。

丁寶銓（一八六六－一九一九），字衡甫，號佩芬，一號默存，原籍遼東廣寧府，一八六六年出生於江蘇淮安。他二十歲時考取秀才，二十三歲考中舉人，二十四歲考中進士。一九〇〇年八國聯軍攻佔北京，他為慈禧太后一路護駕抵達西安，又從西安隨駕回到北京，因護駕有功被外放廣東惠潮嘉兵備道，後任山西冀寧道、山西按察使、山西布政使。宣統元年即一九〇八年十月升任山西巡撫，一九一一年因病辭職後回淮安養老。辛亥革命期間因淮安兵變和山陽光復避往上海。蔣象怡在回憶錄中把余誠格出面保釋安徽同鄉姚榮澤一事記在丁寶銓名下，應該是張冠李戴的錯誤記憶。楊早《民國了》一書沒有注明出處的相關敘述，顯然是對於蔣象怡錯誤記憶的以訛傳訛。

由余誠格等安徽同鄉聯名提起的保釋申請，並沒有得到江蘇都督程德全的行政批准，於是便有了

《大公報》五個月後的追蹤報導：七月二十四日晚上，「宋案要犯應桂馨，並前殺害周、阮二士之山陽縣司法長姚榮澤等，乘南北兩軍開戰之時，由獄逃脫，全獄人犯悉數逃荊。或謂上海地方檢察廳模範監獄獄官吳確生被賄通，所以任由應等由該獄大門而出。江蘇都督程雪樓已飭令上海地方檢察廳汪廳長密查矣。」[1]

「宋案要犯」應夔丞（桂馨）因涉嫌參與謀殺國民黨代理理事長宋教仁，先與武士英一起關押在陸軍第六十一團的兵營中，武士英突然死亡後又被轉移到姚榮澤所關押的上海地方檢察廳模範監獄。一九一三年七月二十四日晚上，應夔丞、姚榮澤等在押犯人利用陳其美在上海發動「二次革命」的戰亂機會，越獄逃跑。原本不相干的姚榮澤案與宋教仁案，由於陳其美的強勢操縱，最後竟然通過涉案主犯應夔丞和姚榮澤而相互關聯了起來。

在北京國務院的檔案文獻當中，關於宋教仁案另有這樣一份文字說明：

> 宋在南方主張袁為總統，而己任內閣，陳其美一派深忌之，黃亦惡其不舉己為總統，且疑其為親袁派也，亦欲排而去之。陳於是乘其隙，日嗾其徒，唱為舉黃之說，以離間黃、宋之交，而使他日內閣總理之庶歸之於己。宋、陳之間暗潮已極激烈，應本陳舊部，武又黃之私人，適洪述祖因宋爭內閣，恐趙不能安於其位，欲敗宋之名譽，以全趙之位置，托應求宋之劣跡，應以之告陳，陳乃利用此時機，假應、武之手以殺宋，而歸其罪於中央。其用心之狠毒，實為意料所不及。其破

1 《宋案要犯應桂馨與姚榮澤逃矣》，《大公報》，一九一三年八月二十日。

> 案之速，亦由於陳者。蓋應、武初不料主使之人忽為反陷之舉，遂毫不設備，亦不遁逃，而陳事前既為間接唆使之人，故一索即得也。既獲之後，武士英在法公堂已經供出，陳以二十餘萬之鉅款賄通法公堂，將供詞全數抽改，複以威嚇應謂，能誣趙、洪則其罪決不至死，且能以鉅資相贈，若直供不諱必置之死地而後已。及移交檢察廳後，陳慮武仍如前供，乃毒殺之以滅口，而以巨金賄西醫剖驗以為病死，於是應益有所憚而不敢言。此皆應親告其所延之律師，且謂非轉移他處不在若輩範圍以內，則此案真相，必不可得。渠在監內日夜防護，以巨金賂典獄者，每食必與人共座，俟人先嘗，然後下箸，否則不食，其危險之狀已可想見。黃克強前此主張組織特別法庭，實欲以一手掩盡天下耳目也。既為法部所扼，計不得售，則以暗殺之說要脅廳長，必欲其入趙以罪。日前竟有要求審判官下缺席裁判，宣布趙、洪死刑之請。幸廳長尚未允諾，然聞若輩之意，非辦到此層不可。裁判所移轉之事，不知是否為法律所許，若能辦到，但移至湖北，則此案不難水落石出矣。[1]

作為一面之辭，這份文獻資料自然不可能完全屬實；但是，其中所說的「應親告其所延之律師」，卻有相對可靠的資訊來源。在袁世凱存檔的署名「雷」的密件中，就有這樣的情況介紹：「滬函已抄交錢錫霖呈閱總理。今早錢晤由滬派來之愛律師，閱滬電，謂引渡後，桎梏極虐，防範尤嚴，決以強力鍛鍊成獄，急危萬分。愛又詢商能否設法交徐寶山等語。錢謂雷雲，滬地彼力最強，無從下手，奈何？雷告以或用共進會名義，向中央控其強權鍛鍊，指請發交中立之公正人裁判；一面再曝陳其美之不法，並致函恐

---

1 吳相湘著《宋教仁傳——中國民主憲政的先驅》，臺北傳記文學出版社，一九八五年九月十五日新版，第二六七頁。

嚇法官以為牽制，或勸洪直認為國除奸，延律師代表赴訴。錢贊成前一策，並囑來人回滬照辦，明日即行。」[1]

「雷」就是當時的京師軍政執法處處長雷震春。錢錫霖是趙秉鈞的親信，時任北京軍警總稽查。應夔丞於一九一二年十二月下旬到北京拜會袁世凱、趙秉鈞期間，曾經與錢錫霖密切交往。「愛律師」就是在公審公堂為應夔丞出庭辯護的外籍律師愛禮思，在上海方面無從下手的情況下，愛禮思專程來到北京，通過公私關係向中央政府反映情況，要求「發交中立之公正人裁判」。中央政府為了避免應夔丞屈打成招的「鍛鍊成獄」，在公開聲明中依據相對可靠的資訊來源做出解釋，並且希望把案件移交給上海之外的湖北進行審理，以期「水落石出」，這在法理上還是講得通的。

第十三節　北一輝見證刺宋案

一九一三年三月二十日晚上，有望出任內閣總理的宋教仁，在上海滬寧火車站準備乘車前往北京時，遭到槍手武士英的背後槍擊，於三月二十二日凌晨在滬寧鐵路醫院去世。三月二十三日，《民立報》在報導宋教仁的遺體含殮儀式時，公開提到了北輝次郎的名字：

---

1 《袁世凱為宋案內幕敗露陰謀鎮壓黨人之密件》，章伯鋒、李宗一主編《北洋軍閥（一九一二——一九二八）》，第二卷，武漢出版社，一九九〇年，第一三三頁。

宋先生本在滬寧鐵路醫院三層樓上，時靈柩已由英士在外間購來，停放最下層略大之一室。二時許，宋先生之故舊畢集。三時三十分，送含者親將舁床自三層樓抬下。衣衾棺槨，皆用中國舊式，棺楠木五寸，附體紅緞平金衾衣。宋先生靈體下樓後，由服役者將衾穿服竣事，遂入棺含殮。視含者環立四周，哭聲震宇，黃克強、于右任尤慟，沈縵雲於含前數分鐘由車站趕到，國民黨交通部職員全體俱在此，外尚有鐘文耀、伍廷芳、趙鳳昌亦均會殮，皆哭失聲。女士來者，為張昭漢、楊季威、陳鴻璧、舒惠楨，以花球置靈床，尚有日本人北輝次郎等四五人，皆泣不可抑。四點半蓋棺，一時吊客撫棺大慟，夏紹笙、葉惠鈞二君，又於哭泣中為簡單之演說，頓足捶胸，人心大憤，均大呼「人人擔任緝凶！」及後，又有日本人宮崎滔天亦踵至，靈床前已設位，遂向宋先生鞠躬，五時後始散。《民立報》社駐醫院記者錫三，及劉君白均留院護守靈櫬。[1]

上海滬寧火車站，現為鐵路博物館。

1 徐血兒等編，蔚庭、張勇整理《宋教仁血案》，嶽麓書社，一九八六年，第三三頁。

北輝次郎又名北一輝，一八八三年出生於日本新潟市佐渡郡。一九〇六年，二十三歲的北一輝自費出版《國體論與純正社會主義》，從社會主義立場嚴厲批評以天皇主權說為中心的「國體論」，從而在反政府的社會主義陣營嶄露頭角，並於同年加入由黑龍會首領內田良平、宮崎滔天與程家檉、陳天華、宋教仁等人共同牽頭成立的以孫中山為總理的中國同盟會。

辛亥革命爆發後，黑龍會總幹事內田良平應宋教仁的要求，派遣北一輝以黑龍會刊物《時事月刊》的特派記者身分來到中國。北一輝於一九一一年十月三十一日抵達上海，成為替宋教仁出謀劃策的追隨者。宋教仁遇刺後，由於北一輝私自調查宋案真相，而被日本駐上海總領事有吉明勒令回國。

一九一五年，北一輝在日本撰寫出版《支那革命外史》的前八章，重點記錄他在辛亥革命前後的親身經歷，特別是他與宋教仁的親密關係。一九二一年，他又在日本出版共二十章的《支那革命外史》增訂本。在增訂本的第十四章中，北一輝以「中國的危機和天人不容的二次革命」為標題，重點披露了他所見證的宋案真相：

> 宋被刺殺，是天人共憤之惡業。亡靈的不白之寃，是三年來隱藏在鄙人心中的最大塊壘。鄙人可以負責任地說：袁不是暗殺宋的主犯，他僅僅是個從犯而已。暗殺計畫的主謀者是宋的革命「戰友」陳其美，還有一名驚天從犯，即為世人所尊敬的＊＊＊——此人權勢最盛之際，正是作惡最烈之時。
>
> 故人宋君在呼應譚、黃的號召，積極拒斥五國借款的同時，還明白到日本的錯誤對華政策必將引致反復動亂而使故國滅亡。於是他專心於組織國民黨，希望自己能夠當上實權總理。他終於掌握了上下兩院三分之二的絕對多數選票，能夠被選為正式大總統的人選完全在他的掌握之中。他見

到孫君在南京政府裡根本是無所作為的木偶，而在質詢故人張振武事件時發現袁實際上是一個容易對付的卑怯蠢才。所以他不想推薦南孫，也不考慮北袁，而是想讓第三者——被認為最愚笨懦弱的黎元洪——來當總統。孫與袁當臨時大總統期間黎都擔任副總統，那麼當孫、袁下來後由黎頂上去也算是符合憲法的順理成章之事。宋的意圖是：實權由革命黨掌握，讓黎擔任虛位，來度過這個危險的過渡期。北袁南孫當然不會不知道宋的心思，他們做了許多倒宋的動作，鄙人以後可以一一舉證。[1]

這裡的＊＊＊，指的就是「北袁南孫」中的孫中山。按照北一輝的解釋，殺害宋教仁的主謀陳其美，同時也是挑起發動所謂「二次革命」的罪魁禍首：

主謀者覺得與其他大從犯一起舉兵，既能瞞天下之耳目，又可以扳倒北方的從犯，豈非一舉兩得？而北方的從犯對主謀者與其他從犯的背信大感憤怒，為了表示自己的清白，也做出了格外強硬的姿態。革命黨的輿論對袁的強硬甚感憤怒，且誤認袁就是主謀，於是和真正的主犯組成不義之軍。舉兵謀略由上海都督府像無底之瓶似地洩露出來。具體的殺人兇手從租界警察局引渡到主謀者的權力範圍後，要不是立即被毒死，就是馬上逃走了。

1　北一輝著、董炯明譯《一個日本人的辛亥革命親歷記》，原書名為《支那革命外史》，香港又有文化傳播公司，二〇一五年，第二六一－二六三頁。

令人遺憾的是，直到一九三七年，被日本政府以教唆下級軍官於一九三六年二月二十六日發動武裝政變的思想主導犯的罪名執行槍決的北一輝，再也沒有像他所承諾的那樣，為宋教仁案提供完整確鑿的證據鏈條。萬分僥倖的是，當年的日本外務省在檔案文獻當中，保存了日本駐上海領事館所記錄的北一輝的部分言行。

在標明「機密第四十七號，大正二年（一九一三年）四月八日」的日本外務省密件中，駐上海總領事有吉明，在寫給「外務大臣男爵牧野伸顯」的關於北輝次郎的離境命令報告中寫道：「今回發生了宋教仁暗殺事件。有關暗殺疑犯及行兇情況，該人信口雌黃，密告黃興與在華僑民共謀，又密告各國租界的員警也有干係，引起中國人和外國人的重大疑惑，對我在華國人也有其他嫌疑。若任尤其胡言亂語，必將嚴重妨礙地方之安寧。為此，命令該人從本日起三年內不准在清國僑居。」[1]

在標明「機密第七三〇號五月一日考察人談話摘要」的另一份日本外務省密件中，更加具體地記錄了北一輝關於宋教仁案的私人調查：

接受離境命令於近日歸國的社會主義者北輝次郎就宋教仁暗殺事件做了如左談話，其談話內容真假難辨，現上報僅供參考。在暗殺宋教仁的陰謀者中，有化名為王古謨的大久保豐彥，目前滯留在上海香港路五號我國人長岡豐所經營的慈惠醫院內。其在宋被暗殺前後，往來於應桂馨等人之

1 北一輝著、董炯明譯《一個日本人的辛亥革命親歷記》，原書名為《支那革命外史》，香港又有文化傳播公司，二〇一五年，第五七－五九頁。

間，並將多數祕密檔案交給其洋妾的乾爹叫做野口某某的保藏。關於大久保的行為，住在上海北四川路橫濱橋旁一六八號的高望信彌及長田實等人都願意在任何時候挺身作證。已被拘留的應桂馨等人，若坦白右面之關係，將對我國外交工作產生巨大的影響。

應該說，北一輝所提供的相關人證及其線索，是有一部分真實性的；但是，這些線索只可以用來強化陳其美是謀殺宋教仁的第一嫌疑人的證據鏈條，卻不足以支撐孫中山和袁世凱是所謂的宋案「從犯」的有罪推定。

第十四節　陳其美蓋棺難定論

關於陳其美的為人，程潛在《護國之役前後回憶》一文中介紹說：「陳其美是一個以口齒捷、主意捷、手段捷、行動捷『四捷』著名的小人。誰和他鬧翻，誰就要吃虧上當。」[1]

以「四捷」著稱的陳其美，是藉著一九一一年七月三十一日成立於上海的同盟會中部總會，逐漸進入同盟會核心團隊的。他在辛亥革命前後依賴江湖會黨黑道人士所開展的不擇手段爭權奪利的恐怖暗殺，造就了自己在政治舞臺上的迅速崛起和短暫輝煌。這個憑藉黑道人士的恐怖暗殺迅速崛起的前滬軍都督，最終也在黑道人士的恐怖暗殺中喪失了生命。陳其美之死，堪稱是一系列連環命案的輪迴報應。

1 程潛：《護國之役前後回憶》，《文史資料選輯》第四八輯，第四頁。

一九一六年五月十八日，陳其美在法租界薩坡賽路十四號遭受刺殺時，孫中山最為親密的同鄉助手胡漢民、胡毅生、廖仲愷，正在三樓下棋；陳其美的親信丁景良、吳忠信、蕭紉秋、余建光、邵元沖等人，正在底層談話。其中的廖仲愷在宋教仁遇刺時，恰恰就站在宋教仁身邊。到了孫中山去世之後的一九二五年八月二十日上午，廖仲愷攜夫人何香凝乘車前往廣州國民黨中央黨部開會，在戒備森嚴的黨部門前慘遭謀殺。主持操縱刺殺案的幕後主凶，一個是在孫中山生前長期擔任隨身保鏢的洪門首領朱卓文，一個是胡漢民的堂弟胡毅生。

基於常識理性，假如刺殺陳其美確實是袁世凱政府精心策劃的一項重大行動，在與陳其美同等重要的胡漢民、廖仲愷等人同時在場的情況下，軍警當局最為恰當的選擇是在租界當局配合下直接搗毀該祕密機關，以便把相關人等一網打盡；而不是僅僅針對陳其美一個人的奪命暗殺。涉入此案的李海秋、王介凡等人，是法租界薩坡賽路（今淡水路）十四號的常客，假如他們想撈取更高額度的獎賞，完全可以建議袁世凱政府順藤摸瓜，通過抓捕居住在薩坡賽路（今淡水路）十四號的胡漢民、廖仲愷以及日本籍承租人山田純三郎等人，直接追蹤到已經於十八天前抵達上海的孫中山。

由此看來，僅僅針對陳其美一個人的這次謀殺行動，與其說是出於袁世凱或者馮國璋幕後操縱的政府行為，不如說是出於張宗昌、李海秋、王介凡、程子安、許國霖等江湖會黨黑道人士冤冤相報、公報私仇的自主發揮；儘管其中不能排除袁世凱或者馮國璋巨額懸賞的推動作用。借用《陳其美》一書作者張學繼的話說：「有關陳其美遇刺案的黑幕，始終沒有充分暴露。」[1]

1 張學繼著《陳其美》，第一七六頁。

另據鍾毓龍《說杭州》一書介紹：史量才，江蘇松江人，畢業於杭州蠶學館。民國初為上海新《申報》主筆。嘗與陳其美、陶成章二人共爭一紅妓秋水。秋水卒為陶所得。陳憤之，使人暗殺陶，而秋水乃歸於史。史於杭州裡西湖築別墅以貯之，名曰秋水山莊。秋水固求史為陶報仇，史諾之。適袁世凱派員南下，暗殺國民黨諸要人。史乃導之殺陳，此民國五年之事。事隔二十年，同謀者時向史索賄。史不能滿其欲，遂向陳之猶子果夫、立夫處告密。經查之確，二人乃怨史，誓必殺之。時二陳均得勢，以杭州警察局局長何云非己黨，恐掣肘，乃言於蔣介石而罷之，代以趙龍文，密為布置。史亦已有所聞，乘汽車逃滬。然沿途刺客均有暗伏，遂不能免。據傳刺客開槍時，車中死者二人，其一為史子，另一為史子之同學。史本人逃竄至一老樹下，終為刺客搜獲，一擊而殞。並聞陳黨兼欲斃秋水，誤以史妻為秋水而擊之，然幸不死。[1]

杭州西湖秋水山莊。

鍾毓龍所說的陶成章，應該是陶駿保的誤寫。一九三四年十一月十四日史量才遇刺時，當場死亡的是史量才、司機和史量才兒子史永賡的同學鄧祖詢，而不是「其一為史子，另一為史子之同學」。像鍾毓龍

1 鍾毓龍著《說杭州》，浙江人民出版社，一九八三年，第一四五頁。

這樣經不起推敲的道聽塗說，只能算是僅供參考的野史趣聞，是不可以當作歷史文獻加以征信的。同樣性質的野史趣聞，還有張子漢、周永亮編寫的《中國幫會大揭秘》一書中的相關文字：

據說當年袁世凱派洪述祖來滬時，首先是找到了上海青幫湖州幫的巨頭李征五。李當時的兩個高徒，一個是應桂馨，一個是張宗昌。當下李就選擇了他認為最合適的應桂馨，介紹給洪述祖。同時，因李征五已得知宋教仁與陳其美因權利之爭而矛盾激化，他想到還可用刺宋一事再作一筆交易，就又跑到陳其美那裡拍胸脯擔保他將刺宋擁陳，代價是五十萬元和一支手槍。陳答應條件，很快將錢、槍送到。案發後，陳先布置手下設法取回槍支，然後將應桂馨捉拿歸案。李征五原想萬一事情敗露還可把陳其美推出，現在眼看就要弄到他的頭上，趕緊將武士英殺了滅口。據史料載，武士英暴死獄中，死因是偶感風寒，殊為可疑。應桂馨越獄逃走，後為袁世凱雇人刺殺。從此，刺宋案證據確鑿之真凶均已身亡，袁大總統又無法捉拿歸案，只能了結此案。幾年後，李征五為報一箭之仇，派其另一高徒刺殺了陳其美，這位高徒正是後來的大軍閥張宗昌。……陳其美也是青幫李征五系統中的人物，與李有深交。[1]

總而言之，國民黨方面的陳其美等人，所習慣的是利用奉天承運、替天行道、改朝換代、天命流轉的神聖名義，自相矛盾地從事公天下、救天下、打天下、坐天下、治天下、家天下、私天下的傳統型暴力革

---

1 張子漢、周永亮編《中國幫會大揭秘》，湖北人民出版社，一九九五年，第七九頁。

命；而不是宋教仁所選擇的在民主憲政的制度框架內開展議會選舉、陽光參政、相互合作、和平競爭的現代路徑。隨著民主憲政制度的逐步確立和不斷完善，陳其美等人連同他們所選擇的暴力革命，面臨著即將退出政治舞臺的歷史宿命。對於不甘心退出歷史舞臺的陳其美一派人來說，最為便捷的選擇，就是陰謀暗殺有望出任內閣總理的宋教仁，然後通過單邊片面、疑罪從有的煽動宣傳，把命案主凶轉嫁到臨時大總統袁世凱身上，從而把整個中華民國捆綁到「二次革命」的戰車之上倒行逆駛、循環輪迴。「二次革命」之後，陳其美等人沿著綁架暗殺、策反暴動的輪迴路徑走下去，最終在殘害犧牲別人生命的同時，也付出了自己的生命代價。

一九二二年一月，同盟會成員梁漱溟在一次演講中針對革命黨人崇尚革命暴力的相關表現批評說：「現在很清楚擺在外面的就是武人勢力的局面。……至於說到助長這種武人勢力的原因，卻不能不責備革命先輩，他們無論如何不應用二次革命那種手段。二次革命實在是以武力為政爭的開端。從此以後，凡是要為政治活動的，總要去奔走武人的門下。……武人的威權從此一步一步的增長，到現在而達極點。」[1]

以忠厚恕道著稱的光復會創始會長蔡元培，一生當中幾乎沒有說過任何人的壞話，他筆下的幾乎所有傳記類文章，所留下的都是單邊片面的讚美之辭；其中包括《亡友胡鐘生傳》、《夏瑞芳傳》、《王君季高傳》、《陳英士殉難紀念報告》。而王季高即王金發，恰恰是槍殺胡鐘生的涉案主凶。陳其美即陳英士，又恰恰是謀殺夏瑞芳尤其是與蔡元培同為光復會創始人的陶成章的幕後主凶。

一九三一年五月十八日，蔡元培以國民黨元老的身分，在既是孫中山的總理紀念周又是陳其美的殉

---

1 梁漱溟：《在晉講演筆記》，《梁漱溟全集》第四卷，山東人民出版社，一九九一年，第六七三頁。

國紀念日的黨內集會上，作了《陳英士殉難紀念報告》，其中重點集納了孫中山評價陳其美的「總理遺教」：

《孫文學說》第六章，附錄有英士先生致克強先生書，力辯同志中有「中山先生傾於理想」一語之害。第七章有志竟成，於敘武漢起義事謂：「其時響應之最有力、而影響於全國最大者，厥為上海陳英士之積極進行。故漢口一失，英士則能取上海以抵之。由上海乃能規取南京，後漢陽一失，吾黨又得南京以抵之。革命之大局，因以益振。在上海，英士一木之支者，較他著尤多也。」民國六年五月十二日，總理祭文：「七十萬金，頭顱如許，自有史來，莫之或匹。……曾不逾月，賊忽自殂」云云。今天我們紀念陳先生，兄弟特將他的事略向大家報告，作大家參考。[1]

到了一九五〇年，蔡元培和章太炎在上海愛國學社栽培過的弟子、曾經高調讚美陳其美「可謂見義勇為，不避權貴，無愧英雄本色」的柳亞子，迎合新一輪政府清算醜化蔣介石的政治口徑，在詩詞中轉換立場，針對陳其美從刺殺陶成章開始的一系列連環暗殺，旗幟鮮明地痛加針砭道：「禍胎毒肇陳其美，魁傑人思陶煥卿。一彈廣慈醫院裡，先亡光復繼同盟。」[2]

1 袁進編《學界泰斗——名人筆下的蔡元培 蔡元培筆下的名人》，東方出版中心，一九九九年，第三九八頁。
2 柳亞子文集編輯委員會主編《磨劍室文錄》，上海人民出版社，一九九三年，第一六八五頁。

應該說，像蔡元培這樣既為被殺者寫傳、又為殺人者背書的文化現象，無論如何都是不太正常的。像柳亞子這樣緊跟歷史潮流，既可以把一個人捧上天堂，又可以把同一個人打進地獄的文化現象，就只能用荒誕不經來加以形容了。令人驚奇的是，時光流轉，到了二十一世紀的今天，像陳其美、王金發這樣草菅人命的殺人者，在某些歷史寫手的筆下，又搖身一變成了所謂的革命先烈，更是令人哭笑不得……

第五章　袁世凱懲辦王治馨

一九一四年六月二十七日，剛剛卸任順天府尹的王治馨，被大總統袁世凱明令逮捕。十月二十三日，袁世凱又核准了大理院即當時的最高法院對於王治馨判處死刑的司法判決。當年的順天府雖然隸屬於以天津為首府的直隸省，其行政轄區卻囊括了北京周邊的二十四個縣域，有著深厚軍警背景的前順天府尹王治馨的職權，至少在這一點上遠遠超過了今天的北京市長。袁世凱鐵腕懲辦一身跨軍政兩界的王治馨，在當年是極其轟動的一件大事。隨著袁世凱政府倒臺落幕，王治馨案卻被後人納入宋教仁案的歷史敘述，原本事實清晰、證據確鑿的一樁肅貪大案，被莫須有地籠罩上了撲朔迷離、以訛傳訛的歷史迷霧。

第一節　王治馨案的相關背景

一九一四年六月二十七日，《政府公報》第七六九號公開刊登袁世凱簽發的大總統令：「王治馨輒敢買官、納賄、婪贓、蠹國殃民，尤屬法無可恕，茲據所呈王治馨前在順天府府尹任內，委署各縣知事幾至無缺不賣，並有籍案乾沒婪索情事，贓款壘壘競至數萬之多，實屬駭人聽聞。應從嚴究辦。王治馨著先解去正藍漢軍副都統本職，交步軍統領看管，並由平政院按照所揭各款酌傳要證，嚴行審理，呈請核辦……」[1]

這裡的「所呈」，指的是由代理都肅政史夏壽康與肅政史江紹傑、張超南、周登皋聯合署名，並由張超南主稿的彈劾呈文。平政院和肅政廳，是前不久成立的一種中國特色的行政審判和行政監察機關，其主要職責是懲治腐敗、澄清吏治。

一九一二年一月三十日，時任南京臨時政府法制局長的宋教仁，在《中華民國臨時政府組織法草案》中，第一次提出平政院的構想。回顧歷史，這一構想其實是宋教仁參與立法活動的重大敗筆。臨時參議院隨後以「國家基本法制定之權屬於立法機關，顧慮此風一開有損立法權獨立行使之尊嚴」為藉口，拒絕了宋教仁的這項草案。吊詭的是，並不具備正式立法權的臨時參議院，轉眼之間便於二月七日組織起草委員會另行擬定《中華民國臨時約法》，其中卻偏偏抄襲沿用了宋教仁關於平政院的制度構想

一九一二年三月十一日，正在進行南北議和的南京臨時政府，單邊片面地越權公布《臨時約法》，其中的法律條款不僅不能構成對於國民個人的正當權利的切實保障，反而隨時會演變成為對於個人權利的肆意剝奪。關於這一點，曾經在英國專門攻讀法政學科的《民立報》主筆章士釗，於三月十二日撰文批評道：「《約法》曰：『人民之身體，非依法律不得逮捕、拘禁、審問、處罰。』倘有人不依法律逮捕、拘禁、審問、處罰人，則如之何？以此質之《約法》，《約法》不能答也。」

章士釗認為，這種現像是大陸法系的許多成文憲法的共同缺陷，需要吸取英美法系的優點加以補救：「無論何時，有違法侵害人身之事件發生，無論何人（或本人或其友）皆得向相當之法廷呈請出廷狀

1 駱寶善、劉路生主編《袁世凱全集》第二七卷，河南大學出版社，二〇一三年，第二四七頁。

（Writofhabeascorpus，今現譯人身保護令）。法廷不得不諾，不諾，則與以相當之罰是也。出廷狀者乃法廷所發之命令狀，命令侵害者於一定期限內，率被害者出廷，陳述理由，並受審判也。」

談到《臨時約法》第十條的「人民對於官吏違法損害權利之行為，有陳訴於平政院之權」，章士釗明確主張應該刪除這一惡法條款：「平政院者，即行政裁判所之別詞也。凡有平政院之國，出廷狀之效力必不大，何也？人民與行政官有交涉者，乃不能托庇於普通法廷也。……使行政權侵入司法權，則約法所予吾人之自由者，殆所謂貓口之鼠之自由矣。」

但是，章士釗的法理主張既沒有得到同盟會所主導的南京臨時政府的重視，也沒有得到袁世凱北洋派系所主導的北京臨時政府的重視。一九一二年十一月，由北京臨時政府法制局擬定的共計五十九條的《行政審判法草案》，呈交國務院審議。一九一四年三月三十一日，袁世凱發布《平政院編制令》，任命汪大燮為平政院院長。在正式的司法體系之外另立中國特色行政審判機關的平政院制度，得以確立。

一九一四年四月二日，袁世凱發布命令，在強調平政院的重要地位的同時，還談到要設置肅政廳。所謂肅政廳，其實是皇權專制時代專門替皇帝檢舉監察各級官員的御史台或都察院的變種，借用章士釗的話說，肅政廳「與十常寺之北寺，魏忠賢之東廠又胡以異？亦詔獄而已矣！」[1]

第二天即四月三日，袁世凱任命莊蘊寬為都肅政史。四月十日，袁世凱公布《糾彈條例》。五月七日，袁世凱發布命令，任命曾述棨、王瑚、蹇念益、夏壽康、蔡寶善等十六人為肅政史；任命董鴻禕、楊彥潔、邵章、曾鑒、陳兆奎等一十五人為平政院評事。五月十三日，任命董鴻禕、曾鑒、張一鵬為平政院

1 章士釗：《八厘公債案》，《甲寅雜誌存稿》下卷時評部分第二五頁，《民國叢書》第二編第九五冊，上海書店出版。

庭長。五月十七日，公布《行政訴訟條例》。五月二十六日至二十八日，平政院評事及肅政史正式就職。袁世凱在肅政史就職覲見時，神聖莊嚴地表達了自己的殷切期望：

國家之敗由官邪也，故歷代皆設言官以糾正之，法良意美，治國者所當取法。吾國自入民國以來，仕途龐雜極矣，特設肅政史一官冀有所補救。諸君顧名思義，宜如何盡其職守以效忠國家，是在諸君自思而自處之。前清末造非無御史台也，而官常之敗壞至今言之猶有餘痛，考其原因雖有多端，而御史不稱其職亦其中最大原因也。即好上章言事者，非逢迎上意即被人指使，或有受人金錢運動，故御史台之名譽掃地盡矣。今諸君皆一時之彥，猶為鄙人素所深知，諒無不克稱職者，要知此後官紀之美惡即諸君之責任，其捐除一切顧忌而實心將事乎。即如鄙人，不過受國民委託為行政之首長，苟有過失，亦望有以糾正之。[1]

關於當年的官場腐敗，著名記者黃遠生在一九一三年八月二十三日的《最近之北京（其二）・戒嚴之光景》一文中，記錄了時任北京警備地域司令官的前國務總理趙秉鈞，接受採訪時的一段介紹：從前直隸知事，沒有人做，紛紛要辭。這些時居然有人搶著做了，探其原故，主要是有人發明瞭一種新辦法，即縣知事與縣議事會紳士勾結，許人民播種鴉片。餘利均分，瘠缺變成肥缺。上司若要更換，便有縣議事會挽

1 《申報》，一九一四年五月三十一日。

留。此等人便深根固蒂了。[1]

正是為了澄清吏治，袁世凱於一九一四年六月五日簽署公布了凌駕於既定法律之上的《官吏犯贓治罪條例》，其中第二條明確規定：枉法贓至五百元以上者處死刑。[2]

七月七日，袁世凱在諮送參政院代行立法院追認該條例的諮文中解釋說：「竊以為，當此廉恥道喪、綱紀蕩然，非法子產之猛，諸葛之嚴，斷不足以激濁揚清，而使僚屬有所懲勸。若於官吏犯贓之案件，而僅照刑律治罪之條文，則不肖官吏，必不免狎而玩之，馴至毫無忌憚，勢必妨及公安。此本大總統度勢審時，所以有《官吏犯贓治罪條例》之發布也。」[3]

由此可知，致力於澄清吏治的袁世凱，所要效法的是中國傳統的「子產之猛，諸葛之嚴」的以德治國，而不是要嚴格遵守法律面前人人平等、司法機關獨立辦案、程式正義優先於實體正義的現代法治。一心要扮演凌駕於現代法治之上的全能獨裁者的袁世凱，即使通過並不完善的法治民主程度當選了中華民國的正式大總統，對於現代文明社會的常識法理，依然是十分隔膜的。

在此前的一九一四年六月二十三日，代行立法院的御用參政院還沒有承認正式《官吏犯贓治罪條例》的合法性，平政院已經開庭審理民國史上的第一樁貪汙犯贓案件，即直隸省順天府霸縣代理知事劉鼎錫，被肅政史張超南、周登皋糾彈案。王治馨案，主要是由劉鼎錫案牽扯出來的。

1 黃遠生著《遊民政治》，陝西人民出版社，二〇一三年，第二〇七頁。
2 《公布官吏犯贓治罪條例令》，《袁世凱全集》第二七卷，第四四頁。
3 《諮參政院代行立法院文》，《袁世凱全集》第二七卷，第三四〇－三四一頁。

劉鼎錫是山東德州人，他的祖父是由地方貢入國子監的一名生員。他的父親也是一名秀才。與他父親一輩的劉開榜，曾經中過進士，在清朝末期的知縣任上辦理黃河工程時，因為貪汙鉅款而在工地上被就地正法。劉鼎錫十九歲考取秀才，二十一歲給前浙江提督呂文元充當幕僚。進入民國初年，他先是出任蘆溝橋稅局委員及某師範學堂教員，隨後又出任門頭溝巡檢。為了從王治馨手裡購買霸縣知事的官位，劉鼎錫與四名親友合資籌集了六千元大洋。於是，劉鼎錫上任時，其他四人隨同到任，分別佔據重要職位而大肆收取賄賂、弄權枉法。一九一四年九月，大理院依照《官吏犯贓治罪條例》判處劉鼎錫死刑。九月十七日，袁世凱下令，將枉法得贓二千五百元以上的劉鼎錫執行槍決。

第二節　王治馨的貪贓實錄

一九一四年六月二十九日，著名記者黃遠生以《王治馨》為標題寫下一篇新聞報導，其中比較翔實地記錄了王治馨出賣官位、弄權枉法的相關事實及坊間傳聞。

據黃遠生介紹，王治馨是山東萊陽人，早年在秀才考取舉人的鄉試過程中沒有中舉，因成績尚可被取入副榜送入國子監充當貢生，當時稱之為副貢。王治馨後來以副貢資格被保舉為道員，一九〇〇年前後因為參與鎮壓山東地區的義和團，又被袁世凱保舉為知州。一九〇二年，他追隨趙秉鈞赴天津創辦巡警機構，先後擔任京畿、奉天的軍警高官。作為徐世昌、趙秉鈞的親信下屬，王治馨在軍警界擁有根深葉茂的勢力範圍。即使在聲名狼藉、民怨沸騰的情況下，他依然能夠在順天府尹的位置上，被提拔為榮譽性的正藍旗漢軍副都統。在肅政史張超南、周登皋彈劾查辦霸縣代理知事劉鼎錫期間，已經有人公開諷刺肅政廳欺軟怕硬，在豺狼當道的情況下選擇性地抓捕狐狸。他們所說的豺狼，指的就是樹大根深的軍警高官王治馨。正是在大家懷疑袁世凱有意包庇王治馨的情況下，肅政廳的彈劾公文上午呈遞，袁世凱當天下午便頒布撤職查辦的命令，讓許多人感到非常意外：「北京各報，大多數以一律最大之字，刊佈此項策令，表示其痛快人心。蓋誠民國成立以來痛快人心之創舉也。」[1]

談到王治馨的被捕過程，黃遠生介紹說，在袁世凱公開發布命令的前一天即一九一四年六月二十六日上午十時，與王治馨同為趙秉鈞親信幹將的步軍統領衙門提督江朝宗，委派王治馨的舊下屬、遊緝隊隊員張樂斌手持名片前往拜訪。張樂斌對王治馨解釋說，江朝宗擔心別人辦差會更加麻煩，就讓我來請您走一趟。王治馨問是什麼原因？張樂斌說不知道，恐怕是您受了霸縣案的牽連。王治馨說也許還有別的原因吧？張樂斌說也許是。王治馨被張樂斌帶來的軍警一擁而上送往步軍統領衙門，江朝宗把袁世凱的命令拿給王治馨看。王治馨無話可說，只問了一句：「可否准我回家料理料理？」江朝宗命令軍警送王治馨回家料理家事，然後再帶回步軍統領衙門嚴加看管。

關於王治馨納賄賣官的種種劣跡，黃遠生根據傳聞介紹說，王治馨的賣官定價是一等縣的縣知事五千元大洋，二等縣三千元，三等縣二千元。有個人花費三千元買到二等縣的知事，到任沒有五天就賺了五千元。其中的武清縣代理知事田載厚，曾經在北京開辦過名字叫芸香小班的妓院，花錢買官時的職業是牙行商戶，也就是商業經紀人。

---

1 黃遠生著《遊民政治》，第九五頁。

三河縣代理知事劉其勳，是北京王廣福斜街廣原照相店的店主，他與四名親友集資組織一家專門用來購買官職的股份公司，然後便進行抽籤。抽籤的結果，是劉其勳中籤出任三河縣代理知事，其他四人以俗稱帶擋師爺的身分，一同前往三河縣擔任重要職務。

還有一名代理縣知事急於收回買官行賄的本錢，便買通乞丐到一富戶家討飯。該富戶拿出黑米飯給乞丐吃，乞丐強硬要求提供白米飯。該富戶沒有答應，乞丐便與富戶家人扭打鬥毆。事先埋伏的差役一擁而上，將富戶家的兒子關押起來，判處罰款八百元。八百元錢剛剛送到縣府，就被帶擋師爺和門房差役全部瓜分。該知事只好把富戶家的父親抓捕關押，判處一千元罰款歸自己所得。

一九〇四年，黃遠生在前清最後一次會試中考取進士，隨後留學日本攻讀法律，他的另一身分是執業律師。幾個月前的一天，有一和尚找到黃遠生，介紹自己是某縣某廟的住持，前清時無故被革，現在有了恢復原職的機會。但是，該縣某知事收取一個劣僧的賄賂款項，硬是要任命這個劣僧出任主持。該和尚沒有辦法，便請順天府尹王治馨手下的某科員出面，向某知事代為交涉。某科員和某知事向該和尚索賄，他在沒有現款行賄的情況下，通過當鋪向二人出具借款字據，合同契約上注明等他回廟就任主持之後，如數兌現此項錢款。由於該和尚是賒帳而不是現款，導致他的圖謀失敗。他為此找到黃遠生代理訴訟，黃遠生覺得這件事情太過汙穢，便拒絕代理。

據黃遠生調查採訪，王治馨之所以能夠在短時間內把順天府所轄二十四縣的知事賣掉二十二縣，是因為他巧妙利用了一九一四年四月全國範圍內的縣知事考試。他把在職的二十四名縣知事全部送到內務部去參加考試，同時又故意拖延報送這些縣知事的保送材料，導致他們不能如期參加考試，這樣便騰出空缺明碼標價收取賄賂。其中一名縣知事的父親是現職京官，他得知王治馨的陰謀後，直接為兒子辦理了報名手續。這名縣知事考試合格後，便與代理職務的現任知事發生衝突。在王治馨案中畏罪潛逃的史久延即史博泉，在清末曾經擔任官府文案，對於買官賣官的業務十分精通。他自己花錢從王治馨手裡買到科員官位，然後專門為王治馨經手買官賣官的貪賄交易。

第三節　袁世凱的殺一儆百

一九一四年八月十八日，根據平政院院長周樹模的呈請，袁世凱下令將王治馨與同案犯岳魁、潘毓桂、王丙彝等人，一併交由司法部轉飭檢察廳依法辦理。

九月八日，《政府公報》第八四二號公布了平政院此前的審理結果：王治馨所犯罪行主要包括四個方面。其一是賄委官缺，並且推卸嫁禍給已經畏罪潛逃的舊下屬史久延。其二是向牙紀即當地商戶徵收勒索苛捐雜稅，所有捐款名目及辦法，都由王治馨一人主導，在逃的史久延只是受其指示，即使到案也很難代為分責。其三是煙土事件。王治馨所販運的一萬多兩鴉片煙土，在良鄉遭到查扣，這一案件證據確鑿卻久拖不辦，直到他卸任時才授意科員呈請辦理，其實是為了湮滅證據。涉案的煙土並沒有如數焚毀，而是祕密送到了王治馨家中。其四是公款事件。在前後任之間陸續交割相關事項，本來屬於正常現象；像王治馨這樣卸任之後還要補造報銷憑據以提取自己任期內的剩餘公款，卻是當時官場中從來沒有過的一樁怪事。

十月二十一日，司法部呈報，大理院即當年的最高法院「判決王治馨於委任嶽魁署理昌平縣知事，枉法得贓逾貫之所為，應照《官吏犯贓治罪條例》第二條處以死刑」。袁世凱據此批令：王治馨著即依法立予槍斃；潘毓桂詐欺取財，處徒刑十二年，褫奪公權全部終身；嶽魁行求賄賂，處徒刑五年零六個月，褫奪公權全部八年。[1]

大理院據以量刑重判的「於委任獄魁署理昌平縣知事，枉法得贓逾貫」，分明是秉承袁世凱旨意而做出的一項中國特色的避重就輕、大事化小、掩人耳目的選擇性判決，其目的在於殺一儆百、澄清吏治的道德警示，而不是現代法治所追求的以事實為依據、以法律為準繩、法律面前人人平等的公平正義。不僅平政院已經公布的王治馨的四項罪狀中的後面三項，被大理院一筆勾銷；就連此前在劉鼎錫案中查有實據的王治馨「枉法得贓逾貫」的另一樁犯罪事實，也隻字未提。

在槍斃王治馨的第二天，袁世凱專門頒發一道釋疑命令，首先談到王治馨此前曾經在北洋系統內供差多年，尚稱得力。民國成立，曆官內務次長、巡警總監，亦有微勞。不意在順天府尹任內，改行易操，竟有鬻官納賄情事。其罪既無可宥，未便因其前功足錄，致使國家法律屈而不伸。繼而指出，京內京外官吏如王治馨其人者，恐怕還有，「毖後懲前，不可不引為大戒。須知國家之敗由於官邪，賄賂公行，闒茸競進，國無不亂。」[2]

袁世凱在這裡所強調的，依然是他自己撇開正當的法律程式而隨心所欲、專制獨裁、以德治國、殺一儆百的道德警示。罪不至死的王治馨的一顆人頭，只是袁世凱用來殺一儆百的犧牲祭品，至於王治馨枉法得贓的準確數字，在袁世凱心目之中並不十分重要。假如一定要依法辦理，王治馨案明顯是一例直接涉及到順天府二十二個縣知事的官場窩案。正在圖謀帝制自為的袁世凱，自然不願意引爆北京政壇的一場超級

1 《政府公報．命令》，一九一四年十月二十三日。

2 《政府公報．命令》，一九一四年十月二十五日。

大地震。

作為中華民國的大總統，袁世凱總想超越制度框架而凌駕於既定法律之上的專制獨裁表現，本身就已經喪失了澄清吏治的正當合法性。他在擅自解散中華民國第一屆議會的情況下，另行設立的參政院、平政院、肅政廳等臨時性機構，歸根結底只是為了實現皇帝夢想的御用工具。沒有包括個人自由、契約平等、民主選舉、司法獨立、地方自治、議會監督、限權憲政在內的一整套切實可行的程式和制度建設，僅僅依賴袁世凱個人自上而下的專權人治，是無論如何也不可能澄清吏治的。袁世凱非法炮製的《官吏犯贓治罪條例》，僅僅執行了一年多時間，就隨著他帝制自為的坍台失敗而宣告廢除。

第四節　張國淦誣陷袁世凱

早在王治馨被關押期間，黃遠生已經在《王治馨》一文中談到他的雙重身分：辛亥革命期間，王治馨回到山東家鄉，企圖聯絡革命人謀求新一輪的高官厚祿。趙秉鈞想盡辦法才把王治馨召回北京，此時的王治馨已經加入國民黨，並且利用國民黨報紙，極力排斥時任外城巡警廳廳長的治格，從而達到取而代之的目的。

一九一五年，江蘇武進人李定夷在上海國華書局出版《民國趣史》一書，其中的《嗚呼王治馨》一文也談到王治馨的黨派身分：「王君老同盟會會員，宋教仁被刺後，王於國民黨開會時，在會場上證明係趙所主使。其時即有人因其以怨報德，謂王只知有黨而不知有人，然因王方為總監，莫敢公然宣布，逢彼之怒，王之去總監之任，而今日更受此奇辱者，此為原因之一。又王為總監時，二次革命事起，曾發護照兩張，運送軍火，接濟民黨，政府已得其證據。此事最為袁總統所疾首痛心。此次拿問，其真因實在於是。」

這裡所謂「在會場上證明係趙所主使」，並不符合歷史事實。查勘一九一三年四月一日《民立報》所刊登的《王治馨在國民黨追悼宋教仁大會上的講話》，其中明確介紹說，三月三十日，國民黨籍的北京巡警總監王治馨，是受同為國民黨籍的國務總理兼內務總長趙秉鈞的委派，參加北京國民黨本部在湖廣會館召開的宋教仁追悼大會的。以下是該報所記錄的王治馨講話的大致內容：

趙、宋因政黨內閣問題，頗有密切關係。自宋被刺後，獲犯應桂馨，搜出證據牽涉內務秘書洪述祖，應、洪又有密切關係。因此袁總統不免疑趙，而趙以洪時往袁府，亦疑袁授意。及前日趙與袁面議，彼此始坦然無疑。惟袁謂：宋被刺前，洪曾有一次說及總統行政諸多掣肘，皆由反對黨政見不同，何不收拾一、二人，以警其餘。袁答謂：反對者既為政黨，則非一二人，故如此辦法，實屬不合云。現宋果被刺死，難保非洪藉此為迎合意旨之媒。鄙人為警長，已搜出證據多端，另抄一本，皆洪、應祕密通信，可交吳蓮伯，以供黨員參考。並通電拿洪，以期水落石出。[1]

「吳蓮伯」，是與宋教仁私交很好的國民黨北京本部代理理事長吳景濂。趙秉鈞和王治馨除了官方身分之外，都擁有國民黨員的另一重身分。令人奇怪的是，無論是《民立報》記者，還是作為宋教仁直接繼承人的吳景濂，都沒有要求王治馨兌現諾言，交出從洪述祖住宅搜出的相關「證據」，以便儘早實現宋教

1　朱宗震、楊光輝編《民初政爭與二次革命》上編，上海人民出版社，一九八三年，第二三六－二三七頁。

仁案的水落石出、真相大白。《民立報》記者在沒有看到確鑿證據的情況下，竟然在上述文字後面加寫了一段疑罪從有的有罪推定：「治馨之言如此，聞者皆謂袁、趙互疑，甚可笑。彼此面談後，即稱無疑，尤可笑。洪述祖敢於總統前進其邪說，請收拾反對黨一二人，總統匪特不加嚴究，且仍令混跡內部，即此已無以對我國民云。」

在此之前的一九一二年五月二十日，國民黨方面的《民權報》主筆天仇即戴季陶，針對財政總長熊希齡主持簽署的借款協定，公開發表標題為《殺》的短文，其中寫道：

> 熊希齡賣國，殺！
> 唐紹儀愚民，殺！
> 袁世凱專橫，殺！
> 章炳麟阿權，殺！
> 此四人者，中華民國國民之公敵也。
> 欲救中華民國之亡，非殺此四人不可。

文章發表後，上海租界巡捕房據此把戴季陶拘捕關押，第二天交保釋放時又判以罰金。就是這樣一個動輒叫囂殺人的激進分子，一直受到國民黨理事長孫中山的高度信任。一九一三年二月十一日即舊曆正月初六，正當國民黨在全國範圍內贏得議會大選的關鍵時刻，國民黨理事長孫中山並沒有留在上海等待其代理理事長宋教仁的匆匆前來，反而通過與臨時大總統袁世凱的密電協商，以籌辦全國鐵路全權的名義，率領馬君武、戴天仇（季陶）、袁華選、王寵惠、王正廷、宋嘉樹、宋藹齡、山田純三郎等人，離開上海赴日本進行公款考察。按照《民立報》的話語邏輯進行推理，同樣可以指責孫中山及國民黨對於戴季陶「匪特不加嚴究，……即此已無以對我國民」。

袁世凱去世之後，他為了澄清吏治、殺一儆百而嚴厲懲辦王治馨的反貪大案，卻偏偏被國民黨方面「莫須有」地演義成為報復性的殺人滅口。在這個方面表現得最為拙劣的，是曾經被袁世凱、趙秉鈞先後重用為國務院銓敘局長、國務院秘書長和總統府秘書長的張國淦。

張國淦字乾若，一字仲嘉，號石公，湖北蒲圻人，幼年隨父親張學誠僑居安徽。一九〇二年考中舉人，一九〇四年考取進士並出任內閣中書。一九〇七年被巡撫程德全奏調黑龍江省任撫院秘書官，幫辦對外交涉事宜，同時兼任黑龍江通志局總纂。一九一一年十二月，時任內閣統計局副局長的張國淦受袁世凱委派，以湖北籍參議的身分隨同唐紹儀由北京南下議和。張國淦從此獲得袁世凱的倚重，成為往來於袁世凱、黎元洪、唐紹儀、徐世昌、程德全、趙秉鈞、段祺瑞等政壇大佬之間的一名重要人物。

早在一九一三年一月二十四日，由謝石欽主持的湖北革命實錄館，就已經在《呈副總統職館開辦以來情形並編纂辦法及請催湖北軍政府建設始末由》的呈請公文中明確認定，該館收錄的辛亥革命首義將領及功勳人士的文獻資料，「大都私人攘臂言功之作，求其以事系人，而以民族之進化、社會之發達為前提者，幾如鳳毛麟角之不易得」。[1]現在所能看到的包括張國淦在內的幾乎所有辛亥革命親歷者的回憶文

---

1 《呈副總統職館開辦以來情形並編纂辦法及請催湖北軍政府建設始末由》，《湖北革命實錄館武昌起義檔案資料選編》下卷，湖北人民出版社，一九八三年，第五七七頁。

字，基本上都可以用「私人攘臂言功之作」來加以概括。尤其是在一九四九年之後，由於各種各樣的原因，幾乎所有的歷史老人都多多少少地在美化自己、詆毀別人方面，留下了說謊造謠的人生汙點。

一九五三年夏，國家副主席董必武在上海視察期間見到了時任上海文史館館員的老同鄉張國淦，在董必武安排下，七十八歲的張國淦來到北京，擔任中國科學院近代史研究所特約研究員，隨後又當選為全國政協委員。

一九五五年，張國淦以歷史見證人身分，在《近代史資料》第四號發表《孫中山與袁世凱的鬥爭》一文，其中談到一九一三年三月三十日，王治馨受國務總理趙秉鈞委派，參加了北京國民黨本部為宋教仁召開的追悼會，王治馨在演說時聲稱：「殺宋決非總理，總理不能負責，此責自有人負！」第二天，袁世凱專門把這份剪報拿給時任國務院秘書長的張國淦，並且「詞色甚厲」地表示說：「如此措詞，太不檢點，王志馨可惡，趙總理何以任其亂說，登報後也不聲明更正。」[1]

為了佐證上述文字的真實性，張國淦接下來又抄錄了國民黨元老張繼的如下一段回憶文字：

> 民國二年三月二十九日，偕程仲漁（克）訪趙治安（秉鈞）。王奇裁（治馨）亦在。王云：「洪述祖於南行之先，見總統一次，說：『國事艱難，不過是二三反對人所致，如能設法剪除，豈不更好？』袁曰：『一面搗亂尚不了，況兩面搗亂乎？』話止如此。逅初被難後，洪自南來，又見

1 張國淦：《孫中山與袁世凱的鬥爭》，《近代史資料》，一九五五年第四號（總第七號）。錄自杜春和編《張國淦文集》，北京燕山出版社，二〇〇〇年，第一〇八－一一一頁。

總統一次。總統問及遁初究竟何人加害，洪曰：『這還是我們的人替總統出力。』袁有不豫色，洪出府即告假赴天津養病。」中漁加一句說：「那裡是養病，借此逃脫耳！」王治馨，山東人，任京師員警總監，為人豪爽，不久在京兆尹任內，以坐贓五百元處死。余始終疑與宋案有關。奇哉好言不謹，袁氏殺以滅口也。（見《國史館館刊》第一卷第二號）

張繼的上述回憶，顯然是對於一九一三年四月一日《民立報》所刊登的《王治馨在國民黨追悼宋教仁大會上的講話》的移花接木式的惡意篡改。查勘當年由黃興加蓋印章後才得以登報公布的證據材料，一九一三年一月二十二日，洪述祖與應夔丞、張堯卿等人一起，從北京乘火車經南京來到上海，下榻於石路吉升棧。這是他為了招安解散以應夔丞為會長、張堯卿為副會長的江湖祕密會黨聯合組織「中華國民共進會」，而第三次也是最後一次南下上海。一九一三年一月三十日晚上，洪述祖由南京返回北京，一直到宋教仁於一九一三年三月二十日在上海滬寧火車站遭受暗殺，洪述祖再沒有離京南下。應夔丞使用專用密碼主動給趙秉鈞發送密電，表示要利用所謂的「宋犯騙案刑事提票」來詆毀抹黑宋教仁，是洪述祖最後一次由南京返回北京之後的一九一三年二月二日的事情。張繼所敘述的洪述祖兩次「南行」之前與袁世凱的對話，以及所謂的王治馨因為「坐贓五百元」而被袁世凱「殺以滅口」，分明是他「莫須有」的虛構捏造與栽贓誣陷。

作為比張繼更加熟知悉袁世凱當局的內幕資訊的歷史見證者，張國淦不僅沒有出面糾正張繼信口雌黃的錯謬回憶，反而錯上加錯地借題發揮道：「張繼所記如此，可與我前說互相發明。蓋袁世凱之為人，最忌人能窺其隱，更不願人揭發他的陰謀，王治馨適中其忌，焉得不死。」王治馨之死的主要原因，是「好言不謹，袁氏疑之，殺人滅口也」。[1]

談論王治馨案，自然繞不開一直栽培和重用王治馨的趙秉鈞。更加確鑿的文獻資料證明，趙秉鈞雖然重用王治馨，卻並沒有縱容和庇護王治馨恣意妄為。前面已經談到過，袁世凱在槍斃王治馨的第二天，專門頒發了一道釋疑命令，其中解釋說：「王治馨前曾供差北洋多年，尚稱得力。民國成立，曆官內務次長、巡警總監，亦有微勞。不意在順天府尹任內，改行易操，竟有鬻官納賄情事。」

與此相印證，黃遠生在更為早前的《王治馨》一文中也介紹說：王治馨在民國初年擔任北京巡警總監期間，「以範圍既小，而北京巡警甚有紀律統系，王除於任用小小科員小加手腳外，於孔兆培之組織乾果公司，頗有染指。對於高子白、蔣尊簋等所辦之電車公司，頗思躍躍欲試，而未遂其意，故無甚劣跡可尋。」

王治馨在一九一三年三月三十日的宋教仁追悼會上公開發言之後，並沒有失去袁世凱的信任。同年七月十六日，袁世凱雖然批准趙秉鈞辭去內閣總理職務，由段祺瑞代理總理並組織鎮壓「二次革命」的戰時內閣，並由內務部次長言敦源代理趙秉鈞所兼任的內務總長一職；但是，就在第二天，趙秉鈞便被任命為直接關係著袁世凱的人身安全的步軍統領兼管京師巡警。七月二十一日，趙秉鈞更是出任負責北京地區戰時戒嚴的北京警備地域司令官，王治馨也一度升任內務部次長。「二次革命」失敗後，趙秉鈞於一九一三年十二月十六日接替馮國璋的直隸都督一職，王治馨隨之改任擁有更多實權的順天府尹。一九一四年二月二十七日，趙秉鈞突然死亡，直到今天也沒有找到任何確鑿證據，證明是由袁世凱指使毒死的。

---

1 杜春和編《張國淦文集》，北京燕山出版社，二〇〇〇年，第一一一－一一二頁。

沒有了頂頭上司趙秉鈞的強力監管，王治馨才開始在順天府尹任上明目張膽地胡作非為。四個月後的六月二十七日，四十七歲的王治馨在正藍漢軍副都統的位置上，被大總統袁世凱明令逮捕。王治馨從被抓捕審判到執行死刑，中間又經歷了將近四個月時間。

王治馨案是當年轟動一時的法政大案，主持查辦王治馨的代理都肅政史夏壽康，是與張國淦來往密切的湖北同鄉。先後擔任國務院秘書長及總統府秘書長的張國淦，不可能不明白該案的基本事實。按照張國淦的說法，他的上述文字抄錄的是他自己的當時日記；但是，一九一三年三月三十日在國民黨追悼宋教仁大會上發表講話的王治馨的官方身分，分明是北京員警總監（又稱巡警總監），而不是張國淦所說的「京兆尹」，即順天府尹。

真正的日記體文本，是有著準確連貫的日期順序的文字敘述，而張國淦聲稱是抄錄他自己的當時日記的大段文字，不僅沒有給出準確的時間點位，他所敘述的相關事件的時間先後，也與一九一三年四月二十七日《民立報》以《關於宋案證據之披露》為標題公開發布的四十四項書面證據，明顯錯位。換句話說，張國淦聲稱是抄錄他自己的當時日記的大段文字，其實是他為了寫作《孫中山與袁世凱的鬥爭》一文，而進行的歪曲篡改歷史事實的虛構捏造、栽贓誣陷。一九五五年前後的晚年張國淦，藉著與宋教仁案並不相干的王治馨案栽誣詆毀自己的舊上司袁世凱及趙秉鈞，無非是想自覺主動地為所謂「竊國大盜袁世凱」的官方定論添磚加瓦。

張繼和張國淦以歷史見證人身分提供的相關敘述，隨後被歷史學界以訛傳訛地廣泛引用。其中表現最為奇異的，是曾經與楊光輝一起編選過《中華民國史資料叢稿・民初政爭與二次革命》一書的中國社會科學院近代史研究專家朱宗震。他明明知道老同事張國淦的歷史敘述存在著造假栽誣的嫌疑；卻在其《民國初年政壇風雲》一書中準確引用王治馨講話內容之後，繼續沿用了張國淦及張繼的錯誤敘述和錯誤結論：「王作為袁、趙手下的特務頭目，向各界進一步證明瞭袁、趙確曾與聞殺宋重案。為此，袁世凱對王治馨十分惱火，但一時大敵當前，未動聲色。至一九一四年九月，趙秉鈞被毒斃後，袁以王治馨坐贓五百元為罪名，下令逮捕，並於同年十月二十三日槍斃。」[1]

尤其令筆者感到悲哀的是，時至今日，年輕一代的歷史寫手依然在以訛傳訛的沿襲著張國淦、張繼、朱宗震等人的不實之詞。

最後需要補充說明的是，肅政廳雖然是袁世凱為鞏固政權以及恢復帝制而設立的法外執法的御用機構，其先後兩任都肅政史莊蘊寬、張元奇連同二十三位肅政史，大都以他們相對獨立的人格操守，經受住了歷史考驗。肅政廳在僅有的兩年零兩個月的履職期限內，並沒有主動充當袁世凱帝制自為的馴服工具，而是在某種程度上承擔了現代社會的獨立檢察官的司法職能。

1 朱宗震著《民國初年政壇風雲》，河南人民出版社，一九九〇年，第一四五頁。

後記　宋教仁案中的吳乃文

粗略統計了一下，本書是我個人的第二十四部正式出版物。僅就臺北秀威資訊科技股份有限公司來說，此前已經先後出版過我的六部學術性質的歷史人物傳記作品。依次是：《北大教授：政學兩界人和事》、《魯迅與周作人》，《天讀@天堂：曹禺影劇的密碼模式》、《懸案百年：宋教仁案與國民黨》、《紅粉民國：政學兩界的女權傳奇》、《伊斯蘭與基督教的大同神話》。

正如聶聖哲先生在序言中所說，我個人從來不奢望自己有朝一日成為左右逢源、八面玲瓏、人見人愛的暢銷書作家，而是腳踏實地致力於比較有趣也比較好讀的歷史人物傳記作品的寫作。我之所以選擇與秀威保持長期的合作關係，首先是在合作過程中，與秀威方面的蔡登山、宋政坤、黃姣潔、邵亢虎、鄭伊庭等先生和女士，建立了一定的價值共識和情感認同。其次是秀威的BOD模式的量化印製，在保持印製精美的前提

吳乃文綁架唐桐卿在上海黃埔江西側的十六鋪碼頭上岸。

下，最大限度地節省了人類共同的自然及人力資源。尤其重要的是，秀威的編審人員從來不擅自刪改作者的書稿，從而最大限度地尊重了作者的言論自由和學術尊嚴。在我已經先後出版的二十三部正式出版物中間，由於各種各樣的複雜原因，存在著一部分的交叉重迭。其中最能夠代表我的真實意思和完整理念的，顯然是秀威出版的幾本學術性質的歷史人物傳記作品。在此對秀威公司及其工作人員，表示誠摯的感恩之情。

聶聖哲先生在序言中已經談到過，我這本新書是二〇一〇年為紀念辛亥革命一百周年而由秀威先行出版的《懸案百年：宋教仁案與國民黨》，以及二〇一二年由北京方面的團結出版社改名為《誰謀殺了宋教仁：政壇懸案背後的黨派之爭》出版發行的同一本歷史傳記作品的姊妹篇。書中的主要人物及事件，在專門研究宋教仁命案時已經有所涉及；只是沒有能夠以個人傳記和個案敘述的方式，進行深入發掘和充分展開；相關資料的收集整理，已經前後持續了十多年時間。正是由於這個原因，我在本書中略去了對於更加重要的宋教仁命案的專門敘述。

在《懸案百年：宋教仁案與國民黨》一書中，我得出的主要結論是：與國民黨代理理事長宋教仁關係密切，並且實際掌控著上海地區合法軍警及黑道勢力的前滬軍都督陳其美，是宋教仁命案的第一涉案嫌疑人。

五年過去，這一學術觀點已經基本上被廣大讀者所認同和接受。在後續的追蹤研究過程中，我又從上海中西書局於二〇一一年八月出版的《辛亥革命與上海：上海公共租界工部局檔案選譯》中，找到了全方位組織實施針對宋教仁的刺殺行動的吳乃文，與老上司陳其美關係密切的文獻證據。為了保證本書所涉及的一系列民初命案的證據鏈條和歷史事實的完整性，有必要在這裡進行簡要敘述。

一九一一年十一月九日，上海《申報》刊登《滬軍都督府各部職員表》，其中隸屬於參謀部部長黃郛、副長劉基炎的諜報科科長，是在上海灘臭名昭著的青幫「大」字輩大佬應夔丞，諜報科一等科員包括費律司、羅區、吳乃文三個人，二等科員包括丁大芬、張漢維、應月波三個人。[1]

諜報科除了為滬軍都督府收集軍政情報之外，更加重要的職責是採用江湖會黨黑社會所慣用的上門敲詐、綁架勒索之類的恐怖暴力手段，為軍政府籌集革命經費。由於包括革命黨高層在內的中國上層社會的名流富商，大都聚集在外國人統治管理的租界區，諜報科公然違法犯罪的敲詐勒索，就與租界當局依法保障租界居民生命財產安全的正當行為，形成尖銳對立。

據上海公共租界警務處逐日編制的《警務日報》記載，一九一一年十二月二十八日，兩名革命黨人來到雲南路一八二—一八三號住宅敲詐勒索，探目布魯斯特接到報警立即前往，把兩名革命黨人當場拘捕，以在租界從事非法活動的罪名送交會審公堂予以審判。這兩名革命黨人中的一名，持有滬軍都督府諜報科科長應夔丞簽發的公文，說是前來搜查武器彈藥。[2]但是，依據現代法理，即使該戶居民確實擁有武器彈藥，滬軍都督府諜報科也不可以擅自進入租界區，越界行使其執法權力。

一九一二年一月四日，《民立報》在第一版顯要位置刊登了來自諜報科的一份公告，其中寫道：

> 為懸賞購緝事：據程小如、薛光祖呈報，有唐君桐卿（前清南京大清銀行總辦唐宗愈之

1 上海社會科學院歷史研究所編《辛亥革命在上海史料選輯（增訂版）》，上海人民出版社，二〇一一年，第三一九頁。

2 《辛亥革命與上海：上海公共租界工部局檔案選譯》，中西書局，二〇一一年，第一七六頁。

父）、田君達生，於十一月初十日下午七點鐘失蹤，聲請派探訪查前來。除通飭本科暗探偵探密訪外，登報布告諸色人等知悉，如能將唐、田二君覓到，賞洋一千元；知風報信，因而獲見者，減半給獎。本科儲款以待，決不食言，特此通告。[1]

事實上，這是一份為掩蓋真相、轉移目標而虛張聲勢、賊喊捉賊的官方公告，唐桐卿、田達生，其實就是被發布公告的諜報科給綁架劫持的；其幕後主使者，正是滬軍都督陳其美（英士）和諜報科長應夔丞（桂馨）。

中國傳統的陰曆辛亥年十一月初十日，即一九一一年十二月二十九日，也就是剛剛抵達上海的同盟會總理孫中山，被各省代表聯合會推舉為臨時大總統的同一天。當時的應夔丞受陳其美委派，正在忙於為孫中山出任臨時大總統而出錢出力。

到了事過境遷的一九一二年十月十六日，江蘇都督程德全專門通過密電向臨時大總統袁世凱彙報說：

今晨洪述祖挈應夔丞來寧謁見，當即曉以利害，動以大義，應亦自承情願效力，……現已委應夔丞為駐滬巡查長。……惟去年上海光復，應夔丞墊用款項實屬不貲，據稱虧累十七萬餘，即孫中山汽車亦應所製備，其他概可想見，其黨徒厚望孫中山、陳其美量予位置，今皆不克如願，仍複聚而不散，察其情形似非月給三千元不能應付，此間因財政支絀，現僅許月給巡查公費一千

1 《辛亥革命在上海史料選輯（增訂版）》，第三七二頁。

元。……此電達，乞密不宣。[1]

唐桐卿，名錫晉，號潛叟，一八四六年出生於江蘇無錫。一八七二年通過恩貢管道實授安東縣教諭，後改授長洲縣教諭，其官職相當於縣級教育局長。一八七五年，山西、河南等地大旱成災，唐桐卿捐出私俸並宣導捐助，從蘇州、上海、常州等地成功募集了五萬元救濟款項。從此之後，唐桐卿在長達三十七年的時間內賑災恤難、大行善事，受賑範圍遍及吉林、山東、陝西、甘肅、山西、河南、湖南、江蘇、安徽共計九省五十一個州縣，救活黎民不可勝數，成為全國範圍內最為著名的公益慈善家之一。

作為上海公共租界區的一名合法居民，唐桐卿在遭到本國革命政府綁架勒索的同時，極其幸運地得到了來自租界當局的依法保護。案件發生後，公共租界警務處刑偵股於第一時間立案調查，在此後的二十多天內，由刑偵股負責編制的《警務報告》中，幾乎每天都有關於此案的追蹤報告。

一九一一年十二月三十一日的《警務報告》寫道：三十日夜間，在楊樹浦路七十九號被綁架的兩個人已被帶往上海縣城，目前拘留在海防廳。

位於上海縣城小東門的前清海防廳的官署，正是陳其美的滬軍都督府所在地。一九一二年一月一日，《警務報告》介紹說：唐錫卿和田達生兩先生，已於昨日自海防廳搬至小南門附近的憲兵教練所住宿。

一九一二年一月二十三日，《警務報告》介紹說：滬軍都督府諜報科人員已獲得上級承諾，即凡從被捕人員、前清官吏或與滿清政府多少有些瓜葛的人那裡弄到的錢財，他們均可分得百分之三十。去年十二

---

1 《程德全密電稿》（未刊），見李宗一著《袁世凱》，國際文化出版公司，二〇〇六年，第二〇九頁。

月底在楊樹浦路七十九號被綁架的兩人，已於一月二十日晚九時左右獲釋。在這以前有關方面曾代他們向陳英士都督府財政部納款二萬三千元。釋放時有人還警告他們，不許向工部局控告，否則要將他們處死。[1]

在這份《警務報告》後面，附錄有唐桐卿寫於一九一二年一月二十二日的書面陳述，其中回憶說：一九一一年十二月二十九日晚上，唐桐卿和中醫田達生乘坐馬車回到位於楊樹浦路七九號的家中，有一個人上來打開車門說：有一封黃興將軍給你的信。唐桐卿說不認識黃興將軍。這個人又說是陳英士都督要見你。唐桐卿要求對方出示名片，兩個穿著西裝和兩個穿著中裝的男人一擁而上把他拖出馬車，捂住嘴巴抬到黃浦江邊。那裡有二十多個人、一艘小火輪和兩艘民船等著他。綁架者聲稱，是陳英士都督要和他討論一下籌措軍費的問題。小火輪把民船拖到十六鋪碼頭，一行人把唐桐卿、田達生送到滬軍都督府所在的海防廳，接見他們的是都督府諜報科的第二把手吳乃文。吳乃文表示說：諜報科長應夔丞有幾個問題要詢問，時間是第二天中午十二時。唐桐卿、田達生隨後被轉移到憲兵教練所，在接下來的二十天時間裡，他們始終沒有見到應夔丞和陳其美。

唐桐卿遭受綁架時已經重病在身，經過這場驚嚇，他於一九一二年十月三十日因病去世，享年六十六歲。

一九一二年一月二十四日，《警務報告》談到唐桐卿案的最終結果：「都督府財政部從綁架和監禁楊樹浦七十九號唐先生一事中，只能撈到一萬五千八百元油水，因七千二百元要付給對唐某進行偵查逮捕並

1 《辛亥革命與上海：上海公共租界工部局檔案選譯》，第一〇五頁。

將其監禁縣城的那些人。估計這筆款子將要等目前尚在南京的某要員返滬後才能分發。」[1]

這裡所說的「某要員」，指的是已經就任中華民國臨時大總統孫中山的衛隊司令兼庶務長的應夔丞。一九一二年一月二日，《民立報》刊登《歡送大總統志盛》一文，其中隆重報導了孫中山於一月一日率領大批隨員從上海滬寧火車站乘坐專列前往南京的盛大場面：

> 大總統於十一時乘滬寧火車專車起節，送行者如外交總長伍秩庸博士、民政總長李平書君，滬軍都督陳英士君因政躬不豫請假，特派諜報科長應君並先鋒隊兵士護送至寧。共和憲政會會員、南市商團代表葉惠鈞君及南北各軍士團均至車站相送……[2]

二月二十二日，《民立報》刊登滬軍都督府《撤銷諜報科通告》：「自武漢倡義，軍務日急，滬上為交通樞紐，逋逃淵藪，故本部組織特設諜報科，偵探要事，以專責成。今共和大局已就底定，南北一統，更無歧視，本部組織不妨略為變更，所有諜報科已於新曆二月十六日實行裁撤，該科新舊案卷以及經手未完事件，概移交軍法司接管辦理。」

與此相印證，二月二十六日的《警務報告》介紹說：滬軍都督府諜報科所雇傭的情報人員三十人連同現任隊長吳乃文，均於二十三日被解職。各人領得半月薪金。應桂馨（夔丞）現仍在南京，是總統府護衛

1　《辛亥革命與上海：上海公共租界工部局檔案選譯》，第一〇七頁。
2　《辛亥革命在上海史料選輯（增訂版）》，第七七一頁。

人員的負責人。吳乃文是受理和審問唐桐卿案件的人。

三月二十三日，上海《申報》刊登《應夔丞啟事》，其中聲稱自己「奉滬都督命，隨護孫總統赴寧，……及總統府成立，以率領警衛軍，並庶務長，兼管內藏庫。」

一年後的一九一三年三月二十三日晚上，應夔丞因涉嫌宋教仁案而遭到公共租界警務處總巡勃羅斯，以及國民黨特派員陸惠生、王金發等人的成功抓捕；安排王阿法冒充字畫商人向租界巡捕舉報應夔丞的，卻恰好是現場指揮武士英開槍刺殺宋教仁的前諜報科一級科員、偵探隊長吳乃文。

陳其美在宋教仁去世之後，調動黑白兩道的各種勢力，很快抓捕了吳乃文的前上司，同時又是孫中山的前南京臨時大總統府衛隊司令、黃興的前陸軍部南京下關總兵站重要職員的應夔丞；卻偏偏放過了衝在第一線組織實施暗殺活動的吳乃文等人。其主要目的，顯然是要通過雙面間諜應夔丞，把暗殺宋教仁的幕後真凶，從國民黨方面轉移嫁禍給遠在北京的內務部秘書洪述祖、國務總理兼內務總長趙秉鈞，以及臨時大總統袁世凱。

三年後的一九一六年五月十八日，等待陳其美的，是發生在上海法租界的另一場陰謀暗殺……

新書出版，照例要感謝一些師友方家的關心提攜，他們是高國傑、周達慧、胡月光、包志雯、劉一川、于建嶸、賀衛方、章詒和、耿劍、馬俊、陳忠、馬雲龍、李黎明、陳卓、姜永海、李紅兵、高蔭平、楊玉玲、劉亞偉、王麗君、戴黛、陳世和、羅小剛、范泓、蘇南、陳遠、華欣遠、顧堅、張武、白森、田光輝、殷傑、丁健翔、慕毅飛、王小明、王曉漁、于淼、溫克堅、孫願平、趙克羅、張萬福、楊中民、李大華、馬少方、劇耕、侯歌、左春和、趙虹、王志鷹、朱江、梁伯欽、張世和、章哲、田丁、許丹、郭于華、伍繼延、王瑛、韋森、遲夙生、楊安、馬堯、楊承民、師濤、莫少平、周月、黎學文、徐思遠、馬勤、郭學明、王曉陽、田玉霞、周燕、王中文、季曉楓、楊毅敏、高瑜、周世鋒、韓海生、何宏江、謝明華、劉曉波、張祖樺、蔡楚、張燁、柏來鎖、賈葭、賈永莉、代金鳳、徐春柳、鐵流、傅劍鋒、葉紅梅、李錦瓊、韓冰、楊揚、蔡慎坤、信力建、殷煉、張子言、餘遠環、張子慶、高瑜、韓三洲、王元濤、王國華、曾輝、楊愛姣、相南翔、韓福東、方心田、周曉瑛、褚鈺泉、張功臣、黃慧英、王金梅、唐師曾。限於記憶，不能完整周到地一一列舉，被遺漏的師友，敬請諒解。

這裡所列舉的師友當中，很有幾位因為政治原因而身陷囹圄，另有幾位已經成為彼此之間咫尺天涯、勢不兩立的仇敵。作為一名歷史研究者，我深知人性的幽暗與複雜，即使是已經去世的歷史人物，也很難給出經得起歷史考驗的蓋棺定論，更何況處於社會歷史轉型期的活靈活現、日新月異的大同個人？我個人認為：朋友之間存在意見分歧，可以相互批評甚至斷絕交往，卻不可以無休止地相互猜疑、相互詆毀。

聶聖哲先生是在企業經營、著書立說、影劇創作等多個方面都創造出輝煌業績的傳奇人物，感謝他在百忙之中付出心血為本書撰寫情真意切的美好序言。筆名端木賜香的美女同鄉李桂枝，為本書的寫作提供了諸多文獻資料。德高望重的袁偉時先生，近年來所奉獻出的一篇篇厚積薄發、舉重若輕的歷史類訪談隨筆，以胡適式的充分世界化的大視野，給予我持續不斷的歷史頓悟和理性啟迪。我在此一併表達感恩之情。

本書中的部分片斷，已經在《南方都市報》、《經濟觀察報》、《江淮文史》、《檔案春秋》、《社會科學論壇》、《騰訊·大家》專欄先後發表，在此對相關媒體表示衷心感謝。

特別值得一提的是：本書和我同時出版的另一部《伊斯蘭與基督教的大同神話》，以及由田保榮教授翻譯的《列寧的一生》的出版事宜，是由我和西安知無知文化空間的諶洪果先生共同策劃的。適當的時候，我們還將推出一系列的「知無知文化叢書」。

二〇一五年十二月十日於北京家中

參考文獻

◎資料文獻

一、上海社會科學院歷史研究所編《辛亥革命在上海史料選輯（增訂版）》，上海人民出版社，二〇一一年。
二、《辛亥革命與上海：上海公共租界工部局檔案選譯》，中西書局，二〇一一年。
三、黃季陸著《革命人物志》，臺北中國國民黨中央委員會黨史史料編纂委員會，一九六九年。
四、章伯鋒、李宗一主編：《北洋軍閥（一九一二——一九二八）》，武漢出版社，一九九〇年。
五、《湖北革命實錄館武昌起義檔案資料選編》，湖北人民出版社，一九八三年。
六、陳子明主編、雷頤、張耀杰等編著《中國憲政運動史讀本》，世界華文出版機構，二〇一四年。
七、朱宗震、楊光輝編《中華民國史資料叢稿·民初政爭與二次革命》，上海人民出版社，一九八三年。
八、中國第二歷史檔案館編《中華民國檔案資料彙編》第一、二冊，江蘇人民出版社，一九七九、一九八一年。

九、徐血兒等編，蔚庭、張勇整理《宋教仁血案》，嶽麓書社，一九八六年。
一〇、郭漢民編《宋教仁集》，湖南人民出版社，二〇〇八年。
一一、《孫中山全集》，中華書局，一九八一－一九八五年。
一二、陳錫祺主編《孫中山年譜長編》，中華書局，一九九一年。
一三、李雲漢著《黃克強先生年譜》，臺北國民黨黨史委員會，一九七三年。
一四、劉泱泱編《黃興集》，湖南人民出版社，二〇〇八年。
一五、石芳勤編《譚人鳳集》，湖南人民出版，二〇〇八年。
一六、丘權政、杜春和選編《辛亥革命史料選輯》，湖南人民出版社，一九八一年。
一七、丁文江、趙豐田編《梁任公先生年譜長編》，中華書局，二〇一〇年。
一八、湯志鈞編著《章太炎年譜長編（增訂版）》，中華書局，二〇一三年。
一九、馬勇編《章太炎書信集》，河北人民出版社，二〇〇三年。
二〇、楊天石主編《錢玄同日記（整理本）》，北京大學出版社，二〇一四年。
二一、《于右任辛亥文集》，復旦大學出版社，一九八六年。
二二、黃遠生著《遊民政治》，陝西人民出版社，二〇一三年。
二三、杜春和編《張國淦文集》，北京燕山出版社，二〇〇〇年。
二四、《鄭孝胥日記》，中華書局，一九九三年。
二五、《鐵血忠魂：辛亥先烈范鴻仙紀念文集》，鳳凰出版社，二〇一一年。
二六、孫彩霞主編《柏文蔚文集》，黃山書社，二〇一一年。

二七、曹亞伯編著《革命真史》，中國長安出版社，二〇一一年。
二八、湯志鈞編《陶成章集》，中華書局，一九八六年。
二九、駱寶善、劉路生主編《袁世凱全集》，河南大學出版社，二〇一三年。
三〇、袁進編《學界泰斗——名人筆下的蔡元培，蔡元培筆下的名人》，東方出版中心，一九九九年。
三一、高叔平編著《蔡元培年譜長編》，人民教育出版社，一九九八年。
三二、馮自由《革命逸史》，新星出版社，二〇〇九年。
三三、《魯迅全集》，人民文學出版社，一九八一年。
三四、《魯迅年譜》（增訂本），人民文學出版社，二〇〇〇年。
三五、張夷主編《陳去病全集》，上海古籍出版社，二〇〇九年。
三六、張菊香、張鐵榮編著《周作人年譜》，天津人民出版社，二〇〇〇年。
三七、《伍廷芳集》，中華書局，一九九三年。
三八、江蘇文史資料編輯部編選《周實阮式紀念集》，一九九一年。
三九、柳亞子文集編輯委員會主編《磨劍室文錄》，上海人民出版社，一九九三年。
四〇、曾業英編《蔡鍔集》，湖南人民出版社，二〇〇八年。
四一、張樹年主編《張元濟年譜》，商務印書館，一九九一年。
四二、章伯鋒統編、吉迪編《稗海精粹·閒話民國》，四川人民出版社，一九九九年。
四三、居蜜編《居正與辛亥革命：居氏家藏手稿彙編》，中華書局，二〇一一年。
四四、《梁漱溟全集》，山東人民出版社，一九九一年。

四五、《黃炎培日記》，華文出版社，二〇〇八年。
四六、《鄧家彥口述自傳》，中國大百科全書出版社，二〇〇九年。
四七、《馬超俊口述自傳》，中國大百科全書出版社，二〇〇九年。
四八、《辛亥革命》第一冊，上海人民出版社，一九五七年。
四九、《辛亥革命回憶錄》第一－六集，文史資料出版社，一九六一－一九六三年。
五〇、《辛亥革命七十周年》，上海人民出版社，一九八一年。
五一、《辛亥革命江蘇地區史料》，江蘇人民出版社，一九六一年。
五二、《辛亥革命與鎮江》，江蘇大學出版社，二〇一一年。
五三、《浙江辛亥革命史料集・浙江革命黨人的活動》，浙江古籍出版社，二〇一四年。
五四、浙江文史資料選輯第三六輯《陳英士》，浙江人民出版社，一九八七年。
五五、何仲蕭編《陳英士先生紀念全集》，臺北文海出版社，一九七〇年。

◎學術著作

一、袁世凱原著、駱寶善評點《駱寶善評點袁世凱函牘》，嶽麓書社，二〇〇五年。
二、張功臣著《民國先驅：清末革命黨人秘史》，新華出版社，二〇一三年。
三、北一輝著、董炯明譯《一個日本人的辛亥革命親歷記》，原書名為《支那革命外史》，香港又有文化傳播公司，二〇一五年。

四、遲雲飛著《宋教仁與中國民主憲政》，湖南師範大學出版社，二〇〇八年。
五、朱宗震著《民國初年政壇風雲》，河南人民出版社，一九九〇年。
六、廖大偉著《辛亥革命與民初政治轉型》，中國社會科學出版社，二〇〇八年。
七、楊天宏著《政黨建置與民國政制走向》，社會科學文獻出版社，二〇〇八年。
八、思公著《晚清盡頭是民國》，廣西師大出版社，二〇〇九年。
九、邵雍著《中國近代會黨史》，合肥工業大學出版社，二〇〇九年。
一〇、李廷江著《日本財界與辛亥革命》，中國社會科學出版社，一九九四年。
一一、唐德剛著《袁氏當國》，廣西師範大學出版社，二〇〇四年。
一二、楊天石著《從帝制走向共和：辛亥前後史事發微》，社會科學文獻出版社，二〇〇二年。
一三、楊天石著《找尋真實的蔣介石：蔣介石日記解讀》，山西人民出版社，二〇〇八年。
一四、章開沅、林增平主編《辛亥革命史》上、中、下，中國出版集團東方出版中心，二〇一〇年。
一五、鄒魯著《中國國民黨史稿》，商務印書館，一九四七年。
一六、吳相湘著《宋教仁傳：中國民主憲政的先驅》，臺北傳記文學出版社，一九八五年新版。
一七、謝一彪、陶侃著《陶成章傳》，人民出版社，二〇〇九年。
一八、張學繼著《陳其美》，團結出版社，二〇一一年。
一九、楊早著《民國了》，新星出版社，二〇一二年。
二〇、趙曉耕著《大衙門》，法律出版社，二〇〇七年。
二一、張耀杰著《歷史背後：政學兩界的人和事》，廣西師範大學出版社，二〇〇六年。

二二、張耀杰著《魯迅與周作人》，臺北秀威資訊科技股份有限公司，二〇〇八年。
二三、張耀杰著《民國背影：政學兩界人和事》，浙江人民出版社，二〇〇八年。
二四、張耀杰著《懸案百年：宋教仁案與國民黨》，臺北秀威資訊科技公司，二〇一〇年。
二五、張耀杰著《誰謀殺了宋教仁：政壇懸案背後的黨派之爭》，團結出版社，二〇一二年。
二六、張耀杰著《民國底色：政學兩界人和事》，江蘇文藝出版社，二〇一二年。

Do歷史49　PC0564

民初命案：陳其美的黑道傳奇

作　　者／張耀杰
責任編輯／杜國維
圖文排版／周政緯
封面設計／蔡瑋筠

出版策劃／獨立作家
發 行 人／宋政坤
法律顧問／毛國樑　律師
製作發行／秀威資訊科技股份有限公司
地址：114 台北市內湖區瑞光路76巷65號1樓
電話：+886-2-2796-3638　傳真：+886-2-2796-1377
服務信箱：service@showwe.com.tw
展售門市／國家書店【松江門市】
地址：104 台北市中山區松江路209號1樓
電話：+886-2-2518-0207　傳真：+886-2-2518-0778
網路訂購／秀威網路書店：https://store.showwe.tw
國家網路書店：https://www.govbooks.com.tw

出版日期／2016年7月　BOD一版　**定價**／460元

|獨立|作家|
Independent Author

寫自己的故事，唱自己的歌

民初命案：陳其美的黑道傳奇 / 張耀杰著. -- 一版. -- 臺北市：獨立作家, 2016.07
面；　公分. -- (Do歷史；49)
BOD版
ISBN 978-986-93153-8-8(平裝)

1. 陳其美　2. 傳記　3. 民國史

782.882　　105009929

國家圖書館出版品預行編目

讀者回函卡

感謝您購買本書，為提升服務品質，請填妥以下資料，將讀者回函卡直接寄回或傳真本公司，收到您的寶貴意見後，我們會收藏記錄及檢討，謝謝！如您需要了解本公司最新出版書目、購書優惠或企劃活動，歡迎您上網查詢或下載相關資料：http:// www.showwe.com.tw

您購買的書名：________________________________

出生日期：________年________月________日

學歷：□高中（含）以下　□大專　□研究所（含）以上

職業：□製造業　□金融業　□資訊業　□軍警　□傳播業　□自由業

□服務業　□公務員　□教職　□學生　□家管　□其它_____

購書地點：□網路書店　□實體書店　□書展　□郵購　□贈閱　□其他

您從何得知本書的消息？

□網路書店　□實體書店　□網路搜尋　□電子報　□書訊　□雜誌

□傳播媒體　□親友推薦　□網站推薦　□部落格　□其他__________

您對本書的評價：（請填代號　1.非常滿意　2.滿意　3.尚可　4.再改進）

封面設計____　版面編排____　內容____　文／譯筆____　價格____

讀完書後您覺得：

□很有收穫　□有收穫　□收穫不多　□沒收穫

對我們的建議：________________________________

____

____

____

請貼
郵票

11466
台北市內湖區瑞光路 76 巷 65 號 1 樓
獨立作家讀者服務部 收

（請沿線對折寄回，謝謝！）

姓　名：________ 年齡：______ 性別：□女 □男

郵遞區號：□□□□□

地　址：________

聯絡電話：(日) ________ (夜) ________

E-mail：________